LA REVANCHE

LA REVANCHE

TOM BOWER

Meghan, Harry
et la guerre chez les Windsor,
l'autre version de l'histoire

hachette

Édition originale :
Première publication en 2022 sous le titre *Revenge*, au Royaume-Uni par Blink Publishing, une marque déposée de Bonnier Books UK (4th Floor, Victoria House, Bloomsbury Square, London, WC1B 4DA) sous le titre *Revenge*.

Préface

Elle est arrivée. La voici sous les feux de la rampe. La foule excitée applaudit – certains spectateurs poussent même des cris. Des douzaines d'objectifs ont zoomé et des obturateurs ont cliqué. Les dignitaires s'inclinent, parfois même se prosternent. Des hélicoptères survolent la scène. Les gardes du corps font du surplace. La police est partout. La Meghanmania a explosé. Meghan Markle est idolâtrée. Enfin. L'ambition de sa vie se réalise.

Le 1er décembre 2017, par un matin glacial, l'ancienne star de la télévision rayonne. Comme le lui avait promis son fiancé, elle a hérité du manteau iconique de la princesse Diana. Au moment où elle sort de la rutilante Range Rover noire, à 11 h 05, les Britanniques témoignent leur amour à l'actrice américaine de trente-six ans.

Située à environ 200 km au nord de Londres, Nottingham est surtout connue pour la légende de Robin des Bois. C'est donc un choix inhabituel pour présenter aux Britanniques Meghan Markle, la dernière arrivée dans la famille royale. La ville des East Midlands ne peut rivaliser avec les plages ensoleillées de Californie, mais la jeune femme qui vivait jusque-là à Los Angeles ne semble pas y prêter attention tandis qu'elle parcourt à pied les 400 m du Lace Market qui la séparent de la mairie.

« Il fait plus chaud là-bas », dit-elle en riant à Cori Burns, l'une des mille personnes qui ont attendu pendant deux heures son arrivée, avant de tendre un chauffe-main à un étudiant australien qui se plaint du froid.

À ses côtés, Harry arbore un immense sourire, tandis que Meghan lui frotte régulièrement le dos d'une main gantée ou lui prend le bras. Le sourire inaltérable de la jeune femme et ses salutations chaleureuses incarnent le meilleur de Hollywood. Un baiser des amoureux déclenche des réactions enthousiastes. Ils forment un couple parfait aux yeux des spectateurs.

Des fleurs, des cartes, un ours en peluche, des chocolats, deux magnets et des sacs illustrés de monuments locaux ont été offerts aux visiteurs. « Meghan s'est approchée et je l'ai serrée dans mes bras », se pâme Irene Hardman, quatre-vingt-un ans, une fan de la famille royale. « Je suis ravie de vous rencontrer, a-t-elle dit à la future duchesse. Je suis sûre que vous aurez une belle vie ensemble. Prenez soin de lui pour nous. »

« Vous êtes adorable », a répondu Meghan, ignorant que l'étiquette royale interdit les accolades et les selfies avec des inconnus. « J'ai pleuré après, reconnaît Irene Hardman. Elle est merveilleuse. Ils sont si authentiques. »

« Elle a l'air tellement charmante, s'extasie Sian Roberts devant une caméra de NBC News. Je pense que c'est une très bonne chose pour la famille royale. » À côté, un journaliste d'ABC News compare l'accueil de la jeune mariée avec la frénésie que suscitent les pop stars. De nombreux Américains sont fascinés par ces liens qui se tissent entre leur pays et la Couronne d'Angleterre.

Même Raushana Nurzhubalina, une étudiante du Kazakhstan, est hypnotisée. Elle s'est réveillée à 6 heures pour avoir une place de choix. « C'est un tel honneur de voir les membres de la famille royale, a-t-elle déclaré à la BCC. Je suis également une fan de *Suits*, c'est donc une chance de voir en vrai une star de cette série.

« Nous avons besoin de magie en ce moment », crie un admirateur à un journaliste, tandis que Meghan et Harry saluent Bell Edis, la maire de la ville par intérim. Cette dernière dit à la jeune femme : « Je suis sûre que vous pouvez devenir la princesse du peuple. » L'élue de soixante-dix ans a raconté ensuite que Harry avait gloussé et « souri de son sourire effronté. J'avais dit ce qu'il fallait ».

« Félicitations ! » crie un groupe de femmes. Le couple a annoncé ses fiançailles quatre jours plus tôt. Rompant avec la tradition, la reine a accepté que Meghan soit rapidement intégrée à la « Firme[A] ». « Notre pays va désormais devenir le sien », a déclaré Jason Knauf, le porte-parole du prince. Elle doit donc apprendre à connaître ses villes et ses villages. » La visite à Nottingham marque le début d'une tournée de six mois en Grande-Bretagne.

Les tabloïds britanniques n'ont pas manqué de relever les vêtements que porte Meghan. Tous à la dernière mode : un manteau en cachemire bleu marine canadien, un col roulé noir autrichien, une jupe chino beige et des bottes anglaises, un sac fourre-tout écossais. « C'est exactement ce que l'on attend d'une princesse moderne », s'extasie un passionné de mode. Quelques heures après la publication de cette liste, les fabricants annoncent que leurs stocks sont épuisés. Une nouvelle qui réjouit la styliste canadienne Jessica Mulroney, grande amie de Meghan. Le directeur de la création d'un styliste londonien déclare : « Dans ses choix vestimentaires, Meghan privilégie le chic décontracté, qui reflète bien sa personnalité. » Inévitablement, les commentateurs ont comparé Meghan à la duchesse de Cambridge, Kate Midleton, mais au détriment de cette dernière…

Au cours de cette journée, le couple princier a coché toutes les cases en visitant un centre de soins pour les personnes atteintes du sida et le Nottingham Contemporary. Un programme typique des journées qui attendent désormais Meghan. On lui a d'ailleurs rappelé que Diana s'était beaucoup investie dans la lutte contre le sida. Suivre les traces de la princesse est particulièrement important pour Harry et Meghan.

À la tombée de la nuit, le couple a rejoint le palais de Kensington, où il séjourne au domicile de Harry, le bien-nommé Nottingham Cottage.

A. C'est le surnom que Meghan Markle donnera à la famille royale dans une interview avec Oprah Winfrey, en mars 2021. (Toutes les notes de bas de page sont de l'éditeur.)

Meghan n'a exprimé aucune nostalgie de son ancienne vie ni aucune inquiétude face à celle qui l'attend. Au contraire, elle est ravie. Cela fait des années qu'elle cherche à se distinguer. Si son parcours n'a pas été rectiligne, elle n'a jamais été découragée par l'échec. Aujourd'hui, sa ténacité est récompensée. Sa chance s'est miraculeusement matérialisée.

Épouser un prince anglais est une récompense inattendue pour une personne comme elle, qui rêve de passer de l'anonymat à une prospérité respectable – le symbole du rêve américain.

Un élément caractérise sa trajectoire hors du commun : elle doit garder à tout moment la maîtrise des choses, et son histoire ne peut être racontée que selon ses propres termes. Contrôler le récit de sa vie est essentiel à son succès. Comme l'a écrit Oscar Wilde, « la vérité pure et simple est très rarement pure, et jamais simple ».

La famille royale va bientôt découvrir que les ambitions de Meghan Markle sont assez éloignées de ce qu'on attend d'elle – les Britanniques comme la royauté. Dans les premiers temps, seuls quelques cyniques endurcis ont redouté que leur monarchie millénaire puisse être fragilisée par cette actrice américaine inconnue…

CHAPITRE I

Thomas

« J'en suis complètement fou », a déclaré Thomas Markle le 4 août 1981, juste après la naissance de sa plus jeune fille à l'hôpital West Park de Canoga Park, à Los Angeles. Ce père de trrente-sept ans tient dans ses bras sa petite dernière, qu'il surnomme Flower[1].

Sa jeune femme de vingt-quatre ans, Doria Markle, dort encore, après avoir subi une césarienne. À son réveil, quand elle découvre qu'elle a donné le jour à une fille, elle déclare que celle-ci doit s'appeler Rachel, mais Thomas préfère Meghan. Un compromis est trouvé : la petite fille s'appellera Rachel Meghan. En quelques jours, le prénom Rachel tombe dans les oubliettes. En irlandais, Meghan signifie « guerrière courageuse » ; en gallois, il signifie « perle ».

Le père de Meghan a redécoré avec des anges et des fées la salle de bains de leur confortable maison sur trois étages, à Woodward Hills. « Son petit visage était très expressif et fascinant », se souvient Tom Junior, le fils de Thomas né d'une première union. En regardant Thomas tenir Meghan, Tom réalise que son père est tombé sous le charme : « Mon père était vraiment amoureux d'elle, plus que de n'importe qui au monde. Plus que de Doria. Elle est devenue toute sa vie, sa petite princesse. »

Thomas photographie sans cesse sa fille et accède à toutes ses demandes – comme Doria, d'ailleurs. Même quand Meghan n'était encore qu'un bébé, le moindre mécontentement devait être aussitôt apaisé par des cadeaux. Le couple adore la petite fille qui doit sans cesse être assurée qu'elle est vraiment exceptionnelle. Un tel amour inconditionnel a inévitablement façonné la personnalité de Meghan.

Thomas et Doria se sont rencontrés en 1977 dans les studios d'ABC, à Los Angeles. Thomas, alors âgé de 33 ans, vient de recevoir un Emmy en tant que chef éclairagiste de la série télévisée *General Hospital*. Doria, une jeune Afro-Américaine de vingt et un ans, est présente sur le tournage de la série comme maquilleuse stagiaire. C'est une belle femme mince, avec un piercing au nez.

Doria a très vite emménagé chez Thomas, où le désordre règne. « Je ne suis pas le plus soigneux des hommes », concède Thomas. Il élève ses deux adolescents nés d'un précédent mariage, Tom Junior et Samantha. Pour Doria, les débuts ne sont pas faciles, mais l'ambiance est bonne. Tom Junior se rappelle qu'ils ont fêté Thanksgiving avec le grand-père, la mère et le demi-frère de Doria. « C'était vraiment chaleureux, se souvient Tom Junior. C'est le genre de famille dont j'ai toujours rêvé[2]. »

Thomas et Doria se marient le 23 décembre 1979, une décision surprenante à une époque où les mariages mixtes restent encore peu courants – moins d'un Blanc sur mille est marié à une femme noire. « Quand j'ai épousé Doria, se souvient Thomas, les gens m'ont demandé de quelle couleur serait notre bébé. Je répondais que je ne savais pas, et que je m'en moquais[3]. » Mais il finit par réaliser que la naissance d'un enfant issu est discutée avant la naissance. Thomas s'engage à soutenir Doria dans sa nouvelle vie. Et ce, d'autant plus qu'elle n'a pas réussi à décrocher son diplôme de maquilleuse. Une nouvelle vie commence pour lui. « J'aime à penser, écrit Meghan en 1990, à l'âge de huit ans, qu'il a été attiré par ses yeux doux et sa coupe afro, ainsi que par leur passion commune pour les antiquités[4]. »

Mais les chances de succès du couple sont vite compromises. Doria, qui a douze ans de moins que Thomas, vit dans son monde. Elle suit assidûment l'enseignement d'un maître de yoga très mystique et insiste pour que le mariage soit célébré par un prêtre bouddhiste, le frère Bhaktananda, membre de la Self-Realisation Fellowship Temple.

« J'aimais Doria, dit Thomas. Je ne savais pas combien de temps cela durerait. J'ai tenté le coup parce que je voulais un autre enfant. Je n'avais pas beaucoup d'argent quand les deux premiers sont nés. Cette fois, j'avais les moyens d'élever un enfant. »

Pour se faciliter la vie, Thomas a loué une grande maison dans une impasse tranquille de Woodward Hills, un quartier résidentiel de la classe moyenne blanche, près du parc de Bell Canyon. Les photographies prises peu après la naissance de Meghan montrent une famille heureuse. Attablé devant un repas préparé par Doria, Thomas tient Meghan dans ses bras, Tom Junior et Samantha à ses côtés[5].

Le bonheur du couple est de courte durée. Les premières failles apparaissent quand Thomas commence à enchaîner les journées de travail de dix-huit heures. Clairement, son tempérament et celui de Doria ne sont pas compatibles.

Avant d'intégrer les studios ABC, Doria aidait son père à vendre du bric-à-brac, elle a ensuite travaillé dans une agence de voyages en Californie, puis elle a créé des vêtements. Thomas raconte qu'elle a même été embauchée par un petit ami pour récolter de la marijuana dans le comté de Humboldt, son amoureux d'alors approvisionnant alors de nombreux clients à Los Angeles. À l'époque, rappelle Thomas, fumer du cannabis était très répandu à Hollywood, jusque dans les restaurants et même lors de la remise des Oscars.

D'ailleurs, Tom Junior fumait lui aussi du cannabis. Tout comme Doria. À cette époque, celle-ci apporte son soutien à Tom qui, dans le cadre de la politique d'intégration de la Californie, doit traverser tout Los Angeles pour étudier dans une école entièrement noire. Le garçon aux cheveux roux est régulièrement battu par d'autres élèves. Pendant un an, Doria fait pression sur les instances locales pour qu'elles prennent en compte le fait que Tom vit dans une famille mixte et qu'il est donc sensibilisé à la question de la diversité. Elle finit par avoir gain de cause et le cauchemar de l'adolescent prend fin, mais il reste durablement marqué par cet épisode.

Les relations entre Doria et Samantha sont plus compliquées. Doria crée des bijoux et a fondé sa société, Three Cherubs, dont le nom irrite Samantha. Les « trois chérubins », ce sont bien sûr Doria, Thomas et Meghan. Mais pourquoi pas cinq ? Samantha est de plus en plus jalouse de la petite Meghan. Elle a treize ans et rêve d'être actrice. Elle se plaint auprès de Thomas du désordre qui règne dans la maison[6] et affirme aussi que Doria lui ordonne de faire le ménage. Son ressentiment s'accroît encore lorsque Doria commence à inviter des amies à la maison pour faire la fête ou quand elle s'absente pour aller fumer de la marijuana dans le comté de Humboldt[7].

« Doria a changé après notre mariage, reconnaît Thomas Markle. Je n'avais pas réalisé qu'elle fumait autant. » Quand Samantha rentre de l'école, elle trouve souvent Doria en robe de chambre, assise sur la pelouse en train de fumer un joint. La jeune femme n'est pas très tendre, et Thomas découvre aussi qu'elle a du mal à s'occuper seule de Meghan. Et ce n'est pas tout…

Samantha se souvient de photos de Doria avec des femmes prises par Thomas. Ce dernier n'ignore pas non plus que sa femme couche aussi avec d'autres hommes[8]. Un jour, Samantha explose : « Doria se sert de toi », crie-t-elle à son père avant de quitter la maison.

Au début, Thomas refuse d'intervenir, mais le mode de vie de Doria finit par l'irriter. « Nos chemins ont fini par se séparer, explique-t-il sans témoigner de ressentiment. Et moi-même, j'étais marié à mon travail. » Il admet cependant que le penchant de Doria pour la marijuana et sa vie sexuelle très libre ont mis fin à leur couple. Tout comme la mésentente entre sa femme et Samantha, à qui l'on vient de diagnostiquer une sclérose en plaques.

Négociée par un avocat, la séparation du couple se règle à l'amiable, et les économies de Thomas sont partagées en deux. Le couple a également convenu que Doria ne recevrait pas de pension alimentaire mais que Thomas prendrait financièrement en charge Meghan. Thomas n'éprouve aucune rancœur : sa petite dernière le comble de joie et il ne semble pas fâché de mettre un terme à une vie de famille chaotique.

Thomas

Thomas est né en 1944 à Newport, Pennsylvanie. Ses parents, Gordon et Doris, descendent de colons arrivés d'Angleterre au milieu du XVIIe siècle. Une branche de la famille Markle remonte au règne du roi Édouard III, mort en 1377. D'autres ancêtres sont arrivés d'Allemagne et de Hollande au XVIIIe siècle pour travailler comme agriculteurs, mineurs et artisans.

Avant la Seconde Guerre mondiale, le père de Thomas possédait une station-service, puis il a travaillé dans une usine de chaussures. Après son service militaire à Hawaï, pendant la guerre, il devient imprimeur sur la base aérienne de Harrisburg. Lui et sa famille habitent à Newport et il doit faire 40 km matin et soir pour rejoindre son travail. Le soir, après le dîner, Gordon s'enferme dans sa chambre pour lire des magazines pornographiques.

Malgré le caractère maussade de son mari, Doris encourage ses trois fils – Mick, Fred et Thomas – à profiter de la vie en plein air, les incitant à pêcher dans la rivière et à cueillir des aliments dans les champs et dans les bois. Elle s'est également battue pour que ses fils soient instruits. Mick a rejoint le corps diplomatique et Fred est entré dans la prêtrise.

Thomas, le dernier, est plus imprévisible. Grand et mince, il rencontre un franc succès auprès des filles du quartier. Le dimanche, il sert la messe comme enfant de chœur à l'église épiscopalienne et rentre souvent un peu ivre : il s'arrange toujours pour être le dernier à boire au calice et terminer ainsi le vin. Après la High School[A], il intègre l'université mais se révèle peu doué pour les études.

Il travaille alors comme machiniste dans un théâtre local et se spécialise dans l'éclairage avant de partir pour Chicago, où il devient technicien dans une station de télévision et dans un théâtre. Il mène une existence très animée et rencontre Roslyn Loveless au cours d'une fête. La jeune femme est au chômage. Elle tombe presque aussitôt enceinte et le couple se marie en 1964. Ils ont dix-neuf ans. Roslyn accouche la même année

A. L'équivalent du lycée en France.

d'une petite fille, Yvonne, que se fera ensuite appeler Samantha. Tom Junior naît en 1966. Plus tard, Samantha décrira sa mère comme une femme aux mœurs légères[9].

Thomas Markle travaille beaucoup… mais s'amuse tout autant ! À la fin d'une journée de tournage, il préfère faire la fête plutôt que rentrer chez lui. Sa vie de famille se limite à emmener ses enfants voir un match de baseball le week-end ou à les prendre avec lui sur le plateau pendant un tournage. « Nos parents se disputaient tout le temps », se souvient Samantha. Thomas divorce et part s'installer à Hollywood. Les débuts sont difficiles, et il commence par gagner sa vie en travaillant dans des restaurants avant de réussir à s'imposer sur les plateaux.

Demeurant à Santa Monica, il vit à l'aise grâce à ses revenus d'éclairagiste pour ABC Studios. Il apprend que ses enfants vont mal. Roslyn, qui vit désormais à Albuquerque, au Nouveau-Mexique, enchaîne les liaisons et fait la fête avec l'argent que Thomas lui envoie pour élever les enfants[10].

Pour échapper à sa mère, Samantha a rejoint Thomas à Santa Monica, bientôt suivie par Tom Junior. Mais leur père ne peut pas leur offrir une vraie vie de famille après ces années difficiles, car il travaille beaucoup – jusqu'à dix-huit heures par jour. Les enfants ne s'en plaignent pas, mais Tom Junior passe une partie de sa journée à fumer du cannabis tandis que Samantha fréquente assidûment les boîtes de nuit, dont elle sort souvent au petit matin, avant de se rendre en cours. Son père l'a souvent emmenée sur les plateaux des Sunset Gower Studios et elle rêve de devenir actrice. Thomas lui obtient un rôle de figurante dans une série télévisée, mais la jeune fille ne parvient pas à percer.

Doria vient elle aussi d'une famille instable. Sa mère et sa grand-mère ont été abandonnées plusieurs fois et ont élevé seules leurs enfants.

L'arrière-arrière-arrière-grand-père de Doria était esclave chez un propriétaire terrien répondant au nom de William Ragland, à Jonesboro, en Géorgie. Meghan prétendra plus tard que son ancêtre se nommait Wisdom[A], mais tout semble indiquer qu'il portait le nom de Ragland[11].

A. Le mot signifie « sagesse ».

Après son émancipation, il a continué de travailler dans la ferme où il est né, et ce n'est qu'au début du XXe siècle que ses enfants sont partis travailler dans les villes voisines – l'un comme portier, un autre comme serveur et un autre encore dans une laverie. En 1954, Alvin Ragland, le futur père de Doria, rencontre Jeanette Johnson à Cleveland. Jeanette a été abandonnée par son mari avec deux enfants. Pour survivre, elle travaille comme liftière dans un hôtel. Alvin et Jeanette se marient en 1956 et Doria naît la même année. Le couple part alors s'installer à Los Angeles avec la petite Doria et Joseph Johnson, le plus jeune fils de Jeanette, qui a alors sept ans.

Joseph, le demi-frère de Doria, se souvient de leur arrivée de nuit dans une petite ville du Texas. Affamés et transis de froid, ils s'entendent dire qu'il n'y avait pas de chambres pour les Noirs : « L'autoroute est par là. Prenez-la. Vous n'êtes pas les bienvenus ici. »

À Los Angeles, Joseph et Doria fréquentent le lycée juif de Fairfax, majoritairement blanc. Alvin a ouvert plusieurs magasins d'antiquités, entre autres celui de Twas New, et mène une vie dissolue, collectionnant les conquêtes féminines et les voitures rutilantes. Alvin abandonne Jeanette pour une enseignante appelée Ava Burrows qu'il épousera par la suite. Cet événement pourrait expliquer l'échec du couple que Doria formera avec Thomas. « La vie était difficile », se souvient Doria.

En 1983, quand ses parents se séparent, Meghan a deux ans et sa mère retourne vivre chez Jeanette avec sa petite fille. Thomas s'installe dans une belle grange aménagée sur Vista Del Mar Avenue, un quartier chic à proximité de Hollywood Boulevard. Il loue également un petit appartement en face d'ABC. Une rumeur prétend que Thomas avait des problèmes d'argent depuis la naissance de Meghan et que cela avait contribué à sa rupture avec Doria, mais tout cela est faux[12].

Thomas a inscrit Meghan à la Little Red School House, une crèche très prisée qui se trouve à la fois tout près des plateaux de tournage et du nouveau domicile de Doria. Les parents de Meghan adoptent une routine fixe : Doria et Jeanette s'occupent de Meghan les jours où Thomas enchaîne dix-huit heures de travail, mais il va la chercher à la crèche un jour sur deux et il en a la garde tous les week-ends.

Évoluant entre ses parents et leurs modes de vie très différents, Meghan rayonne de bonheur. Avec sa peau plutôt claire et ses cheveux bouclés, elle ne paraît pas avoir été exposée à des remarques racistes. Même si les Afro-Américains sont rares à Hollywood Hills, Thomas Markle insiste sur le fait que le racisme n'a jamais été mentionné dans ses conversations avec Meghan. Doria a juste signalé qu'on l'a prise une fois pour la nounou de Meghan. « Je n'ai observé aucun racisme dans ce quartier, insiste Thomas Markle. Doria ne s'est jamais plainte qu'il était difficile pour d'y vivre pour elle[13]. En 2015, quand Meghan évoque pour la première fois ses origines, elle ne dit pas que le fait qu'elle soit métisse – ou plutôt « biraciale », pour reprendre son propre terme – a rendu sa vie compliquée. Elle rapporte une anecdote qui montre bien l'attention de son père envers elle : « Je m'étais extasiée devant un coffret Barbie Heart Family, écrira-t-elle un peu plus tard. Il y avait le père, la mère et les deux enfants. La famille idéale. On trouvait une version "blanche" et une version "noire". Le matin de Noël, enveloppée dans du papier cadeau, j'ai découvert ma Heart Family : une maman noire, un papa blanc et un enfant de chaque couleur. Mon père avait acheté deux coffrets pour personnaliser mon cadeau[14]. »

Le souvenir de Thomas diffère : « Je lui ai offert ces poupées pour son quatrième anniversaire, organisé dans un parc avec ses camarades de classe. Doria et sa mère étaient également présentes. Une mère a dit : "Je n'ai jamais vu cet ensemble dans un magasin." » Jusqu'à ce que Meghan rende public ce cadeau, trente ans plus tard, en évoquant un problème de racisme à son encontre, Thomas Markle n'a aucun souvenir que sa fille ait jamais mentionné la question.

En 1986, Doria trouve trop difficile de s'occuper de sa fille de cinq ans. Après l'école, Meghan passe donc de plus en plus de temps dans la famille de Ninaki « Nikki » Priddy, sa première et meilleure amie d'enfance, ou auprès de Thomas – ou dans les studios quand son père travaille[15].

Encouragée par les parents de Nikki Priddy, la relation entre les deux fillettes est très forte. Nikki se souvient que « Meghan a toujours voulu être célèbre. Elle adorait être le centre de l'attention ». Le fait de grandir sur les plateaux de tournage en faisait déjà une sorte de star : « Nous l'imaginions en train de recevoir un Oscar. Et elle s'entraînait dans ce sens. J'étais sûre qu'elle serait dans le showbusiness. C'était évident[16]. »

Quand Samantha a quitté la maison paternelle, Meghan a pu occuper toute la place, comme si elle était une fille unique. Nikki Priddy a pu observer les conséquences de ce changement : « Elle était très dure. Si on n'allait pas dans son sens, elle le faisait savoir par son silence. Un jour, nous avions alors sept ans, j'avais ramassé des insectes, mais elle ne voulait pas jouer avec. Nous avons passé deux heures chacune dans notre coin, nous tournant le dos sans nous parler. J'étais toujours la première à m'excuser. Je voulais juste qu'on soit de nouveau amies. Elle était très têtue et campait sur ses positions. »

CHAPITRE 2

À l'école

Juste avant son neuvième anniversaire, en 1990, la vie de Meghan change de nouveau. Doria vient de créer Distant Treasures, une entreprise de vêtements et de bijoux, et devra se déplacer dans tout le pays. Le fait qu'elle puisse s'absenter ainsi plusieurs semaines laisse Thomas perplexe, mais il accepte de s'occuper seul désormais de Meghan. La petite fille vient donc s'installer dans la grande grange aménagée – et non pas cet ancien garage transformé en un appartement exigu qu'elle a évoqué par la suite[17].

À l'école, Meghan est réputée pour son empathie, car elle prend le parti des plus timides et des enfants maltraités. Même si elle s'est décrite plus tard comme « une vraie cabotine », ce n'est pas le souvenir qu'en garde son oncle Joseph, le frère de Doria. À l'époque, Jeanette est mourante, et Joseph a noté que la petite Meghan lui tient la main avec beaucoup de gentillesse[18].

Meghan trouve de la stabilité dans les familles de ses copines de classe. Les quatre premiers jours de la semaine, elle se rend après l'école chez Ninaki Priddy ou Susan Ardakani, une autre amie, jusqu'à ce que son père vienne la chercher. Dans les deux foyers, elle a pu être témoin d'une vie de famille heureuse. Le vendredi, elle rejoint Thomas sur le plateau de *General Hospital* ou de *Married with Children*, dans les studios d'ABC. Elle découvre alors le monde des vedettes de la télévision et le glamour. Plus important encore, elle se prend de passion pour l'objectif. Posant pour le plaisir, elle change progressivement de personnalité. Consciente de l'attention qu'on lui porte, elle se voit, comme beaucoup de jeunes filles de Tinseltown, devenir une star de Hollywood.

Son père encourage ses rêves. Elle devient vite populaire auprès des acteurs et de l'équipe de tournage, préparant des sandwichs et sollicitant des autographes. « Personne ne lui refusait rien », observe Thomas Markle, amusé par la popularité de sa fille. Exposée au monde des adultes, Meghan se sensibilise aux problèmes politiques, en particulier au féminisme. La campagne menée depuis vingt ans par Betty Friedan, Andrea Dworkin, Jane Fonda et Gloria Steinem a fait de nombreux adeptes à Hollywood. Mais les publicités télévisées continuent de véhiculer des stéréotypes de la femme. La société Procter & Gamble utilise ainsi le slogan suivant pour promouvoir le liquide vaisselle Ivory Clear : « Dans toute l'Amérique, les femmes luttent contre les casseroles et les poêles sales. » Meghan est furieuse. Pourquoi les femmes ? Pourquoi pas les hommes ? Thomas Markle sait que cette campagne révolte aussi des milliers d'Américaines. Beaucoup ont d'ailleurs envoyé des courriers de protestation auprès de la firme. Soutenue par son père, Meghan prend le train en marche. Elle écrit au président de Procter & Gamble, ainsi qu'à Hillary Clinton, la First Lady. Comme d'autres contestataires, elle demande qu'un nouveau slogan soit adopté : « Dans toute l'Amérique, des gens… »

Comme ces courriers restent sans réponse, Thomas écrit lui-même à Procter & Gamble et à Hillary Clinton pour qu'ils prennent en compte la demande de sa fille. Rien ne se passe. En utilisant ses contacts, Thomas suggère à Linda Ellerbee, animatrice sur Nickelodeon®, une chaîne de télévision pour les enfants gérée par Lucky Duck Productions, de faire un reportage sur l'engagement de Meghan[19]. Son interview pour le reportage télévisé, et le clip qui reconstitue le moment où elle a écrit sa lettre, ont renforcé la confiance en soi chez Meghan. Quelques semaines plus tard, Procter & Gamble s'incline devant les milliers de protestations et modifie son slogan. Thomas sait que ce n'est pas la lettre de sa fille qui a provoqué cette décision – rien ne prouve d'ailleurs qu'elle ait été lue –, mais il soutient Meghan dans sa conviction que le changement est une victoire personnelle. Quand elle raconte son histoire aux femmes qui travaillent aux studios ABC, elle gagne encore en popularité. On lui réserve même un bureau pour faire ses devoirs. Meghan fera ensuite de cet événement un moment-clé de son histoire.

La fin de l'année 1990 était une période faste pour Thomas. Grâce à un travail acharné, il gagne très bien sa vie. Vingt-six ans plus tard, pour obtenir de l'argent d'un journaliste avide d'informations, Tom Junior prétend que son père a gagné 750 000 dollars à la loterie. L'histoire est inventée de toutes pièces. Ce qui est sûr, c'est que Thomas ne manque pas de moyens à cette époque : il a donné à Tom Junior de l'argent pour ouvrir un magasin de fleurs, il a acheté une voiture à Samantha et il peut régler sans problème la scolarité de Meghan, dont les frais sont pourtant élevés.

Pour le neuvième anniversaire de Nikki Priddy, Meghan a été filmée assise sur une couverture rouge, portant une couronne dorée et criant « Deuxième prise » en actionnant un clap improvisé. Elle ordonne à ses camarades de s'incliner à ses pieds en chantant « Votre Altesse Royale ». Elle a été très marquée par le visionnage du mariage de Diana et Charles – un vrai conte de fées. Nikki Priddy se souvient que son amie a toujours voulu être le centre de l'attention et jouer le premier rôle.

Dans le même temps, Meghan vit difficilement les échanges tendus entre ses parents, surtout quand elle les compare à la vie de famille de ses amies. À l'adolescence, elle passe de nombreux week-ends et vacances chez Nikki Priddy, et celle-ci témoigne de son admiration pour la façon dont Meghan géraient ses parents en essayant de maintenir la paix : « J'ai connu Meghan quand ses parents étaient séparés. La situation était parfois difficile pour elle. Elle avait l'impression de devoir choisir son camp. Elle essayait toujours de s'assurer que chacun d'eux était heureux. » Nikki Priddy se souvient que Meghan assurait souvent le rôle de « médiateur » en relayant les messages de Thomas et de Doria : « C'était des trucs comme "Dis à ta mère…", ou "Dis à ton père…". » C'est à cette époque que Meghan a appris à contrôler ses émotions. Ninaki se souvient que « parfois, l'un de ses parents avait besoin d'un peu plus d'attention, alors

Meghan se consacrait à lui[20] ». Ballottée entre des univers très différents, elle s'est mise à compter de plus en plus sur elle-même. Mais Bean, comme la surnommait alors Thomas – parce qu'elle adorait le livre *Jack and the Beanstalk*[A] – pouvait toujours compter sur sa protection.

Ce bouclier est tombé brutalement après les émeutes qui ont éclaté dans certains quartiers de Los Angeles en avril 1992. Un film diffusé alors montre quatre policiers blancs en train de passer à tabac un automobiliste afro-américain non armé, Rodney King. Après l'acquittement des policiers, la protestation enfle dans certains quartiers, et les manifestations contre le racisme du verdict se multiplient. Les sirènes de police retentissent dans toute la ville, tandis que des protestataires indignés incendient et pillent un peu partout.

Même si ces flambées de violence se déroulent loin de chez eux, Thomas veut mettre Meghan à l'abri. Le jour où les émeutes ont commencé, il la conduit en voiture à Palm Springs[21]. Doria refuse de venir, car elle se sent en sécurité, comme elle l'a dit à Thomas au téléphone. Il est très peu probable que Meghan ait vu la moindre manifestation de violence, pas même le pillage mineur d'un magasin près des studios ABC. En son absence, les émeutes se sont étendues à Sunset et Hollywood Boulevards. Après cinq jours, le couvre-feu est levé, et Meghan et Thomas rentrent à Los Angeles. Meghan passe devant des bâtiments incendiés, mais aucune maison n'a été endommagée dans son quartier.

Plus de vingt ans plus tard, Meghan évoque une expérience très différente : « Je me souviens du couvre-feu, et d'avoir couru vers la maison. Sur le chemin, je me souviens aussi que j'ai vu des cendres tomber du ciel et senti la fumée, qui s'échappait des bâtiments, tandis que des gens sortaient en courant des immeubles en portant des sacs[22]. » Elle raconte aussi avoir vu « des hommes à l'arrière d'une camionnette, qui tenaient des fusils et des carabines ». Et évoque un arbre familier « complètement carbonisé » devant la maison de son père. Et ces souvenirs, dit-elle, ne s'effacent pas[23].

A. *Jacques et le Haricot magique*, conte populaire qui a fait l'objet de nombreuses adaptations.

Plus récemment, Meghan a affirmé que ces émeutes ont « abîmé sa communauté », mais elle voulait sans doute parler de son entourage proche, qui était majoritairement blanc… Sa version a encore changé en 2017. Vingt-cinq ans après l'événement, Meghan raconte dans *Vanity Fair* que les cendres des incendies recouvraient les pelouses de son quartier, et qu'elle s'est exclamée : « Oh mon Dieu ! Maman, il neige. – Non, Fleur, a répondu Doria, ce n'est pas de la neige. Rentre dans la maison[24]. » Cette version des faits laisse Thomas Markle incrédule. Meghan, insiste-t-il, n'a jamais vu Doria après le début des émeutes, car il l'a emmenée directement à Palm Springs après l'avoir récupérée à l'école.

Dans d'autres versions, Meghan mentionne aussi une expérience particulièrement mémorable. Elle était dans la voiture avec sa mère, qui s'est disputée avec un conducteur blanc, lequel lui a lancé des insultes racistes. Doria était visiblement peinée : « J'ai regardé ma mère. Ses yeux se sont remplis de larmes de rage. Nous sommes rentrées à la maison dans un silence assourdissant. Ses articulations étaient inhabituellement pâles à force de serrer le volant[25]. C'est le seul incident de ce type dont Meghan a parlé publiquement, mais elle a aussi évoqué ses ressentis quand sa mère et sa grand-mère racontaient ce qu'avaient vécu leurs ancêtres dans un passé lointain.

Il faut souligner que l'origine ethnique n'était pas problématique à la Little Red School, ni à l'Immaculate Heart School, une école catholique pour filles que Meghan a intégrée juste avant son douzième anniversaire. Sa « bataille » avec Procter & Gamble, comme Thomas Markle l'a découvert au cours de l'entretien de sélection, a eu une influence majeure sur sa décision d'entrer dans cet établissement. Thomas précise aussi que Doria n'était pas présente à ce rendez-vous et qu'elle s'est rendue une seule fois dans cette école avant la cérémonie de remise des diplômes[26].

Fondée en 1906, l'Immaculate Heart School entend contribuer à développer « la vitalité intellectuelle, la croissance spirituelle, la force morale et le développement socio-émotionnel de ses élèves » pour leur permettre de devenir des femmes au grand cœur et à la conscience droite ». L'école est fière d'attirer « des jeunes femmes talentueuses et très motivées », issues de toutes les cultures et de tous les milieux sociaux. Parmi les anciens étudiants figurent l'actrice Mary Tyler Moore et la productrice Tyra Banks.

Seul un tiers des élèves étaient blanches. L'origine ethnique n'était donc pas souvent évoquée, comme le souligne Christine Knudsen, une des enseignantes, elle-même blanche : « Ce n'est pas un problème, parce que notre école est très diversifiée. » Comme Doria n'est venue qu'une seule fois à l'école, la plupart des professeures pensaient que Meghan était d'origine italienne[27]. Le photographe John Dlugolecki, qui travaillait régulièrement pour l'établissement, n'a pas le souvenir que Meghan ait eu des amies afro-américaines et précise qu'elle « n'était pas considérée comme métisse par ses pairs ». Ses plus proches amies étaient blanches. Elle-même a dit qu'elle était surtout connue parce qu'elle était « la plus intelligente[28] ». Jusqu'à récemment, elle n'a jamais laissé entendre qu'elle souffrait d'un quelconque sentiment d'exclusion.

Elle a été confrontée pour la première fois à son origine ethnique à l'âge de douze ans, quand elle a dû répondre, en anglais, à un questionnaire dont une des entrées portait sur la race. « J'étais là, avec mes cheveux bouclés, mes taches de rousseur, ma peau claire, mon origine métisse, à regarder les cases… Je ne savais pas quoi faire. On ne pouvait choisir qu'une seule case, mais cela revenait à choisir un parent plutôt que l'autre – et une moitié de moi-même plutôt que l'autre. Mon professeur m'a dit de cocher la case “Caucasien”. “Parce que c'est à ça que tu ressembles, Meghan”, a-t-elle précisé. J'ai posé mon stylo. Pas par défi, mais comme un symptôme de ma confusion. Je ne pouvais pas m'y résoudre – j'imaginais la tristesse de ma mère si elle l'apprenait. Je n'ai donc pas coché de case. J'ai laissé mon identité en blanc – un point d'interrogation, une incomplétude absolue –, à l'image de ce que je ressentais. En rentrant à la maison ce soir-là, j'ai raconté à mon père ce qui s'était passé. Il m'a dit des mots qui sont restés gravés dans ma mémoire : “Si cela se reproduit, tu dessineras ta propre case.”[29] »

À cette époque, Thomas institue une routine agréable. Tous les jours, pendant près de dix ans, il déposera Meghan à l'école le matin, et il ira la chercher en fin d'après-midi, ou enverra une voiture pour la récupérer chez une de ses camarades de classe et la conduire aux studios pendant qu'il termine son travail. Vêtue de son uniforme, la petite fille aux cheveux bouclés reste sagement assise dans les coulisses tandis que, sur le plateau, se jouent parfois des scènes de sexe. « Un mélange de sacré et de profane, dira plus tard Meghan. C'était un endroit très pervers pour grandir[30]. »

Le samedi, il y a les cours de danse et de théâtre, suivis de « notre club sandwich et smoothie aux fruits » chez un glacier ou à Hamburger Hamlet. Le soir, Thomas rentre avec un numéro d'*Archie Comics*, la BD préférée de sa fille. Le héros, un adolescent aux cheveux carotte et couvert de taches de rousseur, est ami avec Veronica, fille unique d'un riche homme d'affaires. Entre dix et douze ans, Meghan s'est vu offrir non seulement la parution de la semaine à 1,50 dollar, mais aussi des numéros rares à 20 dollars pièce. Thomas loue aussi un vieux film ou une comédie musicale qu'il regarde avec sa fille[31].

Certains dimanches sont consacrés à la pêche sur la Kern River ou le Big Bear Lake – une activité que Thomas pratiquait lui aussi quand il était enfant. Le poisson est cuisiné pour le dîner. Quand Thomas peut profiter d'un week-end plus long, il programme une excursion – il a ainsi emmener Meghan visiter Graceland, la maison d'Elvis à Memphis, dans le Tennessee. Sa Toyota 4 Runner dispose de matelas à l'arrière et est équipée d'une télévision et d'un magnétoscope. « Nous avons découvert, se souvient Thomas, qu'elle aimait la même musique que moi quand j'étais enfant. Des groupes comme les Shirelles et tous les groupes de *soul*, elle les aimait tous. Chaque fois que nous nous arrêtions dans un relais routier pour manger quelque chose, j'achetais des cassettes[32]. »

Thomas encourage aussi Meghan à s'engager bénévolement auprès de la Hippie Kitchen, sur LA Skid Row, pour servir des repas aux sans-abris[33]. Maria Pollia, professeur de théologie à l'Immaculate Heart School, se souvient que Meghan faisait preuve d'une « empathie exceptionnelle ». Thomas Markle peut également s'attribuer le mérite de ce compliment émis par Ilise Faye, l'Immaculate Heart School, qui se souvient d'une fillette assurée et proactive : « Elle n'avait pas peur de s'exprimer. Elle prenait la défense des laissés-pour-compte, était très investie dans les causes auxquelles elle croyait, et elle est devenue un leader parmi ses amis. »

Au début de l'adolescence, Meghan a une pratique religieuse fervente et elle se montre très altruiste. En été, avec son école, elle fait une retraite à l'Agape International Spiritual Center, un centre de retraite œcuménique. Tôt le matin, les élèves méditent et récitent le mantra d'Agape, « Dieu est avec moi ». Elle passe également quatre jours dans la communauté Kairos, où des lycéens se retrouvent pour parler de la vie et de la religion. Meghan y est très populaire. Lors d'une cérémonie scolaire, à l'âge de quatorze ans, elle fait une intervention sur la foi et sur la charité[34]. À la même époque, elle adresse une lettre à un de ses camarades déprimé pour lui rappeler qu'il est « fort et merveilleux », doté d'un « bel esprit » prouvant à quel point « tu es spécial », et termine par ces mots : « Je suis là si tu as besoin de moi. » Elle devient responsable de groupe pour Kairos[35].

Son empathie est récompensée par son élection à la présidence de l'association des élèves de son école. Elle est couronnée reine du Homecoming[A], et ses amis disent ouvertement « qu'elle a toujours été destinée à être exceptionnelle ». Des années plus tard, un portrait aussi élogieux ne fait pas l'unanimité. Alors qu'elle se décrit comme une « outsider », certains camarades de classe jugent qu'elle était « fausse », parce que trop « parfaite » en apparence[36]. Les faits suggèrent pourtant le contraire. Comme l'a remarqué Sonia Ardakani, Meghan s'est battue « bec et ongles pour obtenir ce qu'elle voulait ». Et Suzy, la fille de Sonia, conclut : « Meghan a toujours obtenu ce qu'elle voulait[37]. » Personne ne doute de sa sincérité. Mais son père a été d'une trop grande indulgence à son égard. « Je l'ai gâtée, concède Thomas avec tristesse. Elle est alors devenue autoritaire à l'école, où elle voulait tout organiser, et autoritaire à la maison. »

A. Festivités qui rassemblent les anciens élèves d'un établissement et les nouveaux-venus. Elles se déroulent sur plusieurs jours et se terminent généralement par un bal.

Plus tard, Meghan a reconnu le dévouement de son père et évoqué chaleureusement « le sang, la sueur et les larmes que cet homme originaire d'une petite ville de Pennsylvanie a versés pour que je puisse grandir et ne manquer de rien ». Avant d'ajouter : « À mon père, mon papa si attentionné, inspirant et travailleur, je souhaite une bonne fête des pères. » Elle a témoigné la même gratitude envers Doria. Ex-employée d'une agence de voyages, Doria avait réussi à obtenir des billets d'avion pas chers pour emmener sa fille au Mexique. Pour Meghan, le souvenir le plus marquant de ce voyage semble avoir été une visite des bidonvilles[38]. Mais elle n'a jamais mentionné ses vacances à Hawaï avec ses deux parents, payées par Thomas Markle : « Même si nous étions divorcés, nous nous retrouvions parfois tous ensemble. »

Des années plus tard, en 2014 – le jour de ses trente-trois ans –, Meghan raconte une histoire très différente : « Toute mon adolescence, j'ai cherché à m'intégrer, avec tout ce que cela impliquait. Il y avait des clans distincts dans mon lycée – les filles blanches, les filles noires, les Philippines et les Latinos. Étant biraciale, je me situais entre les deux. Alors tous les jours, à l'heure du déjeuner, je participais à des activités. Groupe de français, association des élèves, tout ce qu'on pouvait faire entre midi et 13 heures. Pas pour être plus impliquée dans la vie de l'école, mais pour ne pas manger seule[39]. » Thomas Markle a contesté cette version produite tardivement par Meghan sur ses années scolaires.

En 1993, la situation financière de Thomas s'effondre. Il a prêté une grande partie de ses économies à un ami pour un projet télévisé. L'argent aurait été volé, selon lui. Il doit également régler d'importants arriérés d'impôts. Sur les conseils de l'administration fiscale, il se déclare en faillite. Comme son salaire reste élevé, le niveau de vie de Meghan ne change guère. Même si elle affirme avoir dû travailler au Humphrey Yogart de Beverly Hills pour quatre dollars de l'heure[40] et ne connaissait que « le buffet de salades à 4,99 dollars chez Sizzler[41] », Thomas est catégorique : « Elle n'a jamais travaillé durant sa scolarité. Je ne l'aurais pas permis. Et elle n'en avait pas besoin. » Et elle n'a pas dû se contenter des salades de chez Sizzler. Elle mangeait de bons produits fermiers et adorait les tacos au poisson, comme elle le reconnaîtra plus tard[42].

Non seulement Thomas Markle veille à ce que Meghan ait une alimentation saine, mais il règle aussi des frais de scolarité supplémentaires et des voyages. L'ambition de sa fille est élevée : influencée par sa fréquentation des plateaux de tournage, elle est déterminée à devenir célèbre. Quand elle se lie d'amitié avec le fils d'un président bolivien, Meghan se vante pendant plusieurs jours : « Je vais être reine de Bolivie[43]. »

Socialement, elle donne l'impression d'être réservée. Ses parents, dit-elle, étaient stricts sur la question des boyfriends. Lors d'une interview avec à Larry King, elle a avoué un premier baiser à treize ans, lors d'une retraite religieuse, avec Joshua Silverstein, devenu depuis un rappeur célèbre[44]. Ce dernier a précisé que l'intitiative en revenait à Meghan. Quand elle est autorisée à sortir avec son premier petit ami, Luis Segura, le frère de ce dernier, Danny, joue les chaperons. Ses amies d'école Suzy Ardakani et Ninaki Priddy confirment d'ailleurs qu'elle sortait peu à l'adolescence, en dehors de ses activités extrascolaires. Avec Suzy, elle fait de l'équitation et du patinage, et elle va au bowling. La famille Ardakani est très attachée à Meghan : Matt, le père, a été blessé par balle par un vétéran de la guerre du Vietnam psychologiquement dérangé, et Meghan s'est rendu souvent à son chevet avec Susy, pendant que le garagiste se rétablissait lentement[45].

Dans le même temps, son amitié avec Ninaki Priddy se resserre. En 1996, Meghan voyage en Europe avec la famille Priddy. Après Paris, ils se rendent à Londres. Les deux filles ont été photographiées devant le palais de Buckingham. Un an plus tard, la princesse Diana meurt à Paris, dans un accident de voiture. En larmes, les deux fillettes regardent William et Harry marcher derrière le carrosse vers l'abbaye de Westminster. La caméra zoome sur les fleurs blanches qui ornent le cercueil de Diana et montrent une carte qui porte le mot « Mummy ». Elle a été écrite par Harry, qui a alors douze ans. L'image des jeunes garçons a frappé les Américains, qui jugent également sévèrement la façon dont leur mère a été traitée par la famille royale, en particulier par Charles.

Par la suite, Meghan visionne, avec la famille de Suzy, une cassette du mariage de Diana en 1981. Et Suzy offre à Meghan le bestseller d'Andrew Morton, *Diana : Her True Story*, qui a révélé la faillite de son couple. À vingt ans, Meghan a toujours ce livre dans sa bibliothèque, et elle évoque son souhait de séjourner un mois à Londres[46]. Deux décennies plus tard, elle dira pourtant : « Je ne connaissais pas grand-chose de lui [Harry] et de la famille royale[47]. Ninaki Priddy a cependant contredit son amie. Meghan, dit-elle, « a toujours été fascinée par la famille royale » et l'engagement de Diana en faveur des malades du sida et des victimes de mines antipersonnelles. De son propre aveu, Meghan a reconnu toute l'importance de sa première « robe de conte de fées », une « superbe blouse et des chaussures ornées de bijoux » pour le défilé Miu Miu de son école : « C'était très fort pour moi, j'avais l'impression d'être une princesse[48]. »

Le théâtre est une priorité dans sa vie. Encouragée par Thomas Markle, elle est très impliquée dans les spectacles de son école. Thomas s'est même porté volontaire pour monter un décor professionnel et construire un tableau lumineux. Il a aussi payé les frais d'orthodontie de la jeune fille pour effacer l'espace entre ses dents de devant.

Suivant les conseils de Thomas, Meghan perfectionne son jeu et obéit sans réserve aux instructions du metteur en scène. Après avoir parfois assisté à des répétitions, Thomas lui explique comment tenir sa tête, fixer son regard, montrer son meilleur profil et, surtout, avoir l'air sincère. Le jeu d'acteur, souligne-t-il, dépend beaucoup de cette apparence d'authenticité. La professeure d'art dramatique, Gigi Perreau, se souvient de l'engagement de la jeune fille, de son éthique de travail, de ses performances pleines d'assurance. Les rapports de l'école mentionnent son rôle principal dans *Œdipus Rex*, qui a fait salle comble pendant trois jours, et les applaudissements nourris que Meghan a reçus pour son jeu dans plusieurs comédies musicales – *Annie*, *Damn Yankees* et *Into the Woods*.

Mais ces succès rendent la jeune fille terriblement jalouse, et elle ne supporte pas qu'une autre fille décroche le premier rôle. Elle s'est montrée particulièrement irritée quand une camarade d'école a été recrutée par un studio de Hollywood et que deux autres filles ont été auditionnées pour le film *Trace of Red*. Elle veut être la star, souligne Thomas Markle. Sur la scène comme dans la vie. Elle demande à son père de payer un photographe professionnel pour un cliché de face. Thomas accepte et fait circuler la photo parmi les producteurs des studios de Hollywood. Mais elle n'est jamais contactée. « Je veux être actrice », répète-t-elle pourtant.

Pour lui faire plaisir, Thomas l'emmène à la cérémonie de remise des Emmy Awards où il est primé comme meilleur éclairagiste. Elle a alors dix-sept ans. Après qu'ils ont descendu le tapis rouge, la jeune fille dit à son père : « Je veux être célèbre comme toi un jour. » Comme beaucoup de jeunes filles de Los Angeles, Meghan aime le glamour et la célébrité. Elle veut que son rêve s'accomplisse. Et son père entend bien l'aider à réaliser son rêve.

À la fin de l'adolescence, l'attitude de Meghan envers Thomas commence à changer. Au printemps 1999, l'école se prépare à monter la comédie musicale *The Pyjama Game*. Meghan veut le rôle principal, mais elle n'entend pas renoncer à la retraite d'été de l'école. Gigi Perreau lui demande de choisir. Meghan décide de participer à la retraite. Outrée que l'enseignante lui ait refusé un rôle dans la pièce, elle exige de son père qu'il ne se charge pas de l'éclairage. Thomas ignore sa demande. Furieuse, la jeune fille a hurlé qu'il devait lui obéir. Comme son père ne cède pas, Meghan s'installe chez Doria pendant quelques semaines[49]. « Elle m'en voulait beaucoup, raconte Thomas, et refusait de me parler. »

Durant cette période, Ninaki Priddy a filmé Meghan en train de conduire sa voiture. La plaque d'immatriculation, offerte par un ancien petit ami, porte la mention « CLASSY Girl ». Un jour, alors que les jeunes filles se trouvent à quelques minutes de la maison de Thomas, Meghan dit à son amie : « Nous n'allons pas y aller parce que je suis fâchée avec mon père. J'aimerais m'arrêter pour voir si j'ai du courrier, mais j'en doute[50]. » Meghan n'a pas invité Thomas quand elle a joué dans *Damned Yankees*, à l'école des garçons du quartier. Il a pourtant assisté à la représentation et a fait livrer des fleurs dans les coulisses pour sa fille. Elle a ignoré son geste. Pour la première fois, Thomas se rend compte que sa fille a l'intention de fixer elle-même les règles. C'est la seule représentation scolaire à laquelle Doria a assisté, contrairement à Thomas qui, après avoir dirigé l'éclairage, a vu presque tous les spectacles dans lesquels Meghan jouaient.

La vidéo de Ninaki Priddy se termine alors que Meghan se rend à une audition pour une vidéo de la chanteuse Shakira. Si elle est retenue, elle recevra un cachet de 600 dollars pour deux jours. Après l'audition, Priddy filme une dernière fois Meghan. « Nous avons toutes dansé comme des sauvages, déclare celle-ci devant la caméra. J'étais nerveuse à l'idée de perdre mon haut, tellement je m'agitais dans tous les sens. » Elle n'a pas été retenue.

La cérémonie de remise des diplômes, en juin 1999, est regardée avec fierté par les parents de Meghan et son demi-frère. Lors du discours de passage de témoin aux élèves du 12th grade[A], Meghan est félicité pour sa réussite scolaire et ses succès au théâtre[51]. Dans l'annuaire de l'école, sa photo est accompagnée d'une citation d'Eleanor Roosevelt qu'elle a elle-même choisie : « Les femmes sont comme des sachets de thé, elles ne se rendent compte de leur force que lorsqu'elles sont dans l'eau chaude[52]. »

La jeune femme témoigne à l'époque d'une grande admiration pour ses deux parents. Doria, dont elle évoquera plus tard les dreadlocks, semble avoir été pour sa fille un exemple inspirant : « Nous nous amusons beaucoup ensemble, mais je trouve aussi beaucoup de réconfort dans son soutien[53]. » Quant à Thomas, elle sait tout ce qu'elle lui doit. Dans une carte de Saint-Valentin, elle lui écrit ainsi : « Tout ce que tu as fait pour moi m'a permis de devenir ce que je suis, et je t'en suis très reconnaissante. Tout ce que je veux, c'est te rendre fier et je te promets que je le ferai quoi qu'il arrive[54]. »

A. L'équivalent de la classe de terminale en France.

Pourtant, même si Meghan éprouve de la gratitude pour son père et sa générosité – il a dépense quelque 165 000 livres sterling pour sa scolarité –, son départ pour l'université crée des tensions entre eux. Alors que sa fille s'apprête à quitter Los Angeles, Thomas Markle sombre dans la mélancolie.

CHAPITRE 3

À l'université

Princeton est le premier choix de Meghan. Thomas pense que c'est une école pour enfants riches, mais il accepte de solliciter l'aide d'un ami pour que Meghan puisse s'y s'inscrire. Malgré ses bonnes notes, sa demande est rejetée. Elle le vit mal – Thomas sait à quel point elle déteste que les choses lui résistent. Finalement, elle est prise à l'université Northwestern de Chicago, classée parmi les meilleures pour l'art dramatique et qui était son second choix.

Obtenir une place à Northwestern pour étudier le théâtre et les relations internationales est la carte d'entrée de l'élite. Meghan a choisi une université privée très sélective, la préférée des étudiants blancs, riches et dotés d'un bon réseau. Elle n'y connaît personne. Dès son admission, elle intègre la sororité Kappa Kappa Gamma[A], la préférée des jeunes filles blondes du Midwest. Elle s'engage à mener des actions caritatives, à veiller sur ses « sœurs » et à respecter la devise de leur groupe : « Aspire à être. » Thomas accepte de payer les frais annuels de sa nouvelle vie étudiante – 45 000 dollars.

La vie est belle pour Meghan. Elle aime cuisiner, regarder des films et étudier le théâtre. Elle se fait plein de nouveaux amis, entre autres Lindsay Jill Roth, dont les parents sont avocats à Long Island et qui devient sa confidente, et Larnelle Quentin Foster, un jeune Afro-Américain qui

A. Les sororités ou les fraternités sont des confréries étudiantes typiquement américaines.

étudie lui aussi l'art dramatique. Elle passe beaucoup de temps avec ce dernier et se rend souvent dans sa famille, sur la côte est. La mère de Foster, pasteur, se montre ravie que son fils ait rencontré la femme idéale, ignorant qu'il est gay. Le premier petit ami de Meghan à l'université, Steve Lepore, un joueur de baseball, a déménagé dans une université de Caroline du Nord peu après leur rencontre, mettant ainsi fin à leur liaison.

Les boyfriends qui lui succèdent sont tous « évalués » à l'aune des critères du livre *The Rules*, véritable guide de la drague écrit pour les jeunes filles qui cherchent à faire très vite un bon mariage. Meghan en a acquis un exemplaire peu après sa publication en 1995 et l'a pris avec elle. À cette époque, elle en connaît par cœur de nombreux passages. Dans les relations amoureuses de Meghan, se souvient Nikky Priddy, l'idée du mariage n'était jamais loin. Chaque homme était jugé sur la façon dont il pourrait faire équipe, dix ans plus tard, dans un couple[56]. Ces calculs n'échappent pas à Thomas Markle qui a noté, lors de ses visites à Chicago, que Meghan pouvait parler d'un garçon en ces termes : « C'est mon prochain petit ami. » Une fois qu'elle a arrêté son choix, la jeune fille réussit à séduire le jeune homme. « Elle a tout organisé », observe Thomas avec admiration. Car Meghan a le pouvoir de contrôler les hommes. Et elle est encore plus brillante quand il y a un homme, observe son père. Très vite la jeune fille s'installe avec son petit ami – ce qui lui permet de réduire ses dépenses. Thomas ne comprend cependant pas pourquoi elle se fait alors appeler Rachel. Elle refuse d'expliquer ce changement de prénom. Mais c'est le moment où la sitcom *Friends* fait fureur, avec Jennifer Aniston dans le rôle de Rachel.

La jeune fille, comme à l'école quelques années plus tôt, se montre travailleuse et toujours prête à aider les moins fortunés. Elle se distingue par son engagement caritatif, notamment dans le Glass Slipper Project, qui offre aux adolescentes manquant de moyens robes et accessoires pour leur bal de fin d'année, et dans un marathon de danse de trente heures destiné à collecter des fonds pour les malades du cancer. Elle excelle aussi dans les cours d'art dramatique, grâce à son travail acharné et à son professionnalisme plus que par un talent hors du commun.

Elle décline cependant l'invitation de Linda Gates, responsable du travail de la voix, à se former au théâtre. Celle-ci se souvient avoir dit à Meghan qu'elle pourrait devenir une grande comédienne, mais, précise-t-elle, « je ne suis pas sûre qu'elle en ait eu envie. Le théâtre est un lieu où on apprend à se transformer et où on doit toucher son public six ou sept soirs par semaine. Une actrice vedette comme Meryl Streep, formée au théâtre, peut se transformer complètement quand elle devient son personnage. Mais Meghan ne jouait que son propre rôle, celui d'une jolie fille agréable à vivre et intelligente. Sa force était l'empathie[57]. » Dans toute sa carrière, Meghan n'a jamais cité une pièce de théâtre qu'elle aurait vue ou appréciée. Comme beaucoup de stars du cinéma débutante, elle pense que le théâtre n'a pas d'avenir. Mais ses amis d'alors ne se souviennent pas l'avoir jamais entendue s'extasier sur un film.

Meghan veut faire du cinéma et demande à Thomas de lui obtenir un rôle dans le feuilleton télévisé *General Hospital.* Elle y débitera cinq lignes et l'épisode sera diffusé en novembre 2002. Après deux autres auditions, on ne lui propose plus rien. Mais son objectif est atteint : sa brève apparition lui a permis d'obtenir la carte syndicale de la Screen Actors Guild. Dès lors, elle peut travailler comme actrice. Thomas Markle a payé les 6 000 dollars d'adhésion. Son CV, selon lui, ne mentionne pas qu'elle est biraciale.

Plus tard, Meghan affirmera qu'elle s'est heurtée, à l'université, à une « fermeture d'esprit » concernant sa filiation et le divorce de ses parents. Elle évoque ainsi cet incident : « Une camarade de dortoir rencontrée dès mon arrivée m'a demandé si mes parents étaient toujours ensemble : “Tu dis que ta mère est noire et que ton père est blanc, c'est ça ?” a-t-elle dit. J'ai souri, attendant ce qui pourrait sortir de ses lèvres pincées. “Et ils sont divorcés ?” J'ai acquiescé la tête. “C'est logique !” J'ai compris le sous-entendu et je n'ai pas répondu – j'avais peur d'ouvrir la boîte de Pandore de la discrimination, alors je me suis tue, étouffant ma voix.[58] » Toutefois, le professeur Harvey Young, spécialiste du théâtre afro-américain et qui enseignait alors à la Northwestern University, ne croit pas qu'il y ait eu des éléments racistes parmi les 15 000 étudiants du campus. Il s'est contenté d'une observation neutre : « Meghan était réfléchie, elle comprenait ce que cela signifie de faire face aux préjugés et à la discrimination[59]. »

Au cours de sa deuxième année, alors qu'elle n'est pas encore sûre de pouvoir devenir actrice, Meghan demande à son oncle Michael Markle, expert en communication pour le gouvernement américain, de l'aider à faire un stage de cinq semaines comme attachée de presse junior à l'ambassade américaine de Buenos Aires.

« Je détestais l'idée d'être un cliché, une fille de Los Angeles qui veut devenir actrice, expliquera-t-elle plus tard. Je voulais plus que cela et j'avais toujours aimé la politique, alors j'ai postulé pour un stage[60]. » Thomas, une fois de plus, paye le « programme d'études ». Samantha, la demi-sœur de Meghan, dira plus tard que la jeune fille n'était pas employée par l'ambassade, mais qu'elle était inscrite dans une école rattachée à l'ambassade qui organisait des stages.

À la fin de son séjour, Meghan passe le Foreign Service Officers Test, qui permet de juger si un candidat est compétent pour passer l'examen permettant d'intégrer le département d'État. N'ayant jamais manifesté d'intérêt pour les mathématiques – une condition essentielle pour devenir diplomate –, Meghan échoue. L'année suivante, retourne à Buenos Aires pour rencontrer un petit ami. Thomas Markle est de nouveau mis à contribution. Et quand Meghan l'appelle d'Argentine en lui disant : « J'ai besoin de 500 dollars pour quitter l'hôtel », il lui envoie l'argent.

À son retour, elle opte pour le cliché : devenir actrice. Plus tard, elle mentionnera une rencontre avec un agent d'acteurs du nom de Drew, qui semble avoir été impressionné par sa performance dans un film d'étudiant. « Tu vas gagner beaucoup d'argent », lui promet Drew qui annonce dans la foulée prendre un pourcentage de 10 %[61]. Depuis, personne n'a été en mesure d'identifier ce fameux Drew.

L'obtention de son diplôme, en 2003, est pour Meghan une joie mêlée d'anxiété, alors qu'elle se prépare à rentrer à Los Angeles, qui recense des milliers de jeunes acteurs en herbe. L'écrasante majorité d'entre eux sera déçue et finira sans le sou. Meghan, pour sa part, a plusieurs atouts. « Mon père m'a appris à trouver ma lumière », écrira-t-elle plus tard[62]. La contribution de Doria se réduit à des conseils pour prendre soin de sa peau. Elle suggère de boire deux litres d'eau par jour, d'utiliser une brosse Clarisonic®, d'appliquer de la crème solaire et de se faire faire des soins du visage[63].

Soutenue financièrement par Thomas Markle, Meghan loue une maison et achète une voiture d'occasion – dont son père règle aussi l'essence. Ce dernier a également transformé sa salle de bains en chambre noire parce que sa fille veut apprendre la photographie. Pour se faire un peu d'argent, la jeune femme enchaîne les petits boulots : emballeuse de cadeaux, calligraphe pour des invitations de mariage, hôtesse au Mirabelle, un restaurant de West Hollywood. Les serveurs de cet établissement sont souvent des acteurs au chômage.

Munie d'un portfolio, où ne manque pas l'inévitable photo de l'aspirante actrice au décolleté plongeant, Meghan s'engage dans la difficile recherche d'auditions. Contrairement à ses concurrentes, elle peut citer son apparition dans *General Hospital*. Elle lit son texte avec enthousiasme à des directeurs de casting au visage pâle, dont le « merci » de fin ne laisse rien présager du résultat. Elle a appris à contrôler ses sentiments après un refus.

Pour les non-initiés, ses progrès peuvent sembler maigres, mais dans le secteur, même quelques centimètres de celluloïd sont considérés comme un succès. Une brève apparition dans un film intitulé *A Lot Like Love*, avec Ashton Kutcher, et une réplique dans *Century City* semblent dérisoires, mais elle s'en sort mieux que la plupart de ses rivales[64].

Sa vie amoureuse est tout aussi frustrante. Elle est sortie six mois avec Shaun, un acteur et scénariste rencontré à Northwestern et qui a grandi dans les Hamptons. Le jeune homme n'a pas souhaité s'engager. Elle a ensuite une liaison avec l'acteur Brett Ryland, mais apparemment leurs personnalités ne collent pas. D'autres acteurs suivront, puis un magnat de la musique latino et une nuit sans lendemain avec Simon Rex, une star du porno[65]. Elle sort tous les soirs avec cette pensée en tête : « Qui sait, je vais peut-être rencontrer l'homme qui va changer ma vie. »

En 2004, elle rencontre Trevor Engelson dans un bar de West Hollywood. Grand, les cheveux roux, cet ambitieux jeune homme de vingt-sept ans, diplômé de l'université de Californie du Sud, est producteur de films, ciblant les chaînes de comédie avec les scénarios de ses clients. Pendant son temps libre, il écoute du hip-hop, lit assidûment, voyage et, raconte-t-il dans un podcast, joue 24 heures sur 24 – « Je suis juif, précise-t-il, et je crois qu'on n'a qu'une seule chance dans cette vie. Je crois énormément que toute cette merde peut s'arrêter d'un instant à l'autre. On doit s'amuser un peu. » Ayant débuté comme assistant de production, il a été licencié pour avoir entrepris secrètement une production en freelance. Peu après, il réussit à vendre le scénario de *The Road to Freaknik*, qu'il a lui-même écrit, et monte sa société de production, Underground Films 5190[66]. Engelson ne doute pas un instant qu'il enfoncera ses concurrents : il ne veut pas être un individu moyen, mais il veut au contraire « tirer le gros lot et être quelqu'un d'exceptionnel ».

Insensible et sûr de lui, Engelson impressionne Meghan par son sens aigu de la conversation. Se vantant de travailler dur – il prétend qu'il lit des scénarios tous les matins sous la douche –, il livre à la jeune femme sa philosophie de la vie : « L'espoir est la plus grande monnaie que nous ayons dans ce métier. » Avant d'ajouter cette autre maxime : « Ne te donne pas cinq minutes si tu ne te donnes pas cinq ans. » Dix ans plus tard, Meghan citera régulièrement ces mantras dans ses discours à de jeunes auditoires.

Engelson est intelligent, et le milieu stable de sa famille attire Meghan. Il a grandi au sein de la communauté juive de Great Neck, une ville prospère de la banlieue de New York. Son père est orthodontiste, sa mère orthophoniste. Scolarisé à la North High School de Great Neck, il y est surnommé « Flowerhead » par son groupe d'amis, qui répond au nom de Mudd Juice Posse. « Trevor était quelqu'un avec qui on avait envie de se lier d'amitié, se souvient Larry Pretto, qui a également grandi à Great Neck. Honnête, loyal, respectueux, capable de beaucoup d'humilité. »

Selon lui, l'attitude d'Engelson envers les filles était décente : « Il ne cherchait pas cumuler les conquêtes, il était de la vieille école. Quand des amies voulaient faire du shopping ou sortir, il les conduisait en ville. Il voulait qu'elles se sentent bien dans leur peau. Il charmait tout le monde[67]. »

D'autres témoignages sont moins élogieux et décrivent un garçon emporté et vaniteux. Et surtout pas le génie qu'il s'imagine être. Mais il semble offrir une stabilité qui répond aux besoins de Meghan – ou du moins à ce qu'elle croit rechercher. Comme beaucoup de jeunes gens attirés par Hollywood, elle est guidée par le fantasme. Elle ne vise pas simplement son bonheur dans le couple, elle est également convaincue que Trevor peut l'aider professionnellement. Elle veut être libérée du stress financier et avoir beaucoup de moyens. Inversement, tout en elle est nouveau pour Trevor.

Ninaki Priddy a été l'une des premières à rencontrer le jeune homme : « Trevor comptait beaucoup pour Meghan. Il était très concerné et avait des relations. C'était pour elle l'occasion d'établir des relations avec des agents. Elle aimait l'accompagner partout. Elle l'aimait. Il adorait ça. » Très éprise, Meghan se montre très démonstrative avec Trevor. Elle le prend dans ses bras, l'embrasse en public, roucoule « Trevity-Trev-Trev ». Et Trevor se montre lui aussi très tendre. La jeune femme triomphe – Ninaki Priddy est témoin sa fierté.

Émerveillé de sa chance, Trevor dit à ses amis qu'il a rencontré « la nana la plus sexy de Californie[68] ». Quelques mois plus tard, Meghan s'installe chez lui, à Hilldale, dans le quartier de West Hollywood. Enthousiasmée par sa conquête, elle proclame : « J'ai ma brosse à dents dans son armoire. » Trevor a découvert que sa jolie petite amie est aussi une merveilleuse fée du logis. « Elle veillait à ce que tout soit magnifique, raconte Ninaki. Elle avait des goûts très arrêtés. Elle adorait le beau linge de maison – des couettes blanches impeccablement repassées, bordées de superbes passepoils noirs. Elle aimait tout ce qui était blanc. Meg était perfectionniste. Elle aimait organiser des dîners et marier des plats sophistiqués avec des vins incroyables[69]. »

Dans les faits, le quotidien de Meghan ne ressemble pas forcément à ce que décrit Nika. Même si elle a trouvé en Trevor un partenaire sincère, compatissant et rassurant, la jeune femme enchaîne les échecs sur le plan professionnel – ce qui ne l'empêche pas de se vanter de ses succès dans les studios où elle se rend. Elle multiplie les auditions, mais ne décroche aucun rôle. Pour survivre à Hollywood, elle le sait, il faut à tout prix éviter de regarder la réalité en face et continuer à courir les castings, encore et encore, jusqu'à ce que ça marche.

« Mes vingt ans, écrit-elle, ont été difficile. Une bataille constante avec moi-même, sur mon poids, mon style, mon désir d'être cool, branchée, intelligente. C'est-à-dire aussi quelconque. Je devais avoir vingt-quatre ans quand un directeur de casting m'a dit pendant une audition : "Il faut que tu saches que tu es très bien comme tu es. Moins de maquillage, plus de Meghan[70]." »

Au volant d'une Ford Explorer cabossée dont la porte avant ne s'ouvre pas – elle doit entrer et sortir par le coffre –, la jeune femme se rend à toutes les auditions qu'elle peut trouver à Los Angeles. Elle finit par faire de brèves apparitions dans des téléfilms comme *Love Inc*, *Deceit* et *The War at Home*. Trevor a choisi de ne pas la faire jouer dans sa dernière comédie, *Zoom*, qui connaîtra un échec retensissant.

Hollywood, ville de compétition plus que de compassion, est impitoyable pour Trevor et Meghan. En 2006, tous deux figurent parmi les milliers d'inconnus prêts à tout pour un peu de gloire. Le succès dépend d'un mélange de travail acharné, de talent et de chance.

Enfin, Meghan connaît un peu de répit. Howie Mandel, comédien et animateur du jeu télévisé *Deal or No Deal*, a visionné ses essais et juge que l'allure physique de la jeune femme répond à ses exigences. Elle sera l'une des vingt-six hôtesses de son émission, arborant toutes une minirobe moulante qui met en valeur leur silhouette, chaussées de talons aiguilles de 15 cm et portant chacune une mallette[71]. Sa demi-sœur, Samantha, pense qu'« on a dû rembourrer son-gorge rembourré ».

Meghan commence à 5 h 30 du matin et travaille jusqu'à la tombée de la nuit. Sept épisodes sont tournés en une journée. Chaque émission est payée 800 dollars. Entre chaque épisode, elle doit changer de vêtements. « C'est afffreux », confie-t-elle à son père qui la console par ces mots : « Si tu es repérée, tu auras un autre rôle. Il faut du temps pour y arriver. » Thomas sait que l'humiliation est le prix à payer pour se faire un nom à Hollywood.

Devant un public déchaîné et tandis que la musique joue à fond, les hôtesses portent chacune une mallette contenant entre un cent et un million de dollars. Les concurrents en choisissent une et doivent ensuite soit la vendre pour une somme fixe, soit continuer à jouer dans l'espoir de choisir la mallette contenant un million de dollars. Dans un climat de tension artificielle, les participants sont encouragés à risquer tout. Comme toujours à Hollywood, les jeunes femmes sexy attirent les hommes riches et puissants. Donald Trump est l'un des visiteurs accueillis dans le studio. Sur le plateau, entre les prises, l'homme d'affaires new-yorkais distribue sa carte et des invitations à visiter ses terrains de golf. Certaines filles diront plus tard que Meghan a rejeté non seulement la proposition de Trump mais aussi toutes les autres invitations. Leyla Milani, l'une des autres hôtesses de *Deal or No Deal*, se souvient que Meghan ne sortait jamais après les spectacles, mais qu'elle lisait des scripts pour ses auditions[72]. « Meghan n'était pas intéressée par les rencontres occasionnelles », écrira quelques années plus tard son biographe officiel[73].

Ces témoignages sont contredits par Brett Ratner, un producteur célèbre à l'époque. Hilhaven Lodge, son palace hollywoodien – qui avait été la première demeure d'Ingrid Bergman aux États-Unis – est alors, selon lui, « le centre de l'univers ». Il se décrit fièrement par ces mots : « Je suis gros et je suis juif. » Ratner est sorti pendant deux ans avec la championne de tennis Serena Williams. Plusieurs fois par semaine, il organise des fêtes pour les stars : Johnny Depp, Leonardo DiCaprio, Penélope Cruz et bien d'autres encore se retrouvent dans sa propriété. « Des tonnes de belles filles venaient », se souvient un proche de Ratner. Dont quelques-unes qui cachetonnent sur des plateaux de jeux télévisés. Meghan est l'une d'elles. Quelques habitués observateurs se souviennent d'une jeune femme élégante et qui aime passer pour une ingénue. Pourtant, elle est souvent parmi les derniers invités à quitter les lieux, au petit matin.

À la fin de sa participation à *Deal or No Deal*, Meghan a perdu sa timidité. Un clip sur le site du magazine *Men's Health* la montre vêtue d'un short moulant, la chemise nouée au-dessus du ventre, en train de préparer des hamburgers sur un grill[74]. Par la suite, la championne de l'émancipation des femmes s'est plainte d'avoir été « objectifiée ».

Jonglant avec sa carrière, elle mène une vie agréable avec Trevor. Tous deux aiment les voyages et la bonne cuisine. Ils s'envolent régulièrement vers la Grèce, le Mexique ou la Thaïlande pour découvrir les meilleures tables. Même si elle gagne tout juste de quoi vivre, Trevor tire un revenu confortable de ses derniers scénarios. Mais ils ne font toujours pas partie de l'élite de Hollywood dont les grands noms continuent d'ignorer leur existence. Et Meghan attend la chance qui peut changer son destin.

Une audition avec Donna Rosenstein, productrice de télévision et directrice de casting montante, semble prometteuse. Elle est retenue pour le projet d'une série, *The Apostles*, où elle doit incarner une ancienne travailleuse du sexe secourue par un policier chrétien, qui tombe amoureux d'elle et l'épouse. Dans le pilote, Meghan endosse le rôle d'une jeune femme expérimentée qui se dispute avec son mari et donne des conseils de sexe à ses voisins. Fox rejette le projet. Il en va de même pour *Good Behavior*, une série sur une famille de criminels de Las Vegas qui essaie de devenir honnête. Dans *90210*, un remake réussi de la série *Beverly Hills*, elle fait une fellation mémorable dans une voiture garée dans un lieu public. Après deux épisodes, elle disparaît sans explication. En la retrouve sniffant de la cocaïne dans *The Boys and Girls Guide to Getting Down*. En 2009, elle joue dans *Get Him to the Greek*. Roger Ebert, du *Chicago Sun-Times*, apprécie le film, mais ne mentionne pas la présence de Meghan, qui ne figure pas au générique faute d'avoir prononcé un seul mot. Pire encore, sa brève apparition dans *Fringe*, un film de science-fiction, a été supprimée. « C'était un crève-cœur pour elle », se souvient Nick Collins, qui était alors son agent et travaillait pour l'agence Gersh. Il y a des gens qui arrêtent tout dans ces circonstances, et d'autres qui relèvent la tête et disent : “Je peux y arriver, je vais le prouver.” Meghan fait partie du second groupe. »

À Hollywood, cependant, la moindre apparition dans une série, même si le projet n’est pas retenu, est considérée comme un « succès ». Les agents de casting ont remarqué celles de Meghan, qui sont nombreuses. La ténacité de la jeune femme est récompensée en 2010. Brett Ratner l’engage pour une apparition de trente-cinq secondes dans *Horrible Bosses*. Incarnant une livreuse de FedEx®, Meghan côtoie pour la première fois les grands noms de Hollywood, dont Jennifer Aniston, Kevin Spacey et Donald Sutherland. Sur le plateau, voici comment elle se présente à ce dernier : « M. Sutherland, il paraît que je vais tomber amoureuse de vous avant la pause déjeuner. » Il rit. « J’ai résisté à la très forte envie de crier de joie », écrira Meghan plus tard[75]. Le *Guardian* attribue deux étoiles au film, qu’il qualifie de « comédie amusante par moments », tout en déplorant sa vulgarité et son manque de charme. Fort de cette expérience, Trevor confie bientôt des petits rôles à Meghan dans *The Candidate* et *Remember Me* – les deux films font un flop.

Huit ans après ses débuts, Meghan relate les moments difficiles de sa carrière dans *Working Actress*, un blog « anonyme » : « Pour être franche, j’ai passé beaucoup de journées en boule dans mon lit, avec une miche de pain et du vin. Un bal de la pitié pour une femme seule. C’était pathétique et ridicule[75]. » Un autre soir, elle poursuit : « J’ai dû suspendre mon adhésion au syndicat des acteurs, emprunter de l’argent, faire des boulots que je détestais, supporter d’être traitée comme de la merde sur un plateau, embrasser des acteurs à l’haleine malodorante et pleurer de découragement pendant heures[77]. »

Pourquoi Meghan a-t-elle du mal à percer ? Les raisons sont somme toute très banales. Hollywood regorge de starlettes ambitieuses, mais très peu ont les qualités d’une grande actrice. L’identité est essentielle au succès cinématographique. Meryl Streep, Nicole Kidman et Rachel Weisz s’imposent naturellement sur le grand écran et savent captiver le regard du public. Meghan manque de charisme et ne déclenche aucune magie. Elle est séduisante, assurrément, mais les réalisateurs la trouvent assez commune. Selon eux, elle ne peut pas toucher le public ni retenir sa curiosité. Comme la grande majorité des actrices débutantes qui aspirent à la gloire, Meghan incarne ses désirs et ses besoins, mais ne remplit pas les exigences du rôle. Elle joue la personne qu'elle est dans la vraie vie et ne peut donc pas devenir une autre de manière convaincante. Elle n'a jamais joué un rôle qu'elle aurait pu adapter à ce qu'elle est. Dépourvue de mystère naturel, elle est restée une actrice de série B se débattant avec des répliques qui n'impriment pas sur la pellicule.

Les « mercis » sur lesquelles s'achèvent ses auditions l'incitent à penser que les directeurs de casting ne la comprennent pas. Et à recommencer encore, car demain est un autre jour. À Hollywood, un refus n'est ni un stigmate ni une humiliation. Après cinq ans, elle a beaucoup d'images à son actif. Et on lui a assuré que les acteurs gagnent bien leur vie s'ils cumulent les contrats.

Plusieurs fois, elle tente d'expliquer les refus qu'elle enchaîne. « Je n'étais pas assez noire pour les rôles de Noirs, écrivait-elle, et pas assez blanche pour les rôles de Blancs, ce qui me laissait au milieu du gué. J'étais comme un caméléon ethnique qui n'arrivait pas à décrocher un job[78]. » Dans un article pour *Elle* en 2015, Meghan raconte qu'on lui demandait « au moins une fois par semaine et parfois tous les jours » d'où elle venait, car les gens avaient du mal à déterminer son origine ethnique. Au lieu de convenir qu'elle n'est pas une actrice exceptionnelle, elle préfère préfère poursuivre dans la même veine : « C'était la première fois que je mettais un nom sur le fait de me sentir trop pâle pour la communauté noire, trop métissée pour la communauté blanche.

Cinq ans plus tard, elle avance une nouvelle version. Dans le magazine *Allure,* elle date sa première prise de conscience d'un cours d'études afro-américaines à Northwestern[79]. Mais Thomas réfute cette affirmation. « Son origine n'a jamais été un problème quand elle était petite, insiste-t-il. Et pas durant ses années à Hollywood. Quand elle a parlé de ça, j'ai été très étonné. À l'exception de l'automobiliste qui avait crié sur Doria, Meghan n'a jamais mentionné de problème de ce genre. Et elle n'a jamais été mise à l'écart[80]. » Thomas souligne aussi que Meghan n'a jamais, par le passé, évoqué le racisme pour expliquer le fait qu'elle n'était pas retenue aux auditions.

En 2010, Nick Collins lui propose un casting dans un immeuble de bureaux de Santa Monica, à Los Angeles. Les producteurs recherchent une jeune femme séduisante pour incarner Rachel Zane, aspirante avocate qui échoue à ses examens. C'est une série à petit budget dont l'action se déroule dans un cabinet d'avocats new-yorkais. Zane a une liaison avec Mike Ross, un jeune homme brillant doté d'une mémoire photographique.

Aaron Korsh, le scénariste, a quarante-trois ans. Pour construire son récit, il s'appuie sur les cinq années qu'il a passées à Wall Street. Korsh a quitté la banque huit ans plus tôt pour devenir assistant scénariste dans une société de production. Il est sur le point de tout arrêter quand il décide de relever un dernier pari. Ce sera *Suits*. Le projet de départ dépeint des banquiers à qui l'on demande de faire des choses qui heurtent leur moralité, mais la loyauté – « une voie à double sens » – les oblige à s'exécuter.

Après lecture du scénario, les producteurs suggèrent d'adapter l'histoire à un cabinet d'avocats, puis engagent les auditions pour le pilote. Korsh n'a laissé aucune consigne pour le rôle de Rachel Zane, si ce n'est que c'est une jeune femme intelligente, sympathique, cultivée, sexy et loyale – en accord avec le thème central du projet. Elle est prête à tout pour aider ceux avec qui elle travaille.

Le dilemme de Rachel Zane est profond. Mike Ross, fraudeur séduisant et égoïste, est dépourvu de loyauté, mais c'est pourtant cette qualité qu'il invoque pour demander une faveur à l'honnête Rachel. Korsh a exploré la façon dont celle-ci réagit quand on lui demande d'agir en contradiction avec son éthique. L'autre question que pose la série, c'est de savoir si les qualifications exceptionnelles de Mike peuvent faire de lui un meilleur être humain.

En guise de réflexion de dernière minute pour incarner ce rôle, Meghan a abandonné un pull et un jean colorés pour s'acheter une petite robe noire à 35 dollars. « J'ai peur de ne pas avoir été très bonne, confie-t-elle à Nick Collins après l'audition. Je voulais vraiment ce rôle[81]. »

De retour dans son bureau de Santa Monica, Korsh est enthousiaste : « Nous nous sommes tous regardés en nous disant : "Waouh ! C'est elle qu'il nous faut." Je pense que c'est parce que Meghan avait la capacité d'être intelligente et vive sans perdre sa douceur. » Les producteurs veulent de la diversité pour les acteurs de la série, mais le choix de Korsh semble n'avoir aucun lien avec ses origines : « Je ne savais pas que Meghan était métisse quand elle a joué pour le pilote. Elle était tout simplement la meilleure. » Cet aveu contredit les arguments avancés plus tard par Meghan pour expliquer ses débuts difficiles.

Le 24 août 2010, Meghan tourne le pilote à New York, puis attend de savoir si une chaîne va acheter la série. Début de 2011, elle apprend que USA Network a commandé une saison de douze épisodes. Toutes ces années de labeur ont porté leurs fruits. Elle va gagner 50 000 dollars par épisode, soit un total de 600 000 dollars pour neuf mois de travail. Revenant sur ses accès de pessimisme antérieurs, elle a ce commentaire : « C'est une bonne leçon de perspective. Je pense que nous sommes toujours nos pires détracteurs[82]. »

Pour limiter les frais, le tournage doit commencer en avril et se dérouler à Toronto, et non pas à New York comme prévu. La déception est grande chez les acteurs, sauf pour Meghan. À la surprise des producteurs, elle tient à s'installer à Toronto au lieu de faire la navette depuis Los Angeles. Elle annonce aussi qu'elle restera à Toronto après la fin du tournage, en novembre. Quitter Los Angeles et Trevor, dit-elle aux producteurs, n'était pas un problème pour elle. Elle n'a jamais expliqué pourquoi elle avait voulu quitter Los Angeles, mais un proche pense qu'elle commence à trouver Trevor ringard, « comme ces types qui arborent des Adidas avec un costume pour une soirée chic[83] ».

Selon un autre proche, Meghan a besoin de se sentir libre et veut garder le contrôle de sa vie. Au besoin, la carte de *Suits* peut l'y aider.

CHAPITRE 4

Suits

Trevor Engelson a senti la tension. Six ans après leur rencontre, lui et Meghan s'envolent pour le Belize. Pour des vacances. Peu après leur arrivée, il fait sa demande. Le mariage, pense-t-il, peut sécuriser leur relation. Cinq heures de vol séparent Los Angeles et Toronto, mais il espère que des navettes régulières et des appels fréquents pourront éviter qu'ils s'éloignent trop. Meghan semble ravie.

Aussitôt après avoir accepté la demande de Trevor, Meghan téléphone à sa meilleure amie. « Elle était folle de joie, se souvient Ninaki Priddy, et m'a envoyé des photos magnifiques. Elle disait que Trevor était l'homme avec qui elle voulait avoir des enfants[84]. » Peu après son retour à Los Angeles, Meghan se précipite chez Ninaki. « Elle est venue me montrer sa bague et elle était tout excitée. Elle m'a demandé d'être demoiselle d'honneur. Nous nous sommes prises dans les bras et nous avons pleuré. Son amour pour Trevor ne faisait aucun doute. Elle disait qu'elle ne pouvait pas imaginer une vie sans lui. Que si quelque chose lui arrivait, elle ne pourrait pas continuer. » Plus que jamais, Meghan s'appuie sur son amie : « Je pense que quand on est enfant unique, nos amis deviennent notre famille dans une situation de ce genre. » Quant à Trevor, Ninaki Priddy est sûre qu'il « est prêt à tout pour que leur couple tienne ».

Beaucoup de choses évoluent dans la vie de Meghan. Pour commencer, la situation de sa mère s'est améliorée, même si la cause est dramatique.

En mars 2011, Alvin, le père de Doria, meurt après une chute dans la rue. Il avait quatre-vingt-deux ans. Doria hérite d'un peu d'argent et de sa maison à Windsor Hills, un quartier de la classe moyenne noire. À la même époque, elle se lance dans une formation à l'université de Californie du Sud pour obtenir un diplôme de travailleuse sociale[85].

La vie de Thomas Markle change également. À soixante-sept ans, il prend sa retraite et s'installe au Mexique, car il n'a pas une grosse retraite. À Rosarito, une ville côtière située à seulement 30 km de la frontière américaine, il peut vivre au soleil à peu de frais. Il loue d'abord une cabine de plage, puis s'installe dans un bungalow sur une falaise qui surplombe la mer. Le loyer mensuel est de 850 dollars seulement. Certes, il a dû quitter Hollywood, mais il aspire à un peu de calme après cinquante années bien remplies. Avec les vagues du Pacifique qui viennent s'échouer sur une grande plage vide au pied de chez lui, il organise sa nouvelle vie. « Je n'ai jamais été quelqu'un d'ordonné », a-t-il admis un jour.

Cet homme solitaire et fier occupe son temps : il regarde de vieux films, se promène dans la ville et prend des photos. Il téléphone régulièrement à ses deux aînés, en particulier à Samantha. Sa relation avec Meghan est différente. « Je ne veux pas venir au Mexique », lui dit-elle un jour. Il refuse à son tour les invitations de Meghan à se rendre à Toronto. Il redoute une dispute. Après avoir visionné les premiers épisodes de *Suits*, il a critiqué l'éclairage – et l'ensemble de la production.

Meghan supporte mal ces critiques : « Elle a commencé à me prendre de haut. J'ai senti comme un ordre dans sa voix. Elle m'avait dépassé. Elle donnait l'impression qu'elle n'avait plus besoin de moi. J'ai commencé à penser que je ne la comprenais plus[86]. » La fille pleine d'empathie qu'elle avait été se mue en une jeune femme ambitieuse et catégorique. Elle est désormais très bien payée, et son sens du devoir semble s'estomper. Elle a enfin un statut, on la prend au sérieux. Et Aaron Korsh voudrait mieux la connaître.

Avant de s'envoler pour Toronto, Korsh et Meghan ont déjeuné ensemble au King's Road Café, à Hollywood. Meghan se révèle une passionnée de cuisine, à la grande joie du scénariste. En développant la série, Korsh a décidé que son équipe l'associerait au projet. Le jeu d'influence est réciproque. Avide de nouvelles idées, Meghan se montre particulièrement intéressée par la façon dont Korsh traite la loyauté et l'autorité dans la série.

Il y a cependant un problème. Meghan est la plus jeune du casting. Classée sixième acteur de la série, elle ne sera pas mentionnée dans le lancement. Notamment parce que, de l'avis général, elle n'est pas la meilleure sur le plateau[87].

Comme elle ne sait pas si la série sera prolongée après la première saison, elle a besoin d'assurer ses arrières. Elle a donc envoyé des essais à Phaedra Harris, directrice de casting pour *Dysfunctional Friends in Hollywood*, une comédie intello. « Elle était agressive dans le bon sens du terme », se souvient Phaedra Harris. Très tenace, motivée. » Meghan est retenue pour un rôle mineur, mais le calendrier entre en conflit avec celui de *Suits*[88].

La vie à Toronto n'est pas vraiment glamour. Et les longues journées de travail sont harrassantes. Tôt le matin, une voiture vient chercher Meghan chez elle – elle loue une petite maison dans une rue plantée d'arbres dans le quartier Annex. Le chauffeur la dépose devant un hangar en béton du centre-ville. Elle n'est pas déconcertée par le tournage. Ayant grandi sur un plateau ou presque, elle brille par son professionnalisme. « Elle était gentille et douce, rapporte un producteur. Elle connaissait son texte et on pouvait lui parler facilement. » Très vite, les acteurs de *Suits* deviennent sa « famille de substitution ». Elle se lie d'amitié avec deux acteurs, Rick Hoffman et Gina Torres. Il leur arrive de finir la soirée dans un bar ou dans un club après une journée de tournage, mais Meghan rentre le plus souvent chez elle pour cuisiner, faire du yoga et échanger par Skype avec Trevor, qu'elle encourage à venir la rejoindre à Toronto. Elle admet aussi avoir passé du temps sur Internet « pour se trouver des copines ».

Elle appelle aussi régulièrement Ninaki Priddy. « Elle vivait des moments passionnants », se souvient son ancienne amie.

Avant la diffusion du premier épisode, le 23 juin 2011, Trevor poste un message sur Facebook pour inciter son réseau à regarder sa « fiancée *badass* ». Les critiques enthousiastes font naître l'espoir que le public encore restreint va grandir. Autre sujet d'excitation pour Meghan : son mariage est fixé au 10 septembre 2011, à la Jamaïque.

The Schmoes Know, un podcast réalisé par Trevor et deux amis trois semaines avant les festivités, montre à quel point les deux amoureux sont dissemblables. On peut y voir Trevor boire une gorgée à la gourde tout en redoutant de « tacher son costume avec cet urinal ». Alors qu'un de ses amis suggère que Meghan participe au podcast, il lui répond : « Va te faire f…, elle est beaucoup trop importante ! » Décontracté, négligé et toujours en retard, Trevor sait qu'il va épouser une perfectionniste parfaitement maîtresse d'elle-même.

Avant de s'envoler pour la Jamaïque, Trevor et Meghan se sont mariés civilement le 16 août à Los Angeles. Ni Thomas ni Doria n'y assistent : le couple a voulu garder la date secrète.

Mais les parents de Meghan font partie des cent deux invités conviés pour quatre jours de fête sur la plage du Jamaica Inn, adresse fétiche de Ian Fleming, de Marilyn Monroe et d'Arthur Miller. Meghan a réservé les cinquante-cinq chambres et villas de l'établissementl, mais les invités payent leur hébergement. Thomas Markle contribue aux frais à hauteur de 20 000 dollars, dont 6 000 proviennent d'actions qu'il détient. « Ils ne s'y attendaient pas, se souvient Thomas, mais je l'ai proposé. C'est ma fille. » Pour le remercier, Meghan et Trevor lui ont offert un bon cadeau pour un voyage n'importe où dans le monde, qu'il n'a jamais utilisé. Samantha, qui ne se déplace plus qu'en fauteuil roulant, a préféré décliner l'invitation, mais elle est représentée par sa fille.

Aucun membre de la famille de Doria n'est présent. Selon Thomas, aucun d'entre eux ne peut s'offrir le voyage et l'hébergement. Outre des amis du couple, il y a un grand contingent de la distribution de *Suits*. L'empathie et le professionnalisme de Meghan lui valent d'être très appréciée. Toujours prête à accepter les changements de programme, elle ne s'énerve jamais. Beaucoup remarque la relation étroite entre Meghan et Patrick J. Adams, qui joue Ross. « Nous avons évolué ensemble au cours de la série », a dit ce dernier sur cette complicité qui les lie[91].

La veille du grand jour, Trevor prononce un discours où il évoque le livre qu'il veut écrire avec Meghan. Il termine en disant qu'il promet d'offrir à Meghan « la vie de famille qu'elle n'a jamais eue ». Thomas et Doria sont sous le choc. « Nous nous sommes regardés avec effroi, relate Thomas. Elle avait eu deux familles attentionnées, et tout l'amour qu'un enfant peut désirer. » Tous deux s'interrogent sur ce que leur fille a pu raconter à Trevor sur son enfance. Pourquoi a-t-elle caché son passé, déformé son histoire ? Thomas se demande quels autres « secrets » elle a pu inventer pour Trévor. Pour la première fois, il se dit que sa relation avec Meghan, déjà compliquée, pourrait bien exploser à cause de ses mensonges. Pour l'heure, il n'a pas l'intention de laisser les fantasmes de sa fille gâcher sa joie et sa fierté, mais il n'est pas au bout de ses surprises.

Meghan a organisé son mariage comme un adjudant-chef, fixant des heures précises pour tout : les jeux, les repas, les changements de tenue, etc. « Je ne comprenais pas ce qu'elle essayait de faire. Elle a même interdit aux gens de prendre des photos. » Thomas choisit de ne pas obéir à cette dernière consigne.

Ninaki Priddy est demoiselle d'honneur : « J'ai fondu en larmes quand je l'ai vue dans sa robe. Meg rayonnait de bonheur. Nous étions comme des sœurs depuis nos deux ans, et je savais qu'elle avait toujours voulu se marier. Voir son rêve exaucé, c'était… eh bien, c'était incroyable. Le mariage était si émouvant. C'était beau à regarder, magnifique d'en faire partie. Ils s'aimaient tellement. Elle a épousé son grand amour éternel[92]. »

Vêtu d'un costume blanc acheté par Meghan, Thomas conduit sa fille et Doria jusqu'à la plage pour la cérémonie. Le père de Trevor attend sous la houppa, le dais utilisé traditionnellement dans les mariages juifs. Sa mère est assise devant. Les parents de Trevor sont déçus que leur fils n'épouse pas une femme de sa confession, et encore plus qu'il se marie avec Meghan. Ils n'ont jamais apprécié la personnalité distante de la jeune femme et ils ne pensent pas qu'elle soit prête à faire des concessions pour son couple. Ils ont exprimé leurs doutes à Trevor, mais celui-ci a décidé de ne pas en tenir compte. Face à la détermination de leur fils, ils ont dû se résigner à cette union.

C'est le père de Trévor qui a célébré le mariage. En prononçant ses vœux, Meghan a promis d'aimer et de chérir son mari. Puis ce dernier a piétiné du verre, qui symbolise, dans la culture juive, la fragilité des relations humaines. Une rumeur d'approbation et des acclamations éclatent, puis la fête commence. Sur fond de reggae, les invités commencent à boire du rhum et de la bière, à fumer du cannabis – le couple a offert à chaque invité un petit sac d'herbe. À l'insu de tous, Meghan a récupéré la vidéo officielle pour la détruire peu de temps après le mariage – à la grande surprise de Thomas. Son objectif est qu'il ne reste aucune trace visuelle du mariage. Seules les photos de son père ont survécu.

De retour à Los Angeles, le couple emménage dans une petite maison près de Sunset Boulevard. Alors que Meghan attend de savoir si la série *Suits* va se poursuivre, la mère de Thomas tombe gravement malade. Atteinte de démence sénile, Doris Markle vit dans une maison de retraite. Tom Junior a croisé un jour Meghan en rendant visite à sa grand-mère : « J'ai vu le visage privé de Meghan ce jour-là. Une personne vraiment attentionnée et aimante. Elle avait une relation incroyable avec Doris, même si elle ne la connaissait pas bien[93]. » Doris meurt le 25 novembre 2011. C'est à ses obsèques que les frères de Thomas Markle rencontre pour la première fois Meghan et Trevor.

Entre-temps, Meghan a appris avec joie qu'American Network finance la saison 2 de *Suits*. Pour fêter l'événement, elle s'offre une montre Cartier à 4 800 livres sterling. Au dos, elle fait graver : « To M. M. From M. M. »

Le public est au rendez-vous, avec un million de téléspectateurs, principalement des jeunes[94]. La saison s'achève sur ce *cliffhanger* : Rachel et Mike vont-ils tomber amoureux ? L'intrigue secondaire se concentre sur la vie privée de Mike : il a un béguin pour Rachel Zane, mais il a une relation avec Jenny, l'ex-petite amie de Trevor, lui-même ancien meilleur ami de Mike et trafiquant de drogue. À la fin de la série, Mike et Rachel ont consommé leur relation.

Meghan commence à s'identifier à son personnage : « J'aime vraiment Rachel, j'aime son ambition. Elle essaie toujours de prendre le taureau par les cornes, et elle est avisée. Elle est, en quelque sorte, devenue une personnalité que je pourrais voir comme une amie, ce qui la rend beaucoup plus agréable à jouer. » Meghan apprécie notamment que Rachel ait une « connaissance encyclopédique de la loi », et le fait qu'elle soit perçue comme « un plaisir des yeux » par beaucoup de téléspectateurs[95].

Les producteurs introduisent un nouveau thème : le père de Rachel se montre très désappointé que sa fille ait échoué à ses examens. Le rôle est confié à l'acteur afro-américain Wendell Pierce. Dans la saison 1, le fait que Rachel soit biraciale est évoqué une seule fois, au détour d'une réplique : « Tu crois que c'est un bronzage qui dure toute l'année ? » demande Rachel à son petit ami. L'introduction de Wendell Pierce déclenche des commentaires racistes de la part d'une poignée de téléspectateurs. On trouve ainsi ce commentaire sur Twitter : « Beurk, elle est noire ? Je la trouvais pourtant sexy. »

Meghan a longtemps omis de mentionner cette question du racisme, à l'exception d'une unique protestation dans une émission de télévision canadienne[96].

Devenue désormais Meghan Engelson, elle retourne à Toronto pour la deuxième saison de *Suits*. Régulièrement, Trevor la rejoint et travaille à distance. Malgré des difficultés dans son activité, il fait tout ce qu'il peut pour que leur couple fonctionne, selon Priddy. Mais il ne semble pas remarquer que sa femme est moins engagée dans leur couple. Rassurée financièrement, elle s'identifie de plus en plus à son personnage, Rachel Zane. Portant des jupes crayon Tom Ford, parle de contrats et de clients, elle devient comme Rachel, une femme puissante et insolente. Inévitablement, sa relation avec Trevor commence à se dégrader.

Toronto n'est pas une ville aussi grande que Los Angeles, et Meghan y est plus facilement remarquée. Pour la première fois, elle accède à un statut. Elle se fait aussi de nouveaux amis, dont Jessica Mulroney, styliste de mode débutante, qu'elle a rencontrée dans un studio de fitness. Le mari de Jessica, Ben Mulroney, est un animateur de télévision célèbre, mais c'est aussi le fils de l'ancien Premier ministre canadien Brian Mulroney, un pilier de l'*establishment*. Jessica est aussi liée à Sophie Grégoire-Trudeau, la femme de Justin Trudeau, dont le père, Pierre, a été Premier ministre pendant quatre ans. Membre éminent du parti libéral canadien, Justin est pressenti pour devenir Premier ministre. Il y a aussi Markus Anderson, un homme d'affaires canadien qui vient de rentrer de Londres pour ouvrir une succursale de Soho House, un club réservé aux fashionistas ambitieuses.

Meghan a beaucoup changé, résultat de sa nouvelle vie d'actrice, de la reconnaissance qu'elle connaît maintenant dans la rue et de ses liens avec les grandes « dynasties » du Canada. Elle commence à appartenir à l'élite. Comparée à ses années de galère à Los Angeles, sa nouvelle vie représente tout ce dont elle a toujours rêvé. Seule ombre au tableau : son mari grande gueule qui n'a jamais réussi à lui apporter la gloire. L'argent est l'élément déterminant. La jeune femme a toujours aimé le luxe, mais désormais elle peut s'offrir vêtements et bijoux plus raffinés. La célébrité était à portée de main. Elle organise sa promotion sur Instagram en lançant, le 24 mai 2012, un nouveau compte où elle mélange des photos d'elles et des images du magazine *Forbes*, sans oublier des pages du scénario de *Suits*[98].

Chaque fois qu'elle retourne à Los Angeles, elle prend conscience que son avenir à Hollywood est sombre. Elle reste toujours inconnue, donc exclue de ce monde. Trevor subit le même sort. Cet homme n'a pas beaucoup d'avenir. À Hollywood, ils ne seraient jamais ni célèbres ni riches. La jeune femme préfère alors choisir un rêve plus à sa portée.

« Il y a la Meghan d'avant la célébrité et la Meghan d'après », résume son amie Nikaki Priddy en parcourant un album de photos. Meghan a commencé à annuler au dernier moment des déjeuners avec son amie, expliquant qu'elle redoute d'être reconnue. Priddy sent que leur relation se refroidit : « Le ton de sa voix, ses manières, sa façon de rire ne me semblaient plus justes. Son temps est devenu de plus en plus précieux. Quand elle venait, elle voulait qu'on laisse tout tomber pour la voir ! » Pourtant, elle décline de plus en plus souvent les propositions de son amie quand celle-ci lui propose un déjeuner. Priddy le vit mal. « C'est comme si une lumière s'était éteinte. Nous avons commencé à moins nous parler. J'avais l'impression que si je remettais en question son comportement, je resterais à l'écart. » Très attachée à son amitié avec Meghan, elle préfère ne pas voir la réalité en face[99]. Meghan se montre de plus en plus tranchante, parfois même cruelle. Plus que jamais, elle ne laisse rien paraître de ses émotions.

Trevor finit par se rendre compte de la transformation de sa femme. Lors de vacances en Nouvelle-Zélande, puis au Vietnam, il souffre d'une grave intoxication alimentaire, après avoir accepté de goûter à la nourriture locale, sur une suggestion de Meghan. Mais ce malaise cache un problème plus grave. Trevor aimerait qu'ils aient des enfants, Meghan ne le souhaite pas. La maternité n'est pas compatible avec sa carrière, qui commence à décoller.

Elle décide de prendre un chien, « pour me tenir compagnie à Toronto[100] ». En décembre 2012, elle se rend chez Spot Rescue, un refuge de Los Angeles qui recueille les chiens abandonnés. Son choix s'arrête sur Bogart, un « croisement de labrador » âgé de six semaines. Mais ce chien a déjà été retenu par une autre personne. Meghan recrute ses amis pour qu'ils bombardent le refuge d'e-mails en sa faveur. Ce chien, affirme Meghan, sera très heureux dans la « famille de *Suits* ». Nikaki Priddy est perplexe : « J'ai eu l'impression qu'elle jouait la carte *Suits* pour obtenir ce qu'elle voulait. Comme si tout lui était dû. Ça m'a laissé un goût amer dans la bouche. »

Quelques jours plus tard, Meghan met en scène sa victoire sur Instagram en postant une photo d'elle tenant Bogart dans ses bras. Elle remercie l'animatrice Ellen DeGeneres qui lui a conseillé le refuge : « Vous m'avez dit d'adopter ce gentil chiot hier, et je suis heureuse de l'avoir fait. Merci mille fois[101] ! » Meghan a compris que les noms qu'elle peut lâcher sur Instagram lui donnent de l'importance. En février 2013, dans plusieurs post Instagram, Bogart devient, grâce à Meghan, une star des réseaux sociaux « baignée d'amour[102] ».

Ce détail ne passe pas inaperçue pour Sally Bedell Smith, auteur de plusieurs biographies, dont certaines sur les membres de la famille royale d'Angleterre. Son fils David a acheté le frère de Bogart à la même époque. Meghan lui envoie un courriel pour organiser un rendez-vous entre les chiots sur la plage de Malibu. « Réunis pour la première fois, écrit Meghan sur Instagram, joignant une vidéo des deux petites bêtes après qu'elles se sont ébattus pendant une heure. Ils étaient ravis. #puppylove #bogart #rescuepup. Comme ils sont mignons ! » Un mois plus tard, Meghan est à Toronto et semble nettement plus amoureuse de Bogart que de Trevor. Son chien – et leurs promenades dans le parc de Trinity Bellwoods – est son principal sujet de conversation[103].

Le 24 janvier 2013, Trevor poste ce message : « Je regarde *Suits* ce soir… Je suis très fier de mon incroyable femme. » Et se rend aussitôt, seul, à la cérémonie des Oscars à Los Angeles. Omid Scobie, porte-parole autoproclamé de Meghan, interprètera plus tard ce geste comme un camouflet.

Scobie est un journaliste peu ordinaire. Certaines mauvaises langues disent que son visage a beaucoup changé après un séjour au Japon, où il travaillait pour *US Weekly*. Dans le *Daily Mail*, Richard Eden suggère que son âge a aussi varié. Chargé de traiter les articles sur la famille royale pour *Harper's Bazaar*, le jeune journaliste d'origine anglo-iranienne est souvent perçu comme étant de parti pris. Employé par le magazine *Heat*, il se lie d'amitié avec Dan Wakeford, qui deviendra le rédacteur en chef du magazine *People* en 2019. Certains médias le considèrent comme le porte-parole de Meghan et Harry.

Selon Scobie, Meghan a toujours dit qu'elle rêvait d'aller aux Oscars, surtout en tant que star. Mais la réalité est bien différente : ce jour-là, elle refuse de rejoindre son mari. Trevor, elle le sait, passe ses nuits dans les bars – pour trouver du travail, selon ses dires. Le fait de passer beaucoup de temps chacun de leur côté à creusé la distance entre les deux jeunes gens, dont les personnalités semblent de plus en plus incompatibles. *Suits* rencontre du succès, et Meghan n'est pas prête à renoncer à ses ambitions en se lançant dans la maternité. À ses amis de Toronto, elle a dit qu'elle ne voulait pas d'enfants de Trevor. Le charme du jeune homme s'est émoussé. Et ses attentes vis-à-vis de leur couple sont inacceptables pour Meghan. Vivre avec elle implique de se plier à ses conditions.

Certains proches de Trevor ne sont pas surpris par la décision de Meghan. Elle a beaucoup appris de Trevor, et son soutien financier a été inestimable, mais il n'y avait plus rien à tirer. Il lui a offert un premier mariage, mais leur couple a cessé d'être sa famille.

Les acteurs de *Suits* forment sa nouvelle famille. Pour la troisième saison, son cachet est passé à 75 000 dollars par épisode et la saison en compte seize. Son revenu annuel total s'élève donc à 1,2 million de livres. Pour la première fois, elle pourrait aussi toucher des compléments de revenus. L'argent lui donne le droit de faire ce qu'elle veut et quand elle veut. Elle est indépendante financièrement, et elle juge qu'elle n'a ni devoir ni d'obligation envers un autre qu'elle-même. Avec le recul, son mariage apparaît finalement comme une transaction.

Une enveloppe FedEx® livrée au domicile de Trevor fait l'effet d'une bombe. À l'intérieur, Meghan a glissé sa bague de fiançailles en diamant et son alliance. Mais pas un mot. La rupture, au printemps 2013, arrive « totalement à l'improviste, observe un ami. Trevor a l'impression d'être un caillou dans la chaussure de sa femme[104] ».

Certains soupçonnent Meghan d'avoir une liaison avec un acteur de *Suits*. Peut-être Trevor en a-t-il une aussi à Los Angeles ? Au milieu de ces interrogations, une seule chose est sûre : après huit ans de vie commune, Meghan a décidé de passer à autre chose. « Nous ne nous voyions plus et nous nous étions éloignés », a expliqué la jeune femme à un ami. Elle sait ce qu'elle veut et comprend qui elle est. L'actrice Abby Wathen a rencontré Meghan à cette époque : « J'étais détruite par mon divorce, se souvient-elle, tandis qu'elle semblait tout à fait maîtresse d'elle-même[106]. » En reprenant le contrôle de sa vie, Meghan semble vouloir agir avec les hommes comme eux-même ont longtemps agi avec les femmes. Engelson appartient au passé – et ne lui apporte plus rien.

Meghan a appelé Priddy pour lui annoncer la fin de son couple. « Je ne pense pas qu'elle lui ait donné toutes ses chances, a déclaré Priddy, toujours choqué cinq ans plus tard. On dit souvent “Loin des yeux…”, et je pense que cet élément a compté pour Meghan. La façon dont elle a géré la situation a été horrible, elle a littéralement jeté Trevor. Il en a été très blessé[107]. » Pour Priddy, cette séparation a montré que « Meghan est calculatrice – très calculatrice – dans sa façon de gérer les gens et les relations. Elle est très stratège dans la façon dont elle cultive son cercle d'amis. Quand elle décide que vous ne faites plus partie de sa vie, elle peut être très froide. Il n'y a rien à négocier. Elle a pris sa décision, et c'est tout.[108] »

Après avoir laissé passé un peu de temps, Priddy a rappelé Meghan, mais celle-ci a déjà tiré un trait sur leur amitié : « Elle ne voulait pas se confier à moi. Il est devenu clair que ce n'était plus l'amie avec laquelle j'avais grandi. Elle avait un nouveau cercle d'amis. » Priddy a été très ébranlée. « La fin de notre amitié a été comme un décès. Il m'a fallu du temps pour en faire le deuil. »

En quête de réconfort, Trevor a appelé Thomas Markle. Pour découvrir que sa fille ne lui avait rien dit. Les deux hommes étaient surpris. « J'ai expliqué à Trevor que la vraie passion de Meghan était d'être actrice. Meghan a épousé ce business. C'est ce qui a ruiné votre couple. Je pense qu'elle a choisi de se consacrer à devenir célèbre. »

Thomas n'a pas dit à Trevor une vérité plus blessante : « Meghan est devenue trop grande pour toi, tout comme elle est devenue trop grande pour moi[109]. » Thomas a ensuite appelé Doria, et il a été blessé de voir qu'elle était déjà au courant. « Trevor était mauvais avec elle, a dit Doria sans autre explication. Il agissait mal. » Ce qui l'a laissé perplexe : Meghan aurait-elle inventé cette histoire ? À moins qu'il se soit lui-même trompé sur Trevor ?

Les Engelson sont beaucoup plus affectés. Dévastée par la trahison de Meghan, Leslie Engelson est particulièrement blessée. La froideur de Meghan les a laissés malheureux. Leur peine s'est aggravée quand Meghan a posté des photos d'elle le 8 avril : elle assiste à un match de hockey sur glace au Centre Air Canada auquel participe Michael Del Zotto, une star du hockey sur glace, de neuf ans plus jeune qu'elle. Elle évoque sa grande affection pour Del Zotto. Le 22 avril, elle poste d'autres photos d'elle regardant Del Zotto jouer au Madison Square Garden, à New York. Tous deux nient avoir une relation, mais Leslie Engelson n'est pas convaincue. Dans leur milieu, dit-elle, les belles-filles ne sont pas infidèles. Les Engelson reprochent à Trevor d'avoir épouser une fille issue d'une famille désunie, sans passé commun et dépourvu de loyauté envers sa nouvelle famille.

Trevor a refusé d'avancer des explications, mais il a confié à un ami que, dans la vraie vie, Meghan n'avait rien avoir avec la délicate jeune fille qu'on pouvait voir sur les écrans de télévision. Partager la vie de cette actrice « capricieuse, emportée et très exigeante », qui réclamait toujours un rôle dans ses films, a été pour lui un calvaire[110].

De leur côté, les amis de Meghan ont affirmé que Trevor était jaloux du succès de sa femme. Reprenant ces propos, Omid Scobie a avancé plus tard que le jeune homme n'avait pas voulu « soutenir sa carrière d'actrice ». Elle n'a pas été invitée à la cérémonie des Oscars parce qu'il « ne voulait pas partager les feux de la rampe[111] ».

Meghan demande le divorce le 7 août 2013, invoquant des « différences irréconciliables[112] ». Deux semaines plus tard, le jugement est signifié à Trevor. Ni l'un ni l'autre n'ont pris d'avocat pour négocier leur accord de divorce. Ils se sont séparés sans arrangement financier. Tout était terminé le 7 mars 2014. Meghan a gardé Bogart.

Dans les mois qui suivent la séparation, Trevor se montre sous un nouveau jour. Pendant quelques mois, il est sorti avec Charlotte McKinney, une mannequin blonde de *Men's Health*. Puis il a épousé Tracey Kurland, la fille d'un milliardaire. On le voit alors souvent se balader à Los Angeles dans une Porsche rutilante. Les gens se moquent de cet homme dont le seul titre de gloire était son lien avec Meghan. Sans elle, il n'est plus rien.

Meghan ne montre aucun remord envers Trevor. À trente-deux ans, elle est libre. Elle s'est affranchie de ses parents, de son couple et de l'agitation à Hollywood. Deux ans plus tard, elle décrit ce qui sera sa prochaine étape : « On est ce que l'on veut être. C'est ce qu'on fait mes ancêtres quand ils ont été affranchis[113]. » Puis elle ajoute : « Je fais de grands rêves. Je n'imaginais pas que ma vie pourrait être aussi géniale. Je suis la fille la plus chanceuse du monde, sans aucun doute[114]. »

Certains disent que Meghan s'est réinventée. « J'aime mon personnage, a-t-elle déclaré à Larry King dans d'une interview diffusée sur une chaîne numérique pour promouvoir la troisième saison de *Suits*. Rachel Zane est ambitieuse et impertinente. » Inconsciemment, Aaron Korsh, le créateur de la série, a remodelé le personnage pour qu'il ressemble davantage à l'actrice qui l'incarne. « Rachel est pour moi une vraie amie, dit d'ailleurs Meghan. Je l'encourage ; je suis presque une fan. Rachel est un peu comme une meilleure amie, celle qui a une armoire dans laquelle on peut venir piocher. Je lui emprunte toujours des choses dans ma vie personnelle[115]. » Comme elle le dira plus tard, elle et Rache Zane ont un point commun : l'ambition[116].

« Je fais partie du spectacle cette année, a-t-elle écrit sur son blog à propos du lancement de *Suits* par American Network. Ils vont dérouler le tapis rouge parce qu'ils veulent me voir à l'écran. » La jeune femme voyage désormais en première classe et séjourne dans des hôtels de luxe, ce qui la comble de joie : « Cela fait partie du travail et c'est génial. Pour continuer à faire de la télévision, il faut tout donner et prendre son gros chèque de salaire. Montrer ses dents blanches et son petit corps sexy fait partie du job qu'on accepte quand on signe un contrat. »

L'actrice inconnue rêve à voix haute en se décrivant comme une star qui doit faire face à la corvée de la gloire et à la pression des photographes[117]. Dans les faits, peu de choses ont changé depuis qu'elle a quitté l'école. Elle aspire toujours à devenir célèbre – et à se marier.

Pour la promotion de la chaîne câblée, en juillet 2013, Meghan et Patrick J. Adams, alias Mike Ross dans *Suits*, sont interviewés par Larry King dans une pièce sombre d'un hôtel bon marché, à New York. Les cheveux gras, les vêtements froissés et les yeux exhorbités, Meghan n'est pas à son avantage. Pendant toute l'interview, elle regarde Adams avec adoration. Celui-ci décrit son personnage comme un croisement entre Mark Zuckerberg et Steve Jobs. À une question directe de Larry King, Adams répond par la négative : Meghan et lui ne sont pas amants. King n'y croit pas une seconde. Quant à Meghan, elle se contente de sourire.

Un peu plus tard dans l'année, elle arrive en Europe avec une mission.

CHAPITRE 5

Chasse à l'homme

Meghan s'envole outre-Atlantique en novembre 2013 pour décrocher des contrats – et commencer une chasse à l'homme. Pour assurer sa promotion, elle a engagé Sunshine Sachs, une agence de Los Angeles réputée pour sa capacité gérer les situations difficiles et qui représente des stars comme Ben Affleck, Bon Jovi, Aerosmith, Leonardo DiCaprio, Justin Timberlake, Jennifer Lopez, Snoop Dogg et Natalie Portman. Sunshine Sachs a démenti avoir représenté le magnat du cinéma en disgrâce Harvey Weinstein en 2015. Ken Sunshine, 69 ans, ancien consultant en politique devenu publiciste, est un démocrate branché qui a travaillé pour une série de candidats, dont George McGovern, Mario Cuomo, le jeune Bill de Blasio. Surtout, il a aussi vendu ses services au couple Clinton. L'agence se présente comme un groupe de gestion de crise, mais ses détracteurs dénoncent la grande opacité de ses actions – malgré un nom synonyme de lumière ! « Nous ne sommes pas gentils, a dit Ken Sunshine. Nous donnons des noms et affrontons les médias quand il le faut. » L'agence est aussi accusée de modifier les fiches Wikipédia de ses clients pour en retirer les éléments négatifs.

Chez Sunshine, c'est Sachs Keleigh Thomas Morgan qui se charge de la promotion de Meghan. L'agence facture environ 7 500 dollars par mois pour faire une star mondiale d'une actrice inconnue. Première action : faire inviter la jeune femme, en janvier 2013, à la soirée « Women in Television » organisée par le magazine *Elle* à West Hollywood. La couverture de l'événement ne fait qu'une brève mention de Meghan Markle[118].

La première étape de Meghan en Europe est le Trinity College, à Dublin. Les étudiants qui gèrent la Philosophical Society invitent régulièrement des célébrités à participer à leur conférence annuelle. Parmi les orateurs qui se sont succédé à la tribune figurent Angela Merkel, Joe Biden et Nancy Pelosi. Cette année-là, Meghan est l'une des rares invitées, et elle accepte de participer. Certains étudiants doutent cependant que le public soit attiré par l'intervention de l'inconnue Rachel Zane. Redoutant un échec, ils décident de lui remettre la médaille (en plastique) Bram Stoker plutôt que le prestigieux Honorary Patronage.

Mais ce pessimisme n'est pas justifié. Le public est venu nombreux, et Meghan impressionne les étudiants par sa tenue : un pull, un jean skinny délavé, des talons aiguilles noirs et un sac Vuitton. Il est clair que *Suits* a trouvé son public. Les étudiants admirent à quel point Meghan s'est identifiée – de manière très assumée – à Rachel Zane : « Rachel est humaine et elle a une personnalité complexe. Même si elle semble sûre d'elle, elle manque de confiance en elle et elle reste vulnérable. Je m'identifie à cela en tant que femme, et je pense que les fans le feront aussi. » À la fin, elle se rend au Dicey's, un repaire populaire pour les étudiants, pour promouvoir les boissons E2[119].

Elle part ensuite à Londres. Neil Ransome, agent pour Insanity Group, a été engagé pour négocier la promotion de Meghan auprès des tabloïds. Avant l'arrivée de la jeune femme, il a approché des dizaines de journalistes, mais tous ont ignoré ses demandes. Personne n'a entendu parler de Meghan Markle ni de *Suits*. Après avoir sollicité sans relâche Katie Hind, jeune journaliste du *Sunday People*, un journal à faible diffusion, Ransomme a décroché non sans mal un entretien avec Meghan[120].

Par une froide soirée, les deux femmes boivent un verre de prosecco sur le toit de l'hôtel Sanctum Soho. Meghan admet sans détour qu'elle n'aime pas les hommes américains et qu'elle a écarté l'éventualité de trouver un mari à son goût au Canada. En revanche, elle aime la façon dont les Anglais appellent les femmes « Darling » et sont « avides de compliments[121] ». Elle aimerait pouvoir rencontrer le bon Anglais, dit-elle. Notamment parce qu'elle « excelle » dans la création de réseaux. Elle a développé cette compétence « dans les règles de l'art ». Hind est perplexe.

Meghan interroge ensuite Katie Hind sur le footballeur Ashley Cole, sélectionné en équipe d'Angleterre. Elle montre une photo de lui sur son iPhone. Cole, explique Meghan, l'a suivie sur Twitter et ils ont échangé des messages. La réponse de Hind est catégorique : Cole ne cesse de tromper sa femme, il n'est pas fiable et il est connu pour mener une vie dissipée. Hind remarque que le visage de Meghan traduit de l'abattement et de la déception[122]. Curieusement, Cole nie avoir échangé Meghan. Il se souvient que les acteurs de *Suits* lui ont adressé un message pour lui dire qu'ils l'aimaient et qu'il en a accusé réception. Les choses se sont arrêtées là. Le fait qu'elle ait vu en lui un petit ami possible, suggère-t-il, relève du fantasme. Les proches du footballeur se souviennent d'une version différente : Cole s'est vanté auprès d'eux que Meghan le poursuivait de ses assiduités.

Meghan et Hind, toutes deux âgées de 32 ans, se lancent ensuite dans une discussion plus personnelle. Elles sont toutes deux célibataires et en quête d'une relation durable. À la fin de la soirée, Meghan retourne à son hôtel et Hind note que la jeune Américaine a besoin de publicité. Cependant, elle décide que cela ne vaut pas la peine de faire un papier sur elle pour son journal : il n'y a aucune *story* à en tirer.

Vient ensuite une nouvelle soirée au cours de laquelle Meghan voit une chance de se faire remarquer. Elle doit animer un gala télévisé avec le mannequin Oliver Cheshire, qu'elle ne connaît pas. Sur le tapis rouge de Leicester Square, Meghan sourit. Quand elle saisit la main de Cheshire, elle souhaite ardemment que la photo paraisse dans les journaux à sensation du lendemain. Elle veut de la publicité. Les rédacteurs en chef ignorent son souhait. Leurs lecteurs ne s'intéressent pas à Miss Nobody.

Meghan rencontre ensuite Lizzie Cundy, une personnalité de la télévision britannique. Autour d'un verre, Meghan avoue que Hollywood est brutal et qu'elle n'a pas réussi à percer. Son ambition est de participer à une émission de téléréalité anglaise comme *Made in Chelsea* – et voudrait rencontrer un fiancé anglais. « Connaissez-vous des hommes célèbres ? demande-t-elle. Je suis célibataire et j'aime les Anglais. Connaissez-vous un homme libre ? » Une fois de plus, elle mentionne Ashley Cole. « Il me suit sur Twitter. » Lizzie Cundy a été elle-même mariée à un footballeur et son couple s'est brisé. Elle ne témoigne pas d'un grand enthousiasme pour Cole. Meghan semble, une fois de plus, déçue. À la fin de la soirée, Meghan rentre seule à son hôtel. Ses appels aux paparazzi et les efforts de Ransome n'ont produit qu'une brève mention dans une colonne du *Daily Mail*. Il n'y a pas de photo[123].

La seule bonne nouvelle est que Nick Ede, un fixeur payé par Sunshine Sachs pour réserver sa participation à un gala télévisé, a également organisé sa rencontre avec Jonathan Shalit, un agent de talents sympathique. « J'aimerais animer une émission de cuisine comme Gordon Ramsay », déclare Meghan à Shalit. Avant d'ajouter qu'elle serait heureuse de participer à n'importe quelle autre émission non scénarisée. Shalit est enthousiaste. La jeune femme est charmante, jolie et admirée par le petit public de *Suits*. Il ne sait pas que Meghan, même si elle aime la bonne cuisine, a des compétences culinaires limitées. En dehors de la soupe de légumes mixée, ses spécialités se limitent aux pâtes nature, au poulet rôti et aux steaks et hamburgers grillés. La plupart du temps, elle mange des plats préparés. En fait, elle se voit plutôt animer une émission dans laquelle elle voyagerait pour déguster des spécialités du bout du monde. Une brève vidéo d'elle dégustant des cornichons à Brooklyn pour Ora TV révèle ses limites[124]. Il n'y a ni magie ni magnétisme. Le projet tombe à l'eau.

Shalit ne se décourage pas et organise une audition pour *Strictly Come Dancing*[A]. À contrecœur, Meghan doit refuser, car son contrat pour *Suits* la lie pour neuf mois de tournage par an et les deux projets se télescopent. Déçu, Shalit lui fait ses adieux. Megan rentre à Toronto sans nouveau contrat et sans nouveau *boyfriend*.

A. Émission britannique autour de la danse.

CHAPITRE 6

Influenceuse

Le jour de son trente-troisième anniversaire, en août 2014, Meghan poste une séduisante photo d'elle seins nus sous le titre « Birthday Suit ». Elle assume cette « chosification » volontaire de la façon suivante : « Pour moi, la beauté et l'*empowerment* ne sont pas deux choses distinctes. L'*empowerment* et les droits des femmes, je les place tous les deux dans la case beauté[125]. » Cette photo est le point culminant d'une année de travail pour se réinventer en tant qu'influenceuse.

Ne sachant pas combien de temps dureront ses revenus tirés de *Suits* et étant peu prudente avec l'argent, Meghan a enregistré une série de sites Web – Posh Beauty, Spoon Me Fork Me, Lalitots et Foodiepup – pour tirer parti de sa célébrité. L'idée n'est pas neuve. Meghan a observé les stars hollywoodiennes – dont Angelina Jolie et Emma Watson, l'Hermion Grager de la saga Hermione de la saga *Harry Potter* – devenir des influenceuses très bien payées. L'habileté de Meghan consiste à copier celles qu'elle admire, mais aussi à apprendre de leurs erreurs. Grâce à sa proximité avec les aspirants influenceurs de Toronto, dans l'orbite de Soho House, elle suit les efforts de Sophie Trudeau pour se faire connaître comme « militante pour l'égalité des sexes » et ambassadrice de l'initiative « I Am A Girl », et elle observe les tentatives de Jessica Mulroney pour se faire un nom sur les réseaux sociaux. Elle comprend que l'astuce consiste à créer une marque.

En exposant ses opinions et son style de vie, elle fait la promotion de causes à la mode et de célébrités en leur apportant son soutien et ses louanges.

Elle n'oublie pas de valoriser articles de mode et cosmétiques contre une rémunération. Se proclamant « droguée de l'inspiration », elle propose ses services à des marques de luxe. La première année, aucun de ses sites ne décolle[126].

Elle crée ensuite le blog The Tig, qu'elle baptise ainsi d'après le tignanello, un vin italien. La conception est signée Jake Rosenberg, le designer du magazine *Coveteur*. Meghan se décrit comme « la rédactrice en chef de ma marque de style de vie » et conçoit son blog comme une façon d'exposer sa richesse, ses vêtements de luxe, un style de vie glamour et ses recettes de bien-être. « The Tig, écrit-elle, est un hub pour les Palais avertis – ceux qui ont faim de nourriture, de voyages, de mode et de beauté –, c'est un vivier d'idées et de sensations fortes – pour un style de vie inspiré. » Enregistré en 2014 comme un produit de la société californienne Frim Fram Inc., The Tig est lancé en mai 2014.

Tous les jours, Meghan se rend tôt au studio pour tourner *Suits*, puis elle se file à son club de sport en fin d'après-midi. Elle passe ses soirées sur Internet à la recherche d'idées, passant au peigne fin aussi bien les publications d'actualité, comme le magazine britannique *The Economist*, que la presse people ou les revues de mode, comme *Darling*. Elle consulte aussi d'autres sites web, demande des produits gratuits à des marques de luxe comme Hermès en échange de la promotion de leurs sacs à main, et envoie un nombre incalculable de courriels à des célébrités pour obtenir leurs commentaires et leur soutien. Pour asseoir sa crédibilité, elle doit être associée à des stars – voire se faire photographier avec elles pour mettre en scène leur amitié. Sa force est de saisir toutes les opportunités et de ne jamais considérer un non comme définitif[127].

Lors d'un match de bienfaisance sur une plage artificielle couverte au Pier 40, à New York, elle rencontre la championne de tennis Serena Williams, qui a remporté vingt-trois tournois du Grand Chelem. Sur son site web, elle écrit : « Nous avons tout de suite sympathisé, pris des photos, ri et discuté. Ni de tennis ou de théâtre, mais de trucs de filles. C'est ainsi qu'a commencé notre amitié. » Toutefois, aucune photo de Meghan avec Serena n'est publiée sur The Tig. Le producteur Brett Ratner, petit ami de la championne, ne l'a jamais entendue parler de Meghan. Et même si cette dernière n'a jamais été vue avec une raquette à la main, elle prétend que toutes les deux sont liées par « notre ambition sans fin ».

Meghan obtient aussi d'être présentée à Ivanka Trump, la fille du magnat new-yorkais. « Quand nous prenons un verre, dit-elle à ses followers, je m'assure de commander la même chose qu'elle, car cette femme semble avoir la formule du succès (et du bonheur). » Sur The Tig, elle encense aussi les « magnifiques créations » d'Ivanka – chaussures, meubles et vêtements. Elle reste muette sur son refus, quelques années plus tôt, de répondre à une invitation de Donald Trump lorsqu'elle travaillait pour *Deal or No Deal.* Elle ne mentionne pas non plus l'article du magazine *Variety* annonçant la cinquième saison de *Suits*. Meghan est de nouveau classée sixième et dernière dans la liste des acteurs[128]. L'audience de la série augmente cependant, pour atteindre presque trois millions de spectateurs.

Pour construire son profil d'influenceuse, Meghan utilise une formule éprouvée. Elle fait des « révélations » intimes et personnelles, qui prennent cependant pas mal de liberté avec la réalité. Se présentant comme une déesse hollywoodienne, elle mentionne son amour de la bonne cuisine, sa passion pour le rosé, la tequila aux épices et le scotch pur. Se décrivant dans un post comme une « hippie », elle dénigre les restaurants chics. Sa compagnie, dit-elle, est agréable, car elle « sait profiter de chaque seconde ».

Elle dresse aussi son portrait de l'homme idéal : elle l'imagine vêtu d'une chemise de lin, pieds nus sur une plage. Il mange une pizza et l'invite à prendre un verre sur le chemin du retour. Elle précise aussi que, s'il lui offre de la lingerie, elle trouvera ça tout à fait charmant. « Soyez une aventurière audacieuse, conseille-t-elle à ses followers. Il est important de ne pas se laisser abattre et de profiter de chaque minute. S'il vous fait rire, ça aide[129]. »

The Tig reflète une femme de conviction avec une fibre commerciale, une personnalité aventureuse – qui manque peut-être un peu d'humour. Pour célébrer son trente-troisième anniversaire, elle se souvient des luttes qu'elle a menées adolescente puis dans sa vie d'actrice. Elle résume sa recette du bonheur pour la femme célibataire : « Tu dois savoir que tu as en toi tout ce qu'il faut. Ce mantra est ancré si profondément en moi qu'il ne se passe pas un jour sans que je l'entende résonner dans ma tête. Prendre cinq kilos ne te rendra pas plus heureuse, te maquiller ne te rendra pas plus jolie. La phrase de Jerry Maguire – "Tu me complètes" – n'est pas vraie. Tu es complète, avec ou sans partenaire. Tu es parfaite comme tu es. Alors, pour mon anniversaire, voici ce que j'aimerais comme cadeau : je veux que tu sois gentille avec toi. Je veux que tu te remettes en question. Je veux que tu arrêtes les commérages, que tu essaies un plat qui te fait peur, que tu offres un café à quelqu'un juste comme ça, que tu dises à quelqu'un que tu l'aimes… et que tu te le dises aussi. Je veux que tu trouves ton bonheur. Moi-même, je l'ai trouvé. Et je ne me suis jamais sentie aussi bien. Je suis bien comme je suis. »

Mais ce sermon sur The Tig ne reflète pas toujours la vie de Meghan ni même ses valeurs personnelles. Elle comprend son marché et sait compartimenter sa vie entre réalité et fantasmes – ce sont ces derniers qu'elle offre à un nombre croissant d'adeptes, dont le total approche désormais la barre des 100 000. Les fantasmes constituent avant tout un argument de vente. Dans la liste qu'elle établit pour *A Guide to Living Well* figure ainsi la gentillesse, dans la rubrique « Non négociable ».

Cet été-là, elle rencontre Cory Vitiello, un restaurateur de Toronto dont les burgers attirent une clientèle huppée. Cet homme séduisant de 35 ans accueille au Harbord Room les stars hollywoodiennes qui tournent à Toronto. Vitiello a eu des liaisons avec plusieurs Canadiennes célèbres, dont la multimillionnaire Belinda Stronach. Le 10 juillet 2014, après avoir mangé dans son restaurant avec les acteurs de *Suits*, Meghan rédige une critique élogieuse sur The Tig. Cory est devenu son « chef préféré ».

Influenceuse

Peu de temps après, Vitiello commence à sortir avec Meghan[130]. Ils louent une maison dans le quartier Annex. Grâce à Cory, qui est l'âme de nombreuses fêtes et qui est convoité par beaucoup de femmes, Meghan est présentée à « tout le monde » à Toronto. Elle devient vite un personnage incontournable de la vie sociale de la ville. Cory Vitiello n'apparaît plus jamais sur The Tig. Meghan conçoit les relations comme un jeu de vases communicants : pour qu'elle prenne la lumière, Cory doit rester dans l'ombre.

CHAPITRE 7

L'Irlandais

Originaire d'Irlande du Nord, le golfeur Rory McIlroy est l'un des plus grandes stars britanniques de l'été 2014. Le 10 août, peu après avoir remporté l'Open Championship en Grande-Bretagne, le jeune homme de vingt-cinq ans gagne le PGA Championship dans le Kentucky[131].

Le lendemain, à 2 heures du matin, il est à New York et pénètre dans l'hôtel Fitzpatrick, à l'angle de la 57ᵉ Rue et de Lexington Avenue. Tous ceux qui l'ont vu les jours suivants se souviennent que le champion de golf était « chaud, chaud, chaud ». Il fait la fête sans discontinuer pendant 24 heures, avant de traverser l'Atlantique en jet privé pour se rendre à Manchester recevoir un prix à l'Old Trafford. Après de nouvelles libations avec les footballeurs de l'United, il rentre à Manhattan pour une apparition télévisée, puis rejoint Tiger Woods pour la promotion de grandes marques de golf. Le 19 août, il décide de s'accorder un peu de bon temps. Il vient de se séparer de sa fiancée, la blonde Caroline Wozniacki, star de tennis, et on prétend qu'il court maintenant après les brunes.

Le défi du seau d'eau glacé fait alors fureur aux États-Unis. Des célébrités se filment en s'arrosant ou en se faisant arroser d'eau glacée, puis font un don en ligne pour financer la recherche sur la sclérose latérale amyotrophique. De manière inattendue, McIlroy désigne Meghan pour ce défi[132]. Ce n'est pas un hasard si celle-ci séjourne alors avec un ami à l'hôtel Fitzpatrick, où McIlroy a une suite. Elle accepte le défi, à condition que ce soit Rory lui-même qui lui lance le seau d'eau.

Après la publication de la vidéo, Meghan et Rory vont prendre un verre à l'hôtel Fitzpatrick. Ils sont repérés dans le bar par le propriétaire de l'établissement, John Fitzpatrick. D'origine irlandaise, cet américain de 54 ans préside l'American Ireland Fund, l'un des principaux promoteurs de l'unification de l'Irlande. Grand philanthrope, il a donné des millions à des œuvres caritatives. C'est aussi un grand ami des Clinton, il a d'ailleurs également versé de l'argent pour la campagne présidentielle. Depuis 1991, c'est chez lui que se déroulent les collectes de fonds pour le candidat démocrate. « Il est à la première place », observe ironiquement un homme d'affaires. Personnalité charismatique, le célibataire endurci est souvent photographié en compagnie de jolies femmes – à qui il offre de généreux cadeaux, notamment des stilettos Louboutin. L'attention des médias flatte son ego.

« J'étais au bar de l'hôtel, se souvient Fitzpatrick, et j'ai vu Rory McIlroy. Je me suis approché et il était avec Meghan Markle. J'étais un fan de *Suits*. Sarah Rafferty, qui tient le rôle principal de la série, est devenue une amie[133]. » Fitzpatrick invite le couple à dîner au Cipriani. À minuit, alors que le golfeur et Meghan sont photographiés côte à côte, Fitzpatrick reçoit une vingtaine de personnes[134].

Le lendemain matin, McIlroy se rend sur le terrain de Ringwood, à 30 miles de New York, pour participer à une compétition. Mal en point après une nuit agitée, il chute à la 101e place. Mais il refuse de dormir près du terrain pour être prêt le lendemain. Il retourne à New York en voiture pour voir Meghan. Sa performance en souffre. « Je n'étais pas dans mon assiette, avoue-t-il. Je prenais du bon temps. »

De retour à Toronto à la fin de la semaine, Meghan s'extasie sur le golfeur dans The Tig : « Rory McIlroy. Dont on murmure (et on crie) qu'il est le plus grand golfeur du monde, aimé par Tiger, respecté par Palmer, et qui jette de l'eau glacée sur ma seule tête… pour le ALS Ice Bucket Challenge. C'est une force de la nature, capable de beaucoup travailler, de se plier à des entraînements intenses pour justifier son titre, tout en passant des soirées à savourer de l'Opus One (un choix de vin audacieux) et à dîner au Cipriani – pour l'équilibre de sa vie, bien sûr.

Pourtant, au-delà de son éthique de travail et de jeu, la qualité la plus attachante de cet homme est son caractère – aussi authentique et honnête que possible, appréciant un simple sourire, ne fuyant jamais une photo de fan, appréciant de simples pâtes en sauce et témoignant d'un amour pour ses parents que l'on voit rarement chez les hommes de son âge. Et même à tout âge, pour être honnête. Il n'est pas seulement un homme vrai… il est vrai. Et c'est peut-être ce qui fait qu'on le chérit encore plus. Chouchou de la critique et des fans – et ce n'est pas sans raison –, il est né et a grandi à Holywood, en Irlande – bien loin de ma ville natale de Hollywood, en Californie. Pourtant, à lui seul, il mériterait que Holywood crée pour lui sont propre Walk of Fame. J'imagine que sa ville natale serait heureuse d'accueillir ce boulevard doré en son honneur. Le Tig Talk d'aujourd'hui est consacré à l'élégant, courtais et toujours talentueux Rory McIlroy – qui, soit dit en passant, a eu la gentillesse de ne pas mettre les deux paquets de glace que j'avais prévus dans le seau d'eau. Il voulait que je sensibilise le public à la SLA tout en relevant le défi. Je lui en suis reconnaissante. »

Soucieuse d'utiliser leur intimité pour se faire connaître, elle encourage les médias à publier des photos d'elle avec McIlroy. Comme elle l'admettra plus tard, il lui est arrivé « d'organiser une séance de paparazzi ou de laisser échapper des informations à la presse[135] ».

Questionné par Cory Vitiello qui veut savoir si elle a une relation avec McIlroy, Meghan répond par la négative. Et il la croit. Mais elle a déjà prévu de retrouver McIlroy et Fitzpatrick à Dublin huit semaines plus tard.

Meghan fait pression pour être invitée à la conférence One Young World à Dublin. Elle sait que, dans l'univers de Hollywood, la philanthropie et l'activisme contribue à la célébrité. Pour sa première tribune, elle demande une faveur à Misan Harriman, un photographe anglo-nigérian. Celui-ci est un ami du champion de tennis Boris Becker, qui s'apprête à tenir une conférence devant plus de mille jeunes dans le cadre du One Young World. Becker pourrait-il inviter Meghan ?

Becker présente Meghan à son agent, Gina Nelthorpe-Cowne, une Sud-Africaine basée à Londres. Sa spécialité est de négocier des apparitions de célébrités dans des événements médiatiques. Ayant introduit un autre client, Bob Geldof, à Dublin, elle est bien placée pour demander à l'organisatrice de la conférence, Kate Robertson, d'accorder un créneau à Meghan. L'actrice veut parler de l'égalité des sexes et du « changement positif ».

Robertson est d'accord. Personne ne connaît Meghan Markle, pas même elle. Mais quand elle en parle avec sa fille, fan de la série *Suits*, celle-ci se montre aussitôt enthousiaste. Meghan est donc invitée. Elle ne recevra pas d'honoraires, contrairement aux stars, mais sera défrayée. Excitée par son voyage, elle poste un message à un ami irlandais de McIlroy : « Réservez quelque chose pour moi. J'y serai du 14 au 17 octobre. Passez une merveilleuse nuit. X, MM[136]. »

« Quand j'arrive dans la chambre d'hôtel de Meghan à Dublin, se souvient Nelthorpe-Cowne, elle est en peignoir, les cheveux attachés. Nous nous prenons dans les bras comme si nous nous connaissions depuis longtemps. Elle est charmante – chaleureuse et avenante[137]. » Nelthorpe-Cowne adhère à l'objectif de Meghan à Dublin : promouvoir son profil, augmenter ses revenus et devenir influente.

Nelthorpe-Cowne remarque que sa nouvelle cliente marche gracieusement sur des talons vertigineux et embrasse les bienfaiteurs. En plus d'être belle et charismatique, Meghan a perfectionné l'art de la salutation à deux mains. Elle donne à chacun l'impression d'être seule dans la pièce. Même les invités vedettes, dont Mary Robinson, ancienne présidente de l'Irlande, et Kofi Annan, ancien secrétaire général des Nations unies, sont attirés par l'éclat de son sourire engageant et le battement d'une paupière. Nelthorpe-Cowne est sous le charme. Quant à Meghan, quand elle voit les politiciens célèbres au premier rang au moment où elle commence son discours, elle a toutes les raisons de se sentir heureuse de son importance[138].

Se présentant comme une métisse, elle parle de son enfance, du questionnaire où elle devait noter son origine ethnique, de son sentiment d'exclusion. Mais elle ne dit pas qu'elle a souffert du racisme et ne parle pas de discrimination. Elle ne remet pas en question le statut de la femme métisse dans une société blanche. Elle ne cherche pas à exposer une mission personnelle ni à proposer un programme pour changer le monde. Son discours consiste à inciter son public à admirer son expérience et à adopter son mantra sur la solidarité.

Personne ne peut contester de tels sentiments. Les applaudissements enthousiastes, en particulier ceux des politiciens du premier rang, confirment que sa prestation est bien accueillie. Dans son esprit, comme elle le dira plus tard, elle a été élevée au rang des puissants. Cela explique sa réaction – inhabituelle chez elle – quand elle se dirige vers l'ascenseur de l'hôtel. Un jeune homme lui fait poliment signe d'y entrer avant lui. « Je n'ai pas besoin de ça », s'emporte-t-elle, délivrant une tirade à l'homme surpris jusqu'à la fin du trajet.

Cory est également à Dublin. Il a voyagé depuis Toronto avec Meghan – certains suggèrent qu'il était dans un jet payé par Rory McIlroy. Il est présenté comme un chef célèbre. Tout le monde s'accorde à le trouver plutôt calme. Clairement, il ne ressemble pas du tout à l'hyper-actif Gordon Ramsay.

Le soir de son allocution, le vendredi 17 octobre, Meghan quitte son hôtel pour aller dîner avec Rory McIlroy au Fade Street Social, un des plus grands restaurants de Dublin. On la voit éperdue d'admiration pour McIlroy[139]. « Ils sont assis côte à côte, semblent très intimes, et discutent toute la nuit », rapporte Alexandra Ryan dans la colonne des potins d'un journal. C'est la troisième nuit que Meghan passe à Dublin. La veille, John Fitzpatrick a dîné avec elle ; plus tard, il a laissé entendre qu'elle et McIlroy avaient un rendez-vous secret[140]. Les amis irlandais de Meghan pensent d'ailleurs que le couple s'est retrouvé en secret plus tôt au cours du séjour de la jeune femme.

Comme il fallait s'y attendre, le rapport du journal agace Cory Vitiello. Il interroge de nouveau Meghan. Très en colère, il lui demande si elle a une liaison avec McIlroy, ce que la jeune femme nie avec beaucoup d'emphase. Elle et McIlroy sont juste amis, dit-elle. Une fois de plus, il la croit. L'agente de Meghan appelle Alexandra Ryan pour un rectificatif.

« Ils sont très amoureux, écrit Alexandra Ryan le lendemain en parlant de Meghan et Cory. Ils sont tout le temps collés l'un à l'autre[141]. » Meghan est soulagée. Sa relation avec le golfeur n'a pas d'avenir, alors qu'elle a besoin de Cory à Toronto.

Avant que le couple ne file à Paris pour le week-end, Gina Nelthorpe-Cowne promet à sa nouvelle cliente un avenir passionnant. Elle organisera des engagements payants de conférencière et négociera un accord pour que Meghan soit le visage d'une grande marque de mode ou de soins de la peau. « Je veux être le visage de L'Oréal®, déclare très sérieusement Meghan. J'ai des jambes longues comme un kilomètre[140]. » Leur relation est scellée par un baiser. Dans les courriels qu'elle adresse à Gina pour la remercier de son soutien, Meghan signe : « *Sending love, XOXOXO hugs and kisses, MM.* »

* * *

De retour à Toronto, la « bande de filles » de Meghan prend encore de l'ampleur. Le mari de Sophie Trudeau vient d'être élu chef du parti libéral et il est pressenti pour devenir Premier ministre. Meghan noue une amitié avec la chanteuse Martina Sorbara, la fille d'un homme politique canadien. Jessica Mulroney n'a toujours pas percé dans les réseaux sociaux, mais sa relation avec Meghan s'est renforcée.

Beaucoup ne comprennent pas l'attachement de Meghan pour Mulroney, généralement considérée comme une sorte de WAG[A]. Cette amitié, observe le journaliste Shinan Govani, était soit le résultat d'un « mauvais jugement ou parce qu'il n'y avait personne d'autre ». Elle peut aussi s'expliquer par une autre raison : Meghan pourrait être secrètement envieuse de la richesse et de la réussite sociale de Mulroney. Ce qui, à l'école et à Hollywood, était considéré comme une saine ambition s'est mué en jalousie. D'ailleurs, l'envie colore une grande partie de l'actrice.

A. Acronyme de « *Wives And Girlfriends* », WAG désigne généralement les femmes et petites amies des footballeurs, en quête de glamour.

Soho House, pour Meghan, est un allié de plus dans sa carrière. Les applaudissements des politiciens à Dublin ont confirmé sa nouvelle importance : « Je veux utiliser mon statut d'actrice pour avoir un impact concret. » Internet est essentiel à ses projets. Outre la promotion de produits sur The Tig en échange de cadeaux ou d'une rémunération[143], elle aime répandre la joie auprès de ses fans.

« Au cas où personne ne vous l'aurait dit aujourd'hui, écrit-elle un soir à ses lecteurs, vous méritez de l'amour à n'en plus finir, et vous avez un beau cul. » Selon elle, chacun devrait être libre de choisir sa réalité et ses valeurs. L'attirance sexuelle est de plus en plus présente sur son site. En même temps, elle devient intolérante aux idées qui ne correspondent pas avec les siennes. Elle a peu de patience pour les valeurs des autres et se fâche avec ceux qui refusent d'être d'accord avec elle.

Elle veille jalousement sur son image. Convaincue qu'elle est sur le point d'accéder à la célébrité internationale, elle est de plus en plus attachée à Rachel Zane. Elle absorbe la façon dont Aaron Korsh constuit le personnage de Zane, l'opportuniste fougueuse aux fabuleux talents de manipulatrice. Pour le plus grand plaisir de Meghan, Korsh intègre ses centres d'intérêts dans le scénario. Zane est devenu gourmande. Il a également accepté de limiter le nombre de scènes d'amour où elle n'est vêtue que d'un soutien-gorge.

Grâce à Korsh, Meghan s'initie aussi aux vêtements les plus chers. Jolie Andreatta, la costumière de la série, la surnomme « Little Fox » et l'habille en Dior, Prada, Burberry et autres marques prestigieuses[144]. Pour de nombreux téléspectateurs, les tenues deviennent le centre d'intérêt de la série. Meghan attribue à Andreatta le mérite d'avoir influencé sa compréhension de la mode, en particulier la puissance des chemises blanches, des jupes crayon Tom Ford et des tenues ajustées. Pourtant, à sa grande déception, Andreatta déclare dans une interview que Meghan n'est pas forcément l'actrice qu'elle préfère habiller[145].

La moindre critique négative alarme Meghan. En parcourant Internet, elle lit qu'une poignée de téléspectateurs ont protesté contre le fait que Zane est sur le point d'avoir une liaison. Elle est alarmée de voir qu'elle,

Meghan Markle, est personnellement blâmée. Elle craint que sa réputation ne soit menacée par l'infidélité de Rachel Zane. Elle supplie Korsh de mettre fin à cette intrigue[146]. Korsh accepte, conscient qu'il n'est pas seulement en train d'écrire une histoire à succès, mais qu'il façonne aussi le caractère et la personnalité de Meghan dans la vie réelle. Étrangement, Meghan déclarera plus tard : « Je ne lis pas la presse, je n'ai même pas lu la presse pour *Suits*[147]. »

Assimilant le point de vue de Korsh sur la loyauté et les jeux de pouvoir, Meghan est heureuse de se voir attribuer ce qu'elle considère comme ses vraies couleurs et se glisse sans peine dans le rôle d'une femme pleine d'empathie. À la fin de chaque journée de tournage, elle organise la distribution des surplus de nourriture aux plus démunis. Avec cette nouvelle image, Meghan place son statut au-dessus de la réalité.

Mais elle souhaite une reconnaissance plus large. Durant l'automne 2014, elle joue dans *When Sparks Fly* pour Hallmark Channel TV, où elle incarne une journaliste qui, de retour dans la ville natale, va de surprise en surprise. Le film est un échec. Pour obtenir plus de visibilité comme philanthrope, elle participe, avec un groupe d'artistes, à un voyage sponsorisé par le Pentagone. À bord de Air Force Two, l'équipe va visiter les bases militaires américaines en Espagne, en Italie, en Turquie et en Grande-Bretagne[148].

Cette tournée est conduite par le chef d'état-major des armées, le général Martin Dempsey. Sur les bases d'accueil, les familles des militaires restent perplexes. La biographie de Meghan mentionne qu'elle est « activement impliquée dans l'arène sociopolitique », qu'elle a « travaillé » à l'ambassade américaine de Buenos Aires et qu'elle « travaille en étroite collaboration avec l'organisation ONU Femmes », n'impressionne pas le public[149]. Peu de gens connaissent son nom ou comprennent son discours parsemé d'allusions à *Suits*, et elle semble peinée lorsqu'on lui demande de chanter, en particulier *White Christmas*[150].

Pendant toute cette période, son port d'attache est Cory Vitiello. C'est en partie grâce à lui qu'elle peut profiter de la vie à Toronto. Pour la mère du jeune homme, Joanne Vitiello, Meghan est une sainte.

Contrairement aux Engelson, Joanne voit dans Meghan la future épouse de son fils. Au début, Meghan semble tentée. En décembre 2014, elle s'envole avec Cory vers la Floride, pour la Miami Art Week. Invitée par Markus Anderson à séjourner au Soho Beach House, elle part – comme à son habitude – à la chasse aux contacts.

Pendant le déjeuner, Anderson l'a placée à côté de Misha Nonoo, une jeune styliste, fille d'un père originaire de Bahreïnien et d'une mère anglaise. « La spiritualité est importante pour moi, a dit un jour Nonoo. Je médite deux fois par jour et j'aime les bains de gong et la guérison par le son[151]. » Sur son blog, Meghan dira de Nonoo qu'elle est « le genre de femme qu'on adore tout de suite ». Comme Meghan, Nonoo est en quête de gloire, mais elle a déjà gravi quelques échelons dans le grand monde. Elle a épousé Alexander Gilkes, ami des princes William et Harry qu'il a rencontrés à Eton. Le mariage a été célébré à Venise et a donné lieu à trois jours de festivités. Le riche mari de Nonoo incarne pour elle le conjoint idéal.

Peu après Noël, Meghan se rend à Los Angeles avec Vitiello. Séjournant dans la maison d'une actrice de *Suits*, elle invite Thomas et Doria pour le déjeuner et leur offre à chacun un cadeau d'une valeur de 5 000 dollars. C'est la première fois que Thomas rencontre Cory. « C'est un gars sympa, mais il n'a rien d'exceptionnel », juge le père de Meghan. Sept semaines plus tard, dans le message qu'elle poste sur The Tig pour la Saint-Valentin, Cory n'est pas cité[152].

« Pour cette Saint-Valentin, écrit-elle, je serai avec des amis. Je vais courir comme une folle dans les rues de New York, siroter un cocktail rose et franchir avec mes nouvelles chaussures les tas de glace de West Village. Ces chaussures sont un cadeau que je me suis offert. Parce que j'ai travaillé dur, parce que je ne vais pas attendre que quelqu'un m'achète les choses dont j'ai envie – d'ailleurs, je ne le veux pas – parce que je veux me traiter aussi bien que je traite ceux qui me sont chers. Parce que je suis mon propre Valentin. »

Elle se décrit donc comme célibataire et en proie à la déprime. « La solution, explique-t-elle après avoir changé avec ses sœurs de *Suits*, est l'amour de soi. » Elle conclut qu'elle doit s'accorder autant d'amour et d'acceptation que ce qu'elle offre aux autres. « J'ai décidé d'être ma Valentine. »

Meghan a fait son choix : son avenir n'est pas avec Cory. Elle vise plus haut. New York, a-t-elle décidé, est la clé de son ambition. Elle veut imiter ses idoles, Angelina Jolie et Emma Watson.

CHAPITRE 8

Hillary

« J'ai souvent accompagné Meghan à New York, se souvient John Fitzpatrick, et elle séjournait régulièrement dans mon hôtel à Manhattan[153]. » Fitzpatrick a cerné l'ambition de Meghan – elle veut rencontrer des célébrités. Il l'invite donc dans les meilleurs restaurants, en particulier Le Bilboquet – il prononce « Bill Buckley » –, dans l'Upper East Side. C'est l'une des adresses les plus snobs de New York, et les gens sont prêts à tout pour avoir une table à côté d'acteurs célèbres ou de personnalités comme Bill Clinton.

Parmi les nombreux attraits de Fitzpatrick pour Meghan, il y a sa relation étroite avec les Clinton. En 2015, il a fièrement accueilli dans la ville la campagne de collecte de fonds d'Hillary, qui brigue la présidence. Hillary Clinton a été sénatrice et secrétaire d'État, et son influence est grande.

Pour l'heure, Meghan est surtout obnubilée par Emma Watson, alors ambassadrice du programme de l'ONU pour les femmes. Meghan veut obtenir cette nomination et Fitzpatrick peut l'aider. Une demande du bureau d'Hillary Clinton à Phumzile Mlambo Ngcuka, responsable d'ONU Femmes au siège de New York, permet d'obtenir l'introduction que Meghan recherche.

Originaire du Zimbabwe, Elizabeth Nyamayaro est chargée de la campagne de l'ONU pour promouvoir les droits des femmes et éradiquer les inégalités entre les sexes d'ici à 2030. Elle téléphone à Meghan pour lui demander si elle souhaite devenir une « avocate de l'implication politique des femmes » en Afrique. C'est l'occasion dont Meghan rêvait.

Nyamayaro a un style qui ne passe pas inaperçu et sa voix magnétique retient l'attention de tous quand elle se trouve quelque part. Elle n'est pas là pour faire de la figuration. Meghan non plus. Dès le début, tous les ingrédients sont réunis pour que ces deux femmes ne s'entendent pas. Nyamayaro suggère à Meghan un stage d'une semaine à New York, puis qu'elle réalise une vidéo promotionnelle prônant le leadership féminin. Pour tenir compte de son emploi du temps, la vidéo serait tournée à Toronto. Nyamayaro demande à Matt Hassell, directeur de création dans l'agence de pub KBS, de se rendre à Toronto pour rencontrer celle qui sera la vedette de la vidéo.

L'identité de la célébrité étant tenue secrète, Hassell se demande qui cela peut être. Meryl Streep ? Une autre star de Hollywood ? Quand Nyamayaro lui révèle qu'il s'agit de Meghan Markle, Hassell est abasourdi. « Qui ça ? » demande-t-il. Sa productrice, Brenda Surminski, a la même réaction. Ni l'un ni l'autre n'ont jamais entendu parler de Meghan ni de *Suits*. « Merveilleux », répondent-ils poliment, lorsque Meghan rejoint la discussion par Zoom.

Présentés à l'actrice, les deux publicitaires sont frappés par son insistance à tout prendre en main et à se comporter comme une star. Son illusion de grandeur se poursuit pendant le tournage de la vidéo au George Brown College de Toronto. Tout le monde, semble-t-il, est là pour la servir. Seul Nyamayaro refuse d'obéir. Tout au long de la journée, ils n'arrivent pas à se mettre d'accord sur le scénario. La vidéo est tournée, mais le résultat est inutilisable.

En février 2015, Meghan s'envole pourtant avec Nyamayaro pour le Rwanda, pour parler aux femmes de l'importance de l'égalité des sexes.

Le Rwanda a été le théâtre d'une tragédie effroyable. Au début des années 1990, une guerre civile entre deux ethnies – les Tutsis et les Hutus – a fait rage. Elle a pris fin après la mort brutale de quelque 800 000 civils tutsis. Paul Kagame, un officier de l'armée tutsie, a été élu président en 2000, recueillant 90 % des suffrages. Cinq ans plus tard en 2015, il est accusé d'avoir été complice du génocide. Nombre de ses opposants politiques ont été retrouvés morts, au Rwanda mais aussi dans toute l'Afrique, et les réfugiés hutus du Congo voisin ont été massacrés par l'armée rwandaise. Néanmoins, sous la houlette de l'ancien premier ministre britannique Tony Blair, de nombreux membres de la communauté mondiale ont présenté Kagame comme un démocrate africain modèle. L'ONU, comme Blair, a ignoré un rapport fournit en 2014 par le Département d'État américain sur l'oppression au Rwanda. De même, l'orgnisation n'a pas tenu compte des audiences du Congrès américain, en 2015, sur la propension de Kagame à assassiner ses opposants[154].

Lectrice régulière de *The Economist*, Meghan connaît la réputation de Kagame, mais si elle veut s'attirer les bonnes grâce de Nyamayaro, elle doit le soutenir. Pour Nyamayaro, c'est grâce à Kagame que le Rwanda est devenu un « exemple de leadership féminin pour tous les pays ». Dans son admiration pour le dictateur, Nyamayaro qualifie les femmes politiques rwandaises de « phénoménales[155] ». Elle ne voit pas que ces dernières ne font qu'entériner les textes de loi proposés par Kagame. Dans son premier discours au Rwanda, Meghan fait donc l'éloge du président : « Nous avons besoin de plus d'hommes comme lui. » Au cours d'une semaine de rencontres avec des femmes politiques rwandaises, elle se réjouit du fait que 64 % des sénateurs rwandais sont des femmes[156]. Elle ne mentionne pas que l'une des raisons est le meurtre de très nombreux hommes pendant le génocide. Tout aussi intimidées que les hommes, les femmes politiques ne remettent en cause la vie de luxe que mène leur leader. Voyageant à travers le monde dans son grand jet privé, Kagame loge dans des hôtels à 2 000 dollars la nuit, alors que le salaire quotidien moyen de ses compatriotes est de 2 dollars.

Se présentant comme un ange de la miséricorde, Meghan ne remet pas non plus en question les largesses du président. Dans la journée, après une nuit confortable dans sa chambre climatisée, elle visite le camp de réfugiés de Gihembe pour demander aux femmes comment elles font face. Leurs réponses sont à peine consignées. De retour à Kigali, la capitale du pays, avant la tombée de la nuit, elle écrit sur son compte

Instagram : « Ce type de travail nourrit mon âme[157]. » Elle ne semble pas troublée par le contraste entre le lieu qu'elle occupe et le fait que, à quelques kilomètres de là, des personnes survivent à peine. « Ma vie se partage entre les camps de réfugiés aux tapis rouges, écrit-elle sur The Tig. Je choisis les deux parce que ces mondes peuvent coexister[158]. »

Un peu plus tard, lors d'un nouveau voyage à Londres, Meghan parle à Gina Nelthorpe-Cowne d'Elizabeth Nyamayaro et la décrit comme une « véritable amie ». Grâce à son implication à l'ONU, affirme-t-elle, elle va pouvoir obtenir une plus grande exposition publique. « Je prends très au sérieux le fait d'être un modèle pour les jeunes femmes », explique-t-elle[159]. Elle est convaincue qu'Elizabeth Nyamayaro va la faire passer en peu de temps du statut d'avocate des Nations Unies à celui d'ambassadrice, comme Emma Watson.

En septembre 2014, cette dernière a lancé la campagne HeForShe de l'ONU, à New York. Son discours passionné sur l'égalité des sexes a fait la une des journaux dans le monde entier. Phumzile Mlambo-Ngcuka a fait l'éloge de Watson : « Nous sommes ravis et honorés de travailler avec Emma, qui, selon nous, incarne les valeurs d'ONU Femmes. » Rêvant de la même célébrité, Meghan écrit sur son blog Working Actress : « Je travaille beaucoup, je voyage, mon esprit mémorise. Mon cerveau tourne. Mes journées sont très denses ; mes nuits, très agitées. Mes cheveux sont apprêtés, mon visage maquillé, mon nom est connu, ma vie change[160]. »

Gina Nelthorpe-Cowne a remarqué ce changement. Son agence a réussi à décroché un séjour gratuit pour Meghan au Dorchester, un hôtel cinq étoiles de Park Lane. Bien qu'elle soit inconnue, Meghan a insisté pour être enregistrée sous un pseudonyme. Peu après que la réservation a été confirmée, Meghan annonce qu'elle ne pouvait pas rester dans cet hôtel. Son propriétaire, le sultan Hassanal Bolkiah – qui possède aussi le Beverly Hills Hotel de Los Angeles et le Meurice à Paris – a récemment suggéré que les femmes adultères et les homosexuels soient punis selon la charia, et que les femmes ayant avorté soient fouettées en public. On trouve un autre hôtel prêt à accueillir gracieusement Meghan, qui s'engage en contrepartie à en faire la promotion. « Elle est très soucieuse de son image, observe Nelthorpe-Cowne, et ne veut rien faire qui puisse la compromettre. »

Mais le séjour à Londre est décevant. Nelthorpe-Cowne ne cesse de relancer ses clients pour que Meghan décroche des conférences – mettant en avant sa personnalité forte et entreprenante –, mais en vain. La raison est toujours la même : Meghan est inconnue, tout comme *Suits*. Elle ne peut pas attirer l'attention des médias britanniques. Meghan ne cache pas sa frustration.

Meghan repère pourtant une occasion de se faire un nom. Jusque-là, elle a mentionné publiquement son origine à deux reprises seulement, lors du concert annuel Witness Uganda à Los Angeles, en 2012, et dans une vidéo contre le racisme pour l'organisation américaine Erase the Hate. Son dossier de presse ne contient aucune mention publique. Pour *Suits*, son métissage n'a jamais été souligné, notamment parce que la plupart des téléspectateurs pensent qu'elle est blanche. Elle décide que cela doit changer, surtout après l'introduction de son père noir dans la deuxième saison. Elle entend se présenter désormais comme une battante qui a réussi survivre au racisme.

Le défi est de trouver une plateforme pour lancer son rebranding. Elle choisit la version américaine de *Elle*. Un témoin oculaire décrit comment Meghan est entrée « en trombe » dans le bureau de la rédaction pour rencontrer Justine Harman, l'une des rédactrices en chef du magazine. Cherchant à se mettre en valeur, elle propose d'écrire les cartons de table pour le mariage de cette dernière. Après avoir réussi à présenter son idée, Meghan ajoute quelques touches personnelles et suggère à la rédactrice que *Elle* se rende sur l'île de Malte, car c'est de là, dit-elle, que viennent ses ancêtres paternels.

Dans un passé lointain, se rappelle-t-elle, sa grand-mère Markle a mentionné que l'arrière-arrière-arrière-grand-mère irlandaise de son père, Mary Bird, a vécu à Malte avec un soldat anglais, un certain Thomas Bird. Ils se sont mariés et un enfant est né à Malte en 1862. Pour donner plus d'attrait à l'histoire, Meghan ajoute que Mary Bird aurait été employée comme cuisinière en 1856 au château de Windsor.

Harman n'a aucune raison de mettre en doute les propos de Meghan et accepte que celle-ci puisse se rendre à Malte avec Gina Nelthorpe-Cowne. Le magazine s'arrange avec les autorités touristiques de Malte pour que, en échange d'un voyage gratuit, un article de Meghan évoque ses origines maltaises, tout en faisant la promotion des nombreux charmes de l'île. Une séance de photos de mode est également prévue, avec en toile de fond les superbes paysages de Malte[161].

« J'ai fait ce voyage, écrit Meghan peu de temps après, pour tenter de comprendre d'où je viens, de comprendre mon identité. C'est tellement beau de pouvoir trouver une pièce du puzzle qui nous consttue. » Meghan écrit également : « Avant de venir, les gens me disaient : "Quand tu iras à Malte, tout le monde te ressemblera", et j'ai commencé à me dire : "Oh mon Dieu, je me fonds enfin dans le décor", et c'est le plus beau des sentiments[162]. »

Aussitôt arrivée à Malte, à la grande surprise de Nelthorpe-Cowne, Meghan décide de ne pas y rechercher les traces de son ascendance blanche. Ce qui n'a rien de surprenant, car elle n'a aucun « ancêtre » à Malte. Thomas Bird a épousé Mary McCue à Donnybrook, Dublin, en janvier 1860 – ce qui exclut un emploi au château de Windsor. Bird a ensuite été affecté en Inde et a séjourné brièvement à Malte. Peu après la naissance d'un fils, le couple part vivre au Canada, où Thomas meurt[163]. Mary se remarie et devient Mary White[164]. Le lien entre les Markle est donc une pure invention et Thomas Markle conteste que sa mère soit à l'origine de cette fiction[165].

Meghan, se demandera plus tard Nelthorpe-Cowne, a-t-elle jamais eu l'intention de rechercher ses ancêtres ? Elle en doute : « Tout ce qu'elle fait est soigneusement planifié par des experts. » La jeune femme sensible en quête de ses origines a été remplacée par ce que Nelthorpe-Cowne a fini par découvrir : une femme d'affaires uniquement préocupée de sa réussite. L'argent, conclut Nelthorpe-Cowne, est le moteur et la priorité de Meghan.

Pendant le voyage, Meghan visite de nombreux vignobles et est reçue dans de nombreux restaurants. Un photographe maltais réputé, Kurt Arrigo, est engagé par l'office du tourisme pour photographier Meghan dans différents sites : ses tenues changent sans cesse, car elle assure la promotion de plusieurs marques. Au cours de ces journées, Meghan parle à Gina de son image de marque comme *foodie*, experte de la mode et de la beauté, et adepte du bien-être. Pendant son séjour, elle ne parle ni de politique ni de race. Elle ne mentionne pas non plus Serena Williams et toutes les célébrités avec qui elle prétend être amie sur son blog.

De retour à Londres, Meghan dit à Nelthorpe-Cowne : « Tu es très spéciale pour moi. Notre amitié est rare. » À ce moment-là, avoue Nelthorpe-Cowne, « j'étais tombée sous le charme de Meghan, comme tout le monde. Elle semblait sincère et chaleureuse, et vous faisait sentir que vous étiez la seule personne au monde qui comptait. Elle adore les trucs de fille et nous avons partagé de nombreuses histoires. »

Malheureusement pour l'office de tourisme maltais, l'article publié par Meghan dans *Elle* ne fait aucune mention de l'île. Les restaurants, les vins et les plages ont été oubliés. Les photographies d'Arrigo n'ont pas été utilisées[166].

L'article, intitulé « Meghan Markle : "I'm More Than An "Other" », est écrit avec beaucoup de style. Il a été conçu, dit Meghan, à la requête de *Elle*, qui lui a demandé de « partager son histoire ». Meghan y évoque « la dichotomie » qu'elle ressent dans sa vie à cause de ses origines. Alors qu'elle est à l'origine du projet, elle assume sa dérobade : « Je vais être honnête, j'ai eu peur. Aujourd'hui, je choisis d'être plus courageuse, d'aller un peu plus loin et de partager avec vous une image plus grande de cette histoire. » Au lieu de parler de son lien avec Malte, elle raconte ses trois histoires familières : les poupées Barbie, la case « origine ethnique » du questionnaire scolaire et l'étudiante de Northwestern qui a fait un commentaire blessant sur sa double origine. Elle se plaint de « ce monde où l'on ne s'intègre pas et où l'on cache ses émotions sous une couleur de peau indescriptible ».

Se présentant comme une étrangère occupant « une zone trouble qui influence ses relations sociales », elle conclut : « Si mon héritage mixte a pu créer une zone d'ombre autour de mon identité personnelle, en restant des deux côtés de la barrière, j'en suis venue à l'accepter... et à exprimer ma fierté d'être une femme métisse forte et confiante. »

Curieusement, alors qu'elle mentionne dans un billet de 2015 sur The Tig qu'elle a séjourné à la demande de *Elle*[167], la référence au magazine est supprimée en 2017[168].

Nelthorpe-Cowne s'est servi de l'article comme d'un levier pour faire valoir la marque Meghan auprès de Home House, un club privé installé au centre de Londres. Meghan participe à une conférence avec Emmanuel Jal, un ancien enfant soldat soudanais devenu musicien. Elle y parle de féminisme et d'autonomisation des femmes. Elle ne mentionne pas la question raciale. Le résultat est décevant. Le public juge la jeune femme inintéressante. Plusieurs marques, dont L'Oréal, déclinent la proposition de faire de la jeune femme le visage de leurs produits. Seule lueur d'espoir, Meghan se voit proposée de travailler avec une entreprise horlogère suisse moins connue.

Meghan préfère ne pas entendre les mauvaises nouvelles. Et Nelthorpe-Cowne a promis de continuer à lui trouver des contrats.

Comment interpréter cet échec ? Deux pistes sont possibles : soit Meghan a rencontré un obstacle, soit elle se trouve à un carrefour dans sa carrière. John Fitzpatrick vient à sa rescousse. Il invite Meghan à la réception de la Saint-Patrick, le 17 mars 2015, à la Maison-Blanche. La veille, il a organisé le dîner annuel de l'American Ireland Fund pour deux cents célébrités irlandaises et américaines. La description par Fitzpatrick de sa relation avec Meghan semble exacte : « Elle partageait la vie d'un chef célèbre et sortait par intermittence avec quelqu'un d'autre. Officiellement, je ne sortais pas avec elle – nous étions juste les meilleurs amis du monde[169]. » Meghan fait une entrée triomphante à la Maison Blanche aux bras de Fitzpatrick : « Voici mon amie Meghan. Vous la connaissez ? »

Fitzpatrick la présente à Ryan Tubridy, célèbre animateur de radio et de télévision irlandais[170]. Elle rencontre également la footballeuse Stephanie Roche, qui joue alors au Houston Dash et avec qui elle inaugurera plus tard le consulat irlandais de la ville.

Mais le moment le plus mémorable de cette soirée est sa présentation à Barack Obama. « Le président s'approche pour rencontrer M. Fitzpatrick et parle à Meghan. Elle était aux anges », se souvient Fitzpatrick[171]. Depuis la Maison Blanche, le couple se rend à l'hôtel Willard, le quartier général de Fitzpatrick. Une poignée de personnalités irlandaises sont invitées à la réception avant de se rendre à la résidence de l'ambassadeur d'Irlande pour une nuit de fête. À la surprise de Fitzpatrick, plus de trente invités imprévus arrivent. Il demande à Meghan d'aider à servir les boissons. « Elle s'est mise derrière le bar », se souvient-il avec tendresse. Grâce à Fitzpatrick, Meghan rentre à Toronto revigorée pour son avenir.

En mars 2015, elle a toutes les raisons de penser qu'elle est sur une trajectoire ascendante. Non seulement elle a rencontré le gratin du parti démocrate, mais Elizabeth Nyamayaro, à la demande d'Hillary Clinton, accepte qu'elle prenne la parole à une conférence d'ONU Femmes. En réalité, deux conférences sont organisées : une pour les VIP au siège de l'ONU, à laquelle Emma Watson a pris la parole l'année précédente ; une autre pour les jeunes et les personnalités mineures, qui se tient le 10 mars dans un théâtre de Broadway[172].

Meghan doit prendre la parole dans cette seconde conférence en tant qu'ambassadrice d'ONU Femmes pour le leadership et la participation politique des femmes. L'une des principakes oratrices est l'actrice indienne Priyanka Chopra, ancienne Miss Monde. Ban Ki-moon, le Secrétaire général des Nations unies, et Hillary Clinton s'adresseront également aux 2 000 personnes présentes. Même si son nom ne figure pas dans le communiqué de presse, Meghan invite sa mère pour « l'événement le plus important de ma vie[173] ». Tout comme elle affirme avoir été inspirée par Julia Roberts pour devenir actrice[174], elle entend affirmer que c'est à Emma Watson qu'elle doit son engagement féministe.

Dans sa brève allocution, Meghan raconte avec aisance l'histoire de sa vie. Sa protestation auprès de Procter & Gamble, la réponse qu'elle a reçue d'Hillary Clinton et la façon dont elle a, à elle seule, changé la campagne de la firme. « C'est là que j'ai réalisé l'ampleur de mes actions. À 11 ans, j'avais créé mon petit impact en défendant l'égalité. » Une séance d'autosatisfaction, mais personne ne met en doute cette histoire.

Après avoir été acclamée pour son exploit, elle dénonce la faible représentation des femmes dans les parlements. Évoquant sa visite au Rwanda, elle déclare : « J'ai toujours voulu être une femme qui travaille. Et ce type de travail nourrit mon âme et constitue un but dans ma vie. » Dans la foulée, elle fait l'éloge du président Kagame, pourtant accusé d'avoir commis des atrocités : « Nous avons besoin de plus d'hommes comme lui[175]. » Elle imite les sentiments féministes d'Emma Watson : « Je suis tellement fière, conclut-elle, d'être une femme et d'être une féministe. Et je suis extrêmement fière de me tenir devant vous en ce jour important qui nous rappelle le chemin parcouru, mais qui nous rappelle aussi tout ce qui reste à faire[176]. »

Le public applaudit avec enthousiasme. Ban Ki-moon se lève pour lui serrer la main. Dans les jours qui suivent, Meghan décrit l'événement comme un tournant dans sa vie. Par la suite, beaucoup de gens imaginent qu'elle a pris la parole dans l'auditorium de l'Assemblée générale de l'ONU, aux côtés d'Emma Watson[177]. Peu de gens réalisent d'Emma Watson n'a prononcé aucune allucution à l'ONU ce jour-là et que Meghan a parlé dans un théâtre de Broadway.

Meghan rêve d'être présentée à Emma Watson et en fait la demande à Elizabeth Nyamayaro, qui refuse. Fidèle à son habitude, Meghan ne se décourage pas et sollicite le poste d'ambassadrice de l'ONU. Phumzile Mlambo Ngcuka, directrice d'ONU Femmes pour l'Afrique du Sud, est dubitative. Une circonstance ne plaide pas en faveur de l'actrice : malgré tous ses propos sur la politique et ses discussions philosophique, son apparente passion pour l'émancipation des femmes semble relever avant tout de l'autocélébration. Quoi qu'il en soit, Nyamayaro refuse la demande de Meghan, qui démissionne alors de HeForShe et coupe ses liens avec ONU Femmes. Mais elle ne rend pas publique cette rupture et continue de citer publiquement sa participation à ONU Femmes comme une preuve de sa philanthropie. Beaucoup de gens ignorent ce qui s'est passé.

Dans l'esprit de Meghan, les responsables d'ONU Femmes ont sous-estimé son importance. À cette époque, les posts de The Tig attirent près d'un million de followers sur Instagram, et elle a plus de 250 000 d'abonnés sur Twitter. Ayant passé le cap des 1 000 posts sur The Tig, la self-made woman est devenue une femme d'affaires.

En tant qu'influenceuse, elle est rémunérée par plusieurs marques connues : Bobbi Brown, Lanvin, Sentaler et Reitmans, principal détaillant de prêt-à-porter pour femmes au Canada. Elle se met en scène dans des photos séduisantes pour présenter successivement un fard à joues rose appelé Orgasm, elle se montre dans son lit avec ses deux chiens Bogart et Guy, décrits comme des « pépites » et son « équipe de choc », elle évoque ses voyages à l'étranger avec ses amis et ses visites au restaurant. Citant Amanda Chantal Bacon et Gwyneth Paltrow, elle recommande vigoureusement Moon Dust, un mélange d'herbes, d'extraits de plantes et de minéraux, pour « améliorer votre beauté, votre cerveau, votre corps, votre sexulaité, votre sommeil et votre esprit ». Elle vente les bienfaits de l'ashwagandha, « une racine qui soutient la thyroïde ». Elle oublie de préciser que cette racine est citée dans *Kama Sutra* pour ses vertus aphrodisiaques. De temps en temps, elle mentionne que, lors de ses promenades dans le parc voisin de sa maison, ses chiens attirent les admirateurs.

La promotion des marques est enrichie de souvenirs personnels : « Je suis née et j'ai grandi à Los Angeles. Je suis donc une vraie Californienne, convaincue que la plupart des choses peuvent être soignées avec le yoga, la plage ou des avocats. Et je n'ai pas froid aux yeux. » Elle fait des allusions à sa « sensibilité de hippie-dippie-californienne pour tout ce qui est propre et… vert », se disant « obstinée, motivée et animée d'un profond désir de changement ». À regret, elle déclare : « Je ne suis pas très grande, donc je dois être consciente que les jupes courtes ne me vont pas bien. C'est important de s'accepter comme qu'on est[178]. »

Profitant de sa vie de célibataire à Toronto, elle se présente sur YouTube comme une grande cuisinière, fan de restaurants espagnols, italiens et autres. Pour rester en forme, elle court 10 km par jour, fait du yoga et du Platinum Pilates. Elle a recours à l'acupuncture et aux ventouses. Elle commence sa journée par une tasse d'eau chaude avec du citron, enchaîne avec un mélange de flocons d'avoine, amandes, banane, sirop d'agave et lait de soja, puis avale un smoothie[179].

« Citoyenne du monde », elle se voue à la cause des femmes, et s'oppose au Brexit et à Donald Trump. Elle conseille de « voyager souvent, car se perdre aidera à se trouver ». En ce qui la concerne, elle se réjouit que sa carrière brillante puisse l'aider à répondre à son besoin « authentique » de rendre le monde meilleur. Son amitié avec de nombreuses célébrités est la preuve de son influence, affirme-t-elle.

Championne du réseautage, Meghan cite des noms sur The Tig. Elle évoque souvent sa rencontre avec Serena Williams, elle est « fière » de son amie Millie Mackintosh, « héritière de Quality Street » et star de *Made in Chelsea* qu'elle a rencontrée à Soho Farmhouse, et, après un énième plat de pâtes au *ragù* partagé avec son cher Rory McIlroy, elle vante sa sincérité, sa courtoisie, sa grande classe et son immense talent. À l'approche des élections présidentielles américaines de 2016, elle fait aussi l'éloge de son amie Ivanka Trump, qu'elle qualifie de « beauté stupéfiante » et de « femme aussi intelligente qu'avisée, qui ne doit pas sa place à la seule notoriété de son père, mais parce qu'elle a su créer son propre empire. Il est si facile de critiquer les filles issues de milieux privilégiés, mais Ivanka a toujours été différente[180]. »

Pour surmonter son malheur de ne pas connaître suffisamment de célébrités, elle cite celles qu'elle n'a jamais rencontrées, entre autres Elizabeth Hurley – « Merci, Liz, de m'avoir donné envie d'agir comme une dame et de m'avoir permis de sentir femme » – et Heidi Klum – « la plus belle femme que j'aie jamais vue… Le genre de fille avec qui on a envie de prendre un verre ». Elle se garde bien de mentionner les personnalités qu'elle a rencontrées grâce à John Fitzpatrick. Les Clinton et les Américains d'origine irlandaise n'apprécieraient pas d'être cités, même de façon élogieuse, dans son blog. De plus, sa relation avec Fitzpatrick doit rester secrète. Et Cory Vitiello est invisible.

Il y a toutefois un problème. Toronto n'est pas le lieu idéal pour rencontrer régulièrement des célébrités internationales. Grâce aux restaurants de Cory, elle est devenue experte en gastronomie. Et grâce à la garde-robe coûteuse de *Suits*, elle est devenue une fashionista. Cory l'a aidée à se faire une place dans la ville, mais le pouvoir de Jessica Mulroney est encore plus important dans ce domaine. L'ambitieuse réseauteuse a donné à Meghan l'occasion de rencontrer l'*establishment* canadien, à savoir Thomson, les Weston et les Rogers.

Pourtant, elle n'a pas réussi encore à percer au-delà du Canada. La gloire hollywoodienne lui échappe encore.

CHAPITRE 9

Vases communicants

À Hollywood, Lori Sale est connue pour sa fougue et son débit rapide. Surtout, cet agent d'artiste a décroché de nombreux contrats publicitaires pour ses clients. Début 2015, Rick Genow, avocat spécialisé dans le divertissement, contacte Lori Sale. Il explique qu'il représente Meghan Markle, l'actrice et animatrice de The Tig. Sale pourrait-elle, demande-t-il, obtenir un contrat de marque pour sa cliente, qui est basée à Toronto ?

Lori Sale n'a jamais entendu parler de Meghan ni de *Suits*, mais elle pense que même une actrice qui joue dans une série et qui n'est pas très célèbre peut faire l'objet d'un « placement de produit ». Après avoir rencontré l'actrice, elle la présente à Jeannie Vondjidis-Miller, directrice du marketing de Reitmans, le plus grand détaillant de prêt-à-porter pour femmes au Canada. Cette entreprise presque centenaire propose, dans ses 700 boutiques, des vêtements bon marché à une clientèle vieillissante dont le nombre ne cesse de diminuer. L'appel de Sale arrive au bon moment : Vondjidis-Miller cherche quelqu'un pour redynamiser la marque.

L'idée de faire de la jeune fashionista qu'est Meghan Markle une « ambassadrice de la marque » avait déjà été évoquée par Marc Lanouette, un cadre de Tank, l'agence publicitaire de Reitmans. En plein tournage de la cinquième saison de *Suits*, Meghan avait abordé la firme pour promouvoir ses produits sur The Tig. Sale pousse donc une porte qui est déjà ouverte et négocie un contrat de deux ans, qui doit commencer en juin 2015. Pour neuf jours de travail – tournage de la publicité, shoots d'image, lancement et promotion télévisée –, Meghan recevra 162 100 dollars, ainsi que des royalties de 7 % sur la vente des produits associés à sa campagne.

C'est un moment décisif pour Meghan. Aucune star hollywoodienne sérieuse, elle le sait, ne s'associerait à une marque comme Reitmans, dont les vêtements coûtent moins de 100 dollars canadiens[A]. Et pour un cachet journalier de seulement 15 000 dollars ! Dont la moitié doit servir à régler ses impôts et la commission de son agente. Elle rêvait d'être le visage de Ralph Lauren, pas de Reitmans. Ce choix lui échappe. La seule chose qui la rassure, c'est que personne ne verra la campagne en dehors du Canada.

Le tournage commence le 6 août. Meghan s'installe à l'hôtel Ritz de Montréal. Une liste de demandes l'a précédée. Elle veut des jus verts, des légumes et de l'eau en bouteille « haut de gamme » dans sa chambre et sur le lieu de tournage. Evian et Fiji sont rejetées au profit d'une marque de créateur. Le tournage se termine sur une note aigre. La voiture qui doit la reconduire à l'aéroport n'a pas été réservée. Meghan explose. Heureusement, elle n'a pas raté son avion. On estime que la campagne – spots télévisés, panneaux d'affichage et médias sociaux – a fait augmenter les ventes de Reitmans de plus de 15 %. L'entreprise dit à Sale qu'elle fera appel à Meghan l'année suivante.

Meghan a de bonnes raisons de ne pas être totalement heureuse de son succès. Avec The Tig, ONU Femmes et Reitmans, elle a marqué des points, mais ce n'est pas suffisant. Évoquant son personnage de Rachel Zane au début de la cinquième saison de *Suits*, alors qu'elle est aux prises avec des émotions contradictoires et un conflit de loyauté depuis que Mike Ross a été reconnu coupable de fraude, « Rachel n'abandonne jamais. Elle est amoureuse, certes, mais cela ne la détournera pas de son objectif[181]. » Un travail acharné a permis à Meghan de progresser

A. Autour de 60 euros en 2015.

dans sa carrière[182]. Le revers de la médaille est que chaque petit succès s'accompagne d'une déception sur la grande scène de Hollywood, qui l'a déjà rejetée plusieurs fois.

L'année précédente, la directrice de casting Anna Kennedy a invité Meghan à Los Angeles pour une audition. Le réalisateur britannique Reg Traviss recherche une actrice pour le premier rôle féminin de son film *Anti-Social*, un thriller grinçant qui se passe à Londres. Traviss se montre impressionné par la charmante Meghan et l'engage donc – mais son sens critique était sans doute éteint par la chaleur de Los Angeles. Quand elle arrive à Londres, elle est furieuse, car sa demande de billets de première classe et d'hébergement de luxe a été rejetée. Pendant le tournage, Traviss se plaint de son manque d'investissement. Quant à Gregg Sulkin, le premier rôle masculin, il a découvert qu'elle pouvait se monter très exigeante. Les présages pour la fin du tournage, en 2015, sont mauvais.

Durant son séjour à Londres, elle se rend avec Gina Nelthorpe-Cowne à une réunion à laquelle participe Emma Watson, son héroïne et son modèle. Elle demande à la rencontrer, mais l'actrice refuse – rétrospectivement, Gina n'est pas surprise. Cette rebuffade est mortifiante pour Meghan. Pourtant, elle n'en dit rien sur The Tig : « J'étais à Londres pour soutenir Emma Watson dans sa campagne initiative HeForShe pour l'ONU Femmes[183]. » Elle a toujours préféré dissimuler ses revers, décrivant même Elizabeth Nyamayaro comme son mentor. La leçon de Hollywood est bien apprise : ne jamais admettre le rejet, rester positive et ne jamais se décourager. En 2015, sa vie est une lutte permanente pour monter à bord d'un manège qui tourne très vite et pour ne pas s'en faire éjecter. Son impératif est de gagner plus d'argent. Elle a besoin de percer. Avec l'aide de Lori Sale, elle obtient une série d'apparitions sponsorisées : un déjeuner avec Cable Telecommunications à Chicago, la mention de son nom dans Marchesa Voyage pour Shop Style, des apparitions lors d'événements pour Air Canada ou Equinox et sa participation à un événement Dove autour de l'estime de soi, organisé pour la Journée internationale des filles[184]. Pour 40 000 dollars, elle doit convaincre les délégués de Dove.

L'invitation de Markus Anderson à célébrer l'ouverture du Soho House à Istanbul est un moment fort de ce manège. Elle pose sans cesse pour des photos avec d'autres invités, mais ne figure sur aucune des images publiées par les médias, contrairement aux célébrités présentes à la fête[185]. C'est une nouvelle déception.

Son anonymat en dehors de Toronto l'irrite. Même le fabricant de montres suisse est toujours en train de réfléchir à l'opportunité d'un engagement. Elle profite de son séjour à Londres pour rencontrer, avec Gina Nelthorpe-Cowne, le directeur général de l'entreprise. « Elle est sur son trente-et-un, elle est magnifique », observe Gina Nelthorpe-Cowne. Meghan demande à un serveur un thé spécial. Celui-ci est servi dans un contenant qui ressemble plus à une chope de bière qu'à une tasse. Meghan se fâche : « C'est inadmissible ! Changez-moi ça. » Le serveur revient avec une tasse et une soucoupe en porcelaine. Megahn repart sans contrat.

Quelques semaines plus tard, elle retourne à Londres pour visionner un premier montage d'*Anti-Social.* « C'est affreux, lui dit un ami à la fin de la projection privée. C'est très mauvais et ça va te desservir. » Meghan convient que le film n'est pas bon, mais elle refuse d'abandonner. « Je n'ai jamais voulu être une femme oisive », dit-elle sincèrement. Il faut préciser que gagner de l'argent est devenue sa priorité.

Thomas Markle a remarqué ce changement. Il est à court d'argent, et Meghan a financé en partie l'achat d'une nouvelle voiture (le reste a été payé par un prêt) et l'a aidé à déménager. Sa dernière demande écrite provoque un appel de Toronto : « J'ai vérifié auprès d'Andrew, dit Meghan en parlant de son directeur commercial, et je t'ai donné 20 000 dollars ces deux dernières années. »

Thomas est choqué qu'elle sache au centime près les sommes qu'elle lui a données. Il compare ce montant à ce qu'il a dépensé pour les études de sa fille : une goutte d'eau. Meghan se tait, mais elle est furieuse. Elle invite cependant Thomas à venir la voir Toronto. Celui-ci refuse : il n'a pas les moyens de se payer le billet d'avion.

Dans ce contexte de refroidissement de leur relation, Meghan prend de nouvelles dispositions pour Noël : elle passera les fêtes dans la famille de Cory Vitiello. Joanne Vitiello a invité beaucoup de proches avec le secret espoir que son fils et Meghan se marieront bientôt. Selon elle, Meghan coche toutes les cases : « Elle intelligente, très brillante, attentionnée, très sincère », déclare-t-elle[186]. Joanne n'a pas encore remarqué les tensions dans le couple.

Cory est fatigué que Meghan joue les *prima donna.* Dans les restaurants, elle exige toujours une table spéciale, comme les actrices célèbres. Et il ne supporte plus sa façon de citer des noms chaque fois qu'elle rentre de New York[187]. « Tu n'es pas Nicole Kidman », lui lance-t-il.

Il est également blessé qu'elle ne parle jamais de leur relation. Quand un magazine a demandé à Meghan de citer cinq personnes qu'elle inviterait à un dîner, elle a mentionné les chefs américains Anthony Bourdain et Mario Batali, ainsi que Gwyneth Paltrow, Jamie Oliver et sa petite amie. Pas un mot sur Cory. C'est pourtant grâce à lui qu'elle est invitée dans l'émission *Chopped Junior* en tant qu'experte des bons produits « de la ferme à la table » qui lui rappelle ce qu'elle mangeait dans son enfance en Californie[188]. Cory trouve qu'il est mal remercié pour son aide. Meghan semble avoir oublié son sermon passé sur la gentillesse, une qualité qui n'est pas négociable, selon elle[189].

Même s'il n'est pas heureux, Cory est incapable de mettre fin à leur relation. De son côté, Meghan ne dissimule plus son impatience…

CHAPITRE 10

Au Rwanda

La deuxième visite de Meghan Markle au Rwanda, en janvier 2016, diffère beaucoup de son premier séjour. Matt Hassell, directeur de la création pour KBS à Toronto et responsable de la campagne d'ONU Femmes, est tombé sous son charme. Certains disent même qu'il est amoureux. Quand World Vision Canada (WVC), une organisation caritative évangélique, dit à Hassell qu'elle cherche quelqu'un pour promouvoir son travail au Rwanda, il propose Meghan, la personne idéale selon lui. Lara Dewar, directrice du marketing de WVC et fan de *Suits* – la série est diffusée depuis cinq ans – est également enthousiaste. Meghan, convient-elle, peut être une bonne « ambassadrice ».

Brenda Surminski, la productrice de KBS, appelle Meghan. En moins de 30 minutes, l'actrice accepte d'aller au Rwanda pour promouvoir le projet de World Vision, qui a pour but de construire des puits d'eau dans des villages démunis. Ce sera une revanche après son semi-échec auprès d'ONU Femmes. C'est Surminski qui doit produire le film. Les premières difficultés apparaissent après la signature du contrat, car Meghan insiste pour voyager en première classe et être accompagnée de Gabor Jurina, un photographe de mode canadien[190]. Le styliste américain Michael Goyette, spécialisé dans la coiffure et le maquillage, doit aussi être du voyage.

Seul Michael, explique Meghan, « sait comment travailler avec mes cheveux noirs ». Naturellement bouclée, elle utilise de la kératine pour lisser ses cheveux et leur donner un aspect soyeux. Les demandes de Meghan font exploser le budget du tournage. Qu'à cela ne tienne. World Vision décide que Surminski n'ira pas au Rwanda.

Dans deux mini-vans climatisés, Meghan et son équipe, composée de trois responsables du marketing de World Vision, d'un caméraman canadien et d'un responsable publicitaire, sont conduits de Kigali à Gashora, où se trouve le meilleur hôtel cinq étoiles de la région. Les véhicules sont aussi chargés de malles pleines de tenues de mode pour les shootings. Depuis des générations, les femmes et les enfants du village font plusieurs kilomètres à pied tous les jours pour remplir leurs jerricans dans une rivière polluée. Il en résulte des maladies constantes. La mise en service d'un puits financé par World Vision est donc un événement majeur – marqué par l'arrivée de Meghan en janvier 2016.

À la surprise des villageois, après avoir été filmée avec les enfants jouant sous l'eau propre qui jaillit du robinet, Meghan disparaît avec Gabor Jurina. Pendant des heures, Jurina photographie l'actrice parfaitement coiffée, en train de serrer dans ses bras les enfants du village. Chaque pose est suivie d'un changement de tenue. « Meghan est une vraie humanitaire », affirme Lara Dewar. Louant son authenticité, elle raconte comment elle se comporte avec les enfants, les laissant s'asseoir sur ses genoux pendant que le photographe shoote[191].

De retour au village, Meghan est filmée en train de regarder des enfants dessiner à l'aquarelle des moments de leur histoire, sur du papier fourni par l'organisation caritative. Le projet, conçu par l'équipe de Matt Hassell, doit illustrer l'implication de World Vision. Mais Dewar prétend que c'est Meghan qui en a eu l'idée[192]. Le voyage dure quatre jours, et Meghan se montre très prévenante avec l'équipe d'accompagnement. Elle ne veut pas reproduire l'erreur de son expérience à l'ONU[193].

De retour à Toronto, Meghan organise une fête afin de collecter des fonds pour un autre puits. Les Mulroneys et d'autres célébrités de la ville viennent admirer les dessins des enfants de Gashora, exposés par la galerie Lumas. L'argent récolté par la vente de ces dessins, explique Meghan aux invités, permettra à davantage d'enfants d'aller à l'école au lieu de passer leur journée à transporter de l'eau[194]. « Cette eau n'est pas seulement une source de vie pour cette communauté, déclare Meghan dans la vidéo tournée sur place, elle peut vraiment être une source d'espoir dans quelque chose de plus grand que leur vie actuelle. Vous vous sentirez meilleur à la fin de la journée en sachant que vous avez participé à ce changement[195]. »

Les efforts qu'elle a déployés ont permis de récolter 15 000 dollars canadiens, ce qui est suffisant pour construire un second puits[196]. Le contrat est donc rempli. Surminski est pourtant perplexe. Elle trouve « hallucinant » que des célébrités utilisent un village africain désolé comme toile de fond pour des photos de mode. Meghan, conclut-elle, a « opportunément orchestré le voyage pour se faire passer pour une philanthrope ». Et ses ambitions sont évidentes. Elle avance « sur une route au bout de laquelle quelque chose de bien doit arriver, mais sa destination reste inconnue ». Gabor Jurina publie les photos de mode sur son site. Huit mois plus tard, la valeur de ses images sera hors de prix.

Le voyage au Rwanda coïncide avec la fin de la cinquième saison de *Suits*. Rachel Zane doit épouser Mike Ross. Au dernier moment, le scénario est modifié : Ross est emprisonné pour fraude et dit à Zane qu'il ne peut pas l'épouser. Le tournage de la sixième saison a commencé, et une autre saison est envisagée. Pour la saison 7, le cachet de Meghan doit passer 175 000 dollars par épisode. Gabriel Macht, qui joue Harvey Specter, est payé 500 000 dollars par épisode. Malgré cette perspective réjouissante, Meghan sent que la « vie » de Rachel Zane touche à sa fin. Peu de séries télévisées durent aussi longtemps et elle redoute une fin brutale. Même si deux autres saisons sont commandées, Meghan s'inquiète pour son avenir professionnel. Quand son contrat arrivera à son terme, il faudra relancer sa carrière.

Selon les critères de Hollywood, le passage de la télévision au cinéma est très difficile. Une fois qu'un acteur est identifié à un personnage par le public, un retrait passager est nécessaire pour regagner l'intérêt des spectateurs. À Hollywood, George Clooney est le premier à avoir réussi – magistralement – cette transition. D'autres ont suivi, comme Jennifer

Aniston, ce sont des stars mondiales. Identifiée par un petit public sous le nom de Rachel Zane, Meghan doit s'attendre à traverser une période de vache maigre si elle doit faire une pause pour que Rachel Zane se fasse oublier. Elle n'aura sans doute pas beaucoup de contrats à la télévision et les cinq années qu'elle a passées à Hollywood sont un mauvais souvenir pour elle. Retourner là-bas ne la tente guère. Elle doit faire un point sur sa vie.

Un voyage à New York est l'occasion de faire une pause. Elle est invitée dans l'émission de Larry King pour la promotion de *Suits*[197]. Dans une prestation bien préparée, elle fait sa présentation habituelle. Sa campagne contre la publicité de Procter & Gamble, l'éloge du président Kagame et son engagement pour l'émancipation des femmes : « Je veux être à la fois féministe et féminine. Quelle que soit votre apparence, vous devrez être prise au sérieux… Restez fidèle à vous-même. »

Les autres extraits reprennent les messages rassurants de The Tig à l'intention des femmes : « Vous êtes plus fabuleuse si vous faites quelque chose qui a de la valeur… Vous devez être gentille avec vous… Parlez-vous comme à votre meilleure amie… Vous devez vous défendre vous-même. » Elle se décrit comme une personne modeste et qui dépense peu. Elle aime prendre des risques mais se sent vulnérable et seule : « Je n'ai pas de mentor. J'ai besoin de beaucoup d'aide. Je n'ai pas de caisse de résonance. » Elle termine par ce conseil : « Si on vous demande cinq minutes, donnez cinq ans. » Peu de gens savent que c'est l'une des *punchlines* préférées de Trevor Engelson. Ce qu'elle dit est toujours tellement prévisible.

John Fitzpatrick offre cette fois encore à Meghan une pause bienvenue après la routine de Toronto. Son hôtel trois étoiles au centre de Manhattan n'est cependant pas le genre d'endroit où Meghan aime être vue. La saison d'hiver bat son plein, et elle aimerait mieux séjourner dans les quartiers chics de Carlyle ou de Mark. La marque Meghan s'épanouit dans le luxe – pour les vêtements et les restaurants comme pour les voyages. Elle fait exception cette fois parce que Fitzpatrick est son passeport pour pénétrer l'*establishement* américain. Le philanthrope bavard lui offre une chance de briser le moule de sa vie à Toronto.

Le 17 février 2016, Fitzpatrick organise une nouvelle collecte de fonds pour Hillary Clinton en conviant trente riches Américains d'origine irlandaise à la rencontrer avec son mari, lors d'une fête organisée chez lui. Hillary ne parvient pas se détacher de sa campagne, mais personne n'en prend ombrage. Beaucoup sont ravis que Fitzpatrick ait invité l'acteur Liam Neeson, qui a interprété le leader révolutionnaire irlandais Michael Collins dans le film du même nom. Pour Fitzpatrick, qui soutient une Irlande unie, Neeson-Collins est un héros. Meghan est ravie d'être photographiée entre Neeson et Fitzpatrick. Malheureusement, l'éclairage est trop faible et sa beauté n'est pas bien mise en valeur. Plus tard, Liam Neeson ne se souviendra pas avoir jamais rencontré Meghan, ce qui en dit long sur l'insignifiance de cette dernière[198]. Il semble avoir oublié cette rencontre, mais Meghan n'a pas oublié l'événement. De toute façon, fréquenter le gratin new-yorkais est un encouragement à aller de l'avant.

Peu après, Meghan s'envole pour les îles Caïmans. Grâce à Gina Nelthorpe-Cowne, elle doit prendre la parole à la conférence annuelle d'une société financière. Décrocher ce contrat n'a pas été simple : le principal atout de Meghan est son faible coût. Comme elle n'est pas très connue, ses honoraires sont de 15 000 dollars. Ses dépenses sur places sont défrayées, tout comme son billet d'avion en classe affaires. Sa demande de première classe est rejetée. Même si Meghan n'a pas d'autre discours sous la main que celui qu'elle a prononcée à l'ONU en 2014 et qu'elle a réitéré un certain nombre de fois depuis, Nelthorpe-Cowne promet une bonne performance.

Une fois le contrat conclu, Meghan demande à Nelthorpe-Cowne que Jessica Mulroney fasse partie du voyage. « C'est ma meilleure amie, dit Meghan, et j'ai besoin de ses conseils en matière de mode et de beauté. » En réalité, elle a surtout besoin du réconfort d'une confidente. Son souhait est exaucé. Pendant tout le voyage, Meghan demande à Mulroney : « Qu'est-ce que je vais faire après ? »

Meghan doit affronter à la fois un défi professionnel et une crise personnelle. À 35 ans, elle veut être mère. Malgré toutes ses qualités, Cory Vitiello n'est pas l'homme dont elle rêve comme père de son futur enfant. C'est un chef aux ambitions limitées dans un pays qu'elle juge peu prestigieux. « Au Canada, il n'y a pas beaucoup d'occasions de discuter d'une recette », rapporte un des amis de Cory, faisant écho au sentiment de Meghan. Et même si Cory a sorti Meghan de l'anonymat à Toronto, il ne peut plus servir ses ambitions. Elle veut la vraie célébrité, avec des millions de dollars et le statut de star.

Ses visites à New York scellent le sort de leur relation. Après chaque voyage, Cory maudit son ego en la traitant de « putain de star incontrôlable ». Elle se rebelle. Sa vie avec Cory ne la comble plus – comme cela s'est passé avec Trevor. Elle ne veut vivre avec lui que selon ses conditions à elle. Mais elle a déjà divorcé une fois et veut éviter de se tromper. À plusieurs reprises, elle demande à une amie si elle doit mettre fin à leur relation, car, révèle-t-elle, elle n'aime plus Cory[199].

Au cours de l'année qui vient de s'écouler, ses tentatives pour trouver un nouveau boyfriend ont échoué. Elle a eu plusieurs échanges avec Matt Cardle, un gagnant de l'émission de télévision *The X Factor*, qu'elle voulait rencontrer[200]. Mais Cardle vient de se marier. Les approches d'autres célébrités célibataires restent inconnues de Cory. Malgré ses soupçons, Cory tweete à la même époque : « Je suis si fier de ma dame. » Professionnellement, elle n'est pas tombée du manège. World Vision reconduit son contrat d'ambassadrice mondiale, et elle peut aussi espérer une nouvelle saison de tournage pour Reitmans.

Son visage est sur tous les panneaux d'affichage de la ville et sur tous les sociaux. Elle est célèbre au Canada. Mais, comme toujours, cela ne lui suffit pas.

« Je veux réussir ma vie personnelle », répète-t-elle pendant le voyage aux îles Caïmans. Elle appréhende de devoir rentrer à Los Angeles. Nelthorpe-Cowne suggère que Meghan la rejoigne à Londres. « Son plus grand espoir, explique Nelthorpe-Cowne, était de percer en Grande-Bretagne pour revenir à Los Angeles la tête haute. » Elle propose de la présenter à Matthew Freud, tout en redoutant secrètement l'agence Freuds, l'une des plus prestigieuses de Londres, ne soit pas intéressée par une actrice inconnue. Mais elle avance quand même cet argument : Freuds pourrait « imposer « la marque en Grande-Bretagne ».

Le mot « marque » suscite l'intérêt de Meghan, et elle accepte la proposition. « Mais je ne veux pas rester longtemps. Je veux retourner à Los Angeles. Je veux réussir à Los Angeles, ma ville natale. » Ce voyage a un autre motif : s'installer quelque temps à Londres résoudra le problème Cory en retardant la rupture définitive.

Sur le tournage de *Suits*, les gens ont remarqué que le ton de Meghan est plus tranchant, presque agressif. Elle n'arrive plus à dissimuler sa frustration et ses craintes pour son avenir. En dehors de The Tig, il n'y a que la sortie de *The Game Changers* qui lui apporte un peu de réconfort : dans ce livre, Samantha Brett donne la parole à quarante « femmes pionnières » pour qu'elles racontent l'histoire de leur vie[201]. Et Meghan en fait partie.

Sans surprise, elle déroule son histoire. Sa participation, enfant, à la distribution de repas à Los Angeles, et ce conseil de Maria Pollia, son professeur de théologie : « La vie consiste à faire passer les besoins des autres avant ses propres peurs… N'oubliez pas que quelqu'un a besoin de vous, et que votre acte de donner/aider/faire peut devenir un acte de grâce quand vous vous oubliez[202]. » Elle raconte aussi que, adolescente, pour gagner de l'argent, elle a été serveuse au Humphrey Yogart de Beverly Hills, où elle était payée quatre dollars de l'heure. Cette mention laisse Thomas Markle perplexe : « Meghan n'a jamais travaillé pendant qu'elle était à l'école », insiste-t-il.

Le scénario de sa jeunesse pauvre s'amplifie au fil du temps et de sa fréquentation des Clinton et de leurs amis démocrates. Début avril, elle s'envole pour New York afin d'assister à une nouvelle fête organisée par John Fitzpatrick à son hôtel, à la veille des primaires. Deux cents supporters acclament les Clinton dans le bar décoré de drapeaux irlandais[203]. Meghan exprime son soutien à Hillary Clinton dans *The Nightly Show,* une émission télévisée nocturne sur une chaîne de Toronto. Dans la même émission, elle condamne Donald Trump pour sa misogynie et affirme qu'il perd le vote des femmes à cause du « monde qu'il incarne ». Trump, dit-elle, a fait tout ce qu'il fallait pour qu'on n'ait pas envie de voter pour lui. Elle exhorte donc les Américains à choisir Hillary Clinton. Son opinion ne suscite aucun commentaire sur les réseaux sociaux.

Meghan a atteint un tournant. Après quelques jours à New York avec Cory, elle sait que leur histoire est terminée. Elle se doute qu'il ne sera pas facile de le faire quitter la maison qu'ils partagent et devine que les mauvaises langues de Toronto s'en donneront à cœur joie. De plus, elle a échoué à trouver une suite passionnante à *Suits* et sa vie au Canada ne l'amuse plus. Au printemps 2016, tout est prêt pour une explosion.

CHAPITRE 11

Reitmans – saison 2

Le 13 mars, Meghan se rend à Montréal pour un deuxième tournage avec Reitmans. Quand elle arrive sur le lieu de tournage – un ancien restaurant appelé l'Auberge Saint-Gabriel, un ancien restaurant –, la tension est palpable.

Pour huit jours de travail, le contrat prévoir une rémunération de 202 628 dollars, plus 7 % de royalties. Le budget total – 4 millions de dollars canadiens –, qui mise sur l'importance de Meghan comme influenceuse de mode, est présenté comme « ambitieux sans être aliénant[204] ». Jeannie Vondjidis-Miller, chef du marketing, décrit Meghan comme la « porte-parole nationale » de Reitmans. « Nous voulions quelqu'un qui ait un point de vue », déclare-t-elle. Très vite, une grande partie de l'équipe associée à la campagne est épuisée par le point de vue de Meghan.

Les discussions sur le concept – c'est-à-dire l'intrigue – de la publicité ont commencé en février. La séquence doit durer 35 secondes et porte comme titre « The Label ». Meghan, les directeurs de la création employés par l'agence Tank et John Grammatico, le réalisateur du film, ne sont pas d'accord sur le « concept », qui se termine par ce slogan : « *Reitmans… Really.* » Pendant plusieurs semaines, Meghan a dénoncé le story-board de Tank : au cours d'une fête, un bel homme demande à Meghan de danser avec lui afin qu'il puisse lire l'étiquette de sa robe. Comment une femme aussi jolie pourrait-elle porter une telle robe ?

« Sérieusement, ça n'a aucun sens ! proteste Meghan. Si mon nom est associé à une campagne de pub, je veux avoir mon mot à dire[205]. » Emmanuelle Thaon, directrice de gestion chez Tank, et Sophie Gaudet, directrice de la création, sont peu disposées à faire des changements. Selon elles, Meghan ne propose aucune alternative valable, en dehors de suggérer un tournage aux Caraïbes avec un budget digne de Hollywood. Meghan, de son côté, juge que les dirigeants de l'agence ont promis à Reitmans plus que ce leur permettait le budget de la publicité.

Le 4 mars, après des échanges féroces, quelques modifications sont apportées au scénario, mais Meghan les rejettent de nouveau. « Elle passe en force et n'a jamais un mot gentil », se plaint un membre de l'équipe. Personne ne lui tient tête. Alors que la dispute s'envenime, Meghan cesse de répondre au téléphone. John Grammatico, réalisateur connu pour son absence d'ego, envoie un courriel au directeur créatif de Tank, l'exhortant à trouver une solution pour éviter des confrontations coûteuses en temps et en argent. Meghan, suggère Grammatico, n'a pas tout à fait tort. L'agence concentre le spot sur le label Reitmans et sur la robe. Or, comme toutes les stars, Meghan veut que l'accent soit mis sur sa personne. Elle a besoin d'être flattée, écrit-il, et elle a raison. Les stars ont besoin d'être le héros de l'histoire.

Il propose de placer Meghan aux commandes, « parce qu'elle est belle et célèbre ». Au lieu de regarder l'étiquette, suggère Grammatico, l'homme devrait regarder Meghan.

À contrecœur, le directeur de la création accepte. Le scénario réécrit par Grammatico a du punch. À la fin de la danse, plusieurs inconnues, jalouses, cherchent à lire l'étiquette de la superbe robe que porte la jeune femme… et se retrouvent nez à nez avec elle. Meghan leur lance alors, en souriant : « *Reitmans… Really.* » La solution de Grammatico est acceptée. Mais les graines de la discorde ont été semées.

Un an après la première campagne, Meghan est moins enthousiaste. Elle vit mal que son image soit associée à Reitmans, non seulement parce que c'est un label bas de gamme, mais aussi parce que leur nouvelle ligne n'est pas très séduisante. Pour prouver son importance, elle exige un traitement spécial. Mécontente que l'*executive suite* réservée pour elle à l'hôtel Place d'Armes à Montréal – 1 531 dollars canadiens la nuit ! – ne comprenne qu'une chambre principale, un salon et une salle d'eau, Meghan exige une suite plus grande à l'hôtel Gault – plus cher, forcément. « Elle insiste, dit son agente, Lori Sale. » La production résiste. « Elle réclame des photos des chambres de l'hôtel et des pièces qui lui ont été attribuées sur le plateau », crie son agente.

Ensuite, Meghan exige d'être enregistrée à l'hôtel sous le pseudonyme de Jane Smith. « Son identité doit être gardée secrète, déclare son agente. Elle ne veut pas être harcelée par le personnel de l'hôtel, les autres clients ou les photographes. » L'équipe de production est déconcertée. Personne ne connaît Meghan à Montréal. L'hôtel refuse d'accéder à sa demande. Meghan est donc enregistrée sous son vrai nom, et aucun paparazzi ne se montre devant l'hôtel.

Les récriminations de Meghan envers l'hôtel atteignent un nouveau sommet. Ignorant les présentoirs de fleurs, les bouteilles de son vin préféré et un stylo de calligraphie spécial soigneusement disposés la table, elle critique le peignoir et les pantoufles Tempur-Pedic. Elle veut la marque Dior. Le thé n'est pas le bon mélange et le jus vert est tiède.

Elle arrive sur le plateau à 7 h 10. « La princesse arrive », ricane un assistant. Le visage fermé, Meghan entre dans le restaurant en évitant le contact visuel avec l'équipe. Son agent a exigé que seules quelques personnes désignées soient autorisées à lui parler. Cet ordre a été transmis aux 58 membres de l'équipe de production. Avec un sourire forcé, elle disparaît dans sa loge, à l'étage. Dans son dos, on murmure : « Elle est faussement gentille. »

Deux heures ont été allouées pour sa coiffure et son maquillage. À la dernière minute, elle a exigé du vernis à ongles. Meghan parle avec animation avec Felix, son coiffeur de confiance. La manucure, une femme d'une trentaine d'années, se joint à la conversation. Meghan se montre alors impolie et désagréable. La manucure est stupéfaite. Le silence s'installe, puis la manucure est congédiée. Elle quitte l'établissement en larmes. « Cette situation inhabituelle m'a beaucoup stressée, avouera-t-elle plus tard. Elle me hante encore. »

Toute la journée, Meghan descend pour les prises de vues, escortée par Felix, le coiffeur, et Marco, le maquilleur, puis elle remonte dans sa loge. Les deux hommes ont reçu l'ordre de ne jamais la quitter. « Elle en avait toujours marre, note un membre de l'équipe, elle soupirait, soufflait et levait les yeux au ciel. C'était très dur de travailler avec elle. » Un autre raconte qu'elle était « super-gentille » avec Felix et Marco, mais qu'elle devenait « super-désagréable » dès qu'elle s'adressait à un membre de l'équipe. Les vêtements qu'elle doit porter ne lui plaisent pas. Définitivement très en dessous de ceux de Chanel !

Les plaintes de Meghan poussent l'équipe à grimacer dans son dos. « Elle est là pour son ego, pas pour l'art », déclare un membre de l'équipe, peu impressionné. De temps en temps, elle refuse ouvertement de suivre les instructions de Grammatico ou lui demande de changer d'angle de prise de vue. Grammatico explique patiemment ses intentions. Personne n'ose contredire Meghan. L'emploi de chacun dépend de la satisfaction de ses exigences. Heureusement, la performance de Meghan est réelle : devant l'objectif, elle devient une icône chaleureuse et glamour. La caméra l'aime et elle aime la caméra.

Les disputes incessantes ralentissent le travail. Or, l'équipe doit remballer au bout de douze heures de tournage, sinon le coût est multiplié par trois. Dix-sept plans ont été préparés sur le storyboard. En raison des désaccords, Grammatico n'a pas pu enregistrer deux scènes importantes. Le lendemain, l'ambiance se dégrade encore. Le nouveau lieu de tournage se trouve dans un loft de la rue Saint-Pierre. Pendant douze heures, Meghan doit tourner des scènes où elle livre des conseils de mode pour le site Internet. Comme les exigences techniques sont moindres que pour une publicité, le matériel d'éclairage et de sonorisation est un peu moins performant. À 7 h 10, quand Meghan arrive, elle donne l'impression qu'elle n'est pas convaincue par la campagne. Pour satisfaire une autre de ses exigences, l'équipe des accessoires a acheté une paire de chaussures en daim beige Aquazzura coûteuse, choisie par Meghan.

Depuis sa loge, on entend Meghan se plaindre de la production, des vêtements, du style et du scénario. Elle laisse notamment entendre que Jeannie Vondjidis-Miller, la responsable marketing de Reitmans, n'a aucun sens de la mode. En représailles, les membres de l'équipe commencent à parler en français. « Meghan était offensée, se souvient une personne. Elle l'a pris personnellement. »

Pendant le tournage, on demande à Meghan : « Quelle femme canadienne vous inspire ? » Elle rit et demande qu'on lui cite des noms, avant de répondre : « Aucune d'elles ne m'inspire », répond-elle. Vous ne pouvez pas me faire dire quelque chose que je ne veux pas dire ou en quoi je ne crois pas. »

Encore une fois, personne n'ose défier la star, à l'exception de John Grammatico. « Je n'aime pas ce plan », se plaint Meghan. Dans un premier temps, quand elle réclame un changement d'angle pour une prise de vue, Grammatico refuse. Mais il finit par céder. « Ça n'a aucune importance… », soupire-t-il, et il obéit. À la fin, ils se dévisagent en silence.

« C'est fini », crie l'assistant à 19 heures précises. L'agent de Meghan a déjà appelé pour prévenir que sa cliente ne tournera pas une minute de plus. Elle est pressée. Ni merci ni au revoir. Meghan est partie. À la surprise des accessoiristes, elle a emporté les chaussures Aquazzura, qu'elle a gardées à ses pieds. « C'est la dernière fois que je travaille avec elle », dit Grammatico voix basse, mais en détachant bien chaque mot.

Un chargé de clientèle compatit avec l'équipe. Jean Malek, le troisième réalisateur, poste ce commentaire sur Facebook : « C'est sans la personne la plus mauvaise que j'aie jamais rencontrée. Je dis ça comme ça. » Une autre femme de l'équipe se montre plus précise. Fan de *Suits* et de Meghan, elle était enchantée de travailler avec l'actrice : « J'ai découvert une personne brutale et narcissique, qui obligeait tout le monde à marcher sur des œufs, à travailler 24 heures sur 24 dans des conditions de stress extrême. Elle critiquait tout, et c'était toujours des commentaires sarcastiques, condescendants et dégradants. »

Le troisième jour, alors que Meghan doit poser pour les jeans de la marque Reitmans, le tournage est sérieusement compromis. Pour sauver la campagne, le président de Reitmans, Walter Lamothe, rencontre Lori Sale dans un hôtel de Los Angeles. Lamothe décrit le comportement de Meghan, qui se maquille pendant le tournage et fulmine sans cesse contre l'équipe, le personnel de l'agence et les dirigeants de Reitmans. Le problème, explique Lamothe, est de savoir si Meghan est prête à remplir le contrat et à promouvoir la gamme à la télévision.

L'agente appelle aussitôt Meghan. « Ce genre de comportement ne doit plus se reproduire », dit-elle à Meghan. En clair, elle ordonne à sa cliente de faire des excuses et d'honorer son contrat. Aucune excuse n'est présentée, mais, sur l'insistance de Meghan, une autre société de production est engagée pour le troisième jour.

Par peur des représailles, certains membres de l'équipe réticents n'ont pas voulu décrire leur expérience. Jeannie Vondjidis-Miller, qui a pourtant été vue en larmes le deuxième jour et qui a quitté Reitmans après le tournage, a écrit récemment que sa relation avec Meghan était excellente. « J'ai beaucoup apprécié notre collaboration, et sa contribution a été bien accueillie. Elle a été gentille, réfléchie et s'est comportée comme une pro[206]. »

Les téléspectateurs ignorent tous des tourments vécus par l'équipe de production. Meghan aime la caméra et, pendant les brèves minutes de tournage, son comportement change du tout au tout. La publicité la montre sous son meilleur jour. Dans un autre film, on la voit en train de travailler à la conception de quatre robes pour la marque Reitmans[207]. L'image qu'elle donne d'elle résonne étrangement avec ce qu'elle dira plus tard de son souvenir du tournage de *Married with Children*, auquel elle a assisté avec son père vingt ans plus tôt : « J'ai vu comment les femmes étaient traitées comme des objets, et j'ai compris que je ne voulais pas être regardée ainsi[208]. » Un commentaire sur Facebook suggère que la campagne de Reitmans l'a placée dans le même piège : « On dirait qu'elle évolue sur le plateau d'un film porno. » Dans une émission télévisée, Jessica Mulroney ne dit pas autre chose[209].

Au cours de la phase de post-production, Meghan multiplie les demandes et commentaires pour qu'on modifie la couleur de son rouge à lèvres ou son tour de taille. Une de ses exigences, qui concerne une photo d'elle avec des sandales ouvertes, suscite l'hilarité : « S'il vous plaît, arrangez mes pieds, sinon je vais me faire massacrer sur Internet. J'ai une cicatrice sur le pied gauche et mon pied droit n'est pas très beau (orteil trop long…). Si vous pouviez arranger ça, ce serait génial. C'est bête, je sais. Mais faites-moi confiance… »

Pour lancer la nouvelle campagne à Toronto, Reitmans organise un déjeuner le 5 avril avec les journalistes de mode. La présence possible de Jessica Mulroney rend Meghan hystérique. Elle se plaint auprès de son agente Lori Sale, qui se trouve à Los Angeles : « Le décor de la table, les fleurs et le menu sont horribles. Que va dire Jessica Mulroney ? » se lamente-t-elle. Lori Sale lui fait remarquer que son petit public de Los Angeles n'a jamais entendu parler de Mulroney.

À la télévision, Mulroney vante les leggings en faux cuir et le poncho en cachemire de Reitmans. Dans la même émission, Meghan fait la promotion des vêtements de Forever 21. L'entreprise est pourtant critiquée pour payer ses employés à peine sept dollars de l'heure – quatre dollars à Los Angeles. Par ailleurs, elle est épinglée sur deux critères : des conditions de travail équitable et la réduction des déchets (une note de 2 sur 5 seulement[210]).

Une fois l'effervescence retombée, Reitmans est satisfait du résultat : les ventes ont augmenté de plus de 20 %[211]. Oubliant sa colère, Meghan dit que la publicité télévisée et les panneaux d'affichage avec son visage partout au Canada ont changé sa vie. « C'est un grand moment », déclare-t-elle[212].

CHAPITRE 12

Limbo

Cultiver l'amitié des célébrités réunit Meghan et Markus Anderson, le directeur de Soho House à Toronto. Tous deux y voient un moyen d'améliorer leur situation professionnelle.

Cette quête est particulièrement importante pour Meghan au printemps 2016. Alors qu'elle prépare un voyage à Londres en juin, elle a besoin de plus de contacts dans la capitale britannique. Connaissant l'importance que Meghan accorde aux célébrités, Anderson lui présente la princesse Eugenie, la fille du prince Andrew et de Sarah Ferguson. Comme ses parents, Eugenie apprécie les cadeaux et les rencontres avec les personnes riches et connues[213]. Après cette rencontre, Meghan envisage d'appeler la princesse lors de sa prochaine visite à Londres. Eugenie est le genre de personne qui peut l'aider.

Avant que le tournage de *Suits* ne s'interrompe pour les vacances d'été, Meghan et Cory ont parlé de leur séparation. C'est lui qui quittera leur domicile. Certains pensent qu'elle prend des risques. D'autres croient à l'explication qu'elle donnera par la suite de cette rupture : Cory ne voulait pas se ranger[214]. Dans les faits, Cory est soulagé que les choses soient réglées avant le départ de Meghan pour l'Europe.

Non sans mal, Nelthorpe-Cowne a obtenu pour l'actrice un séjour gratuit dans un cinq-étoiles, le Carlton Tower de Knightsbridge. En échange d'une pose pour la couverture du magazine de l'hôtel et d'autres photos, d'une publicité promotionnelle sur The Tig, et sur ses comptes Instagram et Twitter, elle pourra rester une semaine.

« Avec une collègue, nous avons conduit Meghan au Carlton, se souvient Mme Nelthorpe-Cowne. Il y avait un perroquet dans une cage. Meghan a regardé le perroquet, puis elle regardé ma collègue avant de lancer : “Je ne peux pas rester ici à cause de ce perroquet.” »

La version de la « collègue » est moins nuancée : « Meghan a complètement pété les plombs. C’était franchement désagréable. »

Meghan quitte immédiatement l’hôtel. Nelthorpe-Cowne lui trouve un logement à l’hôtel Soho. « J’ai réalisé qu’elle avait raison, bien sûr, déclare Nelthorpe-Cowne. La place des animaux sauvages n’est pas dans une cage, mais dans la nature. »

Une fois installée, Meghan descend déjeuner avec le codirecteur de Nelthorpe-Cowne. Il y a aussi un agent littéraire respecté, Adrian Sington, et son assistant. Quelques semaines plus tôt, Meghan a demandé à Sington de rédiger un synopsis pour un livre qu’elle doit écrire à partir de The Tig. Avec *Think Beautiful*, Meghan entend tirer parti de sa marque en faisant la promotion des produits, des restaurants et des lieux présentés sur son site. Après son éclat à l’hôtel, Sington s’inquiète des réactions de Meghan. Au cours des mois précédents, de nombreux employés de l’agence se sont plaints de son humeur imprévisible. Elle sollicite régulièrement l’agence pour des réservations dans des restaurants ou des événements en prévision de son arrivée à Londres, puis elle annule ou change ses exigences. Sington a été témoin de plusieurs scènes pénibles ; il a ainsi vu une jeune fille s’effondrer en larmes à cause du ton agressif et glacé de Meghan.

Meghan s’installe calmement pour déjeuner. Son métabolisme exige d’être nourri ponctuellement. Mais à mesure que le repas avance, elle envoie tranquillement son venin sur Sington. Son synopsis, dit Meghan, contient la proposition d’un chapitre intitulé « Comment être une meilleure femme », qui donne des astuces aux femmes pour développer leur attrait sexuel.

Meghan s’emporte, en disant que Sington a inséré du sexe dans le projet. Ce dernier est très surpris, car Meghan postait régulièrement sur The Tig des messages recommandant des postures séduisantes ou des produits susceptibles de titiller la libido d'un homme. Mais Meghan suit un schéma désormais familier. Cette fois, sa colère est dirigée contre l'agent expérimenté. Elle semble prendre plaisir à humilier les gens. Elle a besoin de manipuler les hommes, en conclut Sington. Peut-être à cause d'une jalousie terrible. « C'est l'une des personnes les plus désagréables auxquelles nous ayons eu affaire », déclarera plus tard Sington à Nelthorpe-Cowne. De son côté, Meghan a dit à son agente : « On oublie le livre et on oublie ce type. Je ne veux plus jamais être dans la même pièce que lui. »

Plus tard dans l'après-midi, Meghan rencontre de nouveau le fabricant de montres suisse. Un contrat est finalement conclu, qui pourrait lui rapporter 500 000 dollars.

Dans la soirée, Meghan évoque de nouveau avec Nelthorpe-Cowne sa quête d'un Anglais à épouser. Une fois de plus, elle mentionne le footballeur Ashley Cole. Nelthorpe-Cowne est surprise, car elle a entendu parler du passé sulfureux de Cole. De plus, dans une interview récente avec *GQ Magazine*, Meghan a expliqué comment un homme pouvait l'impressionner par sa gentillesse, sa confiance en lui et sa capacité à manier l'humour sans tomber dans la vulgarité. Elle n'aime pas les hommes qui passent trop de temps dans la salle de bains, mais adore la façon dont « les Britanniques s'habillent quand il fait froid[215] ». Ashley Cole répond à quelques-unes de ces exigences, mais il semble que son cœur soit déjà pris – même s'il le nie.

À la fin de son séjour, Meghan s'envole pour la Méditerranée. Elle doit passer quelques semaines à Ibiza, puis à Amalfi avec Markus Anderson, Jessica Mulroney et Misha Nonoo. Tous les quatre ont un point commun : ils rêvent de faire partie de la jet-set. Monter à bord d'un avion privé pour aller n'importe où dans le monde est une de leurs aspirations.

En réalité, le quotidien de Meghan est tout à fait ordinaire. Il n'y a aucun danger à affronter et sa survie n'est pas menacée. Elle ne fait pas partie d'un groupe en vue, et sa vie est une performance qu'elle déroule devant un public restreint, sur une scène minuscule. Elle traverse les aéroports et les hôtels dans un anonymat presque complet. Ses problèmes sont ceux de tous les acteurs inconnus et célibataires d'une trentaine d'années : peur de la solitude, insécurité personnelle et financière.

Professionnellement, elle ne peut pas se plaindre d'un potentiel non réalisé. Elle n'a jamais cherché à se rebeller contre le système. Elle semble satisfaite d'elle-même, avouant rarement un manque de confiance en elle. Son autocritique se limite à des détails cosmétiques. Sa curiosité intellectuelle semble limitée et elle ne donne pas l'impression de cultiver un jardin secret. Aucun nouveau défi ne paraît l'attirer. Jusque-là, la personne qui a eu le plus d'influence sur sa vie est Rachel Zane, le personnage créé par Aaron Korsh, une fashionista ambitieuse, sexy, superficielle et passionnée de cuisine.

La recherche d'un partenaire riche est au centre des discussions du quatuor sur la plage et pendant les repas. Le mariage de Misha Nonoo bat de l'aile. Elle a découvert les inconvénients d'appartenir à la haute société britannique. Si Alexander Gilkes revendique des amitiés avec les princes William et Harry, la princesse Eugénie et Madonna, son sens des affaires n'est pas fabuleux. En cas de divorce, Nonoo pourrait bien être obligée de lui verser de l'argent.

Meghan est également témoin des périls de la finance. Son père est sur le point de déposer le bilan pour la deuxième fois. En septembre 2016, il devait 30 000 dollars à une société de crédit – sans compter les intérêts, de 28 % – et presque le double aux impôts.

Trouver un Anglais convenable est devenu une urgence pour Meghan. Ses chances sont discutées après son atterrissage à Hydra, une île au sud d'Athènes. Sa meilleure amie, Lindsay Roth, organise son enterrement de vie de jeune fille avant de se marier avec un actuaire britannique. Le prince Harry est cité dans la conversation. Nonoo l'a rencontré par l'intermédiaire de Gilkes. Harry pourrait faire un bon parti, mais il est réputé pour son manque de tact envers les femmes.

Après ses vacances, Meghan retourne à Londres pour assurer la promotion de *Suits* – et la sienne. Avec Lizzie Cundy, elle évoque ses chances de figurer dans une émission télévisée dans le style de *Made in Chelsea*.

Elle redit aussi son intérêt pour les Anglais, mais Cundy n'a aucune personne intéressante à lui présenter.

Meghan doit aussi représenter la marque Ralph Lauren pendant le tournoi de Wimbledon, qui débute le 27 juin. Par chance, la nouvelle publiciste de Ralph Lauren est Violet von Westenholz, une mondaine de trente-et-un ans au carnet d'adresses bien fourni. Son père, Piers, décorateur d'intérieur et antiquaire, est un ami de Camilla, l'épouse du prince Charles. Violet a souvent joué avec Harry quand Charles venait passé le week-end ou quelques jours de vacances dans la maison de campagne des Westenholz, dans le Hertfordshire. Au cours d'une conversation avec les Westenholz à Wimbledon, Meghan mentionne ce lien. Elle persuade Violet d'organiser un rendez-vous avec Harry. Avant d'accepter, Westenholz envoie à Harry des photos de Meghan.

Meghan a également prévu de rencontrer le journaliste Piers Morgan. Au cours des semaines précédentes, ils ont échangé plusieurs messages sur Twitter. Morgan a été impressionné par la performance de Meghan dans *Suits*. De son côté, elle veut être prise au sérieux par la presse britannique et elle cherche à imposer son image.

Ils se donnent rendez-vous à la Scarsdale Tavern, à Kensington, le pub préféré de Morgan. La rencontre se déroule bien. Meghan suggère à Morgan de l'inviter à *Good Morning Britain*, la matinale qu'il anime sur ITV. Sa réponse enthousiaste, elle le sait, n'est pas un engagement ferme. À l'issue de leur rendez-vous, qui a duré une heure et demie, elle monte dans un taxi. Morgan pense qu'elle se rend dans un club de Mayfair. Il ignore tout de la personne qu'elle espère rencontrer.

Ce n'est qu'avec le recul qu'il se rendra compte qu'elle s'apprête à passer une « audition » difficile et qu'elle doit y jouer sa performance la plus convaincante. Car Harry a accepté – dans un langage très coloré – la suggestion de Violet von Westenholz : il veut bien rencontrer Meghan.

Meghan a demandé à Markus Anderson de réserver une salle privée au Soho House de Londres. La veille, Meghan envoie à son père un message qu'elle conclut par ces mots : « Je t'aime de tout mon cœur, maintenant et pour toujours, Love Bean. » Comme elle lui a toujours envoyé une carte de Saint-Valentin, il n'est pas surpris par cette marque de tendresse[216].

Le vendredi 1er juillet, Meghan et Gina Nelthorpe-Cowne se retrouvent pour déjeuner au Delaunay, un restaurant à la mode situé à Aldwych, près de Covent Garden. Nelthorpe-Cowne n'a aucune bonne nouvelle à annoncer à Meghan concernant le lancement de sa carrière à Londres. À sa grande surprise, l'actrice ne semble pas plus déçue que ça.

Au début du repas, Meghan murmure : « J'ai un rendez-vous ce soir. »

« Avec qui ? » demande Nelthorpe-Cowne. Elle ne parvient pas à entendre la réponse. « Meghan parlait tellement doucement que j'ai dû lui demander de répéter. » Meghan obtempère, et Nelthorpe-Cowne est incrédule. « Je ne pouvais pas croire ce que j'entendais, mais je pense qu'elle ne pouvait pas y croire non plus. Nous étions toutes les deux très excitées. Je lui ai demandé en plaisantant si elle savait dans quoi elle s'embarquait et elle m'a répondu : "Eh bien, ça va être une expérience et ce sera au moins une nuit amusante." »

En regardant sa cliente, Nelthorpe-Cowne se dit qu'elle a des chances : « J'ai vu à quel point elle était belle à ce moment-là, et j'ai pensé qu'il ne pourrait pas lui résister. »

Tandis que Meghan continue de bavarder avec excitation, Nelthorpe-Cowne la coupe : « Tu sais ce que tu fais ? Tu sais quelque chose sur lui ? »

Meghan répond : « J'ai googlé Harry. J'ai fait des recherches approfondies sur sa vie. » Nelthorpe-Cowne ne doute pas que Meghan a fait des recherches approfondies sur tous les aspects concernant Harry et son passé. Elle sait précisément comment est l'homme qu'elle s'apprête à rencontrer : instable, malheureux et… en quête de l'âme sœur[217].

« J'ai réalisé alors d'où elle venait, se souvient Nelthorpe-Cowne. Son rêve d'attraper un prince était mentionné d'ailleurs dans l'un de ses anciens blogs. » Au moment du mariage de Kate et William, en 2011, Meghan a écrit : « Les petites filles rêvent d'être des princesses. Et les femmes adultes semblent conserver ce fantasme d'enfant. Il suffit de voir la pompe qui entoure le mariage royal et les conversations interminables sur la princesse Kate. »

Quand Nelthorpe-Cowne quitte le restaurant, elle a cette pensée : « Meghan rêve grand[218]. »

CHAPITRE 13

Un prince agité

En 2016, le prince Harry est un jeune homme de 31 ans cabossé par la vie, peu sûr de lui et désœuvré. Depuis quinze ans, sa réputation de fêtard invétéré est évoquée dans tous les médias. Malgré plusieurs incidents – il s'est déguisé en nazi pour une fête, a traité de « paki[A] » un cadet de Sandhurst et attaqué, en état d'ivresse, un photographe à la sortie d'une boîte de nuit –, on lui a toujours pardonné, après les excuses d'un porte-parole de Buckingham Palace.

Contrairement à son père, Harry est adoré des Britanniques. Il est perçu comme un bon garçon, que beaucoup veulent protéger. Mais Harry se sent seul et désespéré depuis des mois. Le bonheur de William avec Kate et leurs deux enfants l'a rendu plus vulnérable. Les recherches de Meghan sur Harry ont mis en évidence les causes de son chagrin, mais elle n'a aucune idée de la profondeur de son désespoir.

En 1997, la mort de Diana, alors qu'il approche de ses 13 ans, le laisse terriblement désemparé. Depuis sa naissance, Diana a toujours accepté les comportements de son fils : élevé sans contraintes, il est connu du personnel de sa mère comme un rebelle qui fait toujours le contraire de ce qu'on lui dit. En grandissant, il devient de plus en plus indiscipliné. Personne dans son entourage, pas même son père, ne réussit à canaliser

A. Dans les années 1980, cette abréviation qui désigne une personne originaire du Pakistan était utilisée au Royaume-Uni par des groupes d'extrême-droite, et elle a une connotation raciste.

Harry, qui déteste aussi l'école. Il échoue à son examen d'entrée à Eton, et tout le monde comprend que son ignorance est à peine moins élevée que son arrogance. Mais cette réalité ne transparaît pas au moment des obsèques de Diana.

L'image du jeune garçon en deuil marchant derrière le cercueil de sa mère suscite une sympathie sincère dans le monde entier. Harry dira plus tard à quel point ce moment l'a marqué. En 2017, William est lui aussi revenu sur cet événement : « Je pense que la chose la plus difficile a été de suivre le cercueil, déclare William en 2017. C'était une marche très longue et solitaire. C'était l'équilibre entre le devoir et la famille – nous devions le faire[219]. »

Dans les mois qui suivent, il se raccroche à ses grands-parents, à Charles et à sa nounou aimante, Tiggy Legge-Bourke. Quelques années plus tard, vers vingt ans, il évoque ainsi son père : « Il était là pour nous. Il essayait de faire de son mieux, de s'assurer que nous étions protégés et qu'on s'occupait de nous. Mais il était lui-même en deuil[20]. »

Harry a une relation très forte avec William. De deux ans son aîné, ce dernier est plus solide intellectuellement, mais il a été plus affecté par la relation tumultueuse de ses parents.

« Je te déteste, papa. Je te déteste tellement, a-t-il crié une fois à Charles alors qu'il assiste à une énième dispute entre son père et Diana. Pourquoi tu fais pleurer maman tout le temps[221] ? »

William est peu indulgent envers Charles et c'est lui qui révèle à Harry qu'il trompait leur mère. Tous deux rendent Camilla responsable du malheur de Diana et de la séparation de leurs parents. Ils n'apprécient pas que, après le divorce, Charles ait consacré son temps à restaurer son image abîmée et à consolider sa relation avec Camilla. Après la mort de Diana, Charles tente de construire une relation étroite avec ses fils, mais son adultère est un obstacle. Surtout pour William. Harry se montre un peu plus tolérant. Tous deux évitent cependant de rencontrer Camilla lorsqu'elle séjourne à Clarence House, la résidence londonienne de Charles. Leur antipathie s'est ravivée après que Camilla a été rendue responsable du départ de Tiggy Legge-Bourke.

Liés par le divorce de leurs parents, la mort de leur mère et la colère, les deux frères ont besoin l'un de l'autre. William est aussi malheureux que Harry. Grossier à l'école, Wills « Basher » prend un malin plaisir à rappeler, parfois violemment, les privilèges attachés à son destin de futur roi[222].

Cherchant la paix, Charles tolère cette audace. Il partage son temps entre Camilla ou ses déplacements officiels, et ferme les yeux sur le comportement de ses fils, tous deux indisciplinés. Il a aménagé un sous-sol à Highgrove pour leurs fêtes du week-end. En son absence, drogues et alcools circulent, et le « club » est animé par le fougueux William, soutenu de près par Harry. Chaque fois qu'un problème survient, Harry en porte la responsabilité afin de protéger l'héritier de la couronne et de dissimuler ainsi son tempérament explosif.

En 2000, William prend une année sabbatique, et « Hash » Harry, alors âgé de quinze ans, rebaptise le sous-sol « Club H ». Le nouveau maître des lieux est devenu tristement célèbre pour sa consommation excessive d'alcool et de tabac. En janvier 2002, quand William intègre l'université de St Andrews, le tabloïd *News of the World*, qui a mis illégalement les portables des deux frères sur écoute, révèle les fêtes de Highgrove et « la honte de Harry », grand consommateur de drogues. Dans les faits, William est sans doute plus coupable que Harry mais, comme le dit Mark Bolland, conseiller de Charles, « William doit avoir l'air parfait et Harry doit supporter la pression ». Harry protège l'héritier sans protester. William aime commander et Harry accepte sans broncher le pouvoir de son frère.

Mais le journal est allé plus loin dans l'ignominie. Une rumeur circule selon laquelle Harry serait le fils de de James Hewitt, qui a été le petit ami de Diana pendant cinq ans. Le journal a donc cherché à se procurer une mèche du jeune garçon pour faire un test ADN. Sans succès. Buckingham Palace rejette la suggestion en expliquant que la liaison a commencé plus d'un an après la naissance de Harry. Mais la rumeur trouble Harry. Au Palais, certains sont convaincus que Diana a eu un amant après la naissance de William. On sait qu'elle a eu une liaison avec Barry Mannakee, l'officier chargé de sa protection, en 1985, soit un an après naissance de Harry, mais on ignore si elle en avait une à la fin de l'année 1983.

Un autre problème perturbe Harry. Jusqu'à la publication, en juin 1992, du livre d'Andrew Morton, *Diana : Her True Story*, peu de gens croyaient que Charles trompait Diana. Parce qu'elle était riche et belle, peu de gens pensaient qu'elle avait des raisons d'être malheureuse.

Buckingham Palace doute de la véracité du livre jusqu'à ce que le *Sun* publie la retranscription d'une discussion entre Diana, *alias* « Squidgy[A] », et James Gilbey, son amant présumé. Le *Sunday Mirror* publie une conversation intime entre Charles et Camilla, au cours de laquelle le prince tient des propos salaces – il lui dit, entre autres, qu'il voudrait vivre dans son pantalon, où même devenir un Tampax®.

La représentation de Diana en femme seule et désemparée porte préjudice à Charles. Par la suite, les scandales de la famille royale s'enchaînent à la une des tabloïds : séparation du prince Andrew et de Sarah Ferguson, divorce de la princesse Anne et de Mark Phillips, et séparation officielle de Diana et Charles, annoncée le 9 décembre 1992. Alors que les ruines du château de Windsor sont en cours de réparation après un incendie, la biographie autorisée de Charles par Jonathan Dimbleby et son documentaire télévisé de 1994 ne font que confirmer la liaison ancienne de l'héritier avec Camilla. Mais ils révèlent aussi celle de Diana avec le capitaine James Hewitt, qui a duré cinq ans et s'est terminée en 1991.

Dans cette guerre, Diana marque le dernier point lors d'une interview sur la BBC, en novembre 1995. « Nous étions trois dans ce mariage, ce qui faisait un peu trop de monde. » Ni Charles ni Diana ne songent aux dommages que causent ces révélations publiques à leurs enfants. « Toutes sortes de chagrins, de mensonges et d'idées fausses vous parviennent de partout », dira Harry quelques années plus tard[223].

Les frères grandissent avec la conviction que les médias ont tué leur mère. Diana, selon eux, a été détruite par les journalistes qui l'ont

A. C'est le surnom que James Gilbey donne à Diana.

poursuivie sans relâche. Pendant des années, les paparazzi ont traqué leur mère par appât du gain – une seule photo d'elle pouvait valoir des milliers de livres. Elle a été la victime de leur indélicatesse.

Aucun des princes ne veut comprendre que Diana joue avec les médias. Régulièrement, elle informe les photographes de déplacement et pose pour des photos. Pour se venger de Charles, elle collabore volontiers avec des journalistes, en particulier Andrew Morton, Richard Kay du *Daily Mail* et Martin Bashir. Ses motivations sont complexes et trouvent peut-être leur origine dans une enfance malheureuse. Plus tard, elle a pu aussi utiliser la presse pour tenter de recoller les morceaux de sa vie brisée. William et Harry ignorent tout de sa tendance à l'autodestruction, dont ses proches ont été témoins.

Ils sont trop jeunes pour comprendre ses nombreuses liaisons. Plus spectaculaire encore, son malheur la pousse à prendre une décision étrange à l'été 1997, et à se lier avec Mohamed El-Fayed, un richissime homme d'affaires égyptien à l'honnêteté douteuse, qui possède le magasin Harrods[A]. Certains accusent Diana de chercher la publicité. D'autres disent que la princesse, en s'exposant aux médias, essaie de répondre à ses détracteurs qui la décrivent comme une femme déséquilibrée, incompétente et infidèle.

Personne ne sous-estime le plaisir et l'excitation que peut ressentir la princesse face à l'intérêt qu'elle suscite à l'échelle de la planète. Elle est une icône glamour, d'une beauté à couper le souffle. Sa magie et son mystère s'intensifient chaque fois qu'elle rencontre des personnes malades ou malheureuses. Elle se voit comme une victime qui cherche d'autres victimes pour partager leurs souffrances. Controversée dans sa vie, elle reste une personne pleine de mystère et laisse un héritage troublant.

Vers vingt ans, William rend visite à la famille et aux amis de sa mère pour essayer de savoir qui elle était. Harry refuse de le suivre dans cette démarche, préférant croire à la fiction hollywoodienne selon laquelle sa mère a été assassinée par les paparazzi qui la poursuivaient. « Je pense que

A. Grand magasin de luxe à Londres.

c'est un comportement classique, expliquera-t-il plus tard. Une façon de ne pas penser à la perte subie, et au chagrin qui en découle. Parce cela ne ramènera jamais la personne et ne fait que vous rendre plus triste. Ma façon de gérer ça, c'était de tout bloquer, de tout verrouiller[224]. »

Plusieurs années après la mort de Diana, Harry parle à son père de ses tourments à l'école, où il est la cible de ses camarades en tant que membre de la famille royale et à cause de l'histoire de ses parents. Il se venge de son malheur en détruisant les biens des autres garçons. Une fois, il va jusqu'à déchiqueter la trousse d'un élève. Charles lui aurait répondu : « C'était déjà comme ça pour moi, alors ce sera comme ça pour toi. » Harry fait remarquer : « Cela n'a pas de sens. Ce n'est pas parce qu'on a souffert que nos enfants doivent souffrir[225]. »

Harry semble avoir oublié que Diana était également victime d'une famille brisée. La mère de la princesse, surnommée le Bolter, a abandonné sa famille pour un autre homme quand Diana avait neuf ans. Diana a passé son enfance à faire la navette entre deux parents égoïstes. Après la naissance de Harry, Diana a enchaîné les liaisons, souvent avec des hommes mariés.

Dans ce tourbillon d'émotions et de chagrins, Harry termine sa scolarité à Eton, le collège le plus prestigieux de Grande-Bretagne, avec seulement deux A-levels[A]. Il obtient un B en art et un D en géographie. La plupart des élèves d'Eton obtenant au moins trois A, les résultats de Harry témoignent donc de son peu d'investissement scolaire. L'université ne semble pas la meilleure option, et il en convient lui-même : « J'ai passé des années à m'ennuyer et je ne voulais pas grandir[226]. » À l'époque, c'est un jeune homme émotif et constamment en colère, qui veut toujours être le plus malin de la bande. Il est fréquemment vu avec des jeunes filles blondes de la bonne société dans les boîtes de nuit de la capitale, notamment le Boujis à Kensington, dont il repart au petit matin dans

A. Abréviation utilisée pour *Advanced Level Qualifications*, diplôme indispensable pour poursuivre son cursus scolaire. En Grande-Bretagne, les élèves sont examinés sur trois matières de leur choix. Le diplôme du A-levels, qui peut s'apparenter au baccalauréat, permet d'accéder aux études supérieures.

un état pitoyable, après des bagarres d'ivrognes avec ses amis. Il est exclu d'un pub parce qu'il aurait insulté un barman. Cynique, il maudit les médias qui rapportent ces incidents.

Aucune fille ne semble retenir son attention jusqu'en 2004, année où il rencontre Chelsy Davy, une jeune fille séduisante, intelligente et indépendante. Elle est diplômée de l'université et issue d'une famille d'un richissime propriétaire terrien du Zimbawe. Chelsy et Harry sont tous deux de grands fêtards qui aiment la drogue, l'alcool et le sexe. Mais Davy comprend très vite que le jeune homme a besoin d'une petite amie qui puisse aussi jouer le rôle d'une mère. « Le problème, confiera plus tard Harry au général Richard Dannatt autour d'un verre à Kensington Palace, c'est que je ne suis pas un jeune homme comme les autres. Il est difficile d'être normal[227]. »

William évite ces problèmes. En 2004, il ne cherche pas à remplacer Diana. Il entretient une relation sérieuse avec une camarade de l'université de St Andrews, Kate Middleton, et il a trouvé une place dans la famille de la jeune fille. Une famille calme et « normale » de la classe moyenne. Ne rencontrant aucun problème dans ses études, il comprend aussi ce qu'implique son statut d'héritier. Pendant toute sa scolarité à Eton, il est allé régulièrement déjeuner le dimanche avec la reine et le prince Philip, au château de Windsor. La monarque donne alors de nombreux conseils à son petit-fils, l'incitant à ne pas céder aux controverses. Il ne doit pas se mêler de tout comme son père, ni s'attirer des critiques pour son goût du luxe ostentatoire[228].

En revanche, personne ne semble vouloir prendre en charge la misère morale de Harry. Le jeune homme apparaît tour à tour charmant, gâté, mal éduqué, simple d'esprit et exigeant. Enfermé dans le palais de Kensington, il ne peut échapper au carcan de la cour, rigide et formaliste. Même ses amis ont du mal à savoir ce qui l'intéresse.

Le salut de Harry, c'est l'armée. En 2005, il demande à intégrer l'académie militaire de Sandhurst. Ses examinateurs sont perplexes devant ses réponses à l'examen d'entrée. S'il n'avait pas été le prince Harry, il n'aurait pas été pris. « Être dans l'armée, dira-t-il plus tard, a été une chance. J'avais l'impression d'accomplir quelque chose. Je peux comprendre des gens de milieux et d'origine très différents, et j'avais enfin l'impression de faire partie d'un groupe[229]. »

Sa transformation commence par son affectation – gardée secrète – dans la province afghane de Helmand, en 2007. « Je n'étais pas un prince, je n'étais que Harry », dit-il en se remémorant sa joie. Derrière les murs de Camp Bastion, il ne voit rien du pays, sauf lors des missions visant à tuer l'ennemi depuis un hélicoptère qui descend en piqué. Il exécute les ordres, mais ignore s'il a abattu des civils innocents ou des talibans. Il ne comprend ni la situation du pays ni les tentatives des armées pour y construire une nation viable et libérale. Sa mission est purement militaire, et il ne la remet pas en question.

Dix semaines après son arrivée, son affectation est révélée par la presse allemande. Il doit être évacué en catastrophe, car il est impossible d'assurer sa sécurité. « J'ai ressenti beaucoup de ressentiment », a-t-il déclaré par la suite. Il n'aime pas beaucoup les médias. Il les détestera encore plus quand les journaux publieront, en 2012, des photos de lui tout nu, jouant au billard avec des strip-teaseuses à Las Vegas[230]. « Trop soldat, pas assez prince », convient-il en riant.

Après une formation pour être pilote d'hélicoptère, il est envoyé de nouveau dans la province du Helmond pour une mission de vingt semaines dans le Helmand. Il quittera l'armée à contrecœur en 2015. Selon Omie Scobie, « porte-parole » autoproclamé des Sussex et chroniqueur royal pour *Harper's Bazaar*, c'est Harry qui a pris la « difficile décision » de partir. Dans les faits, il n'a pas vraiment le choix : son manque de qualifications académiques l'empêche d'obtenir une promotion supplémentaire[231].

Le retour de Harry à la vie civile est marqué par sa rupture avec Chelsy Davy, à l'initiative de la jeune fille. Après les années de folie passées ensemble, elle veut se ranger, mais ne veut pas devenir un membre de la famille royale. Les règles intransigeantes, les restrictions et l'exposition sont inacceptables pour elle. Elle veut avoir une vie normale.

Harry a d'abord une liaison avec une actrice débutante, Cressida Bonas, fille de Lady Mary-Gaye Curzon – l'une des plus belles femmes de sa génération. Comme Harry, Bonas s'intéresse aux maladies mentales[232]. En 2014, elle quitte Harry, qui fuit toujours autant les photographes et exige d'être protégé[233]. Comme Chelsy Davy et d'autres jeunes femmes avant elle, Cressida Bonas trouve que Harry manque de classe et de sérieux, qu'il est coléreux et autoritaire. Tout au long de leur relation, il s'est comporté sans générosité. Lors de ses fiançailles avec Meghan, Bonas postera ce message vengeur à côté du croquis d'un garçon et d'une fille sur des balançoires : « Peu importe votre niveau d'éducation, votre talent, votre richesse ou votre ouverture d'esprit, la façon dont vous traitez les gens révèle toujours qui vous êtes vraiment. » Et elle ajoute ce mot : « Vérité ».

Pour Harry, le retour à la vie civile est plus difficile que prévu. Trouver un emploi intéressant tout en accomplissant ses obligations royales aggrave le « chaos total » – ce sont ses mots – dans lequel il se débat.

Trois ans plus tôt, en 2012, il a reconnu pour la première fois qu'il ne va pas bien : « Je ne savais pas ce qui n'allait pas chez moi, déclarera-t-il plus tard. Je pense que j'ai été plusieurs fois à deux doigts d'une dépression profonde. » Avant d'ajouter : « Tout le monde peut souffrir de problèmes de santé mentale, [même] un membre de la famille royale[234]. » En 2014, avant qu'il quitte l'armée, William se montre un soutien précieux : « Mon frère a été une bénédiction. Il n'arrêtait pas de dire : “Ce n'est pas bien, ce n'est pas normal – tu dois parler de ces choses[235].” » Sur les conseils de son frère, il consulte un thérapeute. « Quand j'ai commencé une thérapie, dit-il plus tard, c'est comme si la bulle avait éclaté. » Le travail avec le thérapeute attise sa colère[236].

Comme Diana, Harry trouve un répit à son tourment en aidant ses compagnons d'infortune. En 2013, il crée une compétition internationale d'athlétisme pour les soldats blessés, notamment ceux qui ont servi en Irak et en Afghanistan. Baptisée Invictus Games for the Unconquered, elle suscite l'admiration des anciens militaires. Harry se montre à l'écoute.

« J'ai un travail que j'aime énormément », déclare-t-il. Pour la première fois, il se sent utile. Son empathie naturelle, qu'il semble tenir de sa mère, fait tomber les barrières avec le grand public. Enlaçant les enfants, riant et plaisantant avec les athlètes, Harry trouve un exutoire à ses émotions. Sa course contre Usain Bolt lors d'une visite en Jamaïque renforce la popularité de la monarchie, dont le zénith est marqué par le jubilé de diamant de la reine en 2012. Le guitariste Brian May joue à sur le toit de Buckingham Palace et c'est aussi l'année du fameux « saut en parachute » d'Elizabeth II avec l'acteur Daniel Craig, lors des Jeux olympiques de Londres. L'année précédente, deux milliards de téléspectateurs ont regardé le mariage de William et Kate, le 29 avril. La reine devient la célébrité la plus admirée au monde. Harry, le prince charmant, est la deuxième personnalité royale la plus populaire après sa grand-mère.

La grande proximité des deux princes rassure les royalistes. Mieux encore, le public voit Harry rire avec William et Kate dans une séquence où ils présentent la Royal Foundation, une organisation philanthropique qu'ils ont créée tous les trois. Pour Harry, son rôle est de soutenir William en tant qu'héritier du trône[237].

Mais au-delà des Invictus Games, Harry reste insaisissable. Certains pensent qu'il en veut à son frère. Peut-être regrette-t-il d'avoir été un bouc émissaire pendant leur adolescence. D'autres pensent qu'il est jaloux du bonheur de William. Certains se demandent, après la naissance du petit prince George, s'il n'est pas déstabilisé maintenant que sa responsabilité de « remplaçant » a disparu. Son importance au sein de la famille royale va diminuer. La pression de la vie publique, révèle-t-il, est intolérable : « Chaque fois que je me trouvais dans une pièce avec beaucoup de gens, ce qui est assez fréquent, je transpirais à grosses gouttes, mon cœur battait à tout rompre – boum, boum, boum, boum. Comme le tambour d'une machine à laver[238]. »

En mai 2016, Roya Nikkhah, correspondante royale du *Sunday Times*, rencontre Harry au palais de Kensington. Ils parlent à bâtons rompus de l'expérience de Harry dans l'armée, de son engagement, de ses préoccupations pour la société et de son chagrin à la mort de sa mère, puis Harry présente la ligne officielle concernant son devoir envers la monarchie : « J'adore ma grand-mère et j'assumerais tout ce qu'elle nous demandera. » Il évoque aussi son caractère mélancolique. Se marier et fonder une famille serait, dit-il, « absolument fantastique ». Mais il constate que la recherche d'une épouse est entravée par le peu d'« occasions de rencontrer des gens[239] ».

Quatre ans plus tard, le 12 janvier 2020, Nikkhah est frappée par la transformation du prince. Le jeune homme charmant et drôle qu'elle connaît depuis des années s'est mué en un rebelle « maussade et hanté ». Un an plus tard, Harry admet candidement : « Je me suis dit que je ne voulais pas de ce travail. Je ne veux pas être ici[240]. » Avec le recul, beaucoup pensent que, en 2016, Harry cherchait déjà à s'échapper.

Le vendredi 1er juillet, Harry se trouve en France avec son père, son frère et David Cameron, alors Premier ministre. Ils commémorent le 100e anniversaire du début de la bataille de la Somme.

À la fin d'une journée solennelle, le groupe rentre à Londres. Harry quitte l'aéroport de Northolt pour rejoindre Soho, ignorant à quel point les prochaines heures vont changer sa vie.

CHAPITRE 14

L'appât

Harry n'a jamais entendu parler de Meghan Markle, mais il fait confiance au jugement de Violet von Westenholz, son amie d'enfance. Il ne risque rien à prendre un verre cette actrice inconnue. Un ami proche dira plus tard que Harry a posé une question très précise à Violet von Westenholz sur Meghan : que veut-elle dire à propos de ses antécédents ? Sa biographie sur Google est alléchante.

L'approche de Meghan est plus pragmatique. Reine des recherches en ligne pour The Tig, elle cherche instinctivement des informations sur Google[241]. Elle découvre que le prince aime faire la fête et qu'il a hérité de Diana le recours à la compassion pour échapper à ses démons. Il a mis en place les Invictus Games, et il est également impliqué dans la fondation Sentebale, qu'il a créée en mémoire de Diana pour aider les personnes atteintes du sida au Lesotho. Sauver les animaux d'Afrique est manifestement très important pour lui. Les deux séjours de Meghan au Rwanda pourront lui servir, tout comme son activisme philanthropique.

La rencontre avec Harry, le 1er juillet 2016, a lieu à un moment critique pour Meghan. Elle a bientôt trente-cinq ans, et son horloge biologique tourne – elle le dit d'ailleurs à Gina. Elle veut des enfants. Si tout se passe bien elle pourra bientôt réaliser son rêve de devenir une star mondiale. Elle sait exactement comment, au cours de leur conversation, elle peut rassurer Harry. Ce dernier dira d'ailleurs plus tard : « Cette fois, c'était la bonne. C'est ce que j'ai pensé la toute première fois où nous nous sommes rencontrés. »

Le lendemain matin, aux aurores, Meghan appelle Gina Nelthorpe-Cowne. « Il est charmant, adorable et c'est un vrai gentleman », s'extasie-t-elle.

« Vous allez vous revoir ? » demanda Nelthorpe-Cowne.

« Je l'espère. Nous nous sommes quittés en bons termes. »

À la fin de la conversation, Gina Nelthorpe-Cowne partage l'excitation de Meghan : « Nous étions toutes les deux aux anges, comme des adolescentes, à l'annonce de la nouvelle. »

« Nous nous reverrons », répète Meghan à Gina Nelthorpe-Cowne au déjeuner. « Il est vraiment adorable », ajoute-t-elle dans un soupir.

Le 3 juillet, Meghan poste sur Instagram une photo de deux bonbons Love Heart avec ces mots : « Kiss Me » et « Love Hearts in London ». Ses amis comprennent tout de suite son état d'esprit. Le matin du 4 juillet, habillée en Ralph Lauren, elle retourne à Wimbledon. Elle remercie Violet von Westenholtz de l'avoir présentée à Harry. Après avoir regardé Serena Williams remporter le match contre Svetlana Kuznetsova, elle se rend directement à Heathrow et monte dans un avion pour Toronto : le tournage de *Suits* doit reprendre. Peu avant le décollage, elle poste ce message : « Gutted to be leaving London[A] » .

Deux semaines plus tard, Harry s'envole en secret pour Toronto. Il séjourne une semaine dans la maison d'une amie de Meghan, probablement Jessica Mulroney. Car Cory n'a pas quitté la maison, ce qui place Meghan dans une situation délicate.

Ayant soigneusement étudié la vie de Harry, Meghan sait comment lui faire sentir qu'il est aimé et apprécié. Pour qu'il se sente en sécurité et ne sombre pas dans la paranoïa, il suffit qu'elle le regarde avec affection et confiance. Elle doit le rassurer sur le fait qu'il est admiré pour lui-même, en lui disant ce qu'il veut entendre, notamment sur l'importance de ses ambitions et de ses principes. Libéré de la peur et de la suspicion, Harry

---

A. « Dégoûtée de quitter Londres. »

succombe à une personne qui lui offre beaucoup plus que de l'amour. « Très tôt, dira Meghan plus tard, lorsque nous avons réalisé que nous allions nous engager l'un envers l'autre, nous avons su que cela nous demanderait beaucoup d'énergie et de temps[242]. »

Comme à son habitude, elle ne peut pas garder cette relation secrète. Pourtant, Harry a insisté sur le fait qu'ils devaient rester discrets pour se donner le temps de construire leur relation loin des projecteurs ? Mais Meghan n'a pas pu s'empêcher d'en parler avec ses amis les plus proches à Toronto, ainsi qu'à Thomas Markle. « Papa, lui annonce-t-elle au début du mois, j'ai rencontré quelqu'un qui me plaît beaucoup. » Le lendemain, elle précise : « Papa, c'est un Anglais. » Au quatrième coup de fil en juillet, elle révèle : « Papa, c'est un prince. » À la fin de la semaine, après son retour à Londres, Meghan est convaincue que sa relation avec Harry est scellée. Elle annonce à Cory que leur histoire est terminée. Ignorant tout, il se montre soulagé. Les derniers mois ont été pénibles. Il fait ses valises et s'installe à la mi-juillet dans un appartement qu'il partage avec Richard Lambert, un Britannique qui possède plusieurs bars et boîtes de nuit.

Chez elle, Meghan fait disparaître les traces de sa vie avec Cory, car elle attend la visite de Harry.

Par le plus grand des hasards, elle participe à la même époque à un jeu télévisé où elle doit répondre à des questions sur la Grande-Bretagne. Comme on peut s'y attendre, la Californienne est incapable de dire ce que signifie l'expression *apples and pears* en argot cockney (escalier), ni de citer les trois animaux figurant sur les armoiries du Royaume-Uni (le lion, la licorne et le dragon). « Je suis censée le savoir ? » demande-t-elle. Personne ne comprend la raison de sa question[243].

Début août, quatre semaines après sa rencontre avec Harry, Meghan s'envole pour New York, où elle assiste au mariage de Lindsay Roth, un séjour qui coïncide avec son trente-cinquième anniversaire. De là, elle se rend en l'Italie où elle retrouve Jessica Mulroney pour de brèves vacances à Positano. Puis elle part au Rwanda où elle est attendue comme ambassadrice de World Vision. Enfin, elle rentre à Londres pour la première fois depuis sa rencontre avec Harry en juin.

Arrivée à Londres, elle déjeune avec Gina Nelthorpe-Cowne et lui montre à des photos de gorilles à dos argenté prises au Rwanda, avant de passer aux choses sérieuses : « Les choses se passent très bien, révèle-t-elle. Il m'a demandé de le rejoindre au Botswana. » Nelthorpe-Cowne est incrédule. « J'ai tout de suite compris, se souvient-elle, que Meghan allait hypnotiser le garçon au cœur brisé que nous avions vu suivre le cercueil de sa mère. J'étais presque aussi excitée qu'elle par sa conquête. Toute personne qui irait au Botswana dans ces circonstances tomberait amoureuse[244]. » À la réflexion, Nelthorpe-Cowne se souvient aussi qu'elle a anticipé quelques problèmes.

« As-tu la moindre idée de ce que tu fais ? » demande-t-elle. Harry, explique-t-elle à Meghan, pense clairement au mariage. « Tu réalises que tu ne pourras plus faire de films ? Ta vie va se limiter aux fonctions royales. »

« Gina, épargne-moi ça », grogne Meghan. Nelthorpe-Cowne est surprise par son ton tranchant. Meghan poursuit : « Stop, tais-toi. Je ne veux pas entendre de choses négatives. C'est un moment heureux pour nous. » Coupée dans son élan, Nelthorpe-Cowne observe la fureur dans les yeux de Meghan. À ce stade, elle ne saisit pas ce que cela veut dire. Le plan de Meghan a fonctionné. Harry est pris dans sa toile.

Des années plus tard, Meghan racontera les choses autrement en disant qu'elle s'était demandé si elle pouvait vraiment aller au Botswana. « Est-ce que c'est une folie de faire ça ? » aurait-elle demandé à ses amis. « Elle n'aurait jamais fait ça avant », affirme Omid Scobie[245]. Un tel portrait d'elle en femme timide et prise de doute n'est pas très convaincant. Elle sait qu'une liaison avec Harry – même si elle se termine mal – fera d'elle une super-star.

Le Botswana, dit Harry, est sa deuxième maison. Il a découvert le pays en 1997 grâce à Geoffrey Kent, pionnier du voyage de luxe et manager de l'équipe de polo dans laquelle joue Charles. Après la mort de Diana, il est tombé amoureux de la brousse africaine et de la faune du Botswana. De là, il s'est rendu en avion à Pretoria avec Charles, pour rencontrer Nelson Mandela. L'homme qui l'escorte, Mark Dyer, ancien officier des Welsh Guards et écuyer de Charles, est devenu le mentor de Harry. Par la suite, Harry passera souvent le mois d'août en Afrique australe. Il se rend fréquemment au Botswana et au Malawi où il participe à des programmes de préservations des éléphants et des rhinocéros. Le 6 août 2016, le *Sun* signale sa présence au Natal. Il s'est rendu au mariage – très arrosé – de George McCorquodale, un de ses cousins.

Deux semaines plus tard, Meghan s'envole pour le Botswana pour un nouveau séjour dans la brousse avec Harry. Pendant cinq jours, séjournant secrètement dans un camp de tentes surplombant une rivière et des collines luxuriantes, ils consacrent leur temps à l'observation des animaux sauvages et à la baignade. Après Chelsy Davy et Cressida Bonas, elle est la quatrième petite amie que Harry emmène au Botswana. Comme elles, Meghan est le type de femme à qui Harry peut se confier. Tomber amoureux d'elle lui est possible parce qu'elle est en mesure de le sauver de cette part de lui qu'il redoute. « C'était incroyable de pouvoir apprendre à la connaître aussi vite », déclarera Harry plus tard. Ces journées ont été « cruciales, car elles nous ont permis de nous découvrir ». En rentrant à Londres, ils conviennent qu'ils ne doivent pas rester séparer désormais plus de deux semaines, tout en gardant leur relation secrète.

À son arrivée, Meghan appelle assitôt Gina Nelthorpe-Cowne – depuis le domicile de Harry à Kensington Palace – pour convenir d'un déjeuner le jour même. À peine assise, elle sort son téléphone. « Elle m'a montré de très belles photos d'eux deux. Ils étaient clairement amoureux. » Nelthorpe-Cowne conclue « L'affaire était scellée. Harry et Meghan avaient déjà décidé. » Tous les doutes sont balayés par Meghan : « Je suis amoureuse. Euphorique. Ce sera lui le père de mes enfants. »

Dans un élan de confidence entre femmes, elle dit qu'elle doit s'organiser pour passer du temps avec lui. Elle doit empêcher Harry de s'échapper. Elle ne le laissera pas s'échapper.

« Donc tu sais dans quoi tu t'embarques, commente Gina Nelthorpe-Cowne d'une voix encourageante. C'est sérieux. C'est la fin de ta vie normale, la fin de ta vie privée. »

Meghan sourit.

« J'ai su alors, se souvient Nelthorpe-Cowne, qu'ils étaient sûrs de se marier. »

« OK, je suis heureuse pour toi, Meghan, a-t-elle conclu. Alors fais-moi une faveur. Utilise ta notoriété pour sauver l'environnement. »

« Je le ferai », répond Meghan.

Leur intimité semble s'évanouir. Nelthorpe-Cowne réalise que son amitié avec Meghan est sur le point de se terminer. Concentrée sur ce qu'elle veut obtenir, l'actrice en quête de célébrité ne veut pas écouter ce qui pourrait lui faire de l'ombre.

Finalement, Meghan n'a pas dit le fond de sa pensée à Nelthorpe-Cowne. Un an plus tard, en parlant de son mariage princier, elle aura ces mots : « Je ne vois pas ce mariage comme un abandon, mais comme un changement. C'est un nouveau chapitre qui s'ouvre. » L'engagement de Harry et son discours sur le devoir et l'abnégation n'attirent pas l'actrice – comme le prouvera son comportement par la suite. L'idée que sa vie pourrait connaître des entraves du fait de son nouveau statut ne lui est pas venue à l'esprit[246]. À la fin de son déjeuner avec Nelthorpe-Cowne, elle a pourtant eu ces mots : « Nous allons changer le monde. Avec Harry à mes côtés, nous pouvons changer le monde. »

Ayant juré le silence, Nelthorpe-Cowne ne dit rien à personne du secret de Meghan – pas même à son mari. Les médias ne sont absolument pas au courant de cette relation.

Fin septembre 2016, grâce à Gina, Meghan doit s'adresser à 1 300 délégués lors du sommet One Young World à Ottawa. Présentée comme l'une des « jeunes leaders les plus brillantes du monde », elle est citée comme une des membres d'ONU Femmes « qui défend le leadership et la participation des femmes en politique », et comme « une des ambassadrices de World Vision dans le monde[247] » Comme à son habitude, Meghan demande à son agente à faire de la publicité autour de son intervention. « Je veux aussi être photographiée avec Justin Trudeau et Kofi Annan, précise-t-elle. C'est important. Très important. »

Pour satisfaire ses exigences, Nelthorpe-Cowne se démène pour que Meghan figure dans une édition spéciale de *Vanity Fair*. En attendant la séance de photos, Meghan est assise avec les autres « leaders » dans un minibus. Une jeune journaliste l'aperçoit par la porte ouverte et lui pose une question anodine. « Demandez à mon agente, répond Meghan avant de se tourner vers cette dernière. Gina, je te laisse régler ça. » Nelthorpe-Cowne est déconcertée et « un peu choquée ». Jusque-là, elle a toujours trouvé Meghan chaleureuse et accommodante. Elle a changé. « Elle n'est féministe que quand ça l'arrange », conclut Nelthorpe-Cowne.

De retour à son hôtel, Meghan a une nouvelle demande. Quand sa relation avec Harry sera connue et qu'elle passera plus de temps à Londres, explique-t-elle, elle aura besoin d'une équipe pour gérer les relations avec les médias. « Je veux que tu t'en occupes, Gina », dit Meghan. Elle n'a pas d'argent, poursuit-elle, mais comme les retombées seront incommensurables, elle se dit que Gina pourrait travailler à titre grâcieux. Gina décline poliment la proposition. Son agence ne s'occupe pas des relations publiques et elle n'a ni le personnel ni l'expertise nécessaires. Elle peut juste assurer à Meghan que son intérêt commercial augmentera forcément quand sa liaison avec Harry sera connue, en particulier aux États-Unis. Meghan se sent insultée par le refus de Nelthorpe-Cowne.

Le soir-même, elles est photographiée avec Justin Trudeau, le Premier ministre canadien. Contre toute attente, Kofi Annan a quitté Ottawa le jour même et n'a donc pas participé au dîner. L'occasion d'une photo est perdue pour Meghan. Nelthorpe-Cowne voit qu'elle est très énervée. Le lendemain matin, Meghan annonce qu'elle ne fera pas son discours, car elle doit rentrer immédiatement à Toronto. Les réalisateurs de *Suits* l'attendent pour tourner.

« Mais tu as accepté de parler en public », implore Nelthorpe-Cowne.

« Je te laisse t'en charger. Tu es mon agente, tu dois faire le tri. »

Une jeune femme interrompt alors leur conversation.

« Cette fille ne connaît-elle pas les bonnes manières ? s'énerve Meghan. Elle ne m'a même pas saluée ! »

Très gênée, Gina Nelthorpe-Cowne se précipite dans sa chambre. Pour la première fois de sa carrière, elle fond en larmes. Depuis que Meghan et Harry sortent ensemble, sa cliente a beaucoup changé.

Ce changement est en partie provoqué par l'obsession de Harry pour sa protection, qui ne peut pas se déplacer sans gardes du corps. Quand il se rend à Toronto, il voyage en première classe, toujours coiffé d'une casquette de base-ball, puis il se faufile hors de l'avion sans se faire remarquer pour rejoindre une voiture qui attend sur le tarmac. Quand il séjourne chez Meghan, des gardes du corps surveillent la maison 24 heures sur 24 depuis un SUV garé à proximité. Ils l'escortent aussi dans les magasins et dans toute la ville.

Une semaine sur deux, Meghan prend l'avion pour le retrouver à Londres. À son arrivée à Heathrow, elle reçoit un accueil spécial organisé par Harry. Première à débarquer, elle est conduite dans une installation VIP pour le contrôle de son passeport, puis une voiture avec chauffeur la conduit dans le centre. Elle séjourne ensuite à Nottingham Cottage, la maison où vit Harry, au sein du palais de Kensington. C'est un lieu isolé et toujours gardé près de Kensington High Street.

Ce statut privilégié explique sans doute la pensée qu'elle eue un jour dans le salon des premières classes de l'aéroport, lors d'un voyage de retour. Un fonctionnaire de la compagnie lui demande de changer de siège pour laisser la place à un groupe de dignitaires colombiens. Sans protester, elle ramasse son sac.

À l'avenir, se promet-elle, personne ne lui demandera de changer de place.

CHAPITRE 15

Exposée

Dans la vie de Meghan Markle, peu de choses arrivent par hasard. Derrière les sourires empathiques se cache une femme qui se méfie de la spontanéité et aime contrôler tous les aspects de sa vie. Fin septembre 2016, seule compte sa relation avec Harry. Elle décide que son histoire doit être retouchée. Le 9 octobre 2016, une agence de relations publiques de Los Angeles modifie sa fiche Wikipédia. La référence au jeu *Deal or No Deal* – le fait qu'elle tenait la mallette numéro 24 – est supprimée. Le technicien supprime aussi toute référence à son activité de mannequin. Une section intitulée « Engagement humanitaire » est insérée, qui décrit ses séjours au Rwanda et en Afghanistan, ainsi que son discours à New York pour ONU Femmes[249].

Deux semaines plus tard, Meghan envoie à Gina Nelthorpe-Cowne un courriel annonçant la fin de sa carrière d'actrice. Leur contrat est résilié. Nelthorpe-Cowne est peinée : « J'ai réalisé que je perdais à la fois une cliente et une amie. » Le timing de Meghan est soigneusement planifié.

Harry est de retour à Toronto. Le samedi 22 octobre, Meghan l'emmène à Soho House pour la fête d'Halloween. Ils sont déguisés et accompagnés d'Eugénie, la cousine de Harry, et de son petit ami. Comme Meghan l'avouera plus tard, il s'agissait simplement de se retrouver tous les quatre pour passer un bon moment avant que le monde entier découvre qu'elle et Harry étaient en couple[250]. »

La veille, Meghan a posté une photo d'elle sur Instagram avec une citrouille et une photo de son « rendez-vous secret d'Halloween ». La plupart des personnes présentes à la fête n'ont aucun doute sur le fait que Meghan est en train de « dénoncer » Harry. Elle a de bonnes raisons de vouloir que leur liaison soit connue. Le « plus grand scandale depuis l'abdication[A] », selon les médias britanniques, est sur le point d'éclater.

Camilla Tominey, du *Sunday Express*, révèle l'affaire le 30 octobre. Alerté depuis Londres, Harry quitte très tôt la maison de Meghan, sans se faire voir, et se dirige vers l'aéroport avant l'arrivée des journalistes. « L'histoire a l'air vrai », confirme le Palais. L'événement crée une grande effervescence devant la maison de Meghan. Elle sort, souriant à une foule de photographes, et se rend aux studios de *Suits*.

Peu après, elle publie d'autres images d'elle sur The Tig[251]. Il s'agit de clichés pris durant deux de ses séjours à Londres, dont l'un où on la voit à la Soho Farmhouse, dans l'Oxfordshire, et de photos qui montrent qu'elle et Harry portent des bracelets identiques. Des posts distincts présentent un puzzle et une tasse de thé. Un autre montre deux bananes en train de se câliner, avec cette légende : « Dors bien X. » Les journalistes ont reçu de nombreuses informations sur les vêtements et les accessoires que porte Meghan. Cent mille nouveaux abonnés s'inscrivent sur son compte. « Princesse Meghan Markl, demande l'un d'eux, quelle banane est Harry ? » À ce moment-là, Meghan ne semble pas se préoccuper de protéger sa vie privée[252].

Ce matin-là, à Los Angeles, Ninaki Priddy, la plus ancienne amie de Meghan, demoiselle d'honneur à son premier mariage et « ghostée » depuis par Meghan, ne peut pas s'empêcher de sourire. La longue fascination de Meghan pour la famille royale lui a permis de parvenir à ses fins. Elle relit le message de Meghan sur The Tig : « Les petites filles rêvent d'être des princesses. Et les femmes adultes semblent conserver

---

A. Allusion à l'abdication, en 1936, du roi Édouard VII qui renonce au trône pour pouvoir se marier avec une roturière américaine en instance de divorce.

ce fantasme d'enfant. Il suffit de voir la pompe qui entoure le mariage royal et les conversations interminables sur la princesse Kate[253]. »

Les médias britanniques sont aux anges : « Harry semble heureux comme il ne l'a pas été depuis de nombreuses années », commente le *Times*[254]. Les tabloïds se déchaînent. À l'unisson, les médias américains clament que la famille royale a de la chance. Meghan, affirme un journal, est la « princesse féministe de nos rêves ». Le site Web de Buckingham est du même avis : Meghan est « fière d'être une femme et une féministe ». Les médias se lancent dans une chasse à l'homme pour découvrir qui est cette actrice peu connue. Les premiers rapports sont positifs. À Los Angeles, les enseignants et anciens camarades de classe ne tarissent pas d'éloges. À Toronto, la famille Reitmans est ébahie par leur bonne fortune : la nouvelle coïncide avec le lancement de la collection de Meghan. L'implication de cette dernière à leur campagne de pub – où elle prononce le slogan « Reitmans… Really » – stimule les ventes.

Le lendemain, le ton des médias change. Des journalistes se rendent à l'adresse de son père à Hollywood. Debout devant la porte ouverte d'un appartement miteux, une femme enceinte explique qu'il est en voyage au Mexique. « Il n'y a aucun moyen de le joindre, dit-elle. Je ne sais jamais quand il va revenir[255]. »

Ravie que son père vive au nord de Rosarito, où sa découverte est peu probable, Meghan téléphone à Thomas Markle. « Fais profil bas », ordonne-t-elle. Doria est aussi assiégée par les journalistes, et Meghan lui intime aussi le silence. Des journalistes proposent à Doria de l'argent pour une interview, tentent de pénétrer illégalement chez elle et la harcèlent quand elle marche dans la rue. Doria ne dit rien[256]. Des gardes seront ensuite postés devant son domicile.

Les journaux rapportent que Thomas Markle a fait deux fois faillite. Doria aussi, avec une dette de 52 750 dollars pour un crédit impayé. Le demi-frère de Meghan, Tom Junior, a également été déclaré en faillite. C'est alors que les choses se corsent pour Meghan. Elle n'a prévenu ni Samantha Markle, ni Tom Junior, ni aucun des Ragland. Elle a coupé les ponts avec sa famille proche, et le prix à payer sera élevé.

Samantha donne une série d'interviews féroces – même si elle dira plus tard que ses propos ont été déformés. Sur le site américain Radar Online, elle critique Meghan qui, dit-elle, n'a jamais soutenu leur père, « ni financièrement, ni moralement », depuis qu'elle est devenue une actrice célèbre. « Méfiez-vous, Harry », lance-t-elle au *Daily Mail.* La famille royale, ajoute-t-elle, serait consternée par ce que Meghan a fait à sa propre famille. « La vérité tuerait sa relation avec le prince Harry. Il ne voudrait plus sortir avec elle parce que cela le mettrait sous un mauvais éclairage public[257]. » Dans le *Mirror*, Samantha qualifie Meghan d'« arriviste ». Plus tard, elle ajoutera c'est « une arriviste qui a un faible pour les roux ». Dans le *Sun*, elle dit que le comportement de sa demi-sœur « n'est pas digne d'un membre de la famille royale », car c'est une fille « narcissique et égoïste ». La dernière fois que Meghan et Samantha se sont vues, c'était en 2008, pour la remise de diplômes de Samantha. Une photo les montre toutes les deux souriantes, huit ans plus tôt.

Junior commence par contredire Samantha. « Meghan n'a pas tourné le dos à toute la famille », dit-il. Elle a travaillé très dur pour arriver là où elle est. Puis il change de camps. Meghan téléphone à son père et lui demande d'ordonner à Tom et Samantha de se taire. « Je ne peux pas les empêcher de parler, dit Thomas Markle. Ce sont aussi mes enfants. »

Inévitablement, cette guerre familiale suscite une nouvelle flambée dans les médias. Les titres des journaux numériques sont abjects. Meghan y est ainsi comme « chercheuse d'or », mais c'est un des commentaires les moins offensants. Un autre dénonce le fait que ses portraits pour la dernière campagne Reitmans ont été photoshopés afin de lui donner une taille plus mince et des seins plus aguicheurs, et un grain de beauté sur sa lèvre a été effacé[258]. Des clips embarrassants sont mis en ligne sur Pornhub, entre autres une séquence de *Suits* où on peut la voir en soutien-gorge, en train d'embrasser un acteur. Une vidéo qui montre une jeune femme seins nus sur un yacht est présentée comme la concernant et il y a aussi une photo d'elle dans le même accoutrement, qui est fabriquée de toutes pièces.

Les trolls se déchaînent donc, et la presse traditionnelle suit le mouvement. Les journaux britanniques pensaient que Harry se marierait avec une fille bien née, digne de figurer dans le magazine *Tatler*[A]. Personne ne croit qu'une actrice californienne de 35 ans puisse devenir la femme dévouée d'un prince. Page après page, les journaux décrivent les scènes de sexe dans *Suits*, spéculent sur son divorce et remettent en cause son histoire. Trevor Engelson et Cory Vitiello gardent le silence. Les démarches auprès des autres anciens petits amis de Meghan ne donnent rien.

Face à ce manque de coopération, les médias se ruent sur les louanges dithyrambiques de Meghan en 2013 sur la star du hockey sur glace Michael del Zotto, se demandant si elle a trompé Trevor[259]. « Quand Meghan a rencontré Harry, déclare un anonyme, j'ai envoyé un message à Trevor et pour lui dire : “Il a eu tes restes.” » Hollywood aussi se tait. Peu de gens y connaissent Meghan, et ceux qui lui ont fait passer des auditions refusent de parler. Tous se disent que ce n'est pas le moment de s'en faire une ennemie. Seule une partie de l'équipe de *Suits* chante haut et fort ses louanges.

Dans cette ambiance fiévreuse, le *Mail Online* publie un article au titre crapuleux : « La petite amie de Harry vient (presque) tout droit de Compton : la maison de sa mère, détériorée par les gangs, a été découverte. Osera-t-il aller y prendre le thé ? » L'article est un tissu de stéréotypes raciaux et on peut y lire une description de Crenshaw, le quartier de Los Angeles où habite Doria, présenté comme un endroit livré à des gangs, avec des maisons minables d'un étage. L'article énumère aussi les statistiques de la criminalité dans le secteur.

Après une semaine, même le *Sun* éprouve de la compassion pour Meghan. Sous le titre « Donnons une chance à la fille de Harry », il souligne que « la pauvre femme n'a aucune chance. Elle se fait massacrer de toutes parts avant même que leur relation ait eu le temps de décoller[260] ».

A. Publication destinée à un lectorat aisé et qui chronique la vie de la haute société et de la classe politique britannique.

Ce n'est pas pour rien que Harry redoute les médias. Quelques mois plus tôt, il s'est plaint que chaque fille qu'il rencontrait était harcelée par les journalistes. Alors qu'il se demande comment protéger Meghan avant « l'invasion massive de sa vie privée qui va inévitablement se produire », le *Daily Mail* montre également un peu de sympathie. Le drame de Harry, écrit Jan Moir, est qu'« aucune fille saine d'esprit ne peut l'épouser ». Après les attaques de Samantha, Jan Moir a pitié « de la pauvre fille » jetée dans la fosse aux lions des tabloïds. Meghan, soupçonne-t-elle, risque de prendre le même chemin que Chelsy Davy et Cressida Bonas, c'est-à-dire de partir en courant pour jouir en paix de l'anonymat, et s'éviter « une condamnation à perpétuité » à la cour, « minée par un appétit sans fin pour les nouvelles royales » et les « escarmouches avec des courtisans exsangues ».

Moir lance aussi cette prophétie : si le couple réussit à se marier, leur relation mènera au « désespoir et à la perte de tous les titres et de la dignité royale ». Moir note tout de même une bonne nouvelle : pour la fête d'Halloween, Harry « a fait preuve de maturité en laissant son uniforme nazi à la maison[261] ».

À l'insu des médias et du public, Meghan séjourne à Nottingham Cottage. Chaque jour, elle lit la presse et regarde les reportages télévisés. À la fin de la semaine, elle est extrêmement perturbée. Harry déclarera plus tard à la BBC : « Nous avons été si durement touchés au début par de nombreuses fausses vérités que j'ai choisi de ne rien lire de positif ou de négatif[262]. »

Meghan s'est montrée plus franche. Après avoir regardé les sites web, elle se dit « malade » de voir qu'on la considère comme une arriviste « issue du ghetto » qui ne pense qu'à se marier. Cela n'a « aucun sens ». Cela n'a jamais été sa priorité[263]. Insistant sur le fait qu'elle a besoin d'être protégée des tabloïds qui veulent détruire sa réputation, Meghan demande à son publiciste américain de dire qu'elle est victime de fausses rumeurs et très affectée par la situation[264]. Mais Harry sait bien qu'aucun journaliste ne croira cela. Craignant de perdre la fille de ses rêves, et sa future épouse, il est désemparé.

Quelques mois plus tôt, au début de leur histoire, Harry a supposé que la carrière de Meghan l'avait préparée à l'inévitable intérêt des médias. Contrairement à Chelsy Davy, Meghan pense qu'elle peut faire face. Pendant plus de dix ans, elle a cherché à figurer dans les tabloïds. Être mentionnée dans n'importe quel journal, même en bas de page, a toujours été son rêve. Enfin, elle figure à la une des journaux.

Malheureusement, elle n'a pas compris que la publicité à Hollywood est une affaire de faveurs, d'accords réciproques, de tractations et de journalisme malhonnête. Buckingham Palace ne peut pas utiliser ces leviers sur les journaux britanniques. Le délice de Fleet Street[A] est de publier la réalité brute sans les retouches cosmétiques de Hollywood. De plus, le Palais n'a aucune influence au-delà de la Grande-Bretagne, surtout face aux mensonges des médias. Meghan préfère suggérer qu'elle ne comprend pas cette limite du pouvoir royal et décide que la curiosité des journaux et leur malveillance – quand ils se demandent si ses origines sont compatibles avec un mariage princier – est une réaction raciste.

Au début, un seul tabloïd décrit Meghan comme différente des « jolies filles riches et blondes » que Harry fréquente habituellement. Quelques jours plus tard, Rachel Johnson, dans le *Mail on Sunday*, est plus directe : « La mère de Mlle Markle est une Afro-Américaine dreadlockée qui habite du mauvais côté de la voie ferrée, à Los Angeles. Mais même la vieille fille la plus aigrie doit admettre que l'actrice de trente-cinq ans est extrêmement agréable à regarder. » Elle ajoute : « Génétiquement, elle est bénie. Si son union avec le prince Harry se confirme, les Windsor enrichiront leur sang bleu, ainsi que la peau claire et les cheveux roux des Spencer avec un ADN riche et exotique[265]. » Seuls deux commentaires sur des milliers sont franchement racistes. Les autres, en général, sont plus allusifs.

Comme les autres petites amies de Harry, Meghan se plaint du comportement des médias, mais pour dénoncer un racisme généralisé. « Meghan, écrira plus tard Omid Scobie, qui se décrit comme un

A. Cette rue de Londres a longtemps été le siège des grands journaux anglais.

Anglo-Iranien, ne voulait pas être définie par [la race]. » Ce qui ne l'empêche pas de contredire aussitôt en citant l'article de Meghan dans *Elle* : « Pour dire qui je suis, pour partager mes origines, pour exprimer ma fierté d'être une femme métisse forte et confiante[266]. » Jusqu'à la récente montée du mouvement Black Lives Matter, Meghan a été plutôt silencieuse sur ses origines, mais sa position a changé depuis qu'elle est associée à des organisations humanitaires. En défendant implicitement son métissage, ses détracteurs disent qu'elle rejoint le camp de ceux qui critiquent les Blancs.

Celle qu'on appelle la « première princesse noire » s'attire le soutien inconditionnel des Afro-Américaines. Sur Internet, beaucoup se réjouissent : « Assure le Palais, Sœur ! » D'autres se montrent plus prudentes. Les femmes métisses, pensent-elles, bénéficient d'avantages refusés aux femmes noires par les hommes blancs. « Meghan Markle est le type de Noire, écrit Elaine Musiwa dans *American Vogue*, que l'Amérique blanche souhaiterait voir partout, si tant est qu'on puisse parler de négritude[267]. » Musiwa souligne la « familiarité des filles métisses avec le monde blanc. Cela se voit dans la façon dont elles se tiennent ». Ayant déclenché ces émotions contradictoires, Meghan est tour à tour ravie, irritée et déconcertée.

La relation de Harry avec Meghan s'est déplacée en territoire inconnu. Jusque-là, les commentaires portaient seulement sur l'origine sociale de la demoiselle, jamais sur son origine ethnique. De plus, aucune des précédentes petites amies du prince n'a un passé aussi haut en couleurs que celui de Meghan. Mais le plus marquant est l'activisme politique de Meghan. Certains journalistes remarquent immédiatement que l'introduction dans la famille royale d'une Américaine qui ne semble pas prête à faire des compromis risque de poser quelques problèmes. À cela s'ajoute le fait que Meghan entend bien gérer elle-même son image et le récit que les médias feront d'elle. En deux semaines, la liaison entre Harry et Meghan se mue en une bataille ouverte entre le couple et les médias.

Les proches de Harry pensent qu'il a longtemps nourri le fantasme d'être dirigé par une femme. Il a cherché longtemps une figure maternante, et Meghan a promis d'être cette présence compréhensive, ainsi qu'une amante adorable. Pour la première fois, il est prêt à obéir à une femme. Pour s'assurer la loyauté de Megan, il va se transformer afin de répondre à ses attentes.

De son côté, Meghan sait qu'elle a affaire à un homme qui veut se venger des médias et de sa famille. Ses précédentes histoires d'amour ont été abîmées par les écoutes téléphoniques indiscrètes conduites par le *News of the World*, notamment quand des journalistes se sont montrés lors d'un rendez-vous secret avec Chelsy Davy[268]. Surtout, il a rejeté toute la responsabilité de la mort de Diana sur les médias. « Profondément affligé » de n'avoir pu protéger sa mère, il s'empresse de déclarer la guerre à son ennemi – les journaux – pour protéger Meghan.

Mais il ne peut agir sans l'aide de son principal assistant, Jason Knauf, un Néo-Zélandais de trente-quatre ans recruté par le Palais après avoir travaillé à la Royal Bank of Scotland. Suivant le protocole, Knauf a maîtrisé la procédure standard pour faire barrage aux demandes des médias concernant Meghan. Il n'y aura aucune interview, aucun debriefing sur sa vie privée ni aucun commentaire sur les différentes controverses. Après de longues discussions, le Palais fait une concession : « C'est ici qu'elle va vivre désormais », révèle Knauf. Plus tard, Meghan a dit que Knauf et son équipe étaient « des amateurs qui apprennent sur le tas et improvisent ». Mais Knauf obéit à ce principe : les membres de la famille royale « ne se plaignent pas, n'expliquent pas[269] ». Sa principale tâche est de conseiller Harry et de l'éviter à tomber dans les pièges qui lui sont tendus – y compris par lui-même. Le conseiller va tomber dès le premier obstacle.

Soucieux de plaire, Knauf n'a ni l'autorité ni l'expérience nécessaires pour faire comprendre à Harry que les médias britanniques n'ont jamais vénéré sans critique les membres de la famille royale. Il aurait ainsi rappelé à Harry que Charles a lui-même subi beaucoup plus d'humiliations que Meghan – de la part de Diana, au moment de la révélation d'un de ses échanges intimes avec Camilla, lors de la sortie de *Spitting Image* à la télévision et d'une série de livres sur son compte, notamment celui de Paul Burrell, le valet de chambre de Diana. Camilla a aussi été impitoyablement ridiculisée. À la colère de Harry, qui lui répond qu'il ne tolérera pas de souffrir comme sa mère, Knauf omet de répondre que la force de sa mère était sa capacité à se moquer d'elle-même. Pour convaincre Harry d'éviter la confrontation directe avec les médias, il aurait fallu qu'il soit plus âgé et plus expérimenté. Incapable d'obtenir le soutien de Charles ou de la reine, Knauf succombe à la fureur de Harry.

Pour apaiser Meghan, il accepte de publier une déclaration, au nom de Harry, qui condamne les médias pour le portrait qu'ils ont fait d'elle. Harry dicte les grandes lignes à Knauf qui doit ensuite les arranger. Meghan exige que la déclaration fasse le parallèle entre son potentiel destin et celui de Diana. Knauf suggère que cette dramatisation n'est pas une bonne idée et risque de se retourner contre Meghan. Mais Harry se montre inflexible. Si le souhait de Meghan n'est pas satisfait, insiste Harry, il la perdra. Knauf obtempère donc.

Pour renforcer son attaque, Harry demande le soutien de William. Ce dernier hésite. Attaquer les médias est périlleux. Il craint aussi que Harry ne s'engage trop rapidement auprès de Meghan, qu'il voit comme une petite amie parmi d'autres. Au regret de William, Harry obéit aux ordres de Meghan. C'est imprudent[270]. Mais il reste inflexible. Mal à l'aise, William capitule pourtant. Le duc de Cambridge, lit-on dans le projet de déclaration, « comprend la nécessité de préserver la vie privée et apporte à son frère tout son soutien dans son besoin de protéger ceux qui lui sont les plus proches[271] ».

Dans la déclaration finale publiée le 8 novembre par Harry, soit cinq mois après sa rencontre avec Meghan, les médias sont montrés du doigt pour avoir orchestré un véritable harcèlement, pour leur « sexisme et leur racisme flagrants » à l'encontre de Meghan et pour s'en être pris à « presque tous les amis, collègues et proches de Meghan ». Harry se plaint d'une « diffamation à la une d'un journal national, des sous-entendus racistes dans les commentaires, du sexisme et du racisme flagrants des trolls sur les réseaux sociaux et des commentaires d'articles sur Internet ». La suite de la déclaration est dans la même veine : « Je m'oppose fermement à ceux qui répondraient que c'est "le prix à payer" et que "cela fait partie du jeu". Ce n'est pas un jeu – il en va de sa vie... Cela doit cesser avant que d'autres dommages ne soient causés. »

Les médias – et une grande partie du public britannique – sont perplexes. Harry et Meghan ne sont pas des jeunes premiers. Depuis 2011, Meghan n'a cessé de s'exposer dans les médias. Les journalistes font remarquer avec ironie que les personnes qui vivent sur Instagram risquent de « mourir » sur Instagram. Ils rappellent aussi que Harry a souvent exhibé au grand jour son goût pour la fête. Il ne doit pas oublier que, même si les gens l'aiment bien, il reste un privilégié : il empoche tous les ans des millions de livres provenant de l'argent public et vit dans des résidences superbes. Il ne peut pas avoir à la fois les avantages de la royauté et la vie privée des gens normaux. Les journaux signalent aussi pour la première fois que le couple a joué la carte du racisme en assimilant les reportages sur Meghan et son passé comme des actes racistes[272].

Deux jours plus tard, le 10 novembre, Richard Kay, rédacteur du *Daily Mail* chargé des questions royales, se trouve devant les bureaux de son journal sur Kensington High Street. À sa grande surprise, il aperçoit Meghan. Personne ne sait qu'elle est à Londres. Elle sort du magasin d'alimentation le plus cher de Kensington, portant un sac volumineux orné du slogan « Réduisons la pauvreté ». Il la suit jusqu'au palais de Kensington et en déduit que, si Harry et Meghan vivent ensemble, leur relation est plus sérieuse que ce que l'on pensait.

Meghan confirme les soupçons de Kay. Malgré sa colère contre réseaux sociaux, elle poste sur Instagram une photo d'elle : elle porte un collier orné des lettres « M » et « H », et elle pose avec son chien qui arbore un pull décoré de l'Union Jack[273]. « Je suis comblée, déclare Meghan à un journal de Vancouver, je suis la fille la plus chanceuse du monde. » Elle se décrit comme une jeune fille ambitieuse, une Américaine qui n'a pas froid aux yeux, et mentionne que sa mère lui a toujours conseillé de s'habiller de manière moins sexy et moins provocante. Les fonctionnaires du Palais en sont pantois, les journalistes incrédules. Meghan a simultanément dénoncé et alimenté les médias.

Redoutant le pire par expérience, le Palais intervient pour contrôler la vie de Meghan. On demande à Aaron Korsh de soumettre les futurs scripts de *Suits* à Nick Collins, l'agent de Meghan, qui doit ensuite les transmettre à Kensington Palace pour approbation. Des changements sont envoyés de Londres à Los Angeles. La demande la plus importante concerne la scène du mariage de Rachel Zane avec Mike. Le Palais interdit toute photo de Meghan en robe de mariée. Entre les tournages, elle doit toujours porter une veste par-dessus la robe.

L'atmosphère change sur le tournage. Acteurs et personnel découvrent que l'attitude de Meghan se raidit de temps en temps. Il lui arrive d'être en retard et son empathie laisse parfois la place à de l'arrogance.

Meghan n'est plus cette actrice qui organisait une prière avec les acteurs avant le début du tournage[274]. Par dérision, les scénaristes de *Suits* modifient le texte que Zane doit prononcer avant de dire « Je le veux ». En pensant à Harry, Meghan dit ces mots à Mike : « Tu es l'homme le plus fort que j'aie jamais rencontré et tu me rends plus forte… Tu es le mari que j'ai toujours voulu avoir et j'ai hâte de commencer notre aventure ensemble. »

Harry semble avoir changé lui aussi. Alors qu'il était souvent « tendu et irritable », la journaliste Angela Levin découvre, au cours d'un entretien, un jeune homme plus détendu sur le rôle qui lui revient. Quand il visite des enfants défavorisés, des militaires blessés et des centres d'urgence, il se montre inhabituellement accessible. Drôle et empathique, il suscite l'approbation de tous[275].

Au cours de ces semaines, Harry rencontre Charles et Camilla à Clarence House. Dans la version qu'il donne de ce moment, la conversation alterne entre sérieux et plaisanterie et aborde trois sujets[276]. Premièrement, on dit à Harry que Meghan doit poursuivre sa carrière d'actrice. Deuxièmement, il ne faut pas attendre de Scotland Yard qu'il paie pour la protection de sa petite amie 24 heures sur 24. Troisièmement, quelqu'un spécule sur la possible naissance d'un enfant. Camilla aurait alors fait cette remarque suivante : « Ce serait drôle si votre enfant avait des cheveux afro et roux ? » La réflexion a amusé Harry. Mais la réaction ultérieure de Meghan à cette conversation transforme cet amusement en fureur[277].

Quatre ans plus tard, Harry décrit le prolongement de cette conversation comme « vraiment difficile », voire « embarrassant[278] ». Mais aucune de ses petites amies, jusque-là, n'avait abandonné son travail ou n'avait été protégée par la police. Harry sait aussi que les revenus de Charles provenant du duché de Cornouailles sont limités, ce qui signifie que l'allocation annuelle qui lui est attribuée ne dépassera jamais 1,5 million de livres sterling – un montant pourtant non négligeable. Enfin, à son avis, toute spéculation familiale sur l'apparence de l'enfant est considérée par ses aînés comme une plaisanterie sans conséquence, ce qui est loin d'être le cas pour Meghan. Plus important encore, même s'il n'en parle pas, Harry sait que son rôle en tant que membre senior de la famille va se réduire dans la prochaine décennie. Son salut, c'est Meghan. En aucun cas, il ne peut la perdre.

Pour sa visite suivante, lorsque Meghan atterrit à Londres, Harry se tient sur le tarmac de Heathrow avec une escorte policière. Comme il a insisté sur le danger que pouvaient représenter les comportements racistes, deux agents du SO14 ont été affectés à la protection de la jeune femme. Après sa discussion avec Charles, la demande de Harry pour qu'elle se voie attribuer un garde du corps femme a été approuvée et ce point dit être bientôt résolu. La voiture où Meghan prend place quitte l'aéroport à toute vitesse. C'est précisément ce genre de détail qui lui plaît, car c'est la marque des célébrités.

Gina Nelthorpe-Cowne est l'une des premières à noter un changement. Dans un message de routine, elle demande à Meghan l'autorisation d'utiliser une photo d'elle au Sommet des jeunes d'Ottawa. La réponse transite par les avocats de Meghan et elle est négative. La star de la télévision Millie Mackintosh, qui vit à Londres, ne peut pas rencontrer son amie.

Lizzie Cundy découvre également la nouvelle réalité. « Mon Dieu, j'ai appris pour Harry », écrit-elle dans un texto. La réponse de Meghan est lapidaire : « Oui. On va essayer de se voir. » Par la suite, elle n'a plus répondu aux messages de Cundy. « Elle m'a littéralement ghostée, avoue Cundy. Elle a laissé tomber tout le monde. »

À sa grande surprise, Piers Morgan est lui aussi ignoré. « Meghan Markle, déclare-t-il plus tard, est une actrice égocentrique qui a décroché le rôle de sa vie et qui est déterminée à en tirer le maximum. Elle a passé la majeure partie des vingt dernières années à flatter les gens jusqu'à ce qu'ils ne lui soient plus d'aucune utilité, puis à les chasser de sa vie sans même leur dire : "Au revoir, *loser* !" Je le sais parce que j'étais l'un d'entre eux[279]. »

À l'époque, aucune de ces personnes n'a réalisé qu'il ne s'agissait pas de cas isolés. Meghan, diront certains, est « capricieuse », écartant ceux qui ne partagent pas sa façon de voir les choses. Même Thomas Markle est réprimandé. Au cours d'une conversation téléphonique, elle lui demande s'il aime la nouvelle série *Suits*. « Je l'aimerais si je pouvais te voir, répond Thomas. L'éclairage est vraiment mauvais. » Meghan explose. « Elle s'est mise en colère contre moi et a raccroché », se souvient Thomas.

Peu après l'officialisation de leur relation, Harry propose à Meghan à se joindre à sa traditionnelle séance de photos hebdomadaire à Sandringham. Avec l'autorisation de la reine, il a invité seize amis à dîner le vendredi soir. Les photos seront prises le samedi et à tout le monde repartira le dimanche après le déjeuner. La plupart des invités sont des amis que Harry a rencontrés à Eton, et ils sont accompagnés de leurs femmes ou petites amies. Tous travaillent dans de grandes banques ou des maisons de vente aux enchères, certains sont propriétaires de biens immobiliers et entraîneurs de chevaux de course.

Ce genre de week-end s'est toujours déroulé au milieu de plaisanteries sans fin et on y boit beaucoup d'alcool. Harry n'a pas prévu la réaction de Meghan. Leurs blagues sur le sexisme, le féminisme et les personnes transgenres fusent dans les salons et les salles à manger. Sans hésiter, Meghan interpelle chaque invité dont les propos contreviennent à ses valeurs. Selon les amis de Harry, elle les réprimande sans cesse à la moindre nuance déplacée. Personne n'est épargné. Le monde auquel appartient Harry ne sera pas son monde. Les amis mettent en doute le wokisme de Meghan. Ils la voient uniquement comme un frein à la fête, car elle n'a aucun sens de l'humour. Après le déjeuner du dimanche, les échanges de textos vont bon train : « OMG[A], qu'est-ce que vous en avez pensé ? », « Harry doit être complètement fou », « c'est un vrai cauchemar… ».

Fasciné, Harry n'est pas conscient de la réaction de ses amis. Fin 2016, il pensera également que Meghan et Kate seront amies. Il ne semble pas avoir réalisé que Meghan n'a rien en commun avec Kate Middleton, à part leur origine sociale : toutes deux viennent de la classe moyenne laborieuse.

Kate est née en 1982 dans une famille assez aisée. Son père, Michael, est un ancien régulateur de vols de la British Airways qui a rencontré sa femme, Carole, alors secrétaire pour British European Airways, à Heathrow. Fille d'anciens mineurs du comté de Durham ayant grandi dans un HLM, la mère de Carole a acheté une petite maison et a encouragé les ambitions de sa fille. Carole s'est mariée à trente-deux ans, a donné naissance à trois enfants et a créé son entreprise, dans leur maison du Berkshire. Sa société, Party Pieces, propose tout le matériel nécessaire pour organiser des fêtes pour les enfants. Régulièrement, les enfants Middleton vont poster les commandes au bureau du village.

Admirée pour son sens des affaires, Carole a été jugée particulièrement perspicace après la rencontre de Kate et William lors de fêtes d'adolescents. Ayant découvert que William s'était inscrit pour étudier l'histoire de l'art à St Andrews, Carole a accepté que sa fille passe d'Édimbourg à St Andrews, s'inscrive dans le même cours et prenne même une année sabbatique pour qu'ils puissent faire leurs études ensemble. Par la suite, Kate a vécu huit années aussi heureuses que difficiles par moments en tant que petite amie de William.

Pendant ces années, marquées par des ruptures, des pauses et des indécisions dans leur relation, William a passé la plupart de ses week-ends chez les Middleton et les accompagnait en Méditerranée pour les

A. Acronyme de « Oh my God ! ».

vacances d'été. Il apprécie cette famille stable, sans prétention et discrète. Les amis des Middleton disent que les parents de Kate ont été assez naïfs, ne se doutant pas que les grandes familles du Norfolk pourraient leur tenir rigueur que William ait négligé leur progéniture. Plusieurs fois, la reine invite Kate à visiter Sandringham et Charles la reçoit à Clarence House, mais William refuse de se laisser pousser au mariage. Alors que les médias se moquent de « Waity Katie » et de son origine sociale, William n'oublie pas la misère morale de sa propre famille.

En novembre 2010, à vingt-huit ans, William fait finalement sa demande. Le mariage est célébré six mois plus tard en grande pompe et relayé par toutes les télévisions du monde. La fête au palais de Buckingham s'est terminée sur une note désagréable : à 2 heures du matin, Harry prend le micro pour annoncer que la fête est terminée, sur ordre de son père. Les jeunes mariés quittent le Palais dans une Fiat Uno.

Meghan séjourne à Nottingham Cottage à un moment particulièrement délicat pour les Cambridge. Pour éviter que la relation tendue entre Charles et William ne s'envenime, ce dernier, qui veut fonder une famille « normale » à l'abri de la pression du Palais, a déménagé en 2011 à Anmer Hall, la résidence qui jouxte le domaine de Sandringham, dans le Norfolk. Cinq ans plus tard, les Cambridge sont retournés vivre à Londres. Les deux enfants de William sont sur le point d'entrer à l'école et la retraite imminente du duc d'Édimbourg les oblige à assumer davantage de fonctions royales. Leur maison, 1A Kensington Palace, répartie sur vingt-deux pièces avec deux cuisines, se trouve juste en face du cottage de deux chambres où vit Harry.

Meghan apprécie le faste du pouvoir aristocratique. Elle est persuadée que les Windsor ne peuvent ignorer sa réussite professionnelle. Comparée à l'actrice californienne qui a réussi à surmonter les traumatismes du divorce de ses parents et à survivre à la lutte pour construire sa carrière, Kate semble avoir grimpé en douceur les marches vers le sommet de la société britannique. Quelques contretemps ne sont pas comparables aux humiliations qu'elle-même a subies. Mais quelques ennuis se profilent : le film *Anti-Social*, qui a fait un flop, est sur le point d'être rediffusé à

Londres. Une nouvelle bande-annonce la montre sortant d'une douche pour embrasser un petit ami[280]. Le passé de Meghan – parents divorcés, le zoo de Hollywood, son mariage raté, ses années à Toronto et ses nombreuses liaisons – contraste avec l'apparente sérénité froide Kate. Celle qui est appelée à devenir reine un jour semble garder ses distances. En réalité, Kate est timide et sans prétention. Certains diront que sa réticence à nouer une relation avec Meghan est liée aussi à des centres d'intérêt radicalement divergents. Un affrontement entre les deux femmes est probable.

Au début, la tension passe inaperçue. À la demande de Harry, les fonctionnaires du Palais ont rapidement encouragé l'idée la complicité réelle entre Kate et Harry permettrait d'élargir le trio qui pourrait ainsi devenir les Fab Four[281].

Pour faciliter les choses, Miguel Head, le communicant de Harry, décrit un homme transformé qui entretient une relation étroite avec Charles, lequel « s'entend également très bien avec le prince William ». Doté d'un « charme authentique » et d'un « pouvoir de séduction hypnotique » sur les jeunes femmes, Harry est présenté comme détendu à l'idée de ne devenir roi[282]. Il a cessé d'être un *bad boy* pour devenir très investi dans les actions caritatives, « prenant ses devoirs royaux au sérieux ».

Tout le monde le considère d'ailleurs respectueux et loyal. Lors des cérémonies, il semble rarement fatigué. Au contraire, il dégage un charme naturel et une curiosité sincère pour tous ceux qu'il rencontre. Avec William, il a organisé un concert d'hommage à Diana au Wembley Stadium, auquel ont participé des vedettes comme Elton John et Tom Jones. Il a créé les Invictus Games et Sentebale, une organisation caritative qui aide les enfants malades et les personnes atteintes du sida. Plus récemment, avec William et Kate, il a fondé Heads Together, une structure visant à soutenir des projets contre les maladies mentales. Les différences entre Harry et William sont, avec l'aide de Kate, surmontées par la coopération[283]. Pris d'enthousiasme à l'égard de Meghan, le biographe royal Hugo Vickers déclare au *Daily Telegraph* : « Qu'il l'épouse donc[284] ! » Mais ce n'est pas l'avis de tous. Les initiés observent que Harry est influencé par le style de vie de Meghan. Bien qu'elle ne soit plus une lectrice passionnée – *Le Bruit et la Fureur*, roman de William Faulkner, est le livre le plus « marquant » qu'elle ait lu –, elle lui a offert *Eight Steps to Happiness* et *The Motivation Manifesto*, deux livres de développement personnel typiquement américain[285]. Il semble avoir retenu leur message. Progressivement, son langage devient moins anglais, moins militaire.

Certaines de ses sorties sont inhabituelles. Harry a ainsi visité le Natural History Museum après l'heure de fermeture. Meghan, explique-t-il, voulait communier sans témoins avec les dinosaures[286]. Les doutes sur l'influence de Meghan se dissipent peu après, quand Harry dénigre ouvertement Donald Trump en le qualifiant de « menace sérieuse pour les droits de l'homme[287] ». Une énigme demeure : comment réussira-t-il à concilier son nouveau style de vie avec son amour de la chasse au faisan et à la perdrix. Mais Harry est prêt à tout pour impressionner Meghan.

Le 24 novembre 2016, alors que Harry représente la reine pour une cérémonie sur l'île de Saint-Lucie, dans les Caraïbes, Meghan se trouve à Los Angeles pour Thanksgiving. Elle a invité ses parents à dîner. Harry a réussi à se faire prêter pour Meghan la maison hollywoodienne les parents d'Arthur Landon, un ancien camarade d'école et le fils d'un ancien officier de l'armée britannique. Situé sur un terrain immense, le manoir est vide. Thomas arrive avec deux tartes aux noix de pécan pendant que Meghan et Doria préparent la dinde. Ni Thomas ni Doria n'ont jamais pénétré dans une maison aussi luxueuse. Si les deux parents sont impressionnés par le nouveau statut de leur fille, ces retrouvailles n'ont rien d'inhabituel. Depuis leur divorce, Thomas et Doria se rencontrent régulièrement. De temps en temps, quand Thomas revient à Los Angeles, il va passer la nuit chez Doria, qui prépare un repas et lui lave ses vêtements.

Pendant le dîner, leur conversation ne porte que sur le bon vieux temps. Meghan ne révèle rien de sa nouvelle vie ni de ses projets, et ses parents ne posent aucune question sur son avenir. Le dîner est interrompu par un appel téléphonique de Harry. Le prince souhaite à Thomas un joyeux Thanksgiving. Il ne parle pas de le rencontrer. À la fin du repas, Thomas refuse l'invitation de Meghan à rester pour la nuit et rentre au Mexique. Rétrospectivement, il estime que sa fille n'a pas encore de position légitime. Elle n'a pas non plus laissé entendre qu'elle s'imaginait vivre en Grande-Bretagne ou épouser Harry.

À la fin d'une tournée officielle de deux semaines, Harry, s'affranchissant du programme prévu, se rend à Toronto au lieu de rentrer à Londres. Dans le même temps, Meghan exhorte ses abonnées sur The Tig à réduire les émissions de carburant pour protéger « notre bonne vieille planète Terre ». Un message paradoxal pour un couple qui a traversé l'Atlantique quatre fois en cinq semaines et doit passer la nouvelle année en Norvège, dans le cercle arctique[288]. Lors de son passage à Londres juste avant Noël, Meghan s'offre une petite publicité. Les journaux rapportent qu'elle et Harry ont passé un quart d'heure à choisir un sapin de Noël à Battersea. On les a aussi aperçus dans un théâtre où ils assistaient à la projection du film primé *The Curious Incident of the Dog in the Night-Time*. Un journal publie des photos de Meghan enfant, achetées à Tracy Dooley, l'ancienne femme de Tom Junior. Selon Dooley, Meghan était « adorable » et « toujours de bonne humeur ». Tom Junior confirme : « Elle sera toujours notre princesse… C'est une personne très généreuse[289]. »

La seule personne à en douter ouvertement est Jan Moir, qui écrit dans le *Daily Mail* en s'adressant à Harry : « Vous attendez-vous sérieusement à ce que Meghan abandonne sa carrière pour venir vivre au Royaume-Uni ? » Harry, spécule-t-elle, pourrait suivre le duc de Windsor dans son exil[290].

Des voix anonymes rappellent que Diana et Sarah Ferguson ont été très appréciées quand elles sont rentrées dans la famille royale, car elles apportaient une bouffée d'air frais. Mais Fergie a largement contribué aux nombreux problèmes endurés par le clan Windsor.

CHAPITRE 16

Perturbations

En 2016, Meghan passe Noël dans un hôtel de Santa Monica. Thomas et Doria l'y rejoignent. Thomas rayonne encore du message de sa fille pour la fête des pères, en juin. En surimpression sur une photo d'elle bébé dans ses bras, elle a écrit : « Bonne fête, papa. Je suis toujours ton *buckaroo*[A] et, à ce jour, tes câlins sont toujours les meilleurs du monde entier. Merci pour mon éthique de travail… pour l'importance des notes de remerciement manuscrites et pour m'avoir donné le nez des Markle. Je t'aime tellement. Bean[291]. »

À la fin du dîner, Meghan dit à son père : « Reste dormir. » Il refuse et repart au Mexique, ignorant que c'est la dernière fois qu'il voit sa fille.

Fin janvier, le choc que redoutait Meghan se produit. Alors qu'elle tourne la septième saison de *Suits* à Toronto, elle apprend que le *Daily Mail* a publié des photos de son mariage avec Trevor, ainsi qu'un portrait peu flatteur de la famille Markle. Contrairement à l'image présentée par Tracy Dooley un mois plus tôt, les Markle sont décrits comme étant célèbres pour leurs beuveries, leurs disputes et leurs faillites. Tom Junior, deux fois marié et décrit comme un buveur, ne parle ni à son père ni à sa sœur. Samantha, mère de trois enfants dont elle a perdu la garde, a divorcé à deux reprises et a perdu son emploi. Le passé de Doria reste très mystérieux. Elle travaille actuellement comme « thérapeute

A. Cheval sauvage.

pour personnes âgées » dans une association caritative de Los Angeles, mais a été expulsée de son appartement quand elle était au chômage. Personne n'a pu expliquer pourquoi Meghan a passé toute son enfance avec Thomas. Où était Doria pendant ces dix années[292] ?

D'autres journaux sont plus positifs. Dans le *Daily Telegraph*, Allison Pearson s'interroge : « Je ne pense pas me tromper en disant que le prince Harry et Meghan Markle sont adorables et une source de fascination sans fin. J'ai hâte de voir la duchesse Meghan… » Le *Daily Mail* compare l'actrice glamour avec Kate, toujours « mal fagotée », « coincée » et qui n'a jamais vraiment travaillé après l'université[293].

Une fois encore, l'attitude de Meghan envers les médias dicte sa relation avec Harry. Elle a besoin de publicité, mais à ses conditions. Les reportages un peu critiques ou qui n'ont pas été approuvés par elle ou ses agents californiens sont jugés hostiles. Il en va de même pour photographies. Elle a besoin de tout contrôler et ne comprend pas que ses demandes soient futiles vues de Londres.

Un jour, elle est prête à se laisser guider par Jason Knauf et les experts du Palais, mais rejette leurs conseils le lendemain. Un appel de Knauf lui signale que son collier « M et H » ne fait qu'encourager les médias. C'est précisément une des atteintes à sa vie privée qu'elle recherche. Au bord des larmes et désemparée, elle appelle un ami : « Ils font comme si j'étais à blâmer pour ces photos, on dirait que je les encourage. Je ne sais pas quoi dire. » Selon un admirateur, « elle se sentait damnée si elle le faisait et damnée si elle ne le faisait pas[294]. » Au Palais, le tourment émotionnel de Meghan semble déraisonnable. Mais la détresse de Meghan rend Harry de plus en plus paranoïaque. Tout rapport défavorable suscite des critiques sauvages de son personnel.

En mars 2017, le couple se rend à la Jamaïque pour assister au mariage de Tom « Skippy » Inskip, un ami Harry qui était présent à Las Vegas quand le prince avait été photographié dans le plus simple appareil. Harry voyage en classe premium depuis Londres ; Meghan arrive de Toronto dans le jet privé d'un ami.

Une quarantaine d'invités, dont les plus vieux amis de Harry, sont réunis pour une fête de trois jours à l'hôtel Round Hill de Montego Bay. Beaucoup de parents de ses anciens camarades de classe se souviennent avoir réconforté le garçon pendant son adolescence. C'est un groupe très uni qui attend avec impatience de rencontrer Meghan. Ils sont vite déçus. Elle chipote sur la nourriture et se comporte comme une princesse, refusant d'entrer en contact avec les amis de Harry. « Elle ne s'intéressait pas à nous », déclare une mère.

Comme il s'agit du premier événement important auquel Meghan et Harry apparaissent ensemble, les médias s'y intéressent. Retiré dans la villa la plus isolée du complexe, Harry repère un photographe dans les buissons. Il devient rouge écrevisse[295]. Ses amis sont perplexes, compte tenu de la fréquence d'incidents antérieurs similaires par le passé. Leur suspicion à l'encontre de Meghan s'accroît ; le sentiment est réciproque. Meghan n'aime pas Inskip et sa bande. Leurs blagues et leur comportement sont inacceptables pour elle. Les photographies n'ont jamais été publiées.

Au cours des semaines qui suivent, les amis de Harry s'accordent à dire qu'il se précipite trop vite vers le mariage. Mal à l'aise face à l'influence de l'intruse qui vient de rentrer dans leur vie, leur instinct les avertit de se méfier. Plusieurs partagent leurs craintes avec William. Inskip est parmi les premiers à dire à Harry d'être prudent. « Mieux vaut être sûr », dit-il. William enchaîne : « Ne te sens pas obligé d'aller trop vite, dit-il à son frère. Prends le temps qu'il faut pour apprendre à connaître cette fille. » Après tout, il est sorti avec Kate pendant huit ans avant de la demander en mariage[296].

Furieux de voir ses amis faire bloc, Harry en parle avec Meghan. Tous deux conviennent qu'ils sont victimes de racisme. William, dit Harry, est snob. Une accusation étrange, puisque Kate appartient, comme Meghan, à la classe moyenne. Mais la colère de Harry est profonde, et son ressentiment ancien. Il en veut à William pour sa supériorité. À cela s'ajoute qu'il est sur le point de devenir le sixième dans la succession. « Je ne suis pas le plus important, a-t-il dit un jour. Accablé par un sentiment d'infériorité, ses relations avec Inskip et William se dégradent.

En dehors du Palais, peu de gens comprennent ce que veut Harry. Depuis que leur liaison a été révélée, Harry et Meghan ont empêché le public de comprendre leur relation. Les articles occasionnels et les messages sur les réseaux sociaux ne sont jamais accompagnés d'une photo les montrant en tant que couple.

Quatre mois après avoir emménagé au palais de Kensington, Meghan est plus confiante. Elle pense que le scepticisme face à ses aptitudes finira par s'apaiser. Elle choisit d'ignorer les inquiétudes des officiels qui doutent qu'une actrice californienne ayant déjà eu une vie bien remplie accepte les restrictions imposées aux membres de la famille royale.

En janvier 2017, la visite de Meghan en Inde pour World Vision illustre le problème. À la tête d'une campagne visant 100 millions de jeunes filles qui ne peuvent pas se rendre à l'école au moment de leurs règles, elle prononce un discours contre les hommes conservateurs de l'Inde qui refusent aux filles des serviettes hygiéniques. Conditionnées par la discrimination, dit-elle, les filles manquent l'école et souffrent d'une pauvreté inutile[297].

Avant le départ, Harry a oublié de prévenir Meghan : si sa campagne est acceptable pour une actrice, il est inapproprié qu'un potentiel membre de la famille royale suscite, dans un pays du Commonwealth, une controverse en bousculant des hommes qui ne se voient pas comme des oppresseurs. Les responsables du Palais ne peuvent pas garder le silence. Au retour de Meghan à Londres, un fonctionnaire lui explique qu'elle doit accepter certaines limites et contraintes. Meghan sourit et rejette le conseil. Elle ne veut pas se taire : ses deux visites au Rwanda et sa visite en Inde continuent d'être citée comme la preuve de son « implication dans des causes philanthropiques[298] ».

Près d'un an après sa rencontre avec Harry, Meghan souhaite être présentée au public. Le prince est d'accord. Une photo sera prise lors d'un match de polo. Le 6 mai, Meghan se trouve aux côtés de Mark Dyer, propriétaire du pub The Sands End à Fulham, et de son épouse américaine Amanda Kline, pour regarder Harry jouer à Ascot. À la fin du match, les photographes sont autorisés à prendre des images du couple en train de s'embrasser[299]. Cinq semaines plus tard, des magazines américains publient des photos sulfureuses de Meghan pour la promotion de *Suits*[300].

Compte tenu de la nouvelle vie de l'actrice et parce qu'il faut rafraîchir la série, Aaron Korsh a prévu que Meghan s'éclipse à la fin de la saison. Les nouvelles de Nick Collins, l'agent de l'actrice, ne sont pas encourageantes. Aucun producteur ne lui propose de rôle important et aucun réalisateur hollywoodien ne parle de la faire figurer dans un film ou une nouvelle série. Sa carrière d'actrice est bloquée. Elle va bientôt perdre la plupart une grosse partie de ses revenus.

Au même moment, un fonctionnaire du Palais l'avertit que son blog ne convient pas à une personne vivant au palais de Kensington. Au cours des trois années précédentes, elle a posté plus de 2 000 messages et 100 articles sur elle provenant de magazines et de journaux. Début avril, elle s'adresse à ses fidèles : « Après près de trois belles années à partager cette aventure avec vous, il est temps de dire au revoir à The Tig. Ce qui est né d'une simple passion s'est transformé en une incroyable communauté d'inspiration, de soutien, de plaisir et de frivolité. Vous avez égayé mes journées et rempli cette expérience de tant de joie… Continuez à vous accorder du temps, continuez à rire et à prendre des risques, continuez à être « le changement que vous souhaitez voir dans le monde ». Par-dessus tout, n'oubliez jamais que vous avez de la valeur[301]. » Mais elle n'a pas totalement coupé les ponts avec sa société. Si elle a démissionné de Frim Fram Inc., elle a maintenu à leur poste de direction Andrew Meyer, directeur commercial de Freemark Financial, et Rick Genow, son avocat. Au cas où.

Pendant ce temps, l'avenir de Meghan est débattu au Palais au milieu d'une autre crise. William est critiqué pour avoir été faire du ski en Suisse au lieu d'assister à la cérémonie du Commonwealth Day à l'abbaye de Westminster. Le comportement du prince Andrew est encore plus problématique. Interdit, depuis 2011, de représenter la Grande-Bretagne en tant qu'ambassadeur commercial après une succession de plaintes concernant son comportement grossier, « Air Miles Andy » est aujourd'hui montré du doigt à cause de ses frais de voyage astronomiques et de ses emprunts auprès d'hommes d'affaires peu recommandables.

Pire encore, la révélation de son lien avec l'homme d'affaires américain Jeffrey Epstein, au cœur d'un scandale de pédophilie, embarrasse la reine. La photographie des deux hommes dans Central Park à New York a été publiée par le *News of the World* en février 2011, alors que la condamnation d'Epstein remonte à 2007, mais l'affaire doit être de nouveau portée devant la justice de Floride en 2017. L'inconduite de « Randy Andy » est scrutée à la loupe par Christopher Geidt, le secrétaire privé de la reine, un homme grand et autoritaire, portant les chaussures noires les plus brillantes de Whitehall. On ne sait pas où cela va mener.

Mais la plus grande préoccupation de Geidt, partagée par le prince Philip, est le risque que Charles représente pour la monarchie. Son image doit être transformée – le public continue de lui en vouloir pour son adultère et ses déclarations intempestives déplaisent. Pour devenir populaire, il doit s'abstenir de toute controverse et apparaître comme un modernisateur discret. Pour cela, il a besoin de l'aide de William et Harry.

Quand il convoque ses deux fils, l'ordre du jour est connu de ces derniers. Depuis que le prince Philip a déclaré en 1996 que, pour survivre, la monarchie devait réduire le nombre de ses membres, Charles essaye de limiter le nombre de personnes apparaissant au balcon de Buckingham Palace. Parmi les premiers à disparaître après 2002 figurent le prince Philip, Andrew et ses filles. En 2012, Charles limite le nombre de personnes à six – la reine, Charles et Camilla, William et Kate, et Harry. Au cours des années suivantes, on doute que cette version allégée perdure. La pression exercée par les membres mineurs de la famille royale pourrait obliger Charles à élargir de nouveau ce cercle. Cet argument refait surface en août 2017.

Avec le retrait de Philip, la diminution prévue des fonctions publiques de la reine, l'avenir de la monarchie repose sur William et Kate. Le couple doit être perçu comme un point focal pour la nation. Leurs enfants seront également invités à représenter la monarchie. Dans ce scénario, Harry doit rester présent dans les dix années qui viennent, avant de mener ensuite sa propre vie à mesure que ses obligations royales diminueront. Organiser des œuvres de charité et jouer les vedettes dans quelques réunions publiques n'est pas satisfaisant sur le long terme. Vivre dans une petite maison à Kensington Palace est assez terne. La vie avec Meghan promet une évasion. Geidt soupçonne que Harry, sous l'influence de Meghan, se cherche un autre avenir.

La diffusion d'un documentaire télévisé sur Diana, réalisé par William et Harry, est imminente. Cela ne manquera pas de poser des problèmes, en soulignant l'incapacité de Geidt à coordonner et – plus encore – à contrôler les quatre princes, Charles, Harry, William et Andrew. Il craint que leurs frasques ne rendent plus difficile la protection de leur vie privée et ne portent atteinte à la monarchie. Une exposition excessive risque de réduire le respect du public pour la famille royale. Geidt découvre trop tard que Harry a été encouragé par Meghan à « partager sa vérité » sur sa dépression.

Harry révèle pour la première fois ses angoisses au cours d'un événement Heads Together au palais de Kensington, le 25 juillet 2016. « Tout le monde, déclare-t-il au public, » peut souffrir de problèmes de santé mentale, [même] un membre de la famille royale. » Pour encourager une libération de la parole, le jeune homme se montre à l'aise dans son rôle de confident. Il est charmant, de plus en plus gracieux, détendu, certain que le public est de son côté. Son talent est de faire sentir aux gens qu'il est l'un des leurs. Il est loué pour son courage et son honnêteté, mais rares sont ceux qui savent qu'il a dû se faire aider et qu'il s'est mis à la boxe pour canaliser son agressivité.

Harry touche une corde sensible. La sympathie du public augmente. Meghan ajoute sa note personnelle en encourageant à remplacer la raideur britannique par une confession honnête. Harry s'ouvre à Bryony Gordon, une journaliste britannique du *Daily Telegraph*, se présentant comme hanté par l'impact catastrophique de la mort de Diana sur sa vie.

Ignorant les inquiétudes de Geidt, il met à nu son « chaos total » depuis 2012 devant une femme qui avoue avoir aussi souffert de problèmes – alcoolisme, dépression et toxicomanie[302].

« Je ne savais pas ce qui n'allait pas chez moi, confie-t-il à Gordon. J'ai sans doute frôlé la dépression à plusieurs reprises. Il remercie William qui l'a poussé à demander une aide psychiatrique. La vie est devenue meilleure « quand j'ai pu décharger mon fardeau sur quelqu'un d'autre ». Son analyse de la situation n'est pas surprenante : « Le fait d'avoir perdu ma mère à l'âge de 12 ans et de m'être ainsi privé de toutes mes émotions au cours des vingt dernières années a eu des conséquences assez graves non seulement sur ma vie personnelle, mais aussi sur mon travail… Pour affronter cette situation, j'ai fait l'autruche en refusant de penser à ma mère. Cela ne pouvait pas m'aider et ne faisait que me rendre encore plus triste. » Ses fonctions pour Invictus et la rencontre de soldats blessés l'ont aidé à oublier ses problèmes pour écouter les autres. On l'aimait parce qu'il se montrait à l'écoute. Il ajoutera plus tard : « Garder le silence n'a fait qu'empirer les choses. » Parler de ses problèmes personnels est devenu une priorité[303].

Harry a promis de faire d'autres aveux, ce qui alarme Geidt. Les dommages potentiels, juge le haut fonctionnaire, nécessitent un plan d'action. Il agit selon l'hypothèse qu'il restera en fonction jusqu'à la mort de la reine.

Pour réaffirmer l'autorité incontestée de la reine, Geidt convoque les cinq cents membres du personnel de la famille royale à une réunion à Buckingham le 4 mai. Le prétexte est le dernier engagement officiel du prince Philip, âgé de 96 ans, prévu en août. Geidt déclare à l'auditoire que la retraite de Philip est « une occasion de faire une pause, de réfléchir et de se recentrer sur la famille ». Les discordes entre les membres de la famille royale et leur indulgence, laisse-t-il entendre, doivent prendre fin. Tout le monde doit œuvrer au service de la reine. Tous les palais sont soumis au veto de Buckingham Palace. Coordonner les cours de Buckingham Palace, de Kensington Palace et de Clarence House est une des ambitions de Geidt depuis des années.

La réaction de deux princes à cette initiative est hostile. Sa tentative bien intentionnée se retourne contre lui. Par intérêt personnel, Charles et André sont unis dans l'indignation. Aucun ne voit Geidt comme un allié et ils demandent à la reine de renvoyer son secrétaire privé[304]. Leur mère est trop affaiblie pour résister. Geidt quitte le Palais au moment où ses soupçons quant à l'influence de Meghan sur Harry se renforcent.

Mais il n'a pas eu le temps d'anticiper la confession catastrophique de Harry à Angela Levin pour le magazine *Newsweek,* qui paraît le mois suivant[305]. « Y a-t-il une seule personne dans la famille royale, demande Harry à la journaliste, qui veut être roi ou reine ? Je ne pense pas, mais nous assumerons nos fonctions au moment opportun. » S'exprimant au nom de William et de lui-même, il se place au même niveau que son frère : « Nous participons à la modernisation de la monarchie britannique. Nous ne faisons pas cela pour nous, mais pour le bien du peuple. »

C'est une surprise pour ceux qui reprochent aux frères de ne remplir qu'une fraction des engagements assurés par les autres membres de la famille royale, y compris leurs grands-parents. Harry est encore plus désinvolte lorsqu'il prévient qu'une famille royale « ordinaire » ôterait tout son mystère à la Firme[A]. « C'est un exercice d'équilibre délicat, pontifie-t-il. Nous ne voulons pas diluer la magie. Le public britannique et le monde entier ont besoin d'institutions de ce genre. » Comme s'il était un expert de la Constitution, il suggère que lui et William décideront ensemble du sort de la monarchie : « Nous souhaitons nous assurer que la monarchie perdure et sommes très attachés à ce qu'elle incarne. Mais cela ne peut pas continuer comme avant, sous la Reine. » Il semble suggérer que cette dernière approuve leur droit de décider de l'avenir : « La Reine… nous dit de prendre notre temps, dit-il. La monarchie est une force et nous voulons perpétuer l'atmosphère positive que la Reine a créée pendant plus de soixante ans, mais nous n'essaierons pas de la remplacer. »

Harry devient ensuite introspectif. « J'ai parfois l'impression de vivre dans un bocal comme les poissons rouges, mais je m'en sors mieux

---

A. Surnom donné à la famille royale.

maintenant... Je suis plein d'énergie et j'adore les activités caritatives, rencontrer des gens et les faire rire. » Après avoir déclaré qu'on n'aurait pas dû lui demander de marcher derrière le cercueil de sa mère – « Aucun enfant ne devrait avoir à faire cela » – il se confie sur les années qui ont suivi : « Mon Dieu, je voulais qu'on me sorte de là. »

Harry passe ensuite à sa révélation la plus importante. Soulignant que son devoir de « réserve » a disparu, il admet : « J'ai l'impression qu'il n'y a qu'une toute petite fenêtre pendant laquelle les gens s'intéressent à moi avant que [les enfants de William, le prince George et la princesse Charlotte] ne prennent le relais, et je dois en profiter au maximum. » Anticipant son insignifiance à venir, il répète son espoir de faire quelque chose de sa vie ou de tourner le dos aux privilèges, car il « voudrait quitter » la famille royale pour avoir une « vie normale[307] ».

C'est un nouveau Harry, totalement inconscient des conséquences de sa « vérité ». Même son éloge de *The Crown*, la série de Netflix sur la maison des Windsor, bouscule les choses : « C'est génial, mais j'aimerais que ça s'arrête à la fin de la première série, déclare Harry. Il ne faut absolument pas qu'ils traitent la jeune génération[308]. » Ce même Harry qui a exigé le respect de la vie privée déclare : « Je crois qu'un léopard peut changer de taches. »

L'interview de *Newsweek* est saluée comme honnête et sincère, et peu de gens remettent ouvertement en question la sagesse de Harry. Sa confession préfigure le documentaire *Diana, notre mère*. William se charge de l'introduire en expliquant que vingt ans après la mort de leur mère, celle-ci reste assez mal connue. Les téléspectateurs sont témoins de l'émotion, du chagrin et de la colère des frères, notamment envers Charles. Malgré des disputes féroces entre le père et le fils, William refuse de mentionner Charles dans le film[309]. Les frères rendent Charles et Camilla responsables du chagrin et de la mort d'une mère adorée.

Les pires craintes de Christopher Geidt se sont matérialisées. Les divisions entre les trois palais sont irréconciliables. La cote de popularité de Charles et de Camilla chute brutalement, et l'espoir que William et Harry acceptent de soutenir Camilla en tant que future reine est incertain.

Au milieu de toute cette agitation, Geidt quitte le Palais le 31 juillet 2017. Son départ est suivi par la démission de Samantha Cohen, une secrétaire privée adjointe d'origine australienne qui travaille à Buckingam depuis bientôt vingt ans. Un tabloïd titre : « Agitation au Palais : le bras droit de la reine démissionne ». Une annonce qui laisse présager un tollé.

Le successeur de Geidt, Edward Young n'est pas aussi apprécié. D'emblée, il commet une grosse erreur : au lieu d'insister sur le fait que, dans l'intérêt de la monarchie, les plans de Geidt pour coordonner les différentes résidences royales est une condition non négociable pour qu'il accepte le poste, il permet aux princes de prendre le contrôle. Par la suite, Young n'aura pas le pouvoir d'influencer la stratégie médiatique des autres palais[310].

Au milieu de ces bouleversements, personne à Londres n'a encore pris conscience de l'influence de Meghan. Pour la plupart, elle reste invisible. Mais à New York, Jane Sarkin, rédactrice en chef de *Vanity Fair*, a bien cerné les ambitions de la Californienne.

CHAPITRE 17

Vanity Fair

Jane Sarkin suggère à Graydon Carter, le rédacteur en chef de *Vanity Fair*, d'offrir à Meghan une interview dans l'illustre magazine, ainsi que la garantie de figurer en première page. Carter, réputé être un homme d'avant-garde, n'a jamais entendu parler de Meghan ni de *Suits*. Mais il est persuadé que la dernière conquête de Harry va changer la famille royale. Meghan est aux anges quand elle est contactée.

La demande lui est transmise par Keleigh Thomas Morgan, un associé de Sunshine Sachs, l'agence de Lose Angeles qui essaie depuis des années d'imposer Meghan. L'approche de *Vanity Fair* prouve que sa relation avec Harry n'a pas de prix.

Pour Meghan, la nouvelle est euphorisante. Des milliers d'aspirants à Hollywood ont supplié Graydon Carter de figurer dans *Vanity Fair*. Obtenir la Une est la certitude d'une gloire durable. Elle sera désormais mondialement célèbre. Le magazine propose en prime à Peter Lindbergh, grand photographe de mode, de passer une journée avec Meghan dans un studio de Londres.

Vivre avec Harry a déjà transformé sa vie. La fonction pourrait même inciter Harry à annoncer leurs fiançailles – à retardement, en attendant l'approbation formelle de la reine à son retour de Balmoral à l'automne.

Harry a demandé Meghan en mariage à Nottingham Cottage un soir. Elle préparait un poulet rôti, et il s'est mis à genoux pour faire sa demande. Elle était impatiente de dire oui. Harry lui a offert une bague qu'il a fait monter avec deux des diamants de Diana sertis dans de l'or jaune du Botswana[311]. Il est très fier de sa « création ». Meghan ne cache pas son excitation, même si elle est secrètement déterminée à faire redessiner la bague dès que possible[312].

Harry appelle Thomas Markle pour lui demander la main de sa fille. « Oui, tant que vous ne levez pas la main sur elle », a répondu Thomas. La discussion dure moins de cinq minutes. Thomas a juré de garder le secret. Harry n'a pas proposé qu'ils se rencontrent avant le mariage.

Thomas Morgan Keleigh, qui ignore tout des fiançailles, donne une réponse soigneusement mesurée à *Vanity Fair*. Bien sûr, Meghan est ravie, mais elle « ne veut pas d'un article sur elle. Il doit la représenter en tant qu'actrice majeure et, surtout, en tant qu'activiste et philanthrope ». L'interview présentera Meghan au monde entier. Et, ajoute Thomas Morgan, l'accroche de l'interview mettra en valeur le 100e épisode de *Suits*. Harry, révèle-t-il, n'a accepté l'article que parce que les producteurs voulaient célébrer *Suits*.

À ce moment-là, la relation de Meghan avec certains acteurs de *Suits* est troublée. Une dispute a éclaté autour de Sarah Rafferty. Meghan a demandé à Lori Sale, son agente, de représenter Rafferty, une rousse plus âgée qu'elle, pour des contrats commerciaux. Les deux femmes se sont rencontrées et Sale est enthousiaste. En apprenant la nouvelle, Meghan accuse Sale de conflit d'intérêts.

Sale est perplexe. Non seulement la demande émane de Meghan, mais les deux actrices ne sont pas en concurrence. Le comportement de Meghan ne cadre pas avec son récent plaidoyer sur l'estime de soi dans une émission de télévision, où elle incitait à faire preuve de gentillesse « envers soi-même – à ne pas être trop critique. Je ne traiterais jamais ainsi mon meilleur ami[313]. » Sale fait l'expérience du manque de sincérité de Meghan. Il y a deux personnes en elle, l'une qui est dissimulée et l'autre qui est une fiction, avec une tendance déconcertante à passer de l'idolâtrie de l'autre à sa dévalorisation.

Une fois de plus, Meghan est accusée d'être manipulatrice – une critique que plusieurs acteurs de *Suits* partagent mais ne divulguent pas à l'extérieur. Son comportement reste un secret au sein de la famille *Suits*, et il est inconnu de l'équipe de *Vanity Fair*.

Sam Kashner, un collaborateur de longue date du magazine, est chargé de l'interview. Connu pour ses reportages médiatisés sur Jennifer Lawrence, Nicole Kidman, Rosamund Pike et Lee Radziwill, la sœur de Jacqueline Onassis, Kashner a vécu à Toronto. « Je ne connais pas cette femme et je n'ai jamais entendu parler de *Suits* », déclare-t-il à son rédacteur en chef avant de s'envoler pour Toronto fin juin.

Si Omid Scobie a raconté que Meghan veut « dire au monde entier qu'elle est amoureuse » et qu'elle donne cette interview « avec la bénédiction de Harry[314] », Kashner sait que l'actrice a reçu des consignes strictes du prince et de Keleigh Thomas Morgan.

Conscient que ce sont des interviews qui ont abîmé l'image de Diana et de Sarah Ferguson, Harry a ordonné à Meghan de garder le silence sur des sujets sensibles – Donald Trump, la question ethnique, leur relation et surtout lui-même. Il ne doit pas être mentionné. À 12 h 30, Kashner, qui vient d'arriver sous une pluie battante, regarde Meghan préparer le déjeuner dans une cuisine minuscule.

Le marché local, explique-t-elle, propose de merveilleuses quiches, du fromage de chèvre, des légumes et des pains spéciaux. « J'ai fait un gâteau », ajoute-t-elle. Pendant qu'elle va et vient, assaillant l'intervieweur de questions sur ses études, son mariage et son travail, Kashner commence à comprendre que les rôles sont inversés. Ayant à l'esprit la boutade de Janet Malcolm selon laquelle le journalisme est toujours une séduction suivie d'une trahison, il sent que Meghan est la séductrice.

En regardant autour de lui, il remarque que les murs de la cuisine sont couverts de photos d'elle et que les livres empilés sur la table basse sont des guides illustrés et des livres d'histoire sur Londres. « Il ne manque que l'annuaire des rues de Londres », pense-t-il, se demandant si elle a vraiment lu des livres sur la Grande-Bretagne. Avant même qu'ils ne passent à table, Kashner se sent de plus en plus mal à l'aise. Tous deux savent que l'entretien est important et comprennent que le sujet de Harry a fait l'objet d'un veto.

Meghan parle, réalise-t-il, en sachant que c'est elle qui a la main, mais en évitant de donner l'impression qu'elle triomphe. Cependant, lorsqu'elle évoque son « discours aux Nations unies » et sa protestation, à 11 ans, contre Procter & Gamble, Kashner a cette pensée : « C'est difficile de savoir si elle est sincère. C'est une actrice. » Il n'a aucune raison de douter de sa version selon laquelle « Tous les jours après l'école, pendant dix ans, j'étais sur le plateau de *Married... with Children*, un endroit pas du tout adapté à une petite fille en uniforme qui passait ses journées dans une école catholique ». Kashner ignore que cette visite, pour Thomas Markle, devait se limiter au vendredi soir, comme cadeau pour marquer la fin de la semaine[315]. Il ne peut pas savoir non plus que son travail à l'ambassade américaine en Argentine lors de sa dernière année d'étude n'a duré que cinq semaines.

« Vous n'êtes pas comme les autres journalistes, avance timidement Meghan pendant le déjeuner. Je vous aime bien, surtout votre bégaiement. » Un silence suit cette déclaration, et Meghan ne comprend pas que Kashner a l'impression de se faire avoir. « C'est le jeu du chat et de la souris, raisonne-t-il, elle est en train de calculer comment tirer profit des cartes jouées. Elle connaît les cibles qu'elle veut atteindre. Elle n'atteindra pas son but en étant sincère. »

Après le déjeuner, elle retire ses chaussures. Repliant ses jambes sous elle, elle semble visiblement plus détendue et Kashner la trouve très sexy. C'est le moment de lancer des sondes.

« Parlez-moi de Harry », dit Kashner, sans espérer de réponse.

« Nous sommes en couple. Nous sommes amoureux », répond Meghan de manière inattendue.

Visiblement préparée, elle se rebiffe quand il lui demande ce que signifie l'amour et préfère interroger Kashner sur son mariage.

Finalement, elle dit : « Je suis sûr qu'il y aura un moment où nous devrons raconter notre histoire, mais j'espère que les gens comprendront que c'est encore un moment pour tous les deux. C'est pour nous. C'est ce qui le rend si spécial, que ce soit notre moment à nous. Mais nous sommes heureux. Personnellement, c'est une grande histoire d'amour. »

En plein dans le mille. Kashner est ravi. Elle ajoute : « Je suis toujours la même personne. Je ne me suis jamais définie par ma relation. » Elle veut qu'il sache qu'elle est une femme indépendante, qui ne sera pas définie par sa relation avec Harry.

Markus Anderson arrive à l'improviste, et la conversation est interrompue. « Je veux vous présenter un ami », explique Meghan à propos du directeur de Soho House qui se tient dans l'embrasure de la porte, une bouteille de vin à la main. Kashner est de plus en plus perplexe à mesure qu'ils se lancent dans une conversation incompréhensible. « J'ai eu l'impression d'être manipulé », se souvient-il.

Au bout d'un certain temps, Meghan revient à leur conversation et à son programme : son travail pour les femmes. Kashner n'est pas convaincu. « Les acteurs qui font du "bon travail", c'est délicat, se dit-il, sentant qu'il y a quelque chose de bizarre dans le fait que The Tig, une entreprise commerciale, opère parallèlement à une organisation caritative. La preuve, pense-t-il, c'est qu'elle ira au Rwanda et en Inde après son mariage. »

« Markus va vous reconduire à l'aéroport », propose Meghan. « Non, je vais prendre un taxi », répond Kashner, impatient de s'échapper. Dans les jours qui suivent, il appelle les personnes que Meghan lui a recommandées comme étant des amis. Serena Williams dit que l'actrice est juste une connaissance. Elle lui livre une citation énigmatique : « Tu dois être toi-même, Meghan. Tu ne peux pas te cacher. »

Le malaise de Kashner augmente encore. Peu après son retour à New York, Meghan lui envoie une bouteille d'épices du marché. « De la poudre aux yeux », décide-t-il.

Selon Peter Linbergh, la séance de photos sur un toit de Londres est un « délice », même si Meghan refuse de se montrer sexy. Non seulement elle ne veut pas enlever ses vêtements, mais elle insiste pour avoir l'air… « couverte ». Ses taches de rousseur, insiste-t-elle, ne doivent pas être retouchées. Une chemise blanche classique et une robe de bal en tulle noir et blanc, pense-t-elle, obtiendront l'approbation du Palais.

Sunshine Sachs a exigé que le magazine, à la demande même de Meghan, la présente comme une philanthrope et une actrice engagée. Mais il y a un problème : les documentalistes scrupuleux de *Vanity Fair* n'ont pu trouver aucune preuve de ses engagements. Les rédacteurs de *Vanity Fair* ont découvert que ceux qui sont sous les feux de la rampe ont parfois du mal à se montrer à la hauteur de la publicité qu'ils créent eux-mêmes. « La philanthropie hollywoodienne est surtout de la com' », a l'habitude de dire Graydon Carter. La philanthropie des acteurs est rarement un engagement profond. Mais la fable menace de consumer ceux qui s'y livrent. De toute façon, Keleigh Thomas Morgan donne l'impression de s'attendre à ce que cette réalité soit escamotée.

En lisant l'interview de Kashner, le rédacteur en chef de *Vanity Fair* sent que l'article est un coup énorme pour le magazine. Kashner a déroulé des éléments habituels : la case « race » du questionnaire à l'école, les poupées métisses et les émeutes de Los Angeles. La description est très colorée, mais l'intérêt du papier réside ailleurs, dans cette révélation sensationnelle : « Nous sommes en couple. Nous sommes amoureux. » Cette annonce est sûre de faire la Une des journaux. L'interview de Meghan entraîne la famille royale dans des eaux inconnues. Elle a intentionnellement révélé son plan.

Au moment où le magazine est imprimé, Meghan célèbre son trente-sixième anniversaire avec Harry au Botswana. Accompagnée de gardes du corps, elle voyage comme une princesse et elle est traitée comme la princesse qu'elle s'apprête à devenir.

Elle a emporté avec elle un exemplaire de *Pride*, un magazine à petit tirage destiné aux Britanniques métis et noirs. Il contient une interview de Meghan où elle décrit sa lutte contre les préjugés raciaux et l'importance de l'émancipation des femmes, qui passe par leur nomination à des postes de direction. En tant que « femme de couleur », déclare-t-elle au magazine, elle s'est sentie « obligée » de parler de sa part noire[316]. *Vanity Fair*, imagine-t-elle, diffusera le même message dans le monde entier.

Des exemplaires de prépublication du magazine sont remis à Sunshine Sachs et à Buckingham Palace début septembre. La photo de Meghan en une est recouverte par ce titre : « Wild About Harry[A] », « Elle est folle de Harry. » L'audace sans précédent de Meghan prend Buckingham Palace par surprise – et électrise les médias britanniques. Comme un coup de tonnerre, l'interview déclenche des réactions sensationnelles : Meghan a utilisé sa relation avec Harry pour faire sa promotion. L'hollywoodisation de la famille royale scelle son destin comme fiancée de Harry.

En quelques heures, Meghan appelle Ken Sunshine et Keleigh Thomas Morgan. Hystérique, elle décrit la fureur de Buckingham Palace. Sunshine Sachs, dit Meghan, aurait dû s'assurer que ses commentaires sur Harry soient retirés. Pourquoi n'a-t-on pas mis l'accent sur sa philanthropie et son activisme ?

Ken Sunshine redoute de perdre Meghan comme cliente. Se demandant pourquoi Buckingham Palace est en colère, il menace le rédacteur en chef du magazine : « Vous allez devoir traiter avec la reine sur ce sujet », dit-il. Il imagine qu'Élizabeth II, comme Trump, décroche son téléphone pour réprimander la presse. Le rédacteur en chef est perplexe. Meghan, répond-on à Ken Sunshine, « n'a pas obtenu la couverture en tant qu'actrice ou pour son engagement féministe, mais uniquement grâce à la personne qu'elle est susceptible d'épouser ».

Déstabilisée par le scandale, Meghan envoie un message à Kashner : « Creux et sans intérêt. » Peu après, elle l'appelle : « Vous me décevez beaucoup, je pensais qu'on aurait pu devenir amis. Je ne pense pas que cela puisse se produire maintenant. » Elle laisse entendre que Kashner a « fait capoter l'affaire » avec Harry.

Kashner est perplexe. Comment peut-elle détester une telle publicité ? D'ailleurs l'article explique ses sentiments. Bien sûr, elle déteste le titre, « Wild About Harry », parce qu'elle voulait mettre en avant sa philanthropie. Elle est furieuse également que sa bataille avec Procter & Gamble ait été omise. Kashner refuse de révéler que les vérificateurs de *Vanity Fair* ont pensé que son histoire pouvait être fausse. Après avoir consulté des historiens de Procter & Gamble et de la publicité, rien ne permet

A. « Folle de Harry ».

de conclure que ce qu'elle raconte est vrai. Il n'y a pas non plus de preuve, contrairement à ce qu'affirme Meghan, qu'elle a reçu une réponse d'Hillary Clinton[317]. Thomas Markle, lui, sait qu'Hillary Clinton et Procter & Gamble ont ignoré les lettres de Meghan. Sa « campagne » une fiction inventée par un père en admiration devant sa fille.

« Elle s'est plainte parce qu'elle n'était pas présentée comme elle le souhaitait, se souvient Kashner. Elle veut que les médias fassent ce qu'elle attend d'eux. Je me suis senti manipulé et trahi. » *Vanity Fair* accepte toutefois une « correction ». Meghan insiste sur le fait qu'elle a rencontré Harry en juillet, et non en mai. Le magazine publie le changement, mais collabore ainsi sans le savoir à un écran de fumée inspiré par Meghan. On spécule sur le fait que, jusqu'à la mi-juillet, elle vivait encore avec Cory Vitiello.

Une fois que sa colère est calmée, Meghan reconsidère son sort. Les producteurs et les acteurs de *Suits* sont « stupéfaits » qu'une actrice de leur série culte, qui ne compte que 1,5 million de téléspectateurs, ait fait la couverture de *Vanity Fair*. Leur seule déception est que la relation de Meghan n'améliore pas l'audience.

Il y a quand même un point positif : Harry est resté loyal. Comme le conclut Sarah Vine, chroniqueuse au *Daily Mail*, Meghan a présenté leur relation comme « un nouveau chapitre ». Mais s'imagine-t-elle que rejoindre le clan Windsor est juste un autre chapitre, mais cette fois sur une scène plus grande ? Cette question reste sans réponse.

Changer le récit est impossible. Par l'intermédiaire de Kashner, Meghan a clairement fait savoir à Buckingham qu'elle ne veut pas obéir à ses règles. Le protocole ne compte pas pour elle. Contrairement aux autres jeunes femmes qui épousent les Windsor, elle ne restera pas silencieuse.

À Londres, la famille de Harry et ses conseillers restent discrets. Il ne s'agit pas, comme certains l'affirmeront plus tard, d'une mauvaise gestion du cas Meghan par Buckingham. Toute action est inutile. Le prince épris a ignoré les avertissements selon lesquels la femme qu'il aime pose un problème au Palais.

CHAPITRE 18

Sous les projeteurs

Début septembre 2017, Kate révèle qu'elle attend son troisième enfant et réduit ses apparitions publiques. L'article de *Vanity Fair* ayant accru la suspicion des Cambridge à l'encontre de Meghan, l'actrice découvre que sa voisine de Kensington Palace a encore moins de temps pour elle[318].

Harry présente alors Meghan aux deux sœurs de Diana, Jane et Sarah, et à sa meilleure amie, Julia Samuel. Il pense qu'elles verront elles aussi une ressemblance entre Diana et sa fiancée. Selon lui, Meghan rencontre les mêmes problèmes que ceux que sa mère a connus. Il est déçu. Personne ne trouve de point commun entre sa petite amie et la vulnérabilité de l'ancienne princesse de Galles. Plus embarrassant pour lui, ses proches semblent douter que Meghan puisse s'intégrer à la famille royale.

C'est Charles Spencer, le frère de Diana, qui se fera le porte-parole de leurs inquiétudes, à la demande de William. Trois fois marié, Spencer conseille à son neveu de reconsidérer sa hâte[319]. Ses conseils provoquent une réaction amère.

« Cela allait être très difficile », a déclaré plus tard Harry à propos de la place de Meghan dans la famille[320]. L'une de ses préoccupations est le manque d'argent s'ils se marient. Même si Harry reçoit de Charles environ 1,5 million de livres sterling par an, il a été conseillé à Meghan de ne pas renoncer à sa carrière pour conserver des revenus[321]. Mais Meghan sait, par son agent Nick Collins, que ses perspectives sont limitées[322]. Omid Scobie, son biographe officiel, résume avec précision la nécessité, pour elle, de quitter Hollywood : « Elle voulait une carrière plus marquante, écrit-il. Elle aurait pu faire tellement plus de choses. » Sa frustration demeure. Elle est à deux doigts de sceller son avenir, mais rien n'est encore officiel.

À son arrivée à Toronto pour les troisièmes Invictus Games, qui réunissent pendant huit jours des athlètes blessés de dix-sept nations différentes, Harry ne manifeste aucune tension. L'article de *Vanity Fair* et le fait que l'événement se déroule dans la ville où demeure Meghan déclenchent pourtant un grand cirque médiatique[323]. Avant le début des jeux, les communicants de Harry ont veillé à ce que son intérêt pour les troubles psychologiques soit mentionné dans les médias. Ils ont consciencieusement rapporté l'importance de la campagne Heads Together de la Royal Foundation pour soutenir les malades. Le *photo-call* a également été approuvé par Harry.

Le 25 septembre, l'arrivée de Meghan dans la zone publique du stade, avec Markus Anderson, est soigneusement planifiée. Harry a insisté pour qu'un inspecteur de Scotland Yard se tienne à proximité. La présence de Meghan est destinée à asseoir leur relation devant le public, mais aussi à mettre en avant la façon dont elle se voit dans son futur rôle d'épouse de Harry.

Pour aider le designer Misha Nonoo, elle porte une chemise blanche classique de la nouvelle collection de son ami. Si certains la félicitent d'avoir associé cette pièce avec un jean Mother Denim délavé afin d'adoucir son look, d'autres critiquent les accrocs délibérés dans le tissu qui témoignent, selon eux, d'un certain je-m'en-foutisme. Mais beaucoup de femmes se retrouvent dans ce style chic et décontracté. L'« effet Meghan », note-t-elle avec satisfaction, a entraîné une augmentation spectaculaire des commandes des vêtements et des lunettes de soleil qu'elle portait. Sa relation avec Harry peut avoir des retombées commerciales considérables[324].

Les médias ignorent encore l'admiration de Meghan pour Carolyn Bessette, l'épouse de John Kennedy Junior. Le couple est décédé en 1999 dans un accident d'avion, mais Carolyn Bessette est restée une icône de la mode. Meghan a déjà décidé que sa robe de mariée sera calquée sur celle de Bessette. D'autres établiront un parallèle entre le couple Meghan-Harry et le mariage d'une jeune inconnue avec le « prince » célibataire le plus désirable d'Amérique.

Meghan a poussé Jason Knauf à chorégraphier la photographie la plus importante. Une fois les médias en place, Harry et Meghan arrivent main dans la main pour assister à un match de tennis. Meghan pose aux côtés de Harry, portant sur lui un regard d'adoration, le touchant et le caressant tandis que les caméras ne cessent de tourner. Le travail de sa vie l'a préparée à ce moment[325]. Cinq jours plus tard, elle obtient enfin sa récompense.

Un an plus tôt, Meghan avait supplié Gina Nelthorpe-Cowne d'organiser une séance de photos avec Justin Trudeau. Aujourd'hui, dans la loge de Harry, il y a non seulement le Premier ministre canadien, mais aussi Melania Trump, l'épouse du président américain, et Barack Obama avec Joe et Jill Biden.

« Comment ça se passe avec Meghan ? » demande Obama à Harry, peu avant qu'elle n'arrive, escortée, dans la loge[326]. La divulgation de cet échange aux médias et les dispositions prises pour que les photographes voient Doria rire avec Harry confirment le statut de Meghan. Le message de Toronto à Buckingham Palace est clair : le projet de mariage est irrévocable.

« Viens à Toronto et aide-moi », a dit Meghan à son père. Il a hésité, faute de moyens pour payer son billet et ses dépenses sur place. Il a entendu de la colère dans la voix de Meghan quand il lui a dit non. Mais quand il voit sa fille poser avec Doria pour une photo, ils se demandent s'il ne devrait pas les rejoindre qu'ils puissent ainsi être photographiés tous les trois.

Meghan accepte d'abord et propose de régler le billet d'avion : « Il vient juste pour la photo », dit Doria à Meghan. Quelques heures plus tard, Meghan revient sur sa décision. Thomas est perplexe. Il ne sait pas que Doria s'est rendue à Londres quelques semaines plus tôt pour rencontrer Harry. Meghan n'a pas invité son père[327]. De son côté, Thomas cherche à réconcilier ses enfants. Avec de bonnes intentions, il a donné le numéro de téléphone de Meghan à Samantha. La réaction de sa fille cadette a été explosive. Meghan a hurlé et a changé son numéro de téléphone. Ses appels à Thomas se font plus rares désormais. Regardant le Pacifique depuis son bungalow, Thomas Markle a du mal à reconnaître sa fille dans ses manières d'agir.

Dans les semaines qui suivent, Meghan tourne ses dernières scènes pour *Suits*. Elle quitte le métier d'actrice pour toujours. Parmi ceux qui lui font leurs adieux, Wendell Pierce, le « père » de Rachel Zane pendant quatre ans : « Tu trouveras toujours un ami en moi », dit-il à Meghan. Il n'a plus jamais entendu parler d'elle, dira-t-il plus tard. Lui aussi a été ghosté[328].

CHAPITRE 19

Les fiançailles

Pour faire plaisir à Harry, la reine accepte de renoncer à une tradition séculaire : Meghan sera intégrée dans la famille royale avant le mariage.

Deux semaines après la fin des Invictus Games, le 12 octobre, Harry présente Meghan à Elizabeth II, au palais de Buckingham[329]. Autour d'un thé et de sandwichs, la reine approuve officiellement les fiançailles de son petit-fils. Âgée de 91 ans, elle n'a pas vraiment le choix. Apparemment, elle aurait déjà croisé Meghan à Windsor Park, lors d'une rencontre fugace et inattendue. Meghan prétend avoir exécuté une révérence bâclée, faute d'avoir pu s'y préparer[330]. Lors de la rencontre officielle au Palais, Harry décrit comment les corgis de la reine, qui aboient dès qu'il arrive depuis trente-trois ans, se sont couchés aux pieds de Meghan et ont remué la queue. Une scène « très douce[331] », selon la jeune femme.

Un mois plus tard, Meghan finit d'emballer ses affaires à Toronto et s'envole pour Londres afin de commencer sa nouvelle vie – ou « chapitre », selon ses propres mots. Réussir son entrée dans la famille royale exige des efforts et de l'imagination. La plupart des nouveaux arrivants ont échoué. Non seulement Diana et Sarah Ferguson ont été évincées, mais le premier mari de la princesse Anne, Mark Phillips, et sa famille ont été ignorés. Même les Middleton ont été snobés par plusieurs femmes de la cour, jusqu'à ce que William exige un meilleur comportement.

Meghan bénéficie de ces erreurs passées. En prévision de l'annonce officielle des fiançailles, les responsables du Palais conviennent qu'elle a besoin de conseils sur les règles et limites qui s'imposent aux membres de la famille royale. Harry aurait prévenu Meghan : « Tu sais dans quoi tu t'embarques. C'est énorme et ce n'est facile pour personne[332]. »

Si cette affirmation est sans doute vraie, personne cependant ne lui a demandé franchement si elle comprenait que la monarchie britannique n'a survécu – avec le soutien de 70 % des Britanniques – qu'en évitant d'être l'objet de controverses. Personne ne lui a expliqué que la plupart des changements apportés pour assurer la modernisation et la survie de la Couronne ont été imperceptibles. Mais personne ne se souvient non plus que Meghan ait posé des questions détaillées avant l'annonce officielle de ses fiançailles, le 27 novembre 2017. À 10 heures, vêtue d'un manteau blanc et d'une robe Ralph & Russo d'une valeur de 56 000 livres, marque préférée de Naomi Campbell et de Jennifer Lopez, Meghan pénètre dans le Sunken Garden du palais de Kensington. Elle est avec Harry, qui rayonne, et les photographes ont le temps de produire leur meilleur cliché. Ils notent les yeux de Meghan fixés sur son fiancé et sa main qui caresse le dos de Harry quand ils rentrent au Palais. Ces gestes ostensibles – jugés maternels pour certains, possessifs pour d'autres – vont devenir sa marque de fabrique lors de leurs apparitions publiques.

Les fashionistas sont enthousiastes. Contrairement à Kate, qui portait une sobre robe Reiss pour annoncer ses fiançailles, Meghan a choisi des vêtements et accessoires qualifiés d'« authentiques » par le monde de la mode et portés avec un « sens du style assuré ». « Elle est très au fait, s'exclame un commentateur. Elle comprend tout simplement la beauté. Son approche est très simple. Elle veut ressembler à la meilleure version d'elle-même[333]. » Personne n'ose commenter le génie de la performance de Meghan, qui a le sens du showbiz. Rassuré par elle, Harry s'attend à être perçu par le public et les médias exactement comme il le souhaite.

Dans une interview de vingt minutes pour la BBC, Harry révèle à Mishal Husain que, dès leur première rencontre, il a su que Meghan était « la bonne personne ». Posée et sûre d'elle, Meghan déclare que, la première fois qu'elle l'a vu, elle ne savait rien de lui, affirmant sans sourciller qu'elle n'a fait aucune recherche avant le rendez-vous. Tout ce qu'elle a découvert s'est produit au cours d'un « apprentissage progressif qui a duré dix-huit mois », durant lequel elle a « investi du temps et de l'énergie pour que les choses arrivent ». Au cours de cette période, elle a « appris à [le] connaître en se concentrant sur ce que nous sommes en tant que couple ».

Sans l'ombre d'un doute, elle déclare que « Catherine a été absolument merveilleuse ». « Fabuleuse, renchérit Harry, tout comme William. Un soutien fantastique. » Toute la famille de Harry a offert un « soutien absolument solide ». Diana, il en est sûr, était présente pour « ce voyage fou ». Elle et Meghan se seraient entendues « comme larrons en foire… Je pense qu'elle serait aux anges, qu'elle sauterait de joie pour moi ». Enfin, Harry révèle qu'il a appelé Thomas Markle pour lui demander la main de sa fille.

Ensuite, pour se détacher de l'image créée par *Vanity Fair*, Meghan se présente comme une victime du monde brutal des médias : « Je n'ai jamais fait partie de la culture des tabloïds et j'ai vécu une vie relativement tranquille, explique-t-elle. On pense à tort que, parce que j'ai travaillé dans l'industrie du divertissement, c'est quelque chose qui me serait familier. »

Se présentant comme à l'opposé de Kate, elle déclare : « Je ne considère pas [mon mariage avec Harry] comme un abandon de quoi que ce soit. Je le vois comme un changement. C'est un nouveau chapitre. » Elle utilisera sa « nouvelle plateforme » avec Harry. « Nous avons tous les deux le désir d'améliorer le monde. Et il y a beaucoup à faire. » Lors de leur première rencontre, ils ont parlé des « différentes choses que nous voulions faire dans le monde et la passion que nous avions pour le changement ».

Harry est d'accord : « Nous formons une équipe fantastique… et nous espérons avoir le plus d'impact possible au fil du temps. »

Meghan ajoute : « Une fois que vous avez une voix qu'on écoute, cela implique beaucoup de responsabilités, que je prends au sérieux. »

Elle fera campagne pour ses causes et ignore l'Évangile royal d'impartialité.

À quelques exceptions près, les journaux sont aux anges. Le journaliste Robert Lacey salue l'arrivée d'une descendante issue d'ancêtres réduits en esclavage au sein de la famille royale comme un « brillant pas en avant ». Meghan, il en est certain, renforcera l'attrait de la famille royale, notamment auprès des minorités et des jeunes[335]. Dans le *Daily Telegraph*, elle est saluée comme « la meilleure chose qui soit arrivée à la Firme depuis des décennies et elle est sans doute plus charismatique que tous les autres réunis[336] ». Le *Sunday Times* abonde dans le même sens : « Elle peut défendre la cause d'une monarchie du XXIe siècle[337] ». D'autres se félicitent que Harry n'ait pas choisi une « Sloane ennuyeuse ou une aristocrate malingre… Tout est trop fabuleux et elle aussi[338] ».

Richard Kay, un journaliste du *Daily Mail* proche de Diana, se montre tout aussi enthousiaste : « Enivré par une jeune femme qui a dû faire son chemin dans le monde et surmonter les préjugés », Harry a choisi une femme que Diana aurait voulu être. Selon Kay, Meghan peut être « la prochaine Diana en termes d'attrait mondial ». Avec une nouvelle Diana, l'avenir de la monarchie s'annonce « fascinant ». Sarah Vine note que Meghan, de trois ans l'aînée de Harry, est comme une mère qui prend soin de lui et l'encourage. Elle apporte de la stabilité au petit garçon perdu… elle va tout abandonner pour épouser le prince[339]. » Trevor Phillips, remarquable commentateur noir, se fait l'interprète de nombreuses voix : « C'est très important qu'elle ait parlé de la fierté qu'elle éprouve pour son origine ethnique. Pour les personnes de couleur, cela sera perçu comme une approche très positive, moderne et bienvenue[340]. »

Inévitablement, il y a quelques remarques dubitaives. « Elle ne monte pas à cheval et déteste le tir, commente l'un d'eux. Qu'est-ce qu'elle fera au milieu de tous ces aristos dont Harry est entouré[341] ? » Un autre demande en connaissance de cause si les amis proches de Harry, Skippy Inskip et Guy Pelly, apprécient Meghan. Ninaki Priddy, son amie d'enfance, lance un pavé dans la mare : « La princesse Pushy a obtenu ce qu'elle voulait et Harry s'est laissé prendre à son jeu. Elle a toujours été fascinée par la famille royale. Elle veut être la princesse Diana numéro 2. Elle jouera son rôle avec compétence, mais je lui conseille de rester prudente[342]. » Blessée par la façon dont Meghan l'a traitée, Priddy a vendu son histoire et un album de photos pour près de 150 000 livres.

Même Trevor Engelson participe en proposant le scénario d'un film dans lequel un homme divorcé se dispute la garde de ses enfants avec son ex-femme après que celle-ci a épousé un prince.

Après un examen minutieux de l'interview télévisée, Stephen Glover, observateur prudent, identifie les « compétences de Meghan en matière d'autopromotion » et le fait que, avec son « sens aigu des affaires, elle est loin d'être un perdreau de l'année ». Si Meghan se lance dans « une mission de promotion de la marque Markle », suggère Glover, elle risque d'entrer en conflit avec la « prudente marque Windsor ». Il conclut : « La dernière chose dont la famille royale a besoin, c'est d'une militante qui embrasse bruyamment les causes mondiales[343]. » Les médias américains s'extasient devant « le célibataire le plus convoité du monde ». Le titre du *New York Post*, « Elle est magnifique, elle est talentueuse, elle est philanthrope », a été copiée par le *Washington Post :* « Elle est américaine et elle est géniale ». La biographie de Meghan est flatteuse : « Comme son beau-frère royal, Meghan Markle est une passionnée des causes humanitaires. Elle milite pour les Nations unies et World Vision Canada, voyageant dans le monde entier pour promouvoir l'égalité des sexes et l'accès à l'eau potable. » Les quatre voyages que l'actrice a faits en deux ans sont une aide inestimable.

Buckingham Palace a examiné les intérêts de Meghan. La reine convainc Samantha Cohen de retirer sa démission, présentée après le licenciement de Geidt. La mère de trois enfants accepte, en tant que secrétaire privée, d'aider Meghan pendant le mariage et au-delà. Sous la direction de Cohen, une équipe de quatorze jeunes fonctionnaires, intelligents et expérimentés, dont Jason Knauf, est constituée pour initier Meghan aux particularités de la vie royale et du service à la nation. Il y aura, selon le Palais, six mois d'apprentissage : « Elle va procéder avec humilité. » Le lieutenant-colonel Kofi Twumasi-Ankrah, de la garde de la Maison du souverain, et Lady Susan Hussey, dame d'honneur de la reine depuis 1960, ont aussi rendu visite à Meghan à Nottingham Cottage pour lui offrir aide et conseils.

L'équipe de Samantha Cohen cherche avec tact à comprendre les préoccupations de Meghan, ses priorités et la manière dont ses ambitions peuvent être réalisées. Pendant des heures, ils discutent de savoir comment elle pourra se sentir bien en tant que membre de la famille royale. De son côté, Meghan insiste sur le fait qu'elle ne permettra pas à Buckingham Palace de façonner sa vie. Elle restera indépendante. Elle ne veut pas que le cabinet lui dicte ses pensées et ses activités. Son attitude est ferme et assurée. Peu de gens ont sous-estimé ce problème, mais personne n'a anticipé la bataille à venir. Les courtisans s'attendent à ce qu'elle rejoigne leur société avec une loyauté sans faille envers la Couronne.

Par la suite, dans plusieurs interviews – dont celui qu'elle accordera à Oprah Winfrey –, Meghan dira que le personnel du Palais n'a jamais entendu de ses besoins et objectifs dès le départ. Mais avant cette attaque, Omid Scobie a affirmé le contraire : « La reine a été merveilleuse, chaleureuse et généreuse envers la nouvelle duchesse, écrit-il. Elle s'est assurée que Meghan soit informée des rituels de la cour[344]. » Scobie a même ajouté : « Charles s'est assuré que Meghan était soutenue alors qu'elle naviguait dans les hauts et les bas de la vie publique. »

Entre Meghan et Kate, les choses sont plus difficiles. Meghan se plaint que Kate ne l'a pas accueillie chaleureusement. Par leurs origines et leur expérience différentes, ce sont deux « âmes sœurs » inconciables[345]. Il y avait peu d'intimité entre elles. Dans ses relations, Meghan a rarement fait des compromis avec une femme aux intérêts radicalement différents des siens. Kate lui apparaît comme une adversaire avec laquelle il faudra compter.

Cette opposition n'est pourtant pas perceptible lors de la première apparition publique de Meghan – ses fiançailles, qui marquent le début d'une tournée de six mois en Grande-Bretagne. Par un matin glacial du 1er décembre, une foule nombreuse attend le couple à Nottingham. Dès leur apparition, la Meghan-mania explose. « Nous avons besoin de magie », crie l'un de ses nombreux admirateurs alors que l'Américaine, confiante et détendue, salue la foule aux côtés de Harry. Elle tend même une chaufferette à quelqu'un qui se plaint du froid. Le public britannique est prêt à aimer Harry et Meghan.

La couverture médiatique, très positive, enthousiasme Meghan. Se livrant à une comparaison entre Kate et Meghan, un journaliste souligne que la duchesse de Cambridge est trop classique et que son style vestimentaire n'a rien de glamour. Réfléchissant sur sa popularité, Meghan attribue son succès à son caractère unique – une croyance confortée d'ailleurs par Harry, qui suggère que la poussière d'étoile de Diana retombe sur Meghan. Aucun des membres du personnel ne réussit à dire à la jeune femme qu'elle n'est spéciale que parce qu'elle fait partie de la famille royale. Moins d'un mois après l'annonce des fiançailles, un membre du personnel se demande : « Elle sera célèbre, mais sera-t-elle royale ? »

Ce que Meghan redoute le plus, c'est le comportement de sa famille. Quand elle téléphone à Thomas Markle à Rosarito, elle continue à l'exhorter à faire profil bas. Il reçoit l'ordre de ne rien dire et de ne pas apparaître en public. Son adresse reste toujours inconnue.

Le 6 décembre 2017, cet ordre devient obsolète[346]. La chasse à l'homme est terminée : Tom Junior a vendu l'adresse de son père. Un journaliste du *Daily Mirror* se tient devant la maison de Thomas Markle quand il sort de chez lui ce jour-là. Quand on lui demande s'il accompagnera Meghan à l'autel, Thomas répond : « J'en serais ravi. ». Puis il ajoute : « Je suis très heureux. Je suis ravi. Je suis désolé. Vous savez que je ne peux pas parler. »

Il a fait de son mieux. Les premières photos montrent un homme en surpoids tout décoiffé. Le jour suivant, Thomas est arrêté dans la rue devant sa maison. Un journaliste britannique lui dit : « Un cadeau pour vous », en lui présentant une bouteille de champagne et un paquet de thé. En quelques heures, une armée de journalistes et de photographes est massée sur la route poussiéreuse qui longe son bungalow.

« C'est l'enfer, dit-il à sa fille au téléphone. Je suis assiégé. » Meghan est hors d'elle. La bouteille de champagne, surtout, la rend furieuse.

« Cela pourrait être considéré comme un pot-de-vin », grogne Harry en écoutant l'appel. Thomas est déconcerté. Un pot-de-vin ? Que veut dire Harry ?

« Je suis harcelé dès que je sors de chez moi, plaide-t-il. C'est fou. Je suis encerclé. J'ai besoin d'aide. »

« Ne parlez à personne », ordonne Harry, visiblement incapable d'imaginer le chaos qui règne dans la petite ville isolée où vit Markle. Ne parlez pas aux médias. Ils vous mangeraient tout cru. »

« Pouvez-vous m'aider à me débarrasser d'eux ? » demande Thomas.

« Ne parlez à personne », répète Harry sans exprimer la moindre empathie.

Doria, Thomas le sait, reçoit de l'aide. Pourquoi Meghan lui refuse-t-elle son soutien, se demande-t-il ? Meghan affirmera plus tard que Jason Knauf « a parlé à mon père à plusieurs reprises », mais Thomas Markle n'a reçu aucun appel de Londres[347]. Il comprend que Meghan veut garder le contrôle. Elle ne peut pas prendre le risque de voir Thomas en liberté. De même, elle ne peut pas risquer que le reste des familles Markle et Ragland parle.

« C'est vraiment bizarre », dira Thomas à Samantha Markle. Pour lui, la voix de Meghan est étrange et très changeante. « Quand Harry est dans la pièce, elle est douce, mais dès qu'il sort, elle est une personne différente – agressive et dominatrice[348]. »

À sa grande surprise, il n'a pas reçu de carte pour Noël. Plus étrange encore, Meghan suggère à Thomas de rompre avec Samantha et Tom Junior.

« Tu n'en as pas besoin », lui lance-t-elle.

« Je ne renie pas mes enfants », répond Thomas Markle.

« C'est de la folie. Si c'est ça, je n'ai plus rien à dire, dit Meghan. Nous n'avons plus rien à nous dire[349]. »

Thomas soupçonne Doria de forcer la division. En même temps, il pense que Meghan a demandé à Doria de ne pas lui parler. « Doria a alimenté la colère et la rancune de Meghan », se plaint Thomas. Il pense que son ex-femme a vu une occasion intéressante dans le nouveau statut de sa fille, qui a réglé l'emprunt qu'elle avait fait pour reprendre des études et lui a acheté une nouvelle voiture. Pour la première fois, Doria a ignoré les appels de Thomas. « Elle obéit aux ordres de Meghan », conclut-il.

Au palais de Kensington, le couple est au cœur d'une tourmente qu'il a lui-même déclenché. Le documentaire marquant le vingtième anniversaire de la mort de Diana a choqué pour le franc-parler de Harry, qui accuse les médias d'avoir causé la mort de sa mère. Il a oublié les poses de Diana pour les photographes, notamment celles en maillot de bain turquoise dans le sud de la France juste avant sa mort, et le fait que sa mort est due à l'ivresse d'un chauffeur encouragé à l'imprudence par Dodi El-Fayed. Et qu'elle ne portait pas de ceinture de sécurité.

Ce documentaire a été précédé de *Prince Harry in Africa*, un documentaire sur son organisation caritative Sentebale. Harry révèle qu'il veut passer le reste de sa vie à travailler en Afrique. « Aujourd'hui, je suis plein d'énergie, je suis gonflé à bloc, déclare-t-il. Et je peux voir exactement où je veux aller [dans ma vie]. » L'Afrique est son avenir.

« Je suis frappée de voir à quel point il semble heureux, à quel point il est à l'aise dans sa peau », rapporte Bryony Gordon dans le *Daily Telegraph*. Elle décrit un nouveau Harry, « solide comme un roc » et voit dans la légèreté du jeune homme le fait qu'il a réussi à vaincre ses démons. Le message qu'il envoie aux jeunes, poursuit-elle, est le suivant : « Soyez gentil avec vous-même, faites de bonnes choses et le reste suivra[350]. » Gordon fait ces déclarations pour assurer la promotion du podcast Mad World, dans lequel le jeune homme décrit sa descente dans le « chaos total ».

Elle n'a pas mentionné la gratitude de Harry envers Meghan, qui l'a initié à l'EMDR, un traitement permettant de débloquer les souvenirs pénibles[351]. Les confessions de Harry sont suivies d'une nouvelle révélation de Meghan : « Je réfléchis beaucoup et j'essaie d'être aussi sensible et réfléchie que possible à ce que ressentent les autres[352]. » Le personnel du Palais semble avoir vécu une expérience bien différente.

Lors de son interview au moment des fiançailles, Meghan a déclaré à la BBC qu'elle épouse Harry et rejoint la famille royale à ses propres conditions. Lors de ses échanges privés avec le personnel du Palais, elle évoque le lancement d'une campagne pour l'émancipation des femmes et se dit frustrée par la règle qui impose aux membres de la famille royale de ne pas s'investir dans les controverses.

Les opinions de Meghan soulèvent des questions sensibles pour Samantha Cohen. Une femme de 36 ans, qui se considère comme une professionnelle accomplie, peut-elle adopter la propension britannique à l'*understatement* ? Peut-elle abandonner l'hyperbole hollywoodienne en faveur du « No comment » qui est la règle pour les habitants de Buckingham ? Comment une actrice californienne ambitieuse, soucieuse de sa carrière et qui a son franc-parler pourrait-elle comprendre les protocoles rigides de la famille royale ? Un membre du personnel se demande en silence si la Californienne veut vraiment échanger le soleil et la brise de l'océan contre la Grande-Bretagne pluvieuse, et si Harry est tenté d'échanger les landes peuplées de faisans contre Beverly Hills.

Ces questions restent sans réponse. Meghan ne montre aucune volonté de compromis. Elle interprète les sourires du personnel comme un accord plutôt que comme une exaspération polie. Elle n'est pas impressionnée par leurs manières aristocratiques et leurs manières de faire. Même leur richesse manque d'attrait. Elle ne veut pas s'habiller, parler et penser comme eux. Sans rien en dire, le personnel de Cohen juge le refus de Meghan de comprendre les exigences de la royauté comme une démarche irresponsable. À l'approche de Noël 2017, le choc des cultures entre les deux camps éclate au grand jour[353].

Meghan a l'habitude de commencer la journée tôt. Elle est une femme d'action, elle veut de l'action. Les courriels destinés à son personnel arrivent avant le petit-déjeuner, certains dès 5 heures. Le problème n'est pas que ces messages soient envoyés si tôt, mais la jeune femme se montre irritée face à la réponse du personnel. Elle n'a jamais expliqué si elle s'attendait que le personnel réponde instantanément à ses envois, ou si elle veut simplement poursuivre sa journée. « Ils auraient préféré un rythme plus classique », commentent les amis de la jeune femme, et ne semblent pas aimer « l'éthique de travail à l'américaine ».

Ces critiques dissimulent un profond changement dans le comportement de Meghan, qui donne lieu à différents incidents. Meghan aurait ainsi explosé après avoir demandé à Melissa Touabti, son assistante, d'acheter des couvertures rouges spéciales pour une fête de tir à Sandringham[354]. Touabti, selon Meghan, n'a pas acheté les bonnes couvertures[355]. Au même moment, on raconte que Amy Pickerill, une autre assistante, a fondu en larmes devant le comportement autoritaire de Meghan, qui ne veut pas écouter les conseils.

Entre Toronto et Kensington Palace, la fameuse empathie de Meghan a disparu. Elle semble avoir absorbé les comportements de l'élite canadienne ou celles d'un magnat de Hollywood. D'autres accusent l'arrogance de Harry envers son personnel de lui servir de modèle. Quoi qu'il en soit, un fonctionnaire de Kensington doit demander à Harry et à Meghan de mieux parler à leur personnel. « Ce n'est pas mon travail de dorloter les gens », aurait répondu Meghan[356]. Tout le monde ignore ses précédents éclats lors du tournage de la publicité pour Reitmans. Au-delà des murs du Palais, le conte de fées est un succès. Le palais de Buckingham informe les médias que le couple prévoit une « cérémonie conçue pour réunir les deux familles, leur large cercle d'amis et accueillir le public dans leur vie ». Les démarches sont en cours pour que Meghan devienne citoyenne britannique et que son baptême soit célébré dans l'Église d'Angleterre par l'archevêque de Canterbury.

Consciente que Meghan séduit à la fois les jeunes et les diverses communautés, la reine veut accélérer son introduction dans la famille royale avant le mariage. En rupture avec la tradition, pour plaire à Harry et sous la pression de Charles, Meghan est invitée au déjeuner de Noël du personnel de Buckingham et à la fête de la famille royale au château de Windsor. Elle passera aussi Noël avec trente membres de la famille à Sandringham. Harry et Meghan resteront avec Kate et William à Anmer Hall, sur le domaine de Sandringham. À chaque événement, Meghan se comporte et s'habille de manière impeccable.

Le jour de Noël, une foule plus nombreuse qu'à l'accoutumée regarde les Fab Four se rendre ensemble à l'église en souriant. Tout le monde pense que les deux familles vont établir une nouvelle dynastie heureuse pour les quarante prochaines années. Main dans la main, Harry et Meghan attendent l'arrivée de la reine. Après le service, Meghan, un peu nerveuse, fait une révérence à la reine. Trois ans plus tard, Harry dira que, en dépit des apparences, il y a eu « un manque de soutien et de compréhension » envers Meghan[357].

Le lendemain de Noël, Harry manque la traditionnelle chasse au faisan de Sandringham pour présenter l'émission Today de la BBC Radio 4 en tant que rédacteur en chef invité. Le scoop est son interview avec Barack Obama, enregistrée à Toronto pendant les Invictus Games. Il décrit ce Noël comme un moment « fantastique ». Meghan est présentée à sa famille élargie, précise-t-il. « Une famille qu'elle n'a jamais eue, je crois », déclare Harry en direct. Son commentaire semble anodin dans son entourage, mais il déclenche la fureur des Markle. Lors de son discours de mariage en Jamaïque, Trevor Engelson a dit exactement la même chose.

Thomas Markle n'ose pas imaginer comment Meghan a décrit son enfance à Harry. S'est-elle présentée en orpheline abandonnée, cherchant désespérément à être secourue ? Thomas est blessé. Il a travaillé dur pour offrir à Meghan un foyer aimant. Même après son divorce avec Doria, celle-ci était invitée pour Noël. Samantha Markle est catégorique : Meghan a eu deux foyers heureux avant d'aller à l'université. Dans un tweet adressé à Harry, elle prévient : « Si elle traite notre famille de cette façon, elle fera de même avec la vôtre. »

La colère des Markle contre Meghan est interrompue par l'arrestation de Tom Junior : ivre mort, il s'est violemment disputé avec sa fiancée. Alors qu'il a menacé la jeune femme d'un pistolet, il a été relâché, mais sa compagne est en prison[358]. L'incident une fois de plus, met en évidence le dilemme de Meghan. Elle voudrait que sa « famille à problèmes » soit exclue du récit.

Comme les autres Markle, Tom Junior s'attend à être invité au mariage. Il a régulièrement joué avec elle lorsqu'il était enfant et l'a souvent vue jusqu'à son départ pour le Canada. De même, les frères de

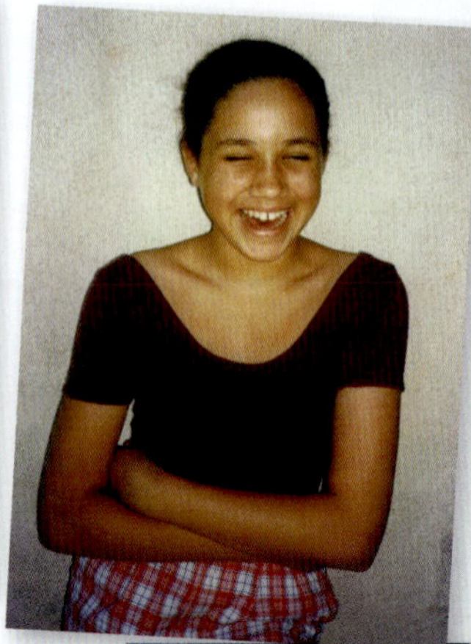

Passionné de photographie, Thomas Markle a pris des centaines de clichés de sa chère « *Flower* » ou « *Bean* », comme il appelle sa fille Meghan. Ayant soutenu affectivement et financièrement Meghan jusqu'à son premier mariage, Thomas s'est senti lésé lorsqu'il a été écarté après le mariage de sa fille avec Harry.

© Tim Graham/Getty

© Tim Graham/Getty

Sur les photos avec la princesse Diana et le prince Charles, Harry et William semblent heureux, mais leur enfance a été marquée par les disputes de leurs parents et leur divorce difficile.

A droite : Harry n'a pas compris la relation étroite que Diana entretenait avec les médias. Il les a rendus responsables de la mort de sa mère.

Ci-dessous : Le prince Harry a servi en tant qu'officier de contrôle aérien avancé lors du conflit en Afghanistan, jusqu'à ce que son affectation soit divulguée par un tabloïd allemand.

Meghan et Trevor Engelson (*ci-dessus à gauche*), son premier mari, étaient proches jusqu'à ce qu'elle déménage définitivement à Toronto pour tourner *Suits*, en 2011. Leur mariage a duré moins de deux ans. Son petit ami torontois, Cory Vitiello (*ci-dessus à droite*), un chef cuisinier réputé, a été soulagé lorsque sa relation avec Meghan a pris fin, car il se méfiait de la relation étroite qu'elle entretenait avec le golfeur Rory McIlroy (*ci-dessous*).

Le discours de Meghan lors d'une conférence à l'ONU sur les femmes en 2015 a marqué le début de sa quête pour être connue en tant qu'activiste mondiale. Elle a pris ses distances avec l'ONU moins de deux ans plus tard.

Meghan et Gina Nelthorpe-Cowne, son agent de l'époque, lors d'un voyage à Malte. Gina dira plus tard qu'elle a été ghostée par son ancienne cliente.

© George Pimentel/Getty

© Nicholas Hunt/Getty

Pendant son séjour à Toronto, Meghan s'est liée d'amitié avec Jessica Mulroney (*ci-dessus*) et Misha Nonoo (*à droite*). Toutes deux sont des figures importantes de la scène sociale de Toronto.

© Nick Harvey/Shutterstock

En 2016 à Wimbledon, Meghan rencontre Violet Von Westenholz, qui la présentera au prince Harry.

© *The Washington Post*/Getty

C'est en 2015 que Meghan a rencontré les Clinton, par l'intermédiaire de John Fitzpatrick. Américain d'origine irlandaise et propriétaire d'un hôtel à New York, Fitzpatrick est un homme généreux dont Meghan est très proche. Il encourage Hillary Clinton à aider la jeune actrice dans sa quête de célébrité. Hillary soutiendra plus tard Meghan dans son conflit avec la famille royale.

Thomas, Fred, un prêtre orthodoxe qui a baptisé les bébés Markle avec l'eau du Jourdain, et Mick, fonctionnaire du département d'État à la retraite qui a soutenu l'inscription de Meghan à Buenos Aires, s'attendent à prendre l'avion pour Londres. Et Samantha aussi. Mais aucune invitation n'est arrivée. Meghan n'a même pas évoqué une visite à son père à Los Angeles pour lui présenter Harry.

Quand le couple s'envole pour fêter le Nouvel An dans la maison de David Linley, le cousin de Harry, dans le sud de la France, Meghan soupçonne que des problèmes se préparent. Thomas, qui a toujours obéi aux ordres de sa fille et est resté muet jusqu'à présent, commence à soupçonner que Meghan a honte de son passé. Elle fait le tri dans sa famille et ghoste les membres qui la dérange.

À Londres, peu de temps avant, Lady Susan Hussey a déjeuné avec des cadres et directeurs de théâtre. Tout en discutant de l'éventualité que Meghan soit associée au National Theatre après le mariage, elle se montre très grave sur l'avenir du couple. « Tout cela va finir par des larmes, prévient-elle. Notez bien mes mots. »

CHAPITRE 20

Complications

La dernière apparition de Meghan dans *Suits* est le tremplin parfait pour la suite de sa tournée à travers la Grande-Bretagne, qui a été organisée par le palais de Kensington.

Après Cardiff et Birmingham, Meghan se rend à Belfast. Elle y voit une exposition sur l'initiative de paix à Lisburn, et son porte-parole déclare qu'elle a « loué la chaleur des habitants de Belfast ». Les personnes qui l'accompagnent sont frappées par son manque d'intérêt évident pour l'histoire de l'île, ce qui est étrange compte tenu de sa relation étroite avec John Fitzpatrick[359].

À Édimbourg, son comportement n'a rien de royal. Au lieu de garder ses distances, elle dédicace un livre, accepte des selfies et, avec les encouragements de Harry, permet au public de l'embrasser. Certains se sont plaints qu'elle fasse le jeu des caméras, qu'elle accorde des *high-five* peu protocolaires, qu'elle porte des vêtements inappropriés et qu'elle marche devant Harry.

En « actrice avide de gloire, [elle] se met en scène dans un futur épisode de la série *The Crown*, commente Jan Moir dans le *Daily Mail.* Où tout cela va-t-il mener ? Trop de compassion douceâtre et sucrée risque de nous rendre malades[360]. »

La critique de Moir coïncide avec la vente, par Ninaki Priddy, d'autres souvenirs au *Daily Mail.* La jeune fiancée est décrite de façon « malveillante » – c'est Meghan qui le dit – comme « une arriviste qui avait pour objectif d'attraper un prince depuis le lycée[361] ». L'évaluation de Priddy, l'amie délaissée, est sur le point d'être partagée par une autre proche de Meghan.

Le point fort du voyage à Édimbourg est la visite de Social Bites, un centre d'aide aux sans-abris dirigé par Josh Littlejohn, qui est lui aussi un client de Gina Nelthorpe-Cowne. Ce dernier a suggéré que l'agente compte parmi les vingt personnes qui accueillent le couple dans le centre. Avant leur arrivée, deux groupes ont été formés pour échanger soit avec Meghan, soit avec Harry.

« J'ai longtemps travaillé avec Meghan, dit Gina à un officiel. J'aimerais la revoir. »

« Pas de problème », répond celui-ci en la dirigeant vers le groupe qui attend Meghan. Quinze minutes plus tard, alors que la foule souhaite la bienvenue au couple, le fonctionnaire du Palais prend Gina à part : « Désolé, vous êtes dans le mauvais groupe. Nous avons fait une erreur. Veuillez rejoindre le groupe de Harry. »

Le couple est entré et s'est séparé. « Je travaillais avec Meghan, dit Nelthorpe-Cowne à Harry. C'est elle qui m'a dirigée dans votre groupe ? » Harry ne répond pas. Un peu plus tard plus tard, le regard de Nelthorpe-Cowne croise celui de Meghan, mais celle-ci détourne les yeux. Incrédule, Gina se dirige vers Meghan. Avec une gêne évidente, un fonctionnaire du Palais l'arrête.

« J'ai réalisé que je n'avais plus aucune valeur pour elle, s'attriste Nelthorpe-Cowne. Je me suis rendu compte qu'elle ne s'entoure que de personnes qui peuvent lui servir. Meghan a une façon de fermer la porte sur le passé[362]. » Meghan ignore une règle royale cardinale : éviter d'offenser les gens.

Au palais de Kensington, le personnel a admis à contrecœur un problème. Meghan ne comprend pas cette réalité : elle est le centre d'attention, écoutée avec respect et admiration, simplement parce qu'elle épouse Harry. Insensible à leur message délivré dans les termes les plus policés – « Je me demande juste si vous pourriez envisager… » –, elle parle de façon assurée, ce qui implique, supposent-ils, qu'elle a peu à apprendre.

Harry ne comprend pas que sa fiancée confond la gloire et la royauté. Les célébrités de Hollywood boostent les occasions d'être sponsorisés, l'audience de leurs films et leurs followers par de petits actes : dénigrer le président Trump aux Oscars, s'agenouiller pendant l'hymne national ou créer des associations caritatives qui leur profitent davantage qu'à la cause qu'ils sont censés défendre.

Les membres de la famille royale survivent et prospèrent en mettant en lumière les réalisations des autres plutôt que les leurs, en célébrant les événements nationaux, en représentant leur pays à l'étranger et en apportant du réconfort lors de tragédies. La royauté est faite d'altruisme, d'histoire, de tradition et de mécénat discret sans gain personnel. D'où le désespoir suscité par les reportages sur les frasques des princes Charles et Andrew.

Malgré de nombreux et longs échanges avec son personnel, Meghan ne veut pas comprendre que les opérations du Palais doivent rester prudentes et peu coûteuses. Les membres de la famille royale sont présents pour inaugurer des événements, sourire et encourager, pas pour faire leur propre promotion. La princesse Diana n'a jamais créé des organisations caritatives à gros budget, ni même employé un attaché de presse à plein temps. La reine est admirée parce qu'elle garde ses opinions pour elle. Meghan, en revanche, s'est engagée à « se mettre au travail ». Elle a ajouté ce trope très banal : « Je veux avoir une influence tangible… Ce genre de travail nourrit mon âme. »

Kate commence à être agacée par le comportement de sa voisine. Alors qu'elle-même a opté pour une démarche prudente visant à « apprendre les ficelles du métier » avant de s'engager dans des fonctions royales, Meghan court. Mais quelle est sa destination ? Et avec qui court-elle ? Se rend-elle compte que toute la famille royale fait la course ensemble sous l'égide du monarque, sans chercher à se faire valoir individuellement par ses performances ?

Soucieux de faciliter le passage de Meghan sous les projecteurs, les responsables du Palais cherchent des occasions de promouvoir ses engagements philanthropiques. Ils repèrent la mosquée Al-Manaar, située dans l'ouest de Londres, tout près de la tour qui a été détruite en juin 2017 par un incendie ayant causé la mort de soixante-douze personnes. Un groupe de femmes a créé une cuisine communautaire, Hubb, pour préparer deux fois par semaine des repas pour les personnes évacuées et sans logement. Capitalisant sur l'intérêt de Meghan pour la cuisine et pour renforcer sa réputation de femme engagée, le Palais organise une visite. Plus tard, il publiera des photos de Meghan portant un tablier, lavant du riz, goûtant la nourriture et empilant des assiettes. « Je me suis immédiatement sentie liée à ce lieu communautaire, écrit-elle plus tard. C'est un endroit où les femmes peuvent rire, pleurer et cuisiner ensemble[363]. »

L'étape-clé de cette période est la préparation de la nomination de Meghan comme vice-présidente du Commonwealth Trust, une organisation qui réunit cinquante-quatre pays et soutient l'engagement de la reine contre les discriminations. Environ 60 % de la population du Commonwealth a moins de 30 ans. Aux côtés de dirigeants politiques lors d'une réception du Forum de la jeunesse du Commonwealth visant à promouvoir l'autonomie des femmes, Meghan assiste à la nomination de Harry comme président de l'organisation. « Dans mon nouveau rôle, déclare-t-il, je m'efforcerai de soutenir la reine, mon père, le prince de Galles et mon frère William. Avec Meghan nommée ambassadrice auprès du Commonwealth, poursuit-il, notre priorité sera de soutenir les 2,5 milliards d'habitants du Commonwealth[364]. » Meghan est ravie : être vice-présidente du Commonwealth Trust est plus important que d'être ambassadrice d'ONU Femmes.

Mais cette nomination est accueillie par des commentaires racistes sur les réseaux sociaux. Le compte Instagram de Kensington Palace, suivi par sept millions d'abonnés, reçoit un message clairement discriminant de la part de la petite amie d'un leader de l'United Kingdom Independence Party (UKIP). Le post de la partisane du parti anti-UE bouleverse Meghan et Harry. Ce seul message est cité à plusieurs reprises par le couple pour suggérer que les « responsables du Palais sont dépassés par les menaces provenant de sources multiples[365] ». Les fonctionnaires répondent qu'ils sont davantage débordés par les demandes de Harry et

Meghan, qui exigent que toutes les critiques soient supprimées, que par quelques menaces sur les réseaux sociaux.

Durant toute cette période, Meghan dirige avec autorité les préparatifs du mariage. Inévitablement, il y a des tensions. Les plus sages réalisent que beaucoup de choses dépendent de la relation entre Meghan et Kate. Leurs différences ne peuvent pas être facilement surmontées – ni même dissimulées.

Pour éviter la comparaison quotidienne entre leur logement à Kensington Palace, Meghan décide qu'elle a besoin d'une autre maison. Elle veut s'échapper de Kensington Palace. Un substitut aux plages californiennes est trouvé près de Soho Farmhouse, un club privé à Chipping Norton dans l'Oxfordshire. Début 2018, Harry loue une grange aménagée sur le domaine de Great Tew, dans la région des Costwold. Dans ce cadre, Meghan peut recevoir ses amis américains et inviter les nombreux amis de Harry. Manque seulement à l'appel les amis britanniques de Meghan. Il y en a très peu.

Afin de couper court à une interprétation erronée de ce déménagement, une nouvelle sortie publique est mise en scène le 28 février 2018, trois mois avant le mariage. Samantha Cohen et Jason Knauf encouragent les médias à mettre en avant l'action conjointe des Fab Four comme mécènes de la Fondation royale.

La Fondation jouit d'un statut spécial. Point central de l'action philanthropique de William, Kate et Harry, elle aide les personnes souffrant de troubles mentaux. Les trois membres de la famille royale sont des mécènes de la Fondation et n'ont qu'une influence limitée sur ses activités. Ce pouvoir est exercé par les dirigeants de la Fondation, un groupe critiqué pour son incapacité à faire bouger les membres de la famille royale comme des pièces d'échecs. Alors que William, Kate et Harry se sont habitués à leur comportement, l'arrivée de Meghan perturbe les habitudes des dirigeants. Son féminisme bouleverse également leur conservatisme bien ancré.

« Actuellement, s'enthousiasme Meghan devant le public, avec tant de campagnes comme MeToo et TimesUp, il n'y a pas de meilleur moment pour continuer à mettre en lumière les femmes qui se sentent discriminés et les personnes qui les soutiennent. » Elle poursuit en s'adressant aux caméras : « Vous entendrez souvent les gens dire : "Vous aidez les gens à trouver leur voie", mais je ne suis pas d'accord. Car les femmes n'ont pas besoin de trouver une voix. Elles ont déjà leur voix, elles doivent se sentir autorisées à l'utiliser, et les gens doivent être encouragés à les écouter. »

Ignorant l'attitude figée de Kate, Meghan parle d'inclusivité et de diversité ; elle évoque avec conviction comment il est possible de mettre fin à l'injustice et ses protestations, sur le tournage de *Suits*, contre le nombre de scènes où elle devait sortir presque nue de la douche. Elle se présente comme une pionnière, luttant pour ses convictions, comme « la princesse féministe de nos rêves » qui a déclaré avec audace que Harry est féministe[366].

La réaction du public est mitigée. Beaucoup de jeunes sont impressionnés, mais une grande majorité pense que, en Grande-Bretagne, les femmes ne semblent pas être réduites au silence. La reine, la Première ministre, la présidente de la Cour suprême, toute sont des femmes. Et c'est le cas aussi de nombreux hauts fonctionnaires, industriels et éditeurs de médias. De plus, c'est grâce à Harry que Meghan se tient sur cette estrade. Le mariage la rendra riche et titrée, mais pas célèbre pour ses réalisations personnelles. Mais elle a choisi de se créer un nouveau rôle qui dépasse de loin celui de Rachel Zane.

Pendant que Meghan parle, Harry remarque le rictus de William. L'allocution de sa fiancée ignore cette règle : les membres de la famille royale doivent rester neutres pour favoriser l'unité nationale. Elle n'a pas été invitée à rejoindre la Royal Foundation pour réinventer les us et coutumes de la monarchie. William redoute intérieurement que Meghan n'ait pas compris ce que le public attend d'elle : une certaine aura plutôt que de la familiarité. Essaie-t-elle de voler la vedette à Kate ? Se rend-elle compte qu'il existe une hiérarchie dans la monarchie constitutionnelle ? Aussi forte qu'elle soit, Meghan ne peut pas gagner, car Kate sera un jour la reine et Meghan restera une duchesse. Harry a-t-il expliqué à Meghan que le protocole veut qu'ils marchent toujours derrière William et Kate ? Harry a-t-il osé lui dire que son rôle dans la famille royale va se réduire ? Ou bien a-t-il évité cette vérité par peur de perdre Meghan ?

« Le mariage d'abord », chuchote Harry à voix haute.

« Nous pouvons être multitâches », répond Meghan à cette interruption inattendue. Au lieu de parler de santé mentale, elle se laisse emporter par sa vision d'une monarchie moderne. Elle s'imagine au centre de la scène au lieu de reconnaître sa position à la périphérie. Son illusion est compréhensible.

Alors que le malaise devient évident, William tente de rétablir l'harmonie. La monarchie, propose-t-il, doit être « pertinente pour leur génération », mais les Fab Fours ne doivent pas « réinventer le monde. »

Questionnés par une personne dans le public sur d'éventuels désaccords, les quatre jeunes gens rient. Les différends, ils le reconnaissent, existent. « Ils sont nombreux mais ne durent pas, déclare Harry. Travailler en famille n'est pas toujours simple. »

Quand on demande à William si leurs désaccords sont résolus, la réponse est moins tranchée : « Nous l'ignorons. » Dans cette ambiance en apparence joviale, où tout le monde fait preuve de bonne volonté envers Meghan, peu de spectateurs réalisent que l'expression souriante de Kate cache une certaine irritation. Les médias ont déjà été informés que la tenue marine foncé que Meghan arbore a coûté 1 415 livres sterling, contre 99 livres pour la robe de Kate. Derrière le stoïcisme de la future reine se cache une déception triste. Notamment sur la façon dont Meghan traite le personnel que les deux couples partagent, sur leurs désaccords dans la gestion de la Fondation et, plus récemment, sur la mauvaise humeur que Harry manifeste envers William.

Ces derniers mois, Charles a cherché à apaiser sa relation avec William. Il redoute une crise quand Elizabeth II mourra. Le décès de cette reine bien-aimée sera un traumatisme national. Pour gérer la transition, son couronnement doit marquer une étape importante. Les organisateurs n'ont pas encore arrêté le faste et la durée de la cérémonie. Charles voudrait aussi obtenir l'accord de William pour que Camilla soit couronnée reine. Afin de s'assurer le soutien de son fils aîné pour assurer cette difficile transition, Charles confie davantage de tâches publiques à William et à Kate. Ils incarnent les visages modernes des meilleures valeurs de la Grande-Bretagne. À condition que le changement de règne se déroule bien.

La relève de la garde au Palais est généralement exécutée avec une précision militaire. Le départ de Christopher Geidt a été une exception. Juste avant la fête organisée pour le départ de ce fidèle serviteur, début mars 2018, Charles se trouve au palais de St James voisin, pour assister au baptême de Meghan par l'archevêque de Canterbury. Mais lui et son frère ont refusé de participer à l'hommage à Geidt. Ils ont boycotté la soirée[367].

La tension ne peut plus être dissimulée. Mark Leishman, le secrétaire privé de Charles, a d'ailleurs démissionné. Et la reine décerne à Geidt son troisième titre de chevalier en six ans. Edward Young, le successeur de Geidt, devra relever le défi de gérer la crise qui se profile au sein de la famille. Peu de gens pensent qu'il sera à la hauteur de la tâche.

Douze jours plus tard, le 12 mars, le public n'a pas conscience de ce qui se joue quand la reine conduit le cortège familial pour la cérémonie du Commonwealth Day, à l'abbaye de Westminster. Seule une poignée d'initiés remarque l'irritation de Meghan qui, comme le veut le protocole, marche, derrière Kate et non pas à sa hauteur.

CHAPITRE 21

Larmes

Thomas Markle se sent seul. « Je n'ai pas reçu d'invitation pour ton mariage », dit-il à Meghan au téléphone.

« Elle a dû se perdre », répond-elle.

Thomas sait qu'un représentant du consulat britannique a rendu visite à Doria avec un parchemin officiel et qu'elle a également reçu une invitation officielle. Sa conclusion est claire : « Elle me raconte des conneries. C'est le travail de Doria. »

« Fais profil bas », insiste Meghan auprès de Thomas.

Certains membres du Palais s'étonnent que Meghan ait refusé de se rendre discrètement à Los Angeles avec Harry pour rencontrer son père. Après tout, Doria est en contact régulier avec le palais de Kensington. Meghan s'est même rendue à Los Angeles pour montrer à sa mère les croquis de sa robe de mariée et demander à Oscar de la Renta de confectionner la tenue de Doria – un manteau et une robe vert pâle avec un chapeau assorti[368].

Pendant son séjour, Meghan n'a pas proposé à Thomas Markle de venir à Los Angeles. Elle a seulement demandé à un tailleur de Beverly Hills de prendre les mesures de son père pour un costume qui sera fabriqué à Londres. Thomas s'est présenté chez le tailleur sous un pseudonyme. On lui dit de prendre l'avion pour Londres le 16 mai : il arrivera ainsi deux jours avant le mariage pour essayer le costume. Doria doit atterrir peu de temps avant la cérémonie, malgré le décalage horaire.

Meghan veut limiter les risques. A-t-elle peur que Thomas révèle des vérités qu'elle préfère taire ? Ou, pire, que Harry prenne peur en rencontrant Thomas et renonce au mariage ?

Le malaise de Thomas est aggravé par celui de sa famille, dont aucun des membres n'est convié. L'ancien diplomate Michael Markle, oncle de Meghan, qualifie de « déplacée » l'« indifférence » de Meghan. Il ajoute : « Je suis bouleversé et surpris. Meghan s'est élevée dans la société et nous a rejetés – c'est ce que je ressens[369]. » Tom Junior se montre tout aussi accablant : « Elle a brisé notre famille. » Samantha émet l'hypothèse que Meghan a honte des hommes blancs de la classe ouvrière. Les proches de Doria sont tout aussi déçus, en particulier son demi-frère, Joseph Johnson. Il s'est occupé de Meghan jusqu'à son départ pour l'université. Quand il mourra, en 2021, Meghan n'enverra aucun mot de condoléances à sa veuve.

Au Palais, les rumeurs vont bon train. Les départements publicitaires de grandes marques de créateurs – Chanel, Dior, Armani, Givenchy et autres – ont été contactés par un membre du personnel de Meghan : la jeune femme serait ravie que la maison lègue prochainement un sac à main, des chaussures ou un accessoire au palais de Kensington. Ces articles seraient traités comme des cadeaux, a-t-on précisé. Ces requêtes ont beaucoup surpris : par le passé, les offres de cadeaux à Kate avaient été rejetées en vertu du principe selon lequel la famille royale n'accepte pas ce type de cadeaux. Le personnel de Meghan, semble-t-il, s'est affranchi de cette règle.

Ces rumeurs coïncident avec la naissance de Louis, le troisième enfant de Kate et William. Cinq heures plus tard, parfaitement maquillée et posant pour les caméras sur les marches de l'hôpital St Mary, Kate présente le dernier bébé royal, puis sourit et s'en va avec William. Harry s'est réconcilié avec le fait que, en tant que sixième de la lignée, il n'est plus le « suppléant ». Son partenariat avec Meghan lui permet de se repositionner.

Une des victimes de cette naissance royale est le documentaire télévisé sur Camilla, programmé pour le soir même. Kate retient toute l'attention, et le film, qui a préoccupé Charles, suscite moins d'intérêt. Craignant l'impopularité de Camilla alors que les sondages indiquent qu'une majorité de Britanniques souhaiterait que ce soit William qui succède à la reine, Charles a demandé à ses fils de faire l'éloge de sa femme dans le documentaire. Tous deux ont refusé[370].

Témoin de ces désaccords, Meghan est déterminée à dicter les termes de sa propre publicité. Elle contrôlera la façon on doit la percevoir, ainsi que le ton de la cérémonie de mariage. Hollywood, elle le sait, adorerait les images d'une princesse américaine avec pour toile de fond un château médiéval et l'intérieur d'une église du XVe siècle.

Quand Meghan est invitée à découvrir la chapelle St George, son guide lui signale les tombes des rois. L'histoire et la pertinence de ces pierres ne frappent pas Meghan. Même la tombe de George III, qui a perdu l'Amérique en tant que colonie britannique en 1776, passe inaperçue. Après un an en Angleterre, Meghan montre peu d'attention pour l'histoire de la famille de Harry et pour son pays. Divorcés, Charles et Camilla n'ont pas été autorisés à se marier dans la chapelle, alors que la reine, pour mieux intégrer Meghan à la famille royale, a permis son mariage dans cette même chapelle, contrevenant ainsi à la règle. Meghan semble convaincue que leur mariage historique permettra, selon les mots de Harry, de préserver la popularité de la monarchie.

Le comportement de Meghan alimente les spéculations sur les raisons de la colère de Kate, révoltée par la façon dont le personnel est traité. Les demandes de Meghan sont formulées comme des ordres plutôt que comme des demandes pour savoir si quelque chose est possible. Les femmes qui préparent le mariage, toutes triées sur le volet, sont la cible de ses récriminations. Parmi les nombreux litiges, citons le choix de la musique pour le mariage (indécis jusqu'aux derniers jours), le menu de la réception (constamment modifié), la liste des invités (non seulement les plus vieux amis de Harry, mais aussi de nombreux cousins, oncles et tantes ont été exclus), la question de savoir si la liste des invités devait être modifiée ou non (le veto de Meghan a été définitif), la disposition des sièges dans la chapelle, la robe de Meghan (fréquemment retouchée), l'emploi d'un désodorisant dans la chapelle (la demande de Meghan a été rejetée), le coût de la cérémone (Charles a accepté d'augmenter le budget) et, surtout, le choix du diadème. Âgée de 61 ans, Angela Kelly est la conseillère personnelle de la garde-robe de la reine, et personne n'est plus proche d'Elizabeth II parmi les membres du personnel. Dévouée, Angela Kelly est notamment chargée de la collection royale de diadèmes. Dans la salle sécurisée du Palais, Meghan a arrêté son choix sur un diadème d'émeraudes et a reçu l'approbation de Harry. Mais selon Kelly, l'origine russe du bijou rend ce choix impossible. Harry s'est mis en colère. « Il a été carrément impoli », selon le *Times*[371]. Kelly a rapporté cet échange à la reine, et cette dernière a convoqué son petit-fils : « Il a été fermement remis à sa place », a rapporté le journal.

Peu de temps avant le mariage, une nouvelle querelle éclate autour du diadème que Meghan doit porter, un bandeau en diamant porté par la grand-mère d'Elizabeth II, la reine Mary. Le coiffeur de Meghan, qui est venu de New York pour coiffer la jeune femme, demande à Kelly que le diadème soit livré à la chambre du coiffeur. Kelly refuse. Les diadèmes, dit-elle, ne sortent pas pour les essais de coiffure. Nouvelle colère de Harry, qui accuse Kelly de ne pas être serviable[372]. « Ce que Meghan veut, elle doit l'obtenir », crie-t-il.

Harry est désormais surnommé « l'Otage » par certains de ses collaborateurs[373]. Cependant, Meghan ne semble pas perturbée par le fait de déclencher de tels incidents. Le respect des traditions, du protocole et des relations familiales ne la dissuade pas d'ennuyer son monde – y compris la reine.

La tension monte d'un cran lorsque Kate arrive avec Charlotte, sa fille de trois ans, à un essayage pour les robes des demoiselles d'honneur. Kate est irritée par les récriminations de Meghan et sa façon de s'adresser au personnel. Quelqu'un s'est plaint de sa désinvolture, un autre que son tempérament est hautain et de son peu de gentillesse envers les personnes qui n'appartiennent pas à son cercle. Le poète W. H. Auden a très bien résumé ce type de situation : « Les visages privés dans les lieux publics sont plus sages et plus agréables que les visages publics dans les lieux privés. » Comme elle vient d'accoucher de Louis, Kate est trop fatiguée pour faire face à un désaccord sur la question de savoir si les demoiselles d'honneur doivent porter des collants. Selon le protocole, Kate pense qu'elles doivent le faire. Mais la tradition n'intéresse pas Meghan, soutenue par Jessica Mulroney, présente en tant que conseillère et mère d'une autre demoiselle d'honneur, Ivy. Selon certains témoins, Meghan aurait montré une plus grande attention envers Ivy. D'autres sont surpris par l'attachement étroit entre Meghan et Mulroney.

Ce désaccord est suivi d'une dispute sur la longueur de l'ourlet de Charlotte. Kate la trouve trop courte, et dit qu'elle ne lui va pas. Melissa Touabti, l'assistante de Meghan, et les couturières employées par la styliste de Givenchy, Clare Waight Keller, ont vu Meghan rejeter catégoriquement l'observation de Kate. Décidément, la fiancée de Harry n'aime pas faire de compromis. Pour Kate, toutes ces prises de bec confirment les plaintes de Touabti et des autres membres du personnel. Kirstie Allsopp, une amie de Camilla, confirmera plus tard que Kate a fondu en larmes en voyant comment Meghan intimidait le personnel[374].

Kate quitte la pièce, puis décide de faire un geste et retraverse tout le Palais pour offrir un bouquet de fleurs à Meghan. Elle lui suggère aussi de ne pas parler impoliment au personnel. « C'est inacceptable[375]. » Ce qui a suivi ne pourra jamais être établi de manière irréfutable. Selon la version de Kate, Meghan lui aurait claqué la porte au nez après avoir jeté ses fleurs. De son côté, Meghan a raconté à Oprah Winfrey que c'est elle qui a fondu en larmes, et que Kate lui a offert des fleurs pour s'excuser[376]. « Je pense que c'est à partir de là que tout a changé », a déclaré Meghan. C'est la seule chose d'à peu près certaine dans cet incident.

Quand Camilla Tominey évoque les larmes de Kate dans le *Daily Telegraph*, Meghan y voit le « début d'une diffamation ». Elle souhaite une mise au clair, mais le porte-parole du Palais refuse d'accéder à sa demande[377].

CHAPITRE 22

Humiliation

À Rosarito, Thomas Markle se sent abandonné. « J'étais harcelé quotidiennement par les médias. Je ne savais pas vers qui me tourner. Personne ne m'a aidé au Palais. Je me sentais très seul[378]. » Non seulement Meghan ne téléphone pas, mais Jason Knauf, le contact de Thomas à Bunckingam, ne le rappelle jamais. Thomas Markle est inquiet. « J'ai été écarté », déclarera-t-il plus tard[379].

Propulsé sous les feux de la rampe, Thomas est contrarié par l'image qu'on donne de lui sur Internet et dans la presse, où il est décrit comme un ermite débraillé, obèse et alcoolique. Des trolls l'accusent de ne pas défendre Meghan. Il est gêné par le contraste entre son style de vie et l'atmosphère glamour qui entoure sa fille. Les journaux britanniques demandent pourquoi aucune photo récente de Meghan et de son père n'est parue, ils émettent l'hypothèse que Harry n'a pas rencontré Thomas sur ordre de Meghan et ils se demandent pourquoi il change sans cesse de numéro de portable[380].

Dans ce contexte humiliant, Meghan porte un coup blessant. Thomas a dit à Harry qu'il voudrait faire un petit discours au mariage. Peu de temps après, Meghan l'appelle pour lui dire que ce n'est pas possible. « Ça m'a fait mal, admet Thomas. C'était le pire des coups[381]. » Le chef éclairagiste primé est un homme fier. Il aimerait recevoir un peu de reconnaissance publique, voire d'admiration, en tant que père de cette remarquable jeune femme.

Samantha Markle écoute ses plaintes répétées. Elle est alors contactée par Jeff Rayner, un photographe britannique basé à Los Angeles. Rayner propose de prendre des photos de Thomas en train de se préparer pour le mariage. Samantha dit à son père que ces images montreront qu'il n'est pas un ermite. « Je lui ai donc suggéré de faire des photos où il se montrerait à son avantage, pour son bien et celui de la famille royale[382]. » Même si Harry a averti Thomas Markle de ne pas traiter avec les médias – « ils vous mangeront tout cru » –, Thomas accepte la proposition.

Il rencontre Rayner dans un restaurant à Rosarito. « Vous avez l'air débraillé et gros sur les photos », commente Rayner en étalant des photos de Thomas prises par les médias. Une image de Thomas portant quatre canettes de bière laisse entendre que le père de Meghan est un buveur. « Nous allons vous donner une belle apparence », déclare Rayner. Soucieux de ne pas donner l'impression que les photos sont mises en scène, Thomas insiste pour que Rayner prenne des clichés à distance. Ils signent un accord. Il sera payé 1 500 dollars, plus 30 % des droits d'auteur.

Le 27 mars, Rayner prend plusieurs clichés de Thomas Markle à Rosarito : feuilletant un livre illustré sur la Grande-Bretagne dans un Starbucks ; lisant des articles sur Meghan et Harry dans un cybercafé ; chez un tailleur en train de se faire prendre en mesure pour le costume qu'il doit porter mariage. Le « tailleur » est un étudiant de 17 ans, David Flores, vendeur dans un magasin de vêtements de fête. Il est payé 15 dollars pour tenir le ruban que Markle lui-même a fourni. « Cela ne fait pas très naturel », commente Thomas. « Ne vous inquiétez pas, dit Rayner. Personne ne s'en rendra compte. » Crédule et désespéré, Thomas fait confiance à Rayner. Le photographe, de son côté, veut attendre le bon moment pour vendre les images au meilleur prix.

À Londres, les rumeurs sur le comportement discourtois de Meghan à l'encontre de son personnel finissent par franchir les murs du Palais. « Je pense que la pression pour échapper à la Firme est écrasante, prédit Germaine Greer, féministe et républicaine. Elle s'est déjà enfuie. Je pense qu'elle va fuir encore. D'une certaine manière, j'espère qu'elle va s'enfuir, mais peut-être qu'elle emmènera Harry avec elle. »

La chroniqueuse Camilla Long partage cet avis : « Il est peu probable que Meghan n'ait pas déjà planifié une grande interview avec Oprah une fois le divorce prononcé et sa fuite en Amérique. Elle a déjà écrit ses lignes sur le "processus de guérison" et monnayera une leçon de "développement personnel" en public. » Les propos de Long sont étrangement précis. Oprah Winfrey a en effet appelé le Palais pour solliciter une interview avant le mariage. Flattée d'être désormais classée parmi les superstars, Meghan a refusé par l'intermédiaire de ses agents. Elle attendra, aurait-elle dit, « que ce que ce soit le bon moment[383] ».

Ces premiers coups de feu déclenchent d'autres commentaires sceptiques. Est-ce qu'on a affaire, s'interroge Patrick Jephson, ancien secrétaire particulier de Diana, à une femme amoureuse et prête à se sacrifier pour son devoir, ou cherche-t-elle une scène pour satisfaire sa soif de gloire[384] ? Peut-elle faire la distinction entre sa célébrité en tant qu'actrice et sa nouvelle renommée mondiale découlant uniquement de son mariage avec Harry ?

Même les fonctionnaires du Palais les plus discrets expriment la même exaspération. Meghan semble ressentir l'atmosphère délétère. Une amie proche évoque sa colère. Les critiques, selon elle, seraient motivées par le racisme : « Citez-moi une femme de couleur à un poste de direction qui n'a pas été accusée d'être trop en colère, trop effrayante, trop je ne sais quoi encore[385]. »

À la veille du mariage, Patrick Jephson exprime en privé la crainte que Meghan utilise la carte raciale pour réfuter les critiques. « Ce serait tragique si Meghan et son mari prenaient l'habitude d'utiliser ce prétexte pour tirer à boulet rouge sur les mêmes médias qui ne manqueront pas de claironner leur bon travail pendant les années à venir. »

Jephson est également préoccupé par le fait que Harry ne cesse de trouver des points communs entre Meghan et Diana. Cette illusion, selon lui, est dangereuse. Comme Diana et Fergie avant elle, Meghan ne doit pas surestimer sa valeur. Nouvelle venue dans le « business de la dynastie », elle doit limiter son objectif à préserver la monarchie comme signe de l'unité nationale. « Les Windsor se montreront impitoyables s'ils se sentent menacés[386]. » Jephson a très bien connu Diana – mieux que Harry. Il l'a vue « répandre le bonheur », mais il a aussi été témoin de ses faiblesses. Se plaçant en dehors du système, Diana ignorait les conseils, tenait ses fonctionnaires dans l'ignorance et, parce qu'elle échappait à tout contrôle, elle a fini par être rejetée. Meghan, selon Jephson, reproduit le pire de Diana. Et non, comme le croit Harry, le meilleur.

Fin avril, alors que le compte à rebours a commencé – le mariage sera célébré le 19 mai –, Jeff Rayner vend les photos de Thomas Markle à la presse. Dès la parution des premières à l'étranger, Knauf alerte Meghan. Celle-ci appelle son père. À la question de savoir s'il a coopéré avec un photographe, Thomas répond non. Le Palais dément donc officiellement que Thomas Markle a coopéré avec Rayner. Thomas Markle, déclare M. Knauf, souffre de l'intrusion des médias – il est suivi et harcelé par les photographes. Il somme les médias de respecter la vie privée du père de Meghan. Tout le monde croit le démenti de Knauf.

Le 3 mai, deux semaines avant le mariage, Thomas Markle consulte en urgence, car il souffre de douleurs à la poitrine. Des années plus tôt, il a reçu un traitement à la nitroglycérine pour des battements cardiaques irréguliers. Les ambulanciers lui disent qu'il est en train de faire infarctus et qu'il doit se rendre aussitôt à l'hôpital. Après quelques heures d'observation, et malgré une insuffisance cardiaque présumée, il sort de l'hôpital. Au cours des jours suivants, il parle à Meghan de ses problèmes de santé. Il lui dit aussi qu'il est impatient de porter son nouveau costume et ses nouvelles chaussures, et que, lors d'un voyage à Los Angeles, il a laissé des fleurs chez Doria pour la fête des mères. Dans le même temps, Rayner vend les photos et s'attend à gagner plus de 100 000 livres sterling. L'une d'elles est publiée par le *Sun* en exclusivité.

Le 11 mai, Harry et Meghan appellent Thomas Markle et ils lui demandent s'il a coopéré avec Rayner[387].

« Non », affirme Thomas.

« Si vous mentez, dit Harry, la vie de mes enfants est menacée. »

« Qu'est-ce que vous dites ? hurle Thomas, furieux. Vous n'avez pas d'enfants. »

Le 11 mai, Thomas envoie un message à Meghan : « Je sais que tu travailles dur pour me mettre en valeur. [sic] Merci. Je commence à être excité. Tout est si proche maintenant. Je suis impatient de te conduire à l'autel[388]. »

La vie des Markle change brutalement le dimanche 13 mai. Le *Mail on Sunday* révèle la complicité entre Thomas Markle et Jeff Rayner. Une image pixélisée montre Thomas en train de suivre Rayner qui tient un appareil photo équipé d'un télé-objectif. D'autres informateurs, dont David Flores, le fameux « tailleur », confirment cette collaboration[389]. Si le Palais est embarrassé, Meghan et Harry sont furieux de cette « trahison » [390]. Les appels répétés de Meghan à son père restent sans réponse. Mortifiée, elle accuse les médias d'être irresponsables, nuisibles, impitoyables et malveillants. Elle affirme que le *Mail on Sunday* était au courant de la collaboration depuis un certain temps et qu'il a attendu le dernier moment pour dénoncer son père. C'est faux.

Le 14 mai, Thomas se réveille tard comme à son habitude. Vers 11 heures, soit 19 heures à Londres. Il envoie un SMS à sa fille pour lui dire qu'il est désolé, qu'il l'aime et qu'il est prêt à faire des excuses publiques. Pour lui épargner tout nouvel embarras, ainsi qu'à la famille royale, il propose de ne pas assister au mariage[391].

Après des mois de silence, la crise en cours déclenche une avalanche d'appels. Harry téléphone à Thomas pour lui déconseiller de faire d'excuses publiques. Cela ne ferait qu'empirer les choses. Thomas accepte l'ordre. Et ajoute qu'il viendra au mariage. Harry lui répond qu'un fonctionnaire britannique passera le chercher chez lui pour le conduire à l'aéroport. Peu après cette conversation, Jason Knauf appelle Thomas. Des excuses, dit le fonctionnaire, seraient finalement recommandées. Personne à Londres ne peut imaginer la confusion de Thomas Markle. Tout seul chez lui, il ne sait plus quoi faire.

Contrairement à ce que prétend Meghan, Thomas affirme que le deuxième appel de Knauf concernant les excuses est le dernier qu'il ait reçu. Knauf n'a pas parlé « à plusieurs reprises[392] » à Thomas Markle, comme le prétendra Meghan par la suite. Elle dira également que Knauf « a fait des efforts importants pendant de nombreux mois pour protéger M. Markle et s'opposer aux intrusions dans sa vie privée[393] ». Thomas Markle dément. Non seulement il a été abandonné, mais il est humilié. Ce midi-là, il se rend au McDonald's. Après ce repas, il se dirige vers un KFC.

Plus tard ce jour-là, le 14 mai, Thomas ressent de nouveau des douleurs dans la poitrine. Étourdi par des palpitations, il présente tous les symptômes d'une crise cardiaque. Il demande à un ami de lui faire traverser la frontière pour le conduire à l'hôpital de Chula Vista, en Californie. Tandis qu'il attend son ami, son téléphone sonne. Un homme se faisant appeler Sarge annonce qu'il arrive pour conduire Thomas à l'aéroport de Los Angeles. Il doit prendre l'avion deux jours plus tard.

« Désolé, répond Thomas. Je suis obligé d'annuler. Je dois aller à l'hôpital. »

« Je transmettrai le message, dit Sarge. Merci. »

Avant de se rendre à l'hôpital, Thomas a confié au site people américain TMZ qu'il a coopéré avec Rayner pour « réhabiliter » son image, mais qu'il se sent « ridicule » et qu'il ne prendra donc pas l'avion pour Londres. Contrairement à ce que Meghan affirmera par la suite, il n'a pas refusé de monter dans la voiture qui l'attendait pour le conduire à l'aéroport, et il n'a pas « repoussé » l'agent de sécurité envoyé par l'ambassade britannique[394]. Ce dernier, tout comme l'homme qui se fait appelé Sarge, sont arrivés alors que Thomas avait déjà franchi la frontière[395]. Avant d'entrer à l'hôpital, il envoie un SMS à Meghan pour s'excuser et lui dire qu'il ne peut pas se rendre à Londres.

Harry et Meghan sont effondrés. Dans une série de textos adressés à Thomas Markle, le prince se montre très tendu : « Tom, c'est Harry, je vous appelle tout de suite. S'il vous plaît, décrochez. Merci. » « Tom, c'est encore Harry ! Il faut vraiment que je vous parle. Vous n'avez pas besoin de vous excuser, nous comprenons les circonstances, mais rendre la situation publique ne fera qu'empirer les choses. Si vous aimez Meg et que vous voulez arranger les choses, appelez-moi, car il existe deux autres options qui ne vous obligent pas à parler aux médias, qui sont d'ailleurs à l'origine de cette situation. S'il vous plaît, appelez-moi pour que je puisse vous expliquer. Meg et moi ne sommes pas fâchés, nous avons juste besoin de vous parler. Merci. Parler à la presse va se retourner contre vous, croyez-moi, Tom. Nous sommes les seuls à pouvoir vous aider, comme nous essayons de le faire depuis le premier jour. »

Avec un décalage horaire de huit heures entre Londres et la Californie, la confusion domine le 16 mai. Au réveil, Meghan découvre sur TMZ que son père a fait une crise cardiaque et qu'il est hospitalisé. Elle affirmera plus tard que c'est à ce moment-là qu'elle a « appris » l'état de santé de Thomas Markle[396]. Ce scénario est difficile à croire. Sarge et le garde de sécurité de l'ambassade britannique dépêchés au domicile de Thomas Markle ont été informés qu'il était en route pour l'hôpital. Et Meghan a reçu un SMS de Thomas lui annonçant également la nouvelle. Mais elle n'y a pas cru.

Meghan envoie un texto à son père : « J'ai cherché à te joindre tout le week-end, mais tu ne réponds ni à nos appels ni à nos textos. Je suis très inquiète pour ta santé et ta sécurité, et j'ai pris des mesures pour te protéger, mais je ne sais pas ce que nous pouvons faire de plus si tu ne réponds pas. As-tu besoin d'aide ? Pouvons-nous t'envoyer de nouveaux des agents de sécurité ? Je suis désolée d'apprendre que tu es hospitalisé, mais j'ai besoin que te joindre. Dans quel hôpital es-tu ? »

Dix minutes plus tard, Meghan envoie un autre message : « Harry et moi avons décidé ce matin de t'envoyer les agents de sécurité que tu as refusés ce week-end pour veiller sur toi. Tout cela est compliqué, mais ta santé passe avant tout[397]. » Elle ajoute : « S'il te plaît, appelle dès que possible. » Envoyer un agent de sécurité à Thomas Markle à Rosarito alors qu'il est sur le point d'être opéré en Californie est pour le moins étrange. Et cela fait dix-huit mois que Thomas demande désespérément de l'aide. Il répond à Meghan qu'il doit rester quelques jours à l'hôpital et refuse l'offre d'une protection.

Le 16 mai, Thomas est opéré en urgence. Deux artères sont débouchées par angioplastie pour éviter une crise cardiaque. À son réveil, Thomas envoie un message à Meghan : « L'opération s'est bien passée. La crise cardiaque a fait des dégâts. » Les médecins, poursuit-il, lui ont interdit de prendre l'avion pour Londres. Il termine par ces mots : « Je t'aime et je te souhaite le meilleur pour la suite. »

Harry répond par texto : « Si vous nous aviez écouté, ça ne serait jamais arrivé. »

Piqué au vif par cette réprimande et le fait que Harry ne lui pose aucune question sur son état, Thomas reconsidère sa position. Dans un texto, il demande à Meghan qui la conduira à l'autel. Et il ajoute : « Je viendrai si tu as vraiment besoin de moi. Je suis désolé pour tout. » TMZ annonce de son côté que Thomas a décidé de prendre l'avion pour la Grande-Bretagne[398].

De Londres, Harry envoie de nouveau des SMS disant qu'ils ne sont pas fâchés. Et Meghan conclut son dernier message par ces mots : « Love. M and H[399]. » Puis elle appelle Thomas. Elle le supplie de venir à Londres. Quand il l'entend pleurer, Thomas comprend que sa fille ne croit pas à son hospitalisation[400]. L'appel se termine mal. « Ce serait finalement mieux pour vous que je sois mort », s'emporte Thomas avant de raccrocher.

Harry a envoyé trois messages à Thomas que ce dernier interprète comme autant d'avertissements. Il a, entre autres, « réprimandé » Thomas pour avoir parlé à la presse et l'a accusé de faire du mal à Meghan, sans lui poser de questions sur sa santé ni lui souhaiter un bon rétablissement. Blessé, Thomas a répondu sèchement : « Je n'ai rien fait pour vous faire du mal, à vous, à Meghan ou à qui que ce soit d'autre. Je suis désolé que ma crise cardiaque vous ait causé du tort. » Harry niera que cet échange ait eu lieu[401].

Meghan reconnait toutefois avoir reçu un « message désagréable » de son père. Dans les cinq minutes qui suivent, elle l'appelle quatre fois. Il ne répond pas. Utilisant le téléphone de Meghan, Harry envoie un SMS : « Tom, c'est Harry. Décrochez, s'il vous plaît. J'ai besoin de savoir si c'est vraiment vous, parce que ça ne vous ressemble pas du tout. » Thomas expliquera ensuite : « Il pouvait dire ce qu'il a dit, mais pas quand j'étais couché à l'hôpital après une crise cardiaque. Il y a un temps pour tout[402]. » Par la suite, Meghan n'a plus envoyé de texto à Thomas, ne lui a plus téléphoné et a ignoré ses appels. À 4 h 57, le jour du mariage, Thomas appelle, mais n'obtient pas de réponse[403]. Ce qui ne le surprend pas.

Le 16 mai, trois jours avant le mariage, le porte-parole officiel de Kensington informe que Thomas n'assistera pas au mariage pour des raisons de santé. Entre-temps, plusieurs membres de la famille Markle sont venus à Londres pour participer à des émissions télévisées. Ils ont été présentés comme des alcooliques, des cultivateurs de cannabis et d'anciens taulards attirés par l'argent, et ils sont furieux de n'avoir pas été invités à une « réunion de famille ». Parmi les visiteurs figurent Roslyn, la première femme de Thomas Markle, ainsi que l'ex-femme de Tom Junior et ses deux fils. Aucun n'a jamais rencontré Meghan.

Tyler, le neveu de Meghan, profite de sa visite pour promouvoir son dernier produit à base de cannabis, Markle's Sparkle. Tyler est brouillé avec son père, Tom Junior : « Mon père, c'est quelqu'un d'ignoble[404]. » Son frère Dooley fait l'éloge de Meghan et dénonce les médias : « Je l'ai toujours admirée[405]. »

Au dernier moment, tous les Markle sont écartés par les télévisions, mais Samantha refuse d'être réduite au silence. Elle veut promouvoir son prochain livre, *The Diary of Princess Pushy's Sister*, et montrer que Meghan n'est pas cette « humanitaire empathique » qu'elle prétend être. Elle n'a rien en commun avec Diana. « Au début de l'année, déclare-t-elle à la télévision américaine, on nous a demandé de ne pas parler au public, mais je suis catégorique : il y a quelque chose, dans ce pays, qui s'appelle la liberté d'expression. Et elle n'a pas de copyright dessus. »

Au milieu de ce fond sonore, Meghan se demande qui la conduira à l'autel. Harry accepte de demander à Charles. « C'est notre père, alors il sera là pour nous. » Charles répond : « Je ferai tout ce dont Meghan a besoin et je suis là pour te soutenir[406]. » Harry dira plus tard à propos de Charles : « Il a été là pour nous. Il était le seul à faire face ; il a essayé de faire de son mieux et s'est assuré que nous étions protégés et qu'on s'occupait de nous[407]. »

Thomas Markle ne peut toutefois pas être totalement rayé de la cérémonie, car son nom figure sur l'ordre de service. Pour résoudre ce problème, le Palais doit obtenir son accord. Pour dissimuler la crise familiale chez les Markle, le Palais a déclaré à James Beal du *Sun* que Meghan a parlé à son père : « Meghan a dit qu'elle l'aimait. Il a dit qu'il se remettait bien et qu'il ne fallait pas s'inquiéter. » Thomas a « dit » à Meghan qu'il est « honoré » que Charles le remplace pour la cérémonie[408].

Doria Ragland arrive discrètement à Londres le 17 mai. Accueillie comme une VIP à sa sortie de l'avion, elle est conduite directement à l'hôtel Cliveden House, à l'extérieur de Londres, pour se préparer à rencontrer Charles et la reine, à Clarence House, puis au château de Windsor. Meghan a réussi à dissimuler la vérité sur sa mère. En retour, Doria a reçu l'ordre de ne pas parler. Cela semble inclure les expressions faciales.

Doria est sur le point de participer à l'une des plus grandes représentations des Windsor – le pitch, selon certains, c'est le rapt d'une famille royale infortunée par Hollywood.

CHAPITRE 23

Le mariage

Le conte de fées a été parfaitement chorégraphié par les Windsor : un riche prince épouse une belle demoiselle dans un château magnifique, au milieu de centaines d'invités, puis s'en va dans un carrosse tiré par des chevaux sous les acclamations de citoyens en adoration. Hollywood n'aurait pas pu faire mieux.

Peu de membres du personnel du palais de Kensington abordent cette journée sans être meurtris et sans éprouver des doutes sur Meghan et Harry. La famille est divisée. William et Kate sont sceptiques, tandis que Charles et la reine sont soulagés que Harry ait choisi une femme sensée, apparemment prête à assumer une fonction publique. Les inévitables tensions doivent être oubliées le temps du mariage – comme dans beaucoup de familles à la veille d'un si grand jour.

Un mariage symbolise l'union de deux familles et de leurs proches. La liste des personnes invitées par le couple défie cette convention. Chez Harry, elle reflète un détachement délibéré vis-à-vis de son passé. Plusieurs membres de la famille royale – cousins, oncles et tantes – sont surpris de ne pas être conviés. Des hommes politiques ont été exclus, dont la Première ministre britannique et Donald Trump. Meghan a exprimé plusieurs fois son mépris à l'encontre de ce dernier, mais il refuse de la critiquer quand Piers Morgan, dans une interview télévisée, évoque les accusations de misogynie formulée par l'actrice à son encontre. « J'espère quand même qu'ils sont heureux », répond-il, faisant preuve d'un tact peu courant chez lui.

Dans tous les comtés, beaucoup de gens ont aidé Harry après la mort de Diana, lui ont appris à jouer au polo, lui ont offert l'hospitalité, l'ont emmené en safari en Afrique et se sont occupés de lui. Et ils ne comprennent pas pourquoi ils n'ont pas été invités. « Not Fucking Invited », protestent-ils. La conclusion qui s'impose, c'est qu'ils ne sont plus utiles à Harry. La liste des invités, très influencée par Meghan, ignore la nostalgie et la gratitude. L'accent est mis sur la nouveauté. « Les souris ne devraient pas épouser les rats », a déclaré un propriétaire terrien mécontent.

L'exclusion la plus notable est celle de la famille de Meghan. Relayant la surprise de la reine, Charles se montre perplexe que seul Doria soit présente. « Meghan s'est élevée socialement et nous a oubliés, déclare Mike Markle, son oncle de 80 ans. Je pense que c'est ce qui se passe quand on fait partie des classes populaires et qu'on essaie de s'élever au-dessus de sa condition. Elle se voit comme une vedette parce qu'il [Thomas] la traitait vraiment bien[409]. » Samantha Markle pense que sa demi-sœur exclut tous ses proches pour protéger les mensonges qu'elle a racontés à Harry et à d'autres sur sa vie[410].

À leur place, Meghan invite ses amies et ses admirateurs, dont John Fitzpatrick. Moins visibles mais plus importants sont ceux qu'elle a engagés pour gérer son profil hollywoodien : ses agents, avocats et conseillers de Los Angeles – Keleigh Thomas Morgan a une place de choix dans la chapelle. Derrière eux sont assis ses collègues acteurs de *Suits*. Beaucoup ne s'attendaient pas à cette invitation. Tous séjournent dans un hôtel d'Ascot et notent qu'ils ne sont pas invités au dîner. D'après leurs conversations avec Meghan, ils supposent qu'elle améliorera sa vie de célébrité avec l'approbation de la famille royale.

Les Windsor n'ont pas l'habitude d'accueillir des célébrités. Charles invite souvent des acteurs et des écrivains le week-end à Sandringham. De même, convier un homme d'affaires exceptionnellement serviable à un mariage est toléré. Kate et William ont ainsi invité le directeur d'Audi au Royaume-Uni à leur mariage, pour les conditions généreuses de l'entreprise sur les voitures qu'ils ont achetées. Parmi les vedettes présentent au mariage de Harry et de Meghan figurent David et Victoria Beckham, James Corden, Elton John, Serena Williams, ainsi que George et Amal Clooney. Tout le monde doute que Meghan connaisse les Clooney, mais le Palais insiste sur le fait que Harry a déjà rencontré l'acteur. Priyanka Chopra, l'actrice indienne, est une connaissance.

La plus grande surprise est la présence d'Oprah Winfrey, véritable papesse de la télévision américaine, réputée pour transformer les blessures en sagesse. Oprah n'est certainement pas l'amie de Meghan. Elles se sont rencontrées une seule fois deux mois plus tôt. Comme d'autres invités, Oprah sait que la relation sera utile. Meghan aussi. Être entourée des plus grandes stars de Hollywood établit fermement ses racines aux États-Unis.

Fait inhabituel, le Palais ne publie pas de liste des invités. Leur identification dépend des journalistes qui connaissent les célébrités ou suivent les réseaux sociaux. De nombreux invités n'ont pu s'empêcher de poster sur Instagram des messages et des photos de leurs tenues, de leurs hôtels et de leur trajet jusqu'à la chapelle St George.

La cérémonie attire des dizaines de milliers de personnes dans les rues qui longent le château, sous un soleil éclatant. La famille royale incarne l'identité de la Grande-Bretagne – humaine et imparfaite, mais aussi décente et attentionnée. Plus de dix millions de Britanniques regardent à la télévision l'arrivée du cortège. Meghan ne sera pas ravie : 17,6 millions de personnes ont regardé le mariage de Kate et 28 millions celui de Diana. Elle peut cependant être assurée que des millions de téléspectateurs ont regardé l'événement aux États-Unis ou ailleurs.

Parmi eux, allongé sur un lit d'hôtel pour éviter les journalistes indiscrets, Thomas Markle grogne : il connaît plus les invités des deux premiers rangs que sa fille. Il les a rencontrés à Hollywood et a tourné avec tous, y compris George Clooney – dans la sitcom *Friends for Life*.

C'est l'une des nombreuses raisons pour lesquelles Meghan l'a abandonné avant son mariage, pense-t-il. Elle n'a jamais vraiment voulu que je sois là, conclut-il. Doria, il en est convaincu, est également soulagée de son absence.

Portant les vêtements suggérés par Meghan et adoptant également la posture que lui a conseillée sa fille, Doria est assise, calme et solitaire. Peu de gens peuvent comprendre pourquoi elle n'est pas arrivée avec un ami. Tout le monde suppose que c'est son choix plutôt que celui de Meghan. Près de Doria sont assises Kate et Camilla. Kate est impénétrable. Elle porte un manteau Alexandra McQueen qu'elle a déjà porté lors d'un précédent engagement, faisant ainsi comprendre à Meghan qu'elles ne sont pas rivales. Contrairement à Meghan, Kate deviendra reine un jour. Près de l'autel, William et Harry, vêtus des uniformes Blues et Royals, donnent l'impression d'être liés par une profonde amitié et de se soutenir mutuellement.

Cinq minutes avant le début de la cérémonie, la reine arrive. À ses côtés, Philip marche sans aide. Le fier vieillard de 96 ans dissimule habilement qu'il souffre d'une récente opération de la hanche et d'une côte fêlée. Il refuse d'utiliser une canne. La famille royale s'assoit face à la célébrité hollywoodienne, de l'autre côté de l'allée.

Saluer l'introduction de Meghan dans la famille royale comme un coup de pouce à la monarchie provoque un débat animé sur la capacité de cette institution à survivre à la mort d'Elizabeth II. La cérémonie apporte un début de réponse à cette question. Charles et l'archevêque de Canterbury ont organisé une célébration du multiculturalisme. Charles, qui entretient des relations étroites avec la communauté afro-caribéenne de Grande-Bretagne, a invité l'évêque épiscopalien afro-américain de Chicago, Michael Curry, à lire un sermon, et la violoncelliste Sheku Kanneh-Mason, âgée de 19 ans, doit jouer. C'est un message envoyé au monde entier : la famille royale britannique embrasse sincèrement le multiculturalisme.

Au moment prévu par le protocole, Meghan arrive à la chapelle dans une Rolls-Royce, le même véhicule qui a transporté Wallis Simpson, la divorcée américaine et épouse du duc de Windsor, aux funérailles de son mari en 1972. Le choix est délibéré.

Lorsque Meghan sort de la limousine, sa traîne nuptiale est une surprise. L'agent d'escorte qui ouvre la porte du véhicule n'offre pas son aide. Après son impolitesse lors de la répétition de la veille, expliquera un officier, les bonnes volontés se sont lassées.

La mariée dans sa robe blanche Givenchy dessinée par la styliste Clare Waight Keller est du pur Hollywood. Sous un ciel bleu immaculé, sans son père à ses côtés, Meghan se tient debout à l'entrée de la chapelle, comme une fière interprète. Elle entre seule dans l'édifice. Selon CNN, ce geste féministe prouve que Meghan est « une femme forte et indépendante, prête à défier les normes royales ». Après qu'elle a parcouru la moitié de l'allée, Charles la rejoint pour la conduire jusqu'à l'autel. « Merci, papa, dit Harry. Avant de s'adresser à la mariée : « Tu es superbe. » Elle sourit. Au moment où elle donne son consentement, les acclamations des rues bondées sont diffusées dans toute la ville de Windsor, résonnant dans la chapelle et au-delà.

La précision qui est de mise pour les événements royaux est oubliée quand l'évêque Curry ignore l'instruction de parler pendant six minutes. Au cours d'un sermon improvisé de quatorze minutes, ses appels exubérants à la « puissance de l'amour », suivis par une chorale gospel chantant *Stand By Me*, suscitent des sourires chez certains et de l'agacement chez d'autres. Les doutes disparaissent à la fin de l'office lorsque Charles prend le bras de Doria et l'escorte jusqu'à la sortie de la chapelle. Lorsque Harry et Meghan émergent à la lumière du soleil, le mariage est salué comme un triomphe. « Un mariage royal magiquement moderne », tel est le titre de la Une du *Daily Mail*, qui se fait l'écho des applaudissements retentissants du public. Partout, la cérémonie est saluée comme un exemple de la modernisation habile de la monarchie. Personne ne doute que le couple sera un atout pour le pays et renforcera la famille royale.

L'espoir placé en William et Kate – qui forment une famille solide, aimante et moderne – et maintenant en Harry et Meghan symbolise l'entrée de la Grande-Bretagne dans l'ère de la mondialisation.

Le journaliste Tony Parsons est témoin, pour le *Sun*, de l'optimisme qui règne dans la foule à Windsor. Debout au milieu de la foule qui regarde passer Harry et Meghan dans une voiture Landau Ascot, il note que les divisions profondes et amères infligées à la

Grande-Bretagne par le référendum de 2016 sur l'Union européenne semblent avoir fondu : « Voici un mariage qui nous donne à tous des raisons d'être joyeux et la joie était partout. C'est un mariage royal pour le pays multiracial et multiculturel qu'est devenu le Royaume-Uni[411]. »

Pour le dîner, les deux cents invités sont accueillis par Charles sous une tente en verre, dans le parc de Frogmore House. Les deux enfants de Camilla, Tom et Laura Parker Bowles, ne sont pas présents, tout comme certains des plus anciens amis de Harry, dont Tom Inskip. « Meghan a trop changé Harry, déclarera plus tard Inskip, choqué d'avoir été abandonné par son ami. Nous l'avons perdu[412]. »

Harry a changé en prêtant allégeance à Hollywood. Oprah Winfrey, Idris Elba, James Corden et George Clooney sont présents au dîner. L'acteur a saisi le moment pour faire sa promotion. Le futur mari de la princesse Eugenie, Jack Brooksbank, un gérant de bar promu ambassadeur de la marque de tequila Casamigos de George Clooney, est chargé d'en servir aux invités tout au long de la soirée.

« Mon cher Harry, je suis heureux pour toi », a déclaré Charles lors de son discours d'après dîner. Un « homme au grand cœur », poursuit-il, a trouvé la femme idéale[413].

Le discours de Meghan est sentimental, mais aussi un peu menaçant. Sa rencontre avec Harry, dit-elle, a été « un coup de foudre ». Elle a « enfin trouvé [son] prince ». Après avoir remercié la famille royale pour son accueil, elle s'engage à lancer des campagnes. « C'est pourquoi je suis ici », déclare-t-elle sous les applaudissements.

Deux heures seulement après le mariage, le site officiel de la famille royale ajoute une nouvelle page web, celle de la duchesse de Sussex. La page proclame que la fierté de Meghan est d'être « une femme et une féministe ».

À côté d'une photo la représentant en « mission d'apprentissage » en Inde, le site mentionne sa lutte contre la stigmatisation liée à la menstruation[414].

Certains invités plus âgés se demandent si Meghan se voient comme l'équivalent britannique de Michelle Obama. En regardant les Californiens applaudir Meghan quand elle évoque les combats qu'elle veut mener, ils jugent, avec une certaine irritation, que leurs sourires aux dents blanches révèlent « une foule terriblement égocentrique ».

William a fait avec beaucoup de tact l'éloge de Meghan, qu'il a décrite comme la sœur qu'il n'a jamais eue et comme la meilleure chose qui soit arrivée à « Haz », dont il moque gentiment la calvitie. Puis la fête commence.

Pendant que Brooksbank distribue la tequila de Clooney, James Corden anime un concours de danse. Charles danse avec ses fils et attend le feu d'artifice. Impressionné par le spectacle, Charles demande à Harry qui a payé. « C'est toi, papa », lui répond son fils. Charles quitte la fête tôt, ne sachant pas quelle part de la facture de 32 millions de livres lui revient. Même si ce dernier fardeau lui pèse, il a organisé une fête mémorable pour un jour spécial.

Trois jours plus tard, l'engagement de Meghan à faire « campagne » est souligné par le *Times*[415]. « Ses légions d'admirateurs, commente le journal, voient en elle une princesse, pas une prédicatrice. » Même les adeptes de son féminisme, ajoute le journal, espèrent qu'elle connaît la finesse de la ligne qu'elle doit adopter publiquement. « Il est clair qu'elle n'a pas l'intention d'abandonner son activisme, poursuit l'article, mais celui-ci comporte des risques évidents. L'activisme s'égare facilement dans la politique, et une loi d'airain de la monarchie constitutionnelle dont elle fait désormais partie veut que ses membres restent en dehors de la politique s'ils veulent qu'elle survive. » L'avertissement est explicite : « Dans son nouveau rôle, elle est une princesse, pas une femme politique. Elle devra trouver un moyen de s'en contenter. Les duchesses ne font pas de campagne et ne se défendent pas. »

Cette prudence mesurée ne plaît pas à tout le monde. Tom Bradby, journaliste de télévision ami de William et Harry, prévoit des problèmes si les fonctionnaires du Palais n'approuvent pas les demandes de Meghan. Écrivant dans le *Sunday Times*, apparemment au nom des Sussex et conscient des tensions entre Meghan et son personnel, Bradby applaudit Meghan qui « n'a pas encore fait de faux pas en public ». Il salue son

« métissage » comme une chance « pour rafraîchir la marque royale ». L'ami de Harry fait porter le fardeau à la famille royale. Les Sussex, prévient-il, peuvent être les « rock stars naturelles de la famille [mais] cela va être un exercice d'équilibre compliqué[416] ».

D'autres se montrent plus divisés sur le couple. Margo Jefferson, l'auteur de *Negroland*, élève Meghan au rang de la bourgeoisie noire « soucieuse de réussir ». Selon elle, Harry a de la chance d'avoir épousé une femme qui a de l'argent et des opinions. La présentatrice June Sarpong se félicite que « les membres de la famille royale commencent à nous ressembler ».

Mais Kehinde Andrews, professeur d'études noires à l'université de Birmingham City, se montre cinglant : « La famille royale est sans doute le symbole le plus visible de la blancheur dans le monde. Il est absurde de penser qu'une femme noire puisse transformer une institution aussi ancrée dans le colonialisme et la blancheur. » Pour lui, Meghan n'est pas assez noire. Sa peau, déclare-t-il sur CNN, est trop claire, ses cheveux ne sont pas afros et son nez n'est pas plat. « Elle représente, écrit-il, l'image de la négritude que l'on nous a vendue comme acceptable et commercialisable[417]. »

Dans les jours qui suivent le mariage, Meghan garde le contrôle des événements. De même que la liste des invités n'a pas été divulguée, la destination de la lune de miel est un secret bien gardé. « Si Meghan ne peut pas gérer la vie dans le bocal à poissons rouges de la famille royale, suggère un observateur qui ignore tout de la tension croissante entre les palais, personne n'y parviendra[418]. »

De son côté, Oprah Winfrey rend discrètement visite à Doria. Meghan est heureuse, car cela veut dire qu'elle est désormais reconnue par la royauté californienne. Ses seules réserves concernent les personnes qui l'entourent au palais de Kensington : son personnel et les Cambridge. Personne ne se rend compte qu'elle est en contact permanent avec tous ses conseillers en Californie – son avocat, son directeur commercial et ses publicistes.

CHAPITRE 24

Tremblements

Pendant quatre jours, en juin 2018, Meghan est sous le feu des projecteurs en tant que membre principal de la famille royale. Les caméras s'attardent lors de sa première apparition sur le balcon du palais de Buckingham, après avoir assisté au Trooping the Colour. Ses sourires, selon ses proches, semblent forcés. Toujours contrariée par l'obligation de respecter le protocole au cours des conversations précédant l'accès au balcon, elle n'apprécie pas d'apparaître comme la cadette de Kate. Elle pense qu'elle doit être traitée d'égal à égal. Harry compatit.

Trois jours plus tard, son mécontentement est visible. Après avoir passé la nuit avec la reine dans le train royal à destination de Chester, Meghan sort le lendemain matin à Runcorn, l'air rassuré. La reine lui a offert une paire de boucles d'oreilles pendant le voyage. Le sourire de Meghan donne l'impression qu'elle a tissé un lien de loyauté avec la monarque.

Au cours de cette journée, les opinions changent. Les assistants de la reine remarquent que Meghan semble détachée. Son refus de porter un chapeau reflète, pensent-ils, sa désapprobation de la vie royale, qu'elle juge guindée et étouffante. Quelques-uns soupçonnent que si elle apprécie les privilèges, Meghan semble réticente à s'imprégner des traditions britanniques. Elle a déjà décidé de résister aux obligations attachées à son statut[419].

Son retour à Londres est de mauvais augure. Lors d'une fête organisée dans le jardin privé du palais de Kensington pour le départ de Miguel

Head, l'ancien secrétaire privé du prince William, Harry et Meghan sont les derniers à se présenter. Ils semblent réticents à parler avec les autres et partent peu après le discours de William, malgré les fréquentes mentions de Harry. Head a des raisons d'être surpris. Il a travaillé avec Harry quand celui-ci s'est engagé en Afghanistan[420]. Embauché en tant que publiciste pour une société de San Francisco, Head affirme que sa tâche au Palais a consisté à « conserver un sentiment de magie et de mystère » autour de la famille royale[421]. L'importance de ce mantra – éviter toute confrontation publique – échappe à Meghan.

Thomas reste pour elle un problème. Depuis leur dernière conversation, trois jours avant le mariage, les tentatives de Thomas pour rétablir le contact avec sa fille ont échoué. Il ne reçoit pas de réponse à ses SMS ni à ses appels. Il suppose qu'elle a changé de numéro. Pour la première fois, elle n'a pas envoyé de carte pour la fête des pères. Même si Meghan dira plus tard qu'elle n'a jamais « ignoré » son père, Thomas se sent abandonné[422]. Même Jason Knauf ne répond pas à ses messages. Peu à peu, Thomas Markle se persuade qu'il est devenu un bouc émissaire pour sa fille, qui a rejeté sur lui toute la responsabilité de ce qui s'est passé. Un processus bien connu des psychologues et qui se déroule en trois étapes : idéalisation, dévalorisation, rejet.

Au milieu de toutes ses questions torturantes, il reproche à Doria d'avoir empoisonné sa relation avec Meghan. Il pense que Doria l'a trahi alors qu'il n'a cessé de la soutenir pendant quarante ans. Quant à Meghan, il se souvient de sa petite main dans la sienne quand il l'emmenait chez le marchand de glaces, de son excitation lorsqu'il faisait l'éloge de ses performances à l'école. Il ne peut pas comprendre comment cet amour s'est transformé en haine. Regardant la mer, il se demande si elle a peur que ses propres enfants puissent un jour la traiter avec autant d'hostilité pour se venger de la façon dont elle-même a traité son père[423]. Isolé et meurtri, il s'abandonne à l'amertume. Son acrimonie grandit à l'encontre de ceux qui ont ridiculisé un directeur d'éclairage reconnu. « Je ne voulais pas me laisser piéger », se souvient-il[424].

Le 18 juin, Thomas Markle fait une apparition inattendue dans l'émission *Good Morning Britain*, sur ITV. Furieux d'être dépeint comme un ivrogne vivant dans la misère, il a accepté, après de longues négociations, de donner sa première interview télévisée en direct. Il sera payé environ 15 000 livres. Il explique à l'animateur Piers Morgan que sa fille l'ignore depuis son mariage toute en reconnaissant qu'elle s'est montrée « très indulgente » pour l'histoire des photos.

Sur un ton triste, Thomas raconte qu'il a tout de suite donné son consentement quand Hary lui a demandé la main de sa fille, à condition qu'il « me promette de ne jamais lever la main sur elle », et qu'il a été peiné ne pas avoir été présent à son mariage : « J'étais jaloux. J'aurais aimé être là… Elle était magnifique. C'était incroyable de la regarder. J'ai pleuré un peu. Le monde entier regardait ma fille. J'étais très heureux de cela. Mais j'étais juste une note en bas de page dans l'un des grands moments de l'Histoire, au lieu d'être le père qui la conduit à l'autel. »

Il ajoute que c'est par fierté qu'il accorde cette interview : « Je veux juste que les gens sachent que je suis un type normal. Je suis un homme à la retraite, je vivais une vie tranquille, et ceci est arrivé. Et beaucoup de choses se sont passées autour de ça, mais, plus que tout, je ne veux pas que ma fille ou mon nouveau gendre soient blessés par tout cela. Je veux avoir une relation normale et agréable avec la famille royale. » Il poursuit : « J'espère que je ne les ai pas offensés, je ne pense pas l'avoir fait. Ils savent que je les aime et j'espère que la famille royale comprendra également mes sentiments[425]. » Il espère que l'interview sera perçue comme une offre de paix.

Des « amis » de Meghan déclarent aux médias que l'apparition surprise de Thomas Markle est « plus que scandaleuse[426] ». De leur point de vue, Meghan et les membres de la famille royale peuvent donner des interviews, mais pas Thomas. Le lendemain, Meghan monte dans la troisième voiture à Ascot après la reine. Plus tard, elle est vue en train de rire avec Charles et Camilla. Sa fureur envers Thomas est bien dissimulée. Elle suppose que si elle refuse de prendre ses appels téléphoniques, il disparaîtra en silence. Elle n'a pas saisi que sa décision de se couper de son père et de refuser de l'inviter à Londres, ou même chez elle, voire de le rencontrer à Los Angeles, est lourde de conséquences. Son entêtement provoque un nouvel accès de colère.

L'interview, reconnaît Thomas, « m'a mis sur la touche », mais il ne veut pas se taire. Si la reine, dit-il, est prête à rencontrer notre président arrogant et insensible, elle n'a aucune excuse pour ne pas me rencontrer, je suis loin d'être aussi mauvais[427]. Trump doit en effet rencontrer Elizabeth II le 13 juillet. Une semaine plus tard, ses appels ayant été bloqués, Thomas tire la conclusion qui s'impose : « Je pense que cette relation est perdue maintenant[428]. » Parler aux médias devient important pour lui. Il décide d'accorder des interviews jusqu'à ce que Meghan lui parle. Il retient également les services d'un avocat pour récupérer sa part – environ 50 000 dollars – sur la vente des photos de Jeff Rayner. « Je me suis fait avoir par Rayner, déclare-t-il, et je vais trouver un moyen de l'enfoncer avant de mourir. Je veux le démolir. S'ils me disent que j'ai un cancer en phase terminale, alors je le tuerai parce que je n'ai plus rien à perdre[429]. »

« Je pourrais mourir bientôt, déclare-t-il au *Sun* la semaine suivante. Est-ce qu'elle veut que ce soit les dernières choses qu'on se soit dites ? » Il poursuit : « C'est probablement la plus longue période que j'ai passée sans lui parler. Je veux juste mettre les choses au clair et lui dire combien je suis fier d'elle. Si je pouvais lui faire passer un message, je lui dirais : "Je t'aime. Tu me manques. Je suis désolé pour tout ce qui a mal tourné. J'aimerais qu'on mette nos différends derrière nous et qu'on se retrouve[430]." »

Le père éconduit s'en prend aussi à la famille royale pour sa colère « stupide » concernant le prix dérisoire des photos de Rayner. La moitié de la Grande-Bretagne, dit-il, semble faire fortune en vendant des photos de ma fille et de son mari. Il aurait pu gagner 100 000 dollars voire plus s'il l'avait voulu. Il étend sa colère au code vestimentaire royal, qu'il juge « ridicule ». Meghan a l'air de sortir d'un vieux film. Pourquoi, en 2018, nous habillons-nous comme dans les années 1930 ? Pourquoi se couvrir les genoux ?

Le silence de Meghan provoque une nouvelle explosion de colère contre les médias britanniques : « Ma fille est très autoritaire. Elle aime avoir le contrôle. Je pense qu'elle est terrifiée. Je le vois dans ses yeux. Je le vois sur son visage et je le vois dans son sourire. Je connais son sourire. Je l'ai vu sourire pendant des années. Je n'aime pas celui que je lui vois maintenant. Ce n'est même pas un sourire de scène, c'est un sourire de douleur. Ça m'inquiète vraiment. Je pense qu'elle subit trop de pression. Le prix à payer pour être mariée à cette famille est trop élevé. »

Meghan est impuissante, ce qui la met hors d'elle. Chaque coup de gueule de Thomas et de Samantha entame sa popularité. La veille, les photographes ont souligné l'exactitude de l'observation de Thomas. Une séance de photos est mise en scène pour réfuter la vérité, et Meghan et Kate apparaissent pour la première fois ensemble à Wimbledon pour la finale dames. Le sourire de Meghan semble plus forcé que d'habitude[431]. La comparaison physique est peu flatteuse pour Meghan. À lui seul, l'éclat de Meghan suscite des applaudissements universels, mais elle semble bien petite à côté de Kate, plus grande et, surtout, auréolée de son statut de future reine. Ni l'une ni l'autre ne peuvent dissimuler leur malaise. Les initiés observent un parallèle dans les relations entre Harry et William. Quelques jours plus tôt, lors de la célébration du 100e anniversaire de la RAF, les deux frères ont semblé mal à l'aise ensemble.

Les relations entre les deux couples se dégradent. William et Kate refusent de séjourner avec Charles et Camilla au château de Mey, en Écosse, en même temps que les Sussex, et ces derniers déclinent l'invitation traditionnelle de la reine à séjourner à Balmoral durant l'été, avec William et Kate. Au cœur de leur divergence, il y a le fait que Meghan refuse de faire partie d'une équipe. Elle ne veut pas s'identifier au pouvoir de la famille – social, financier ou politique. Elle est également irritée par le refus de Kate et William d'être des partenaires bien intentionnés.

La visite d'une semaine de Meghan au château de Mey, qui débute le 28 juillet, est mise à profit pour informer les médias que Charles s'est attaché à Meghan et admire son intérêt pour l'histoire et le mobilier. Rien n'est dit de la perplexité de Charles à l'égard de l'Américaine. Il ne la comprend pas vraiment et ne comprend pas ce qu'elle veut. Cette semaine-là, son irritation concernant les apparitions télévisées de Thomas Markle, notamment ses critiques à l'égard de la famille royale, est à son paroxysme. « Ne peut-elle pas aller le voir et faire en sorte que ça s'arrête ? » demande Charles à Harry de façon un peu vive. Selon Meghan, Harry n'aurait pas cessé d'expliquer la situation à Charles et Camilla à propos du comportement de Markle, mais sa famille « semble oublier le contexte… ils ne comprennent pas du tout[432] ».

En fait, les explications de Harry restent mystérieuses pour Charles, car son fils lui cache des détails essentiels. Harry ne dit pas que Thomas est furieux que sa fille l'ignore et tait également la violence de ses messages quand le père de Meghan était à l'hôpital. Au lieu de cela, il explique que Meghan n'a pas téléphoné à Thomas parce qu'elle pensait qu'il n'avait pas son téléphone avec lui et que son adresse e-mail était surveillée. Charles ne peut pas deviner que ces deux raisons sont fausses, mais il est également possible que les Sussex ont cru leur propre version[433]. Les explications incohérentes de Meghan irritent Charles, mais aussi la reine. Celle-ci est persuadée que Meghan pourrait régler son différend avec Thomas Markle. Pour l'inciter de faire un effort, elle se joint à Charles lors d'un entretien téléphonique avec Meghan et Harry[434]. Charles et sa mère exhortent Meghan à s'envoler vers l'Amérique pour se réconcilier avec son père.

Meghan rejette la suggestion. « Il est irréaliste de penser que je peux me rendre discrètement au Mexique, arriver à l'improviste – car je n'ai aucun moyen de communication sécurisé avec mon père, dans un lieu que je ne connais pas, dans une petite ville frontalière, et espérer parler en privé à mon père sans provoquer un emballement médiatique qui pourrait mettre la famille royale dans l'embarras[435]. »

Son argumentation évite la vérité. Le numéro de son père n'a pas changé et son portable est toujours dans sa poche, mais Meghan continue de dire qu'elle n'a « aucun moyen de communication sûr » avec lui, et ajoute : « Nous ne pouvions pas être certains que le téléphone de mon père était en sa possession[436]. » Mais la reine insiste. Meghan et son père pourraient se rencontrer discrètement à Los Angeles. La reine ignore que Meghan ne s'est jamais rendu à Rosarito.

Charles et la reine réalisent que les explications de Meghan sont tirées par les cheveux. Mais ils n'ont pas entendu l'explication de Thomas Markle concernant le fait que Meghan refuse de le rencontrer : il est persuadé que c'est Doria qui a convaincu sa fille de ne pas faire ce voyage[437]. Quand l'échange téléphonique se termine, Charles et la reine sont perplexes face à la conduite de Meghan. « J'y étais particulièrement sensible, admettra plus tard Meghan, car je venais d'entrer dans la famille et j'avais hâte de leur plaire[438]. » De son côté, Harry persiste à penser que Meghan a besoin d'une protection. Il la suit donc dans son ressentiment envers le protocole du Palais. S'il ne peut pas comprendre son intolérance à l'encontre de la réserve anglaise, il craint de la perdre.

« Ils ne comprennent pas », se plaint Meghan lors de sa visite au château de Mey. Ce « ils » incluent Camilla, qui s'inquiète pour Harry.

Camilla incarne le meilleur – et probablement une partie du pire – d'une femme de la classe moyenne supérieure britannique. Elle est pragmatique et fiable. Peu cultivée, experte en équitation, mauvaise cuisinière, désireuse de faire le bien, attachée à ses vieux amis, elle a les pieds sur terre. C'est quelqu'un qui parle simplement et franchement, elle est dotée d'un bon sens de l'humour et agit avec beaucoup de sang-froid quand la situation l'exige. Aux fastes de la vie londonienne, elle préfère de loin ses marches dans la boue de la campagne anglaise, chaussée de ses éternelles bottes de caoutchouc et vêtue de sa veste Barbour.

Meghan incarne tout le contraire : elle est diplômée de l'université, féministe, issue de la classe moyenne laborieuse, et elle a grandi au soleil sur les rivages du Pacifique. À ses yeux, le monde de la chasse et les galopades dans les *shires* anglais, sous un ciel toujours plombé, n'a aucun attrait. Les différences frappantes entre les Cotswolds et la Californie éveillent chez Camilla le sentiment que Meghan est une aventurière de Los Angeles. Contrairement à Charles, elle voit clair dans les sourires coquets et les performances tactiles de l'actrice. Même si elle a passé toute sa vie dans les comtés anglais, elle a parfois rencontré des aventurières prétentieuses – le genre de femmes que Camilla qualifie de « garce ». Dans ces circonstances, elle a du mal à croire que Meghan va sacrifier son indépendance et jouer collectif pour se mettre au service d'une équipe. Mais elle ne dit rien. Tout comme Meghan à Castle Mey. De son côté, Harry a des raisons de se méfier de Camilla. Il lui reproche toujours d'avoir brisé le mariage de ses parents.

Frustrée de ne pas pouvoir communiquer avec ses admirateurs sur Internet, Meghan est furieuse que les fonctionnaires du Palais refusent de protéger son image. Pour elle, Jason Knauf et le personnel devraient se consacrer à la promouvoir en tant qu'individu, mais ils la placent dans la grille de la famille royale. Meghan fulmine notamment parce que Knauf a refusé de critiquer officiellement Thomas Markle. Knauf, se plaint-elle, ignore ses ordres de « remettre les pendules à l'heure » et de demander aux journaux de ne pas interviewer Thomas au motif qu'il est manipulé[439].

De son point de vue, Meghan est isolée, vulnérable et étouffée par les conventions. Ne comprenant pas que, dans la famille royale, contrairement à Hollywood, personne ne compte les foules qu'elle attire, elle mène un combat pour lequel elle n'est ni adaptée, ni réellement comprise. Méprisant l'explication du Palais selon laquelle attaquer les médias se retournera contre elle, elle choisit la règle du jeu de Hollywood et décide d'agir seule.

Elle a appris de Knauf que Gina Nelthorpe-Cowne donné au *Mail on Sunday* une interview défavorable dans laquelle elle décrit Meghan comme « exigeante, non seulement en ce qui concerne ses tenues mais aussi ses collègues, écartant instantanément ceux qui ne partageaient pas sa “vision” ». Évoquant le difficile épisode d'Édimbourg où elle a été ignorée par celle dont elle a pourtant été l'agente, elle observe que « Meghan aime passer à autre chose ».

Meghan est invitée par le journal à exercer son droit de réponse. Au lieu de cela, elle demande à son amie Jessica Mulroney d'intervenir, ce que la styliste accepte pour faire plaisir à Meghan. Elle appelle l'agent littéraire Adrian Sington. Elle le harangue pendant plus de deux heures, d'une manière que Signton qualifiera poliment de « très désagréable ». Gina Nelthorpe-Cowne accuse alors Mulroney de « faire pression sur moi pour que je retire ou modifie mes déclarations[440] ». Après une plainte du journal auprès du Palais, Knauf déclare qu'il veillera à ce que « cela ne se reproduise plus ».

Mais son pouvoir est limité. La famille royale a adopté une accro aux médias, déterminée à exploiter son statut pour façonner son image. Astucieusement, elle se trouve des alliés. Parmi ceux qui sont prêts à l'aider se trouve Bryony Gordon, du *Daily Telegraph*, qui écrit un papier élogieux : « Meghan ne veut pas faire l'erreur d'aller trop vite au risque de donner aux critiques l'occasion de la faire trébucher, écrit Gordon. Comme Kate, Meghan n'a pas peur de faire son devoir... Elle a l'opportunité de changer le monde[441]. »

En s'assurant le soutien de Bryony Gordon, Meghan a mal compris les médias. La pression qu'elle exerce pour qu'un journaliste dresse un portrait élogieux incite les autres à mettre en lumière les histoires négatives. Cette quête commence après une visite officielle de Meghan et Harry à Dublin. Au cours d'une conversation privée, Meghan déclare à un homme politique qu'elle est favorable à l'avortement. Ce dernier publie la conversation sur les réseaux sociaux. Meghan est instantanément critiquée pour avoir exprimé une opinion. Au cours de ce voyage de 24 heures, les médias se réjouissent de rapporter qu'elle a porté quatre tenues différentes d'une valeur de 28 000 livres sterling chacune, la plupart provenant de chez Givenchy. Un rapide survol de ses quinze dernières sorties montre qu'elle a porté des vêtements Dior, Givenchy, Prada et Chanel, et jamais deux fois le même. Elle est défavorablement comparée à Kate, dont les dépenses annuelles en vêtements s'élèvent à 100 000 livres sterling[442].

Un autre grief lui est fait après l'annonce, par Buckingham Palace, que le mariage de la princesse Eugénie avec Jack Brooksbank refléterait la cérémonie de son propre mariage. Il comprendrait une promenade en calèche autour de Windsor. Meghan est indirectement accusée de nourrir la soif de publicité d'Eugenie[443]. Sur ce, une nouvelle catastrophe arrive du Mexique.

À la fin du mois de juillet 2018, Thomas déclare dans une énième interview : « Je viens d'atteindre ma limite sur Meghan et la famille royale. Je vais finir par tout révéler. » Il est furieux du dernier mensonge de Meghan qui nie que son père ait payé ses études et qui prétend qu'elle l'a fait vivre grâce à ses cachets de *Suits*. Thomas produit des relevés bancaires montrant qu'il a continué de rembourser l'emprunt qu'il a contracté pour payer l'université après que Meghan a commencé à jouer dans *Suits*[444]. Meghan lui fera plus tard des reproches : « Tu as dit que je ne t'ai jamais aidé financièrement et que tu ne m'as jamais demandé d'aide, ce qui est faux. Tu m'as envoyé un e-mail en octobre dernier qui disait : “Si j'ai trop dépendu de toi financièrement, je suis désolé, mais s'il te plaît, pourrais-tu m'aider davantage. Ce n'est pas une monnaie d'échange pour ma loyauté[445].” »

« Ce qui me met en colère, déclare Thomas dans la presse à la veille du trente-septième anniversaire de Meghan, c'est le comportement hautain de Meghan. Elle ne serait rien sans moi. J'ai fait d'elle la duchesse qu'elle est aujourd'hui. » Une fois de plus, sa colère se retourne contre la famille royale. « Ils laissent Meghan traiter son père d'une manière que la mère de Harry, la princesse Diana, aurait détestée. Diana n'était pas comme ça. » Il ajoute : « Je me fiche que Harry ne me parle plus jamais. Je survivrai… De nos jours, qui se soucie d'une vieille couronne poussiéreuse ? D'accord, elle a peut-être été brillante, mais c'est une institution ancienne, figée dans ses habitudes[446]. »

Samantha soutient Thomas : « Si notre père meurt, je t'en tiendrai responsable, lance-t-elle à Meghan. Le mépris de la famille royale est une honte. Vous devriez avoir honte de vous. Agis comme une humanitaire. Agis comme une vraie femme. » À ses détracteurs sur les réseaux sociaux, Samantha rétorque : « Meghan ne marche pas sur l'eau et elle doit à notre père amour et respect… Il est moralement inadmissible de l'ignorer, car il a fait d'elle ce qu'elle est[447]. »

La bataille autour de Thomas Markle se répand sur les ondes. Sharon Osbourne, animatrice d'un talk-show et célèbre pour ses confessions sur sa vie de violence, de drogue, d'alcool et d'adultère, exprime devant des millions de téléspectateurs sa tristesse pour le malaise « digne » de Meghan, qui doit se sentir « tellement humiliée, tellement gênée par son père ». Accusant Thomas Markle d'être peu recommandable – notamment à cause d'une photo de lui avec quatre canettes de bière à la main –, elle lui lance : « Il est évident que vous avez un problème avec l'alcool. Faites une cure de désintoxication et revenez ensuite[448]. » Quand Thomas a été pris en photo, il apportait de la bière aux agents de sécurité qui surveillaient son domicile.

« J'ai peur qu'il meure de chagrin, dit Samantha. Je veux juste que Meghan prenne contact avec lui avant qu'il ne soit trop tard. On ne jette pas sa famille comme une paire de chaussures[449]. » Pour faire bonne mesure, Thomas Markle, dans le *Sun*, qualifie le Palais de « scientologue » et de « secte[450] ». Il ridiculise la famille royale en la comparant à un « sketch des Monty Python » et se moque quand on lui suggère de présenter ses excuses : « Avec de la sauce et un bouquet de fleurs, peut-être ? » Pour faire monter la pression, Samantha se rend à Londres, convoque les caméras et s'expose en fauteuil roulant devant le palais de Kensington, où elle veut rencontrer Meghan. L'entrée lui étant refusée, elle laisse une lettre à la duchesse, exhortant sa sœur à ne pas laisser leur père « en plan[451] ».

Aucun nouveau membre de la famille royale n'a subi autant d'embarras de la part de ses proches. Le mépris de Meghan pour Samantha et Thomas n'a d'équivalent que celui de Harry pour Kate et William. Les Cambridge n'offrent pas la reconnaissance et la générosité que Meghan mérite. Celle-ci déteste les comparaisons avec Kate. Les Cambridge se montrent parfaits sans faire d'efforts particuliers en apparence. Meghan est jalouse de Kate. De son côté, la future reine trouve sa voisine méprisante. Le comportement de Meghan envers son personnel, observe Kate, est devenu égocentrique, manipulateur et tyrannique.

Ce comportement attise chez Meghan le sentiment d'être une victime. Selon elle, Kate se réjouit de la dernière révélation en date, l'introduction de l'entrée « Being Meghan Markled » dans l'Urban Dictionnary, assortie de cette définition : « Verbe qui désigne le fait de ghoster ou de se débarrasser des gens une fois qu'on n'en a plus l'utilité, sans égard pour une véritable relation humaine. »

Piquée par les critiques, Meghan oublie la règle cardinale des acteurs : faire preuve d'humilité, même quand les faits reprochés sont faux. Elle a grandi dans les studios de Hollywood et sait l'importance de travailler en groupe, mais elle est devenue plus vulnérable, et elle exige que le personnel du Palais voie le monde de son point de vue. Étrangement, elle ne semble pas se soucier de savoir si elle est appréciée. Forte de ce qu'elle a accompli, elle est avant tout préoccupée par son statut. Elle exige des représailles contre ses détracteurs. Elle incite Harry à devenir plus combatif[452]. Lequel demande à Knauf de protéger sa femme.

Désireux d'obliger les Sussex, Knauf a accepté la version de Meghan selon laquelle Thomas, dans les mois qui ont précédé le mariage, a rejeté l'aide d'une fille aimante. Il trouve également suspecte la crise cardiaque de Thomas, sur qui il rejette toute la responsabilité de la rupture.

Knauf n'a pas encore compris que ce que Meghan croit vrai devient réalité, et refuse toute contradiction[453]. Quiconque contredit la persécute. C'est d'ailleurs ce qu'elle dit avec d'autres mots : « Lorsque vous savez vraiment qui vous êtes, que vous connaissez vos croyances et que vous vivez selon la vérité, je pense que vous pouvez éliminer tout ce qui engendre de la peur[454]. » L'attitude de Meghan est commune aux célébrités de Hollywood. Dans leur nouvelle religion, le concept de « vérité universelle » n'existe pas. Selon Meghan, « la vie est une histoire, une histoire que l'on se raconte, une histoire que l'on nous raconte, une histoire à laquelle nous adhérons ». Elle croit sincèrement que chacun a le droit de « créer sa vérité sur le monde ».

Pour se réconforter auprès de ses compatriotes californiens, elle s'envole en août avec Harry dans le jet privé de George Clooney pour un séjour dans la propriété que possède l'acteur sur le bord du lac de Côme. Dans un cadre luxueux, elle se demande comment s'adapter à une monarchie arriérée.

Avant de partir pour l'Italie, elle décide de faire appel à son père pour qu'il cesse de la critiquer dans les médias. Au lieu de lui téléphoner pour renouer le dialogue, elle dira plus tard que deux « membres éminents de la famille royale » lui ont conseillé d'écrire[455]. Il s'agit de la reine et de Charles. Au château de Mey, tous deux l'ont exhortée à rencontrer son père aux États-Unis.

Dans sa lettre, écrite sur son iPhone, elle reproche à Thomas sa coopération avec les médias qui a détruit leur relation. Elle accuse son père de « lui briser le cœur, de fabriquer de la douleur, d'être paranoïaque, de se ridiculiser, d'inventer des histoires, d'attaquer le prince Harry et de mentir constamment ». Elle n'évoque aucune réconciliation. Au contraire, elle révélera plus tard qu'elle voulait « qu'il cesse de lui nuire[456] ». Elle termine donc sa lettre sur ces mots : « Je ne demande rien d'autre que la paix, et je te souhaite la même chose[457]. »

Elle insistera plus tard sur le fait qu'elle rédige seule cette lettre[458]. Puis elle admettra que sa première déclaration était incomplète : elle a soumis son projet de courrier à Jason Knauf. Elle explique d'abord qu'il s'agissait de respecter le protocole. Puis elle avance une autre raison : elle souhaitait que Knauf, lui fasse des « commentaires » et lui suggère des « idées générales[459] ». Certains diront plus tard qu'en sollicitant Knauf, elle voulait que la lettre soit rendue publique. Une interprétation qu'elle refuse.

Knauf se trouve à Tonga pour préparer le voyage officiel des Sussex en Australie. Malgré le décalage horaire, il fait une réponse encourageante : « Le projet de lettre est très fort – assez d'émotion pour être authentique, mais tout en tristesse résignée plutôt qu'en colère. En outre, il s'appuie sur les faits de manière à ne pas se lire comme un document juridique – ce qui n'est pas facile à faire. » Il ajoute : « Il y a aussi des ajustements à faire sur les événements tels que vous les présentez – je pense que la réalité est légèrement pire que ce dont vous vous souvenez. » Avant de la rappeler, il veut soumettre cette lettre à Samantha Cohen, sa responsable. Meghan répond qu'elle « préférerait » que Cohen ne soit pas impliquée. Leur conversation détaillée sur la lettre adopte la version de Meghan sur les événements.

Selon Knauf, la lettre indique que Meghan doute des raisons avancées par son père pour ne pas venir à son mariage. « La seule chose qu'il me semble essentiel d'aborder est la "crise cardiaque", écrit-il. C'est la meilleure ouverture pour la critique et la sympathie. La vérité est que vous avez essayé désespérément de connaître le traitement médical qu'il disait recevoir et qu'il a cessé de communiquer avec vous. Vous l'avez supplié d'accepter de l'aide pour être conduit à l'hôpital, etc., et au lieu de vous parler pour que vous puissiez arranger cela, il a cessé de répondre au téléphone et n'a parlé qu'à TMZ. »

Meghan reformule donc sa lettre et la renvoie le 22 août 2018 à Knauf pour approbation, assortie de ce commentaire : son courrier a été rédigé de telle sorte qu'« elle n'ouvre pas la porte à une discussion » avec son père[460]. Elle admet qu'elle a été délibérément écrite « pour ne pas montrer Thomas sous un bon jour[461] ».

Elle ajoute que, en écrivant à son père, elle « protège [son] mari de ces reproches constants et, bien que cela soit peu probable, cela laissera peut-être à mon père un peu de temps pour réfléchir ». Elle termine par cette remarque : « Bien entendu, tout ce que j'ai rédigé l'a été en tenant compte du fait qu'il pourrait y avoir des fuites et j'ai donc choisi mes mots avec soin, mais je vous prie de me faire savoir si quelque chose vous semble pouvoir poser problème ».

Avec une réelle sympathie, Knauf répond : « C'est une lettre forte et claire, avec juste ce qu'il faut d'émotion. J'espère que vous vous sentirez mieux quand vous l'aurez envoyée. »

Soudée par cette entreprise commune, Meghan répond : « Honnêtement, Jason, je me sens vraiment bien. Cathartique, juste, honnête et factuelle. S'il divulgue cette lettre, il l'aura sur la conscience [sic] mais au moins le monde connaîtra la vérité. Je ne pourrais jamais dire ça en public. » Elle ajoute : « Croyez-moi, j'ai travaillé sur chaque détail de cette lettre. »

Même le début est une manipulation. Meghan confie à Knauf qu'elle a commencé par « Papa » pour « tirer sur la corde sensible » et émouvoir le public au cas où son père divulgue sa lettre. « Au moins, le monde connaîtra la vérité. »

Elle envoie donc à son père une lettre manuscrite de cinq pages : « Papa, c'est le cœur lourd que je t'écris. Je ne comprends pas pourquoi tu as choisi de prendre cette voie, en fermant les yeux sur la douleur que tu causes… Tes actions ont brisé mon cœur, pas simplement parce que tu as créé une douleur inutile et injustifiée, mais en faisant le choix de ne pas dire la vérité alors que tu es une marionnette dans cette affaire. C'est quelque chose que je ne comprendrai jamais[462]. » Elle poursuit : « Si tu m'aimes, comme tu le dis à la presse, arrête, s'il te plaît. S'il te plaît, permets-nous de vivre en paix. S'il te plaît, arrête de mentir, arrête de créer tant de douleur, arrête d'exploiter ma relation avec mon mari[463]. »

Dans d'autres paragraphes, elle le condamne pour avoir donné des interviews, pour avoir fabriqué des mensonges et pour avoir critiqué Harry : « Entendre parler des attaques que tu as lancées dans la presse contre Harry, qui s'est montré patient, gentil et compréhensif envers toi, est peut-être le plus douloureux. » Son commentaire sur les photos de Rayner est sincère : « Je t'ai cru, je t'ai fait confiance et je t'ai dit que je t'aimais. Le lendemain matin, les images de vidéosurveillance sont sorties[464]. »

Elle raconte le mal que lui ont fait les attaques de Samantha : « Tu as cautionné les mensonges qu'on écrivait sur moi, en particulier ceux de ton autre fille, que je connais à peine. Tu m'as regardée souffrir en silence à cause de ses mensonges vicieux. Je me suis effondrée[465]. »

Ses dernières pages ne semblent pas s'adresser à son père : « Je n'ai jamais fait que t'aimer, te protéger et te défendre, t'offrant tout le soutien financier que je pouvais, m'inquiétant pour ta santé, et te demandant toujours comment je pouvais t'aider. Apprendre que tu avais eu une crise cardiaque par un tabloïd a été horrible. J'ai cherché à te joindre, je t'ai envoyé des SMS… Je t'ai supplié d'accepter de l'aide – nous avons envoyé quelqu'un chez toi. Au lieu de me parler, au lieu d'accepter cette aide, tu as cessé de répondre à ton téléphone et tu as choisi de ne parler qu'aux tabloïds[466]. »

Le paragraphe suivant a pour but d'irriter Thomas Markle : « Tu ne m'as pas contacté depuis mon mariage. Tu prétends n'avoir aucun moyen de me joindre, pourtant mon numéro de téléphone n'a pas changé. Tu le sais. Pas de textos, pas d'appels manqués, pas d'approche de ta part, juste des interviews pour lesquelles tu te fais payer et où tu dis des choses nuisibles et blessantes, des choses qui ne sont pas vraies[467]. »

La conclusion est accablante : « Pour une raison que j'ignore, tu as choisi de continuer à inventer ces histoires, à produire ce récit fictif et à t'enferrer dans cette toile que tu as toi-même tissée. La seule chose qui m'aide à dormir est la foi, et le fait de savoir qu'un mensonge ne peut pas vivre éternellement[468]. »

Pour s'assurer que sa lettre arrivera à destination, elle la transmet à Andrew Meyer, son directeur commercial à Los Angeles, qui doit l'expédier à Rosarito par FedEx®.

Thomas Markle n'a jamais reçu une aussi longue lettre manuscrite de sa fille. En s'installant pour la lire, il espère que c'est un « rameau d'olivier. Quelque chose qui ouvrirait la voie à une réconciliation ». Quand il finit sa lecture, il est blessé par l'absence de questions sur sa santé et de témoignage d'affection : « J'étais tellement dévasté que je ne pouvais la montrer à personne. » Meghan a très bien résumé la situation dans ses échanges avec Knauf : sa lettre n'ouvre pas la porte au dialogue. Ses avocats l'ont qualifié de « plaidoyer sincère » pour que son père accepte de ne plus parler à la presse[469]. Thomas met la lettre dans un tiroir et n'en parle à personne, sauf à Doria.

« Je ne sais pas pourquoi, écrit-il à Doria, Meghan se montre aussi odieuse et m'envoie des lettres haineuses… Bien sûr, j'ai fait quelques erreurs stupides… Je me suis excusé pour ces erreurs cent fois ou plus ! J'ai donné à Meghan une vie agréable et la meilleure éducation possible. Je l'aime beaucoup et je l'aimerai toujours. » Il ne reçoit aucune marque de sympathie de la part de son ex-femme.

Doria se rend à Londres en septembre, et Meghan et Harry l'emmènent à la mosquée de Grenfell pour lancer *Together : Our Community Cookbook*, un recueil de recettes de femmes. Pour promouvoir l'engagement philanthropique de Meghan, le palais de Kensington diffuse un film dans lequel elle fait l'éloge de Londres comme ville ouverte sur la diversité. Doria se présente aux journalistes invités : « Bonjour, je suis la maman de Meghan. » L'engagement de Meghan est sincère, mais il attire les critiques de la presse, où il est jugé « égocentrique » : Meghan a utilisé ces femmes pour renforcer son image[470].

Tout ce bon travail est éclipsé par la dispute familiale. Les apparitions de Thomas Markle font de Meghan une cible facile pour les médias. Après qu'elle a enfreint le protocole en fermant elle-même la porte de sa voiture, un critique écrit : « C'est une source d'inspiration. Elle me rend humble, elle me donne envie d'être une meilleure personne lorsqu'il s'agit de sortir d'un véhicule[471]. » Un autre salue Meghan pour avoir « frappé un grand coup pour l'humanité féminine ». Meghan, semble-t-il, ne peut pas faire grand-chose de bien. La même semaine, elle est ridiculisée pour avoir joué au netball avec des enfants en portant un haut Oscar de la Renta à 1 636 livres sterling et des talons aiguilles de 15 cm, pour avoir permis à Misha Nonoo à faire la publicité d'une jupe en disant qu'elle a été « récemment portée par Meghan Markle, duchesse de Sussex » et pour s'être rendu avec Harry en jet privé à Amsterdam afin de promouvoir l'ouverture d'un nouveau Soho House. Elle est même critiquée pour ne pas avoir assisté au mariage d'un ami de Harry[472]. Les médias piquent sans cesse son amour-propre. Les choses atteignent leur paroxysme lors d'une dispute entre Harry et William.

Fin septembre, alors que le bureau des Sussex met la dernière main aux préparatifs de leur première visite officielle – une tournée de seize jours en Australie et en Nouvelle-Zélande –, Harry suggère à William que Kate se montre plus amicale envers sa femme. Selon Harry, les membres de la famille ne lui témoignent pas assez de soutien, de respect et d'amitié. Meghan doit être aussi appréciée que leur mère[473]. La réponse de William n'est pas cordiale. En dehors du Palais, peu de gens sont au courant de la division entre les frères[474].

La solution, décident Harry et Meghan, est de disposer d'un bureau distinct de celui des Cambridge. Lors d'une discussion tendue entre les deux frères dans les jardins de Kensington, William explose. Le comportement de Meghan, dit-il à Harry, est inadmissible[475]. Elle n'a jamais eu l'intention d'abandonner sa carrière pour devenir un membre loyal de la famille. Sa charge de travail est légère. Dans les cinq mois qui ont suivi le mariage, elle a honoré vingt-six engagements : à Ascot, un match de polo, quelques mariages, Wimbledon et des visites au théâtre, notamment pour assister à une représentation de la comédie musicale *Hamilton*. Ses fonctions royales se limitent à une visite d'une journée dans le Sussex, un service à l'abbaye de Westminster, une réunion du conseil d'administration d'une organisation caritative et un voyage en Irlande. Meghan ne montre aucun intérêt aux visites anonymes et discrètes d'organisations caritatives, comme celles effectuées par la princesse Anne, Philip et d'autres membres de la famille royale. Le livre de cuisine sur Grenfell est un geste, mais pas un événement marquant.

Tout cela, combiné à son désir de s'exprimer ouvertement, dit William à Harry, a éveillé des soupçons parmi leur personnel, qui pense que Meghan veut retourner aux États-Unis. Si cela se produit, ce sera très embarrassant pour la monarchie. Au milieu de cet échange houleux, William mentionne les griefs du personnel qui se plaint d'être malmené par Meghan. Harry est indigné – mais ces accusations, qu'elles soient justifiées ou non, sont déjà connues.

Katrina McKeever, qui travaille dans l'équipe de communication de Kate, a récemment démissionné. Kate pense que son départ a été provoqué par les remarques négatives de Meghan sur son travail dans la période qui a précédé le mariage. Meghan nie avoir été critique. « Ce n'est pas mon travail de dorloter les gens », aurait-elle répondu[476]. Pour la défendre, Omid Scobie insiste sur le fait que McKeever est parti « en bons termes » et qu'elle a reçu un énorme bouquet de fleurs. Ce qui est contesté par des témoins.

Les doléances de McKeever sont reprises par d'autres personnes auprès de Jason Knauf[477]. Melissa Touabti a également démissionné, « traumatisée » par le comportement déraisonnable de Meghan quand elle ne pouvait pas répondre à ses « demandes irréalisables ». Son départ est mis sur le compte d'une colère de Meghan, parce que les couvertures brodées destinées aux invités d'un week-end de chasse n'avaient pas la bonne nuance de rouge. Harry et Meghan ne semblent pas déçus par cette démission, ils contestent simplement les raisons du départ[478]. Un autre membre du personnel se plaint à Knauf de se sentir harcelé. Même Samantha Cohen, selon Knauf, « ressent du stress ».

À mesure que les plaintes s'accumulent, Knauf constitue un dossier. Il note qu'un membre du personnel sur le départ a déclaré que ses rencontres avec Meghan le rendaient malade. Les témoignages abondent : « Je ne peux pas m'empêcher de trembler », « Je suis terrifiée », et « Il y a beaucoup de personnes brisées. Des jeunes femmes ont été brisées par le comportement [de Harry et Meghan] ».

Knauf parle à Harry, lui disant qu'un membre du personnel est « complètement détruit ». Meghan, explique-t-il, se conduit comme si son titre l'autorisait à oublier de se montrer polie. Ceux qui ne jouent pas le jeu de la flagornerie sont malmenés. Pour maintenir la paix, Harry s'excuse et, selon Knauf, « plaide » pour que les plaintes ne soient pas traitées officiellement. En retour, il promet d'inciter Meghan à faire preuve de plus de compréhension. Knauf accepte, mais le mal est fait.

Meghan réussit à convaincre Harry que le personnel de William la dénigre. Les rumeurs sur l'épisode du diadème, les larmes de Kate, sa demande pour que la chapelle St Georges soit parfumée et les plaintes scandaleuses du personnel sur son comportement ont été inventées pour lui nuire. Personne ne reconnaît tout ce qu'elle a apporté à la monarchie, notamment le fait que son mariage a généré un chiffre d'affaires d'un milliard de dollars pour l'industrie du tourisme[479]. Le moment est venu – le couple en convient – de rompre avec les Cambridge. Ils ont besoin de leur propre cour, de leur propre personnel et de leur propre programme.

Le soutien de Harry à Meghan persuade Knauf, à la veille du départ du couple pour l'Australie, de rédiger un mémorandum[480]. Adressé à Simon Case, le secrétaire privé de William, Knauf écrit : « Je suis très préoccupé par le fait que la duchesse a réussi à intimider deux assistants parlementaires au cours de l'année écoulée. » Selon le personnel, poursuit-il, Meghan se montre vindicative : « La duchesse semble avoir l'intention de toujours avoir une cible à critiquer. » Elle a traité une personne, souligne Knauf, d'une manière « totalement inacceptable », et en a intimidé une autre dans le seul but, semble-t-il, de « saper sa confiance ». Meghan, dit-on, met les gens en compétition. Lors d'une réunion, elle a ainsi encouragé un membre du personnel à entreprendre une tâche, mais à la réunion suivante, elle a ignoré la personne et a confié la tâche à quelqu'un d'autre. « Nous avons reçu de nombreux rapports de personnes ayant été témoins de comportements inacceptables », écrit Knauf à propos de ce qui s'appelle désormais le « Sussex Survivors Club[481] ».

Jenny Afia, l'avocate de Meghan, définit les brimades comme « l'utilisation inappropriée du pouvoir de manière répétée et délibérée pour blesser quelqu'un, physiquement ou émotionnellement ». Ce qui lui permet ensuite de dire que cette description ne corresponde en rien à Meghan. L'avocate ajoute cependant un paradoxe : « Toute cette histoire est fausse, Meghan n'est pas une brute. Cela dit, elle ne voudrait pas nier les expériences personnelles de quiconque[482]. »

Une fois de plus, Harry demande à Knauf de ne pas donner suite aux plaintes. Comme Harry et Meghan doivent partir en Australie, Knauf n'envoie pas son mémorandum à Case. Les personnes concernées sont mécontentes de voir que leurs supérieurs protègent Meghan. Les avocats de Harry nieront plus tard qu'il ait discuté de la question avec Knauf ou qu'il soit intervenu[483].

Le vendredi 12 octobre, on célèbre le mariage d'Eugenie. Meghan profite de l'occasion pour annoncer qu'elle est enceinte. Beaucoup se demandent pourquoi elle a précisément choisi ce jour... Deux jours plus tard, les Sussex s'envolent pour Sydney. En seize jours, ils prennent quatorze fois l'avion pour participer à soixante-seize événements. Un itinéraire normal pour les visites royales.

L'accueil réservé aux Sussex en Australie est enthousiaste. Des foules acclament le couple, ravies de la nouvelle d'une prochaine naissance. Tout le monde s'accorde à dire que le Commonwealth sera renforcé par l'arrivée du premier enfant métis dans la famille royale. Harry et Meghan contribuent à moderniser la monarchie. Meghan prend la pose – ce qu'elle maîtrise à la perfection – et enchaîne les sourires glamour.

Les premiers jours, tout se passe bien. Le deuxième jour, ils se rendent dans une famille qui vit 800 km à l'est de Sydney, apportant un gâteau à la banane préparé par Meghan la veille. Ce geste suscite l'euphorie. Harry remporte un autre triomphe. Il inaugure les Invictus Games et escalade lui-même le pont du port de Sydney pour y planter le drapeau des Invictus. Le couple fait l'objet de vifs éloges pour avoir organisé des vols gratuits depuis la Grande-Bretagne pour les participants aux jeux et les membres d'organisations caritatives, et les avoir chaleureusement accueillis. Leur succès quotidien, illustré par des photos élogieuses, fait taire les critiques des Républicains australiens.

Mais l'ambiance dans le quartier général des Sussex à Sydney est mauvaise. Le couple est arrivé avec quatre employés – Samantha Cohen, Amy Pickerill, Heather Wong et Marnie Gaffney. Meghan décide pourtant qu'elle a besoin d'être entourée de personnes de confiance. À sa demande, Jessica et Ben Mulroney arrivent par avion du Canada pour lui apporter un soutien 24 heures sur 24. Mulroney est la styliste de Meghan et la conseille sur ses tenues « à couper le souffle[484] ».

Encouragée par les Mulroney, Meghan se serait montrée tranchant avec ses employées et avec les diplomates britanniques en poste. Selon un rapport, Meghan aurait jeté une tasse de thé. Sa colère est en partie alimentée par Harry qui parcourt tous les soirs les réseaux sociaux, en quête de commentaires désobligeants. Au réveil, lui et Meghan se ruent sur leurs téléphones pour surfer sur Internet, et s'enflamment à la moindre critique. Avant de bombarder leur personnel de demandes de représailles et de suppression des critiques.

Au milieu de cette agitation, Harry découvre que la bataille avec la famille Markle est loin d'être close. Les médias américains ont révélé que Thomas Markle a découvert sur Internet la maternité de Meghan. D'autres histoires scabreuses sont déterrées. Radar Online cite Tom Junior qui prétend que son père n'est pas venu à son premier mariage parce qu'il souffrait de problèmes d'alcool et de drogue. De son côté, le *National Inquirer* accuse Thomas d'avoir sniffé de la cocaïne lors d'une visite au Playboy Club de Manille. Thomas Markle nie ces accusations[485].

Harry reproche à la presse britannique ces reportages en provenance d'Amérique. Mais le seul grief qu'il peut adresser aux journalistes qui l'accompagnent est d'avoir rapporté qu'une des tenues de Meghan a coûté 19 960 livres. Elle a aussi porté une veste de la marque de Serena Williams dont la promotion a ensuite été assurée en ces termes sur Instagram : « @Duchesse Meghan dans notre veste Boss. Une collection digne de la royauté[486]. » Meghan est furieuse. Knauf et son personnel sont blâmés pour ne pas avoir supprimé ces comptes rendus embarrassants – comme cela se passe à Hollywood. Son erreur, se lamente-t-elle, a été de « les croire quand ils disaient que je serais protégée[487] ».

Sans surprise, la fureur de Meghan influence l'attitude de Harry envers le petit contingent de médias britanniques qui accompagne le couple. « Merci d'être venus, même si vous n'étiez pas vraiment invités », lance-t-il. Il insulte aussi un journaliste de télévision[488]. L'altercation déconcerte les médias. Au-delà de leur petit cercle, personne cependant n'est au courant de l'agitation qui règne au palais de Kensington et au quartier général des Sussex à Sydney.

Dans ce contexte, Harry ne cesse de répéter à Meghan à quel point elle ressemble à Diana. L'énorme accueil que leur a réservé l'Australie est digne de celui que Diana a reçu quand elle est venue avec Charles et le petit William, en 1983. Des dizaines de milliers de personnes avaient afflué chaque jour pour apercevoir la princesse. Les Républicains australiens, et même le Premier ministre, ont attribué à Diana le mérite d'avoir saboté leur campagne visant à destituer la reine comme chef d'État. Rétrospectivement, cette tournée a marqué les esprits, parce que les médias ont soigneusement dissimulé les difficultés du couple qui explose l'année suivante, après la naissance de Harry. Plus Harry établit des parallèles avec sa mère, plus Meghan est convaincue de son importance pour la monarchie.

Le seul indice de leur préoccupation est le commentaire de Meghan à propos d'une paire de boucles d'oreilles incrustées de pierres de la collection de Diana qu'elle porte : « C'est tellement important pour moi de savoir qu'elle fait partie de tout cela avec nous[489]. »

Harry, qui n'avait que 12 ans au moment de la mort de Diana, ne peut pas comprendre pleinement qui était sa mère – son travail, ses capacités, ses priorités et son importance historique. Elle était à la fois traditionaliste et iconoclaste, elle voulait révolutionner la monarchie tout en s'en montrant un défenseur loyal et désintéressé. Harry n'a pas conscience que sa mère faisait la différence entre ses et les courtisans. Les flatteurs et les célébrités ne sont convoqués que s'ils servent son objectif. Parmi les personnes choisies figuraient les journalistes Andrew Morton et Martin Bashir, de la BBC *Panorama*. Elle savait que ses interviews avec ces deux journalistes étaient de la dynamite, mais elles étaient dirigées contre Charles et Camilla, jamais contre la reine. Les membres de la famille royale, Diana le sait, doivent se conformer aux règles, sinon l'institution perd sa légitimité. La force de Diana résidait dans la reconnaissance de sa fragilité par le public. Témoins oculaires de la tragédie, tant dans sa vie qu'au moment de sa mort, le public a assimilé ses faiblesses à ses expériences de trahison, de peur et de chagrin, et même à la souffrance que sa mort a provoquée dans tous les cœurs[490].

Les Sussex sont convaincus que leur succès australien les a dotés de la magie de Diana. N'ayant jamais étudié l'histoire britannique ni montré le moindre intérêt pour les biographies, Meghan ne peut pas comprendre que Diana a gagné l'affection du public après des années de travail. Ni elle ni Harry ne peuvent saisir que, pour imiter Diana, il faut se donner le temps de tisser un récit et de créer une marque dont découlera leur influence. Contrairement à Meghan, Diana ne recherchait ni l'argent ni la gloire. Les deux lui sont venus naturellement.

Encouragée par Harry, Meghan s'imagine qu'elle peut apporter le *leadership* dont la monarchie a besoin. Son activisme renforcerait la marque royale. À son personnel, elle donne l'impression de croire qu'elle incarne la monarchie.

L'activisme de Meghan peut en partie se justifier par l'exemple de Charles. Au cours des quarante dernières années, le prince a usé de la controverse pour bousculer les choses dans différents domaines clés : architecture, médecine, environnement, OGM, armée, chasse au renard.

Ses interventions ont aussi contribué à refaçonner la culture et l'histoire du pays. Il a par ailleurs fondé plusieurs organisations caritatives, notamment le Prince's Trust, qui ont bénéficié à des milliers de jeunes. Son influence est visible. Meghan veut faire la même chose, mais en s'adressant au public devant les caméras pour défendre ses causes.

Naturellement, ses agents et avocats américains l'y encouragent. Pendant des années, ils se sont battus pour lui trouver des rôles. Maintenant, ils pensent qu'elle peut gagner des millions grâce à son activisme. Bien sûr, elle aura besoin d'un relais aux États-Unis et d'une fondation pour déposer les recettes. Une milliardaire américaine serait même prête à fournir son parrainage. Ses conseillers ne comprennent pas que leur stratégie est incompatible avec la monarchie, et ils ne s'en soucient pas. Dans leur scénario épuré, Meghan gagnera des millions et ils récolteront des commissions.

Le 23 octobre, les dés sont jetés. Harry et Meghan sont convaincus que William est jaloux de leur succès en Australie. Le moment est venu de « changer[491] ». Ils doivent sortir du bocal du palais de Kensington. Harry propose de réécrire les règles du jeu : au lieu que Meghan tienne un second rôle dans la distribution, elle doit être la vedette d'une campagne et devenir indépendante des Cambridge et même de la reine.

Meghan et Harry cherchent à finaliser leur accord avec Londres pour créer une administration séparée. Dans ce cadre, ils ne travailleront plus avec la Royal Foundation mais géreront un organisme de bienfaisance distinct, le Sussex Royal. Tous deux s'engagent à promouvoir le bien-être social, à rendre le monde meilleur[492]. Ils ont également convenu que, avant la naissance de leur enfant, Jason Knauf devra être remplacé[493].

Jessica Mulroney a été témoin de la façon dont Meghan concilie le stress de la tournée, les nouvelles de Londres concernant les plaintes du personnel et les discussions avec son conseiller Andrew Meyer pour établir sa présence à Los Angeles. Meyer enregistre deux fondations : Archefoundation.com et archefoundation.org. Cinq jours plus tard, il enregistre le compte @archefoundation sur Instagram. En grec ancien, *arche* signifie « commencement » ou « origine », et *archon* est le mot qui désigne le chef. Les conseillers de Los Angeles, qui ne comprennent pas que Meghan en cherche pas tant à remonter sur un plateau qu'à être respectée pour son statut de femme de prince, l'encouragent à se comporter comme une actrice plutôt que comme un membre de la famille royale.

Meghan sait bien dissimuler les drames. À la fin des Invictus Games, elle prononce un discours plein d'émotion dans lequel elle loue les concurrents qui ont su faire battre son cœur. Son talent théâtral, ses références à la maternité touchent même le photographe royal chevronné Arthur Edwards. « Je suis tombé sous le charme de Meghan, écrit-il. Elle a été absolument brillante[494]. »

L'ambiance change légèrement après l'arrivée du couple aux îles Fidji. Cette brève escale sur le chemin de la Nouvelle-Zélande aurait dû se dérouler sans incident. Comme en Australie, Meghan a souhaité s'adresser à des femmes et à des étudiants. Contrairement aux rencontres précédentes, son discours est rapporté. Pour son auditoire, il n'a rien d'exceptionnel : « Je suis aussi pleinement consciente des difficultés que rencontrent de nombreuses personnes dans le monde, moi y compris, pour s'offrir ce niveau de scolarité. C'est grâce à des bourses d'études, à des programmes d'aide financière et à un programme en alternance, dont les revenus provenant d'un emploi sur le campus ont été directement affectés à mes frais de scolarité, que j'ai pu suivre des cours à l'université. »

À Rosarito, Thomas Markle explose. « C'est complètement faux, déclare-t-il aux médias. J'ai payé toutes ses études et j'ai les relevés bancaires qui le prouvent. J'avais promis à Meg de lui payer ses études et je l'ai fait. N'importe quel père ferait ça pour son enfant. J'ai payé ses voyages en Espagne et en Angleterre. J'ai payé son stage en Argentine. » Il a continué à rembourser les emprunts qu'il a contractés, même quand Meghan a commencé à tourner pour *Suits*. Il est furieux qu'elle prétende lui avoir envoyé de l'argent. « Je n'ai jamais touché un centime de Meghan », affirme-t-il[495]. Ce qui n'est pas vrai, car Meghan lui a donné au moins 20 000 dollars.

Ignorant la dernière sortie de son père, Meghan, vêtue d'une robe en soie imprimée d'une valeur de 1 494 livres sterlings, se dirige vers un marché de rue animé où elle s'arrête. Un millier de personnes sont présentes, dont beaucoup de commerçantes réunies sur un stand destiné à promouvoir l'entreprenariat chez les femmes. Très vite, Meghan se montre mécontente. Beaucoup de femmes portent des tee-shirts avec le label ONU Femmes. Le stand est parrainé par l'organisation qu'elle a quittée parce qu'Elizabeth Nyamayaro avait refusé de la nommer ambassadrice. Meghan reproche à Amy Pickerill d'avoir organisé la visite. Cette dernière se retire dans la voiture officielle où elle sera aperçue en larmes, selon Rebecca English du *Daily Mail* : « Nos regards se sont croisés et elle a baissé les yeux, l'humiliation était gravée sur ses traits[496] ».

Huit minutes après son arrivée, Meghan quitte les lieux. Son porte-parole a expliqué que l'humidité et la foule étaient oppressantes pour elle. Des centaines de femmes expriment leur déception. Meghan et son entourage regagnent l'hôtel, mais l'agent chargé de la protection de la princesse décide de démissionner à son retour en Grande-Bretagne.

Le mécontentement du personnel est transmis à Jason Knauf, qui envoie finalement son mémorandum à Simon Case, le secrétaire privé de William. En résumé, Case lit que Meghan a intimidé deux assistants et brisé la confiance d'un troisième, ce qui les poussés à quitter le palais de Kensington.

Case transmet le mémo à Samantha Carruthers, responsable des ressources humaines pour Clarence House. Après lecture, Carruthers semble n'avoir rien fait – elle travaillera plus tard pour Elizabeth Murdoch). Deux ans plus tard, les avocats des Sussex nieront tout, affirmant que les trois personnes avaient été contraintes de démissionner parce qu'elles s'étaient mal comportées[497]. Les relations entre Harry et Knauf sont rompues.

Quand Meghan arrive à son premier dîner d'État à l'hôtel Grand Pacific de Fidji, elle ne montre aucun signe de colère. Elle est radieuse dans sa robe-cape bleu clair. À ses oreilles brillent deux pendants en diamants Chopard. Interrogé sur la provenance de ces bijoux, son porte-parole répond qu'ils ont été « empruntés », sans préciser à qui. Il évite de donner l'explication complète : c'est un présent de mariage de Mohammed ben Salman, prince héritier d'Arabie saoudite. Meghan n'a pas tenu compte des avertissements de son personnel qui lui a suggéré de ne pas porter ces bijoux : trois semaines plus tôt, le prince a approuvé le meurtre, à Istanbul, du journaliste saoudien Jamal Khashoggi[498].

Meghan aurait dû être choquée par ce meurtre. Depuis sa rencontre avec la militante saoudienne Loujain Al-Hathloul, au sommet de One Young World à Ottawa en octobre 2016, elle connaît la cruauté du régime. Dans son discours, Meghan relaie les protestations de Loujain contre les « violations des droits de la personne » en Arabie saoudite, ainsi que « les problèmes d'égalité des sexes, la discrimination et l'injustice ». Depuis, la militante a été emprisonnée, torturée, menacée de viol et de mort. Pourtant, Meghan portera de nouveau les boucles d'oreilles le 14 novembre 2018, pour le 70e anniversaire de Charles au palais de Buckingham. Elle affirmera par la suite qu'elle n'était « pas au courant », malgré l'indignation mondiale provoquée par la révélation que le prince a ordonné le meurtre[499]. Dans une réponse au *Times*, ses avocats nient qu'elle ait trompé quiconque sur la provenance des boucles d'oreilles[500].

Le 1er novembre, Harry et Meghan rentrent à Londres, convaincus d'être des « rock stars royales » en mesure de changer la monarchie. C'est la première fois, dit Harry avec enthousiasme, que la famille royale peut voir à quel point Meghan est incroyable dans son travail. Et cela réveille des souvenirs[501]. » Son frère et tous les courtisans écartent Meghan, comme Diana a été écartée. « J'aimerais simplement que nous tirions tous les leçons du passé », déclare-t-il.

Harry et Meghan sont convaincus, selon Omid Scobie, qu'ils ont « propulsé la monarchie vers de nouveaux sommets dans le monde entier ». En effet, de nombreuses femmes saluent Meghan comme un symbole de la féminité moderne. Sûre d'elle, elle se présente comme un modèle pour les jeunes générations. Le problème est que la marque Markle est inacceptable pour le Palais. Comme le rapporte Scobie, les courtisans redoutent que Meghan « ne soit encore plus grande que Diana[502] ».

Peu après leur retour, Harry demande à la reine l'autorisation de quitter Nottingham Cottage pour vivre hors du contrôle de Buckingham Palace. La reine accepte que le couple se voie attribuer la résidence de

Frogmore, sur le domaine de Windsor. Bien qu'il soit difficile de croire que Meghan veuille vivre à 40 km de Londres et sous la trajectoire des avions qui décollent de Heathrow, des constructeurs sont engagés pour transformer rapidement les cinq pièces délabrées en une luxueuse demeure.

Mais la ligne est tracée. Harry a aussi demandé de disposer de son propre bureau ou de sa propre cour pour construire la marque Sussex, distincte du palais de Buckingham mais financée par la reine et le contribuable. Demande rejetée. Sur ordre de la reine, il lui est répondu qu'il se verra attribuer un bureau à l'intérieur du palais de Buckingham – et sous la supervision d'Elizabeth II. Alors que William dispose de sa propre organisation, Harry est écarté. Cette décision est soutenue par Charles.

Aider le second né, comme l'ont découvert les précédents « suppléants », dont la princesse Margaret et le prince Andrew, dépasse les compétences du Palais. Harry interprète la décision comme un coup porté à sa demande de liberté. Toujours à vif, la colère de Harry se réveille.

Le malaise qui règne au palais de Kensington est désormais connu. Les disputes entre les frères, le mémorandum sur les brimades du personnel attribuées à Meghan, l'aversion réciproque entre Kate et de Meghan, le soupçon tenace que celle-ci prévoit de retourner à Los Angeles invitent les courtisans à se confier à leurs proches, alors qu'ils sont tenus de ne pas divulguer les secrets de la famille royale. Cette règle est rompue le 10 novembre.

La presse révèle le départ « soudain » de « Melissa ». Le nom de famille de l'employée des Sussex n'est encore connu. Selon Richard Eden, du *Daily Mail*, il s'agit d'un « véritable choc » pour une personne qui a été très impliquée dans les préparatifs du mariage[503]. Une semaine plus tard, le *Mirror* ajoute que Meghan a fait pleurer Melissa. Meghan demande un démenti au porte-parole du Palais[504].

Le même jour, Dan Wootton, du *Sun*, évoque le Tiaragate[A]. Décrivant les colères de Meghan, les « initiés » mentionnent un échange très animé qui a incité la reine à parler à Harry. Elle a déclaré : « Meghan ne peut

A. C'est le nom que la presse utilise pour évoquer l'épisode du diadème.

pas avoir tout ce qu'elle veut. Elle prendra le diadème que je lui donne. » La reine a aussi demandé pourquoi Meghan avait besoin d'un voile nuptial, puisque c'était son second mariage.

Plus important encore, le *Sun* rapporte que Kate s'est « disputée » avec Meghan, lui reprochant de mal se comporter avec le personnel. « C'est inadmissible », aurait dit Kate[505]. Un « initié » commente : « Meghan a l'habitude de travailler dans un environnement hollywoodien… Le niveau de respect est différent dans la maison royale et Kate a toujours fait très attention à la façon dont elle se comportait avec le personnel. » Kensington Palace refuse de commenter[506].

La troisième révélation est rapportée par le correspondant royal Robert Jobson. Au plus fort du Tiaragate, écrit-il, Harry s'est montré très irascible envers le personnel, voire « carrément grossier ». Il aurait hurlé : « Ce que Meghan veut, elle doit l'obtenir. » « La reine, poursuit Jobson, a demandé à voir [Harry] en privé et l'a fermement remis à sa place[507]. » Jobson impute la cause de la dispute au premier choix Meghan qui voulait porter le diadème Vladimir, sortie clandestinement de Russie après la révolution et vendue à la reine Mary. Selon lui, cette provenance rendait délicate l'exposition publique du bijou. (Ce détail est mis à mal par des photographies montrant la reine coiffée de ce diadème lors d'un banquet au château de Windsor en 2014.) De toute évidence, il y a eu une dispute, mais la raison reste ambiguë.

Harry et Meghan sont choqués par les allégations des médias[508]. Les rapports faisant état d'une forte rotation du personnel sont totalement injustes – Samantha Cohen vient pourtant de révéler qu'elle prévoit elle aussi de partir. Les fuites sur les e-mails envoyés par Meghan à 5 heures du matin les confortent dans leur conviction que le personnel est déloyal. Toutes les demandes de Meghan étant transmises à Buckingham Palace, filtrées et modifiées, elle se plaint de ne pas avoir le contrôle de sa vie. Pour Harry, les médias sont responsables. Lui et Meghan sont innocents, et la presse ment. De son côté, Knauf ne réussit pas à renverser la situation et à obtenir des articles positifs. Le titre « Une duchesse difficile » a ouvert les vannes.

Dans le *Daily Telegraph*, Camilla Tominey rapporte les larmes de Kate lors d'une dispute avec Meghan avant le mariage à propos des tenues des demoiselles d'honneur – du port de collants et la longueur de l'ourlet de Charlotte[509]. Dans le *Sun*, Dan Wootton décrit la colère de Kate sur la façon dont Meghan traite son personnel et la rupture de la relation entre Harry et William[510]. Le journal rapporte aussi que William, dans les mois qui ont précédé le mariage, a conseillé à Harry de prendre son temps avant d'officialiser sa relation avec Meghan. En outre, il est blessé que Meghan et Harry aient refusé de se rendre à Balmoral quand lui et Kate y séjournaient[511].

La chroniqueuse Lorraine Kelly, du *Sun*, riposte par un éloge de Meghan : « Soyez indulgents… Meghan a réussi à se faufiler au milieu du champ de mines que constitue le protocole royal… Elle est un ajout fantastique pour la famille royale – accessible, douce, animée du désir de faire une réelle différence. »

Pour Meghan, les critiques de la presse sont un assassinat en règle. Elle est particulièrement contrariée par le fait que Knauf « refuse de remettre les pendules à l'heure » et de faire valoir son point de vue sur l'incident avec Kate. « Je pense que c'est là que tout a changé », déclarera Meghan plus tard[512]. Dans un e-mail à Omid Scobie, elle aurait indiqué avoir demandé « de toute urgence » un démenti officiel à propos de l'article « offensant » du *Times* qui prétend qu'elle a fait pleurer Kate. Cette demande, écrit Scobie, est « ignorée[513] ».

Alors que Meghan souhaite que la brouille entre Harry et William soit connue du public, le Palais insiste sur la proximité entre les deux frères. Pour prouver que les Sussex et les Cambridge ne se sont pas « brouillés », un fonctionnaire indique que les deux familles passeront Noël ensemble à Sandringham[514].

Meghan riposte. En novembre 2018, elle annonce à Knauf et au service des relations publiques du Palais que ses amis coopèrent avec Omid Scobie pour écrire un livre exposant les problèmes auxquels elle et Harry sont exposés[515]. Sans réaliser que le contexte risque de les fragiliser encore plus.

Durant l'été 2018, le palais de Kensington est approché pour aider Scobie et Carolyn Durand à écrire un livre intitulé *Finding Freedom*. Les auteurs veulent écrire un livre entièrement favorable aux Sussex. Knauf sait que Meghan peut-être intéressée et lui écrit ce texte : « Je pense que c'est une bonne idée. » L'avis de Knauf convient à Meghan. Elle veut que le livre se concentre sur les sacrifices qu'elle a faits en devenant duchesse. Knauf lui déconseille cependant d'autoriser ses amis à coopérer avec les auteurs. « Il y a un risque, prévient Knauf, que l'opinion des auteurs change. » Meghan n'est pas d'accord, car elle pressent que Scobie pourrait devenir un soutien fidèle. « Je pense qu'il doit être débriefé le plus vite possible », répond-elle[516].

Le 12 novembre, Meghan discute à nouveau du livre avec Knauf[517]. Elle veut lire « les grandes lignes du projet[518] ». Elle évoque aussi l'inquiétude de Doria sur les « affreux paparazzis ». Sa mère ne se sent pas en sécurité.

Ignorant le projet du livre, le prince Charles reste troublé par la recrudescence des reportages sur les dissensions au sein du Palais. Pour éviter les conflits lors de la succession, il redoute tout ce qui pourrait nuire à l'image des Windsor, qu'il veut présenter comme une famille en paix et heureuse. On a beaucoup dit que Diana avait souffert d'être ignorée. Il craint que le mécontentement de Meghan ne provoque des critiques similaires. Alors qu'il cherche à renforcer le prestige de la monarchie, il redoute une dispute violente impliquant les Sussex.

Son comportement passé et l'aveu d'adultère qu'il a fait en 1994 à Jonathan Dimbleby, lors d'une interview télévisée, lui ont durablement porté préjudice. La réhabilitation a pris des années et elle n'est toujours pas terminée. Lors de récents entretiens avec les médias, il s'est enthousiasmé pour l'énergie de Harry, a dit qu'il était fier d'avoir conduit Meghan à l'autel et a promis d'arrêter de faire campagne pour les causes qui lui tiennent à cœur. « Je ne l'ai pas fait pour me mêler de tout. Je pensais juste que je pouvais motiver les gens », explique-t-il[519]. Pour soutenir son fils, la reine porte un toast devant 300 invités lors du dîner organisé pour le soixante-dixième anniversaire de Charles, en faisant l'éloge de sa femme. « Par-dessus tout, déclare Elizabeth II, soutenu par sa femme Camilla, il est passionné et créatif. »

La reine a parcouru un long chemin depuis le second mariage de Charles, en 2005. Après la cérémonie peu glorieuse à la mairie de Windsor, à laquelle elle n'a pas assisté, la reine a hésité à se joindre à la fête organisée au château. Elle est d'abord restée dans une pièce voisine du lieu des festivités, regardant à la télévision le Grand National[A]. Elle a fini par en sortir pour prononcer un bref discours. Après une brève pause pour les photos, elle a rapidement quitté la fête[520].

Au cours de la décennie qui suit, les sondages d'opinion se montrent sévères envers Camilla dont la cote de popularité s'effondre chaque fois qu'on commémore Diana. Celle de Charles suit la même courbe descendante. Dans le temps court dont il dispose, Charles est déterminé à enterrer le passé mais aussi à construire des ponts avec son fils aîné. Le soutien de William est nécessaire, pense-t-il, pour que Camilla soit couronnée reine. Il s'agit aussi de façonner l'image de William et Kate comme une famille qui embrasse les meilleures valeurs de la Grande-Bretagne.

William et Kate acceptent de quitter Norfolk pour revenir s'installer à Londres afin d'assumer davantage de fonctions. Obtenir que les deux frères sourient sur la photo de famille prise pour les soixante-dix ans de Charles n'est pas facile, mais Kate relève le défi. Et William accepte que Camilla figure sur la photo aux côtés de ses enfants[521].

Le portrait ne trompe personne. La digue a cédé. La publicité sur le désaccord entre les Sussex et les Cambridge, combinée aux coups de boutoirs de Thomas Markle contre sa fille, a détruit les belles images prises le jour du mariage de Meghan et Harry, six mois plus tôt seulement.

A. Course hippique très populaire en Grande-Bretagne.

© Karwai Tang/Getty

Le couple a été aperçu aux Invictus Game, à Toronto, mais la présentation officielle de Meghan au public britannique a eu lieu à Nottingham le 1er décembre 2017.

© Christopher Furlong/Getty

© Adrian Dennis/ Getty

Quatre semaines plus tard, elle a été reçue à Sandringham pour fêter Noël avec la famille royale, signe de l'accueil enthousiaste réservé par la reine au nouveau membre du clan Windsor.

© PA Images/Alamy Stock Photo

À gauche : Lord Geidt, le secrétaire privé de la reine depuis dix ans, a été contraint de démissionner pour rester indépendant de Buckingham Palace.

© PA Images/Alamy Stock Photo

À droite : Edward Young, le successeur de Geidt, n'a pas eu l'autorité suffisante pour influencer la stratégie médiatique des autres palais.

© PA Images/Alamy Stock Photo

Ci-dessus : Jason Knauf, le porte-parole de Meghan et Harry, a toujours travaillé en étroite collaboration avec le couple et s'est retrouvé impliqué dans leurs batailles judiciaires.

Ci-dessous : Keleigh Thomas Morgan, l'ancienne chargée de communication de Meghan à Los Angeles avant son mariage, a défendu les intérêts de Meghan et ignoré les préoccupations de la famille royale.

© Emma McIntyre/Getty

Célébré le 19 mai 2018 au château de Windsor, l'éblouissant mariage a été salué comme une preuve de l'adhésion de la monarchie au multiculturalisme.

Avant son mariage, Meghan s'est beaucoup rapproché de sa mère, Doria, mais a laissé Thomas Markle sans protection face aux médias. Qualifié d'alcoolique parce qu'il avait été photographié portant quatre canettes de bière, il a été exposé à une lourde pression. Malade, il n'a pas pu se rendre à Londres pour le mariage.

© Jeff J Mitchell/Getty

Beaucoup de gens ont redouté que Meghan utilise son alliance avec la famille royale comme un tremplin pour assurer sa promotion, enfreignant ainsi la règle de neutralité à laquelle est astreinte la monarchie. Ces craintes ne semblaient pas fondées au début, et on a pu la voir souriante à côté de la reine, à Wimbledon avec Kate Middleton, et à Ascot avec Camilla et Charles.

© Tim Clayton-Corbis/Getty

© Anwar Hussein/Getty

La présentation des Fab Four en 2017, avant le mariage, était censée illustrer le tournant moderniste de la monarchie. Le quatuor est apparu soudé en public en 2018 – ici, lors d'une campagne Heads Together et pour le Commonwealth Service.

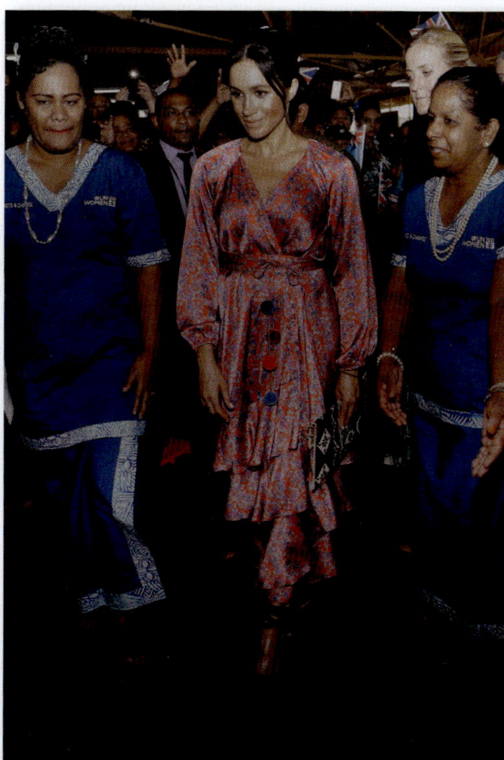

Ci-dessus : La visite officielle des Sussex en Australie et dans le Pacifique Sud la même année est un succès en apparence. Mais les tensions sont vives avec leur entourage.

© Karwai Tang/Getty

À gauche : Les premières tensions sont apparues en 2019 à Wimbledon, où les duchesses se sont à peine adressé la parole.

À droite : La tournée sud-africaine des Sussex a été marquée par plusieurs incidents. Dans une interview désormais célèbre avec Tom Bradby, pour la chaîne ITV, Meghan a évoqué pour la première fois sa dépression. Dans une rencontre avec un groupe de femmes, elle a déclaré qu'elle avait assumé seule ses études – ce qui mis son père hors de lui.

© Samir Hussein/Getty

© Pool/Samir Hussein/Getty

À gauche : Le premier enfant du couple, Archie, est né en mai 2019 et les a accompagnés lors de leur tournée.

© PA Images/Alamy Stock Photo

© WireImage/Getty

© PA Pool/Pool/Getty

En 2019, en écoutant le discours que la reine prononce le jour de Noël, Harry comprend qu'il est écarté car sa photo ne se trouve pas sur le bureau d'Elizabeth II. Le couple rentre de Vancouver en mars 2020 pour faire ses adieux à la famille royale et organise une brillante mise en scène de leur couple dans la City, mais les visages figés des membres de la famille royale pendant le service du Commonwealth à l'abbaye de Westminster semblent confirmer leur colère à l'encontre des Sussex.

© WPA Pool/Getty/

© Gotham/Getty

Après le Megxit et la bombe que constitue leur interview avec Oprah Winfrey (à gauche), les Sussex ont besoin de rester célèbres pour maintenir leur niveau de vie. Ils ont signé des accords de plusieurs millions de dollars avec Netflix et Spotify, et leurs engagements philanthropiques – ici avec le maire de New York, Bill de Blasio, et la gouverneure de l'État, Kathy Hochul, lors d'un voyage – sont bien documentés.

© PA Images/Alamy Stock Photo

Les Sussex ont été invités pour le jubilé de la reine, en juin 2022, mais ils n'étaient pas assis avec le premier cercle de la famille royale et n'ont pas posé en public.

CHAPITRE 25

Suicide

Désireuse d'assurer la promotion de son autobiographie, Meghan repère une opportunité dans la venue de Michelle Obama à Londres. Ayant obtenu des billets pour aller écouter l'ancienne First lady au Royal Festival Hall le 3 décembre 2018, elle se rend dans les coulisses afin de rencontrer son héroïne.

Meghan veut nouer une relation privilégiée et s'est donc aussi débrouillée pour la retrouver au dîner organisé chez George Clooney, près de Windsor[522]. Michelle Obama est pour elle une idole à imiter, mais aussi une bonne source de conseils et de consolation. Cependant, la duchesse ne semble pas avoir saisi à quel point les Obama admirent la reine. L'attitude de Meghan alarme Michelle. Ses conseils sont donc donnés en public.

« Prenez votre temps, déclare Mme Obama dans une interview, et ne soyez pas pressées de faire les choses. » En guise d'avertissement, elle ajoute : « Comme moi, Meghan n'a probablement jamais rêvé d'avoir une vie comme celle qu'elle mène aujourd'hui ; en cas d'échec, la pression ressentie peut parfois sembler énorme. » Obama invite Meghan à se montrer raisonnable : « Il y a tellement de possibilités de faire le bien dans une situation comme celle-là, et je pense que Meghan peut accroître son influence, ainsi que son propre bonheur, si elle fait quelque chose qui résonne avec sa personnalité[523]. »

Au sein du palais de Kensington, Meghan a encore du mal à se faire une place. Elle s'est volontairement coupée de nombreux anciens amis, dont Gina Torres et d'autres acteurs de *Suits*[524]. Elle a fait une exception pour John Fitzpatrick qui a pu lui rendre visite au Palais. « J'ai été stupéfait de voir la différence chez Meghan », se souvient-il. Des valets de pied gantés de blanc se tiennent aux côtés du maître d'hôtel pendant qu'il attendait son amie. « Meghan est entrée et son accueil était très formel. » Une fois le personnel parti, Fitzpatrick demande : « Combien de temps avons-nous ? » Regardant sa montre, Meghan répond : « Nous avons exactement vingt-neuf minutes. » Selon Fitzpatrick, « elle s'est détendue et les ragots ont commencé. À la fin du temps imparti, le personnel est revenu et Meghan a retrouvé toute sa réserve[525] ».

Des amies américaines qui vont voir Meghan au palais de Kensington trouvent une femme troublée. Enfermée dans le cottage de Nottingham, elle se plaint qu'il n'y a pas de personnel pour préparer les repas et que personne ne la traite comme un membre de la famille royale. Elle semble malheureuse et dit qu'elle est « la personne la plus harcelée au monde ». Dans les médias, on raconte beaucoup de mensonges sur elle. « C'est dommageable pour sa santé mentale et émotionnelle », conclut un proche[526]. L'une des raisons de ces difficultés est sa réticence à assumer les fonctions traditionnelles liées à son statut.

En décembre 2018, Meghan n'a assuré que huit engagements depuis l'été. Cela comprend le Trooping the Colour et le service du jour du Souvenir. Plusieurs histoires délicates ont été révélées par la presse. *The Sun* a ainsi raconté que Meghan a été « très excitée » lors de son premier mariage et que chaque invité a reçu un sac cadeau contenant du cannabis.

Elle fait une apparition surprise aux British Fashion Awards au Royal Albert Hall[527]. Vêtue d'une robe noire Givenchy décolletée, les ongles peints en noir, elle déclare à son public : « C'est un grand honneur d'être ici pour célébrer la mode et les créateurs de mode britanniques dans mon nouveau pays, le Royaume-Uni. » Certains se sont demandé pourquoi Meghan n'a pas pu, pour une fois, accepter de faire un compromis un portant une robe d'un créateur britannique. Peu de temps après, sa photo sur le site Instagram du British Fashion Council est supprimée. Le même soir, la princesse Anne visite le comité de sécurité de l'Organisation maritime internationale et la reine célèbre le 600ᵉ anniversaire de l'ordre des avocats.

Ces révélations provoquent l'habituelle indignation de Meghan à l'encontre des médias. Elle est également fâchée contre Knauf qui n'a pas réussi à lui éviter cet embarras. Pour faire monter encore la pression, Thomas Markle donne une nouvelle interview. « Le traitement que l'on me réserve est dur, blessant et impitoyable, déclare-t-il. Je suis puni pour des choses que je n'ai pas dites[528]. »

La lettre que Meghan lui a envoyée n'a pas réussi à le faire taire. Alimentant la querelle, il publie une lettre qu'il a adressée à Doria cinq jours après le discours de la duchesse aux îles Fidji : « Meghan dit qu'elle ne veut plus rien avoir à faire avec moi et qu'elle s'est débrouillée toute seule pour aller à l'université. Elle ne peut pas changer l'histoire. J'en ai marre des mensonges. J'en ai marre d'être humilié et exclu de sa vie. J'ai toujours assumé mes responsabilités de père. Ses commentaires sur le fait qu'elle a elle-même payé études sont offensants pour moi. » Comme cette provocation n'incite pas sa fille à l'appeler, Thomas lance, quelques jours plus tard, un appel à la télévision pour que Meghan mette de côté leur différends pour Noël. « J'aime beaucoup ma fille… et j'apprécierais vraiment qu'elle m'appelle[529]. »

Le comportement de Thomas accroît l'exaspération de Meghan et Harry, qui acceptent de coopérer avec Omid Scobie[530]. Comme Knauf le déclarera plus tard, « le livre a été discuté avec la duchesse à plusieurs reprises, de vive voix et par e-mails[531] ». Jusque-là, Meghan s'est seulement montrée agacée par le tweet de Scobie décrivant Jessica Mulroney comme sa styliste. Elle a fait ce commentaire à Knauf : « Vous savez à quel point je trouve frustrant le récit de la "styliste" – ma coiffure est la seule sur laquelle j'ai encore un peu de contrôle –, mais on nous demande de coopérer à cette biographie qui fait manifestement autorité… Je ne serai pas à l'aise si cette personne est considérée comme une autorité. » Meghan reçoit l'assurance que Scobie sera prévenu. Dans un e-mail adressé à Meghan et Harry, Knauf précise cependant : « Il sera important de pouvoir dire la main sur le cœur que nous n'avons pas facilité l'accès à l'information[532]. »

Knauf a décidé de faire confiance à Scobie. Une décision qui va à l'encontre de son instinct. Son attitude n'est pas très cohérente : d'un côté, il dit que *Vanity Fair* est un tabloïd ; de l'autre, il fait confiance à Scobie qui réutilise les histoires des tabloïds, même celles qui sont manifestement inexactes[533]. Lors de la préparation d'un débriefing pour Scobie et Durand, Knauf est encouragé par Harry à se montrer utile. Après deux ans « d'assaut médiatique, de cyberintimidation, de manipulation de Thomas Markle, etc. », Harry lui demande de présenter Meghan sous un jour positif.

Le 10 décembre, Knauf envoie à Meghan une liste de questions que Scobie a envoyée pour leur réunion deux jours plus tard. Une fois de plus, il insiste sur la nécessité d'une dénégation. « Je pense qu'il est important, écrit-il à Harry, que nous puissions dire la main sur le cœur que nous ne leur [Scobie et Durand] avons pas facilité l'accès » aux amis de Meghan ni au Palais.

Alors que Knauf a déconseillé d'aider Scobie à rencontrer les amis de Meghan, il ajoute : « Je suis heureux de faciliter les choses dans les deux cas. » Mais Harry est d'accord avec Knauf : « Nous devons pouvoir dire que nous n'avons rien à voir avec [le livre][534]. » Le fait que Harry soutienne la règle érigée par Knauf est remarquable en soi. Il en va de même pour l'encouragement à coopérer : « De même, le fait que vous leur donniez le bon contexte et le bon arrière-plan aiderait à faire sortir certaines vérités. La vérité est nécessaire et serait appréciée, surtout en ce qui concerne l'affaire du mariage. » Harry et Meghan ne cessent de critiquer Thomas Markle parce qu'il a parlé aux médias, mais ils font exactement la même chose.

Déterminée à gérer le récit de la réunion à son avantage, Meghan envoie à Knauf, le soir même, un débriefing en trente et un points pour sa discussion avec les auteurs. Parmi ses priorités, énumérées sur deux pages, figure un récit entièrement révisé de son enfance.

Trois ans plus tôt, elle avait écrit dans le magazine *Elle* que ses parents « ont façonné le monde qui m'entoure pour me faire sentir que je n'étais pas différente, mais spéciale[535] ». Elle a répété la même version à *Vanity Fair* en 2017 : « Ce qui est incroyable, vous savez, c'est que mes parents se sont séparés quand j'avais deux ans, mais je ne les ai jamais vus se battre. On partait toujours en vacances ensemble. Mon père me déposait chez ma mère le dimanche, et le soir, nous regardions tous les trois *Jeopardy !* en dînant de plateaux télé… Nous étions toujours si proches les uns des autres[536]. » Pour Knauf, le nouveau récit ne tient pas compte de la relation étroite de Meghan avec son père et souligne qu'elle était « très éloignée » des deux autres enfants de son père : « Ses deux parents et tous ses amis l'ont toujours considérée comme une enfant unique pendant toute son enfance[537]. »

Sans expliquer que Samantha est handicapée, Meghan écrit : « Elle a perdu la garde de ses trois enfants, nés de pères différents. » Elle demande également que sa relation avec Thomas Markle soit présentée sous cet angle : « Meghan a soutenu son père en dépit de son isolement. Malgré tous ses efforts pour l'aider ces deux dernières années, ils n'ont plus de relation. »

Meghan donne aussi une version aménagée du Tiaragate en affirmant que la reine était présente quand elle a essayé les cinq diadèmes et qu'elle a dit qu'ils lui allaient tous. Meghan a choisi celui en diamant, et Elizabeth II a approuvé son choix en disant qu'il était « parfait ». Elle réaffirme aussi que Jessica Mulroney n'est pas sa styliste[538].

De son côté, Harry envoie ce texte à Knauf : « Vous avez l'intention de leur parler de tout ce qu'elle a traversé ces deux dernières années ? Si vous n'avez pas prévu de le faire, je peux m'en charger. »

« Bien sûr, répond Knauf le soir même. Mais je n'ai jamais arrêté. »

Après avoir envoyé à Meghan de nouvelles assurances, Knauf rencontre les auteurs le 12 décembre 2018. « Nous avons tout passé en revue », rapporte-t-il le lendemain. Les auteurs ont été informés comme Meghan et Harry l'ont demandé. Le livre, déclare Knauf, est destiné au public américain. Les auteurs, précise-t-il à Meghan, ont l'intention

« de faire un éloge de vous qui corrige les faits sur un certain nombre de points. Je reste en contact étroit avec eux ». Plus tard, il ajoute : « Ce sera très positif. » Meghan est satisfaite. Knauf s'est plié en quatre pour l'aider. Le Palais a fait des pieds et des mains pour la protéger.

Deux ans plus tard, Meghan affirmera que ni elle ni Harry n'ont « coopéré avec les auteurs pour présenter leur "version des faits" par le biais du livre[539] ». Dans une déclaration juridique signée, Meghan ajoute que ni elle ni Harry n'ont « souhaité être impliqués de quelque façon que ce soit dans le livre[540] ». Avant sa rencontre avec Scobie, a-t-elle ajouté, Knauf « n'a pas contacté » Meghan à propos de « questions relatives au livre[541] ».

Comme la presse va observer de près son attitude au déjeuner de Noël donné par la reine et lors des festivités qui réuniront la famille royale à Sandringham, Meghan doit être présente. Souriants, les Fab Four ont parcouru ensemble les 800 mètres qui les séparent de l'église St Mary Magdalene. Pour faire oublier les rumeurs sur les demoiselles d'honneur et le déménagement à Frogmore, Meghan accepte de se joindre à Harry pour le déjeuner du lendemain de Noël.

À plus de 8 000 km de là, au Mexique, Thomas Markle passe Noël seul. Quand un journaliste britannique l'appelle, il déverse sa colère sur sa fille bien-aimée, surnommée « Duchesse difficile ». Elle n'est, selon lui, qu'une jolie fille mariée à un ancien officier de l'armée qui ne sera jamais roi. Son attitude est « ridicule, cruelle et sans cœur. Et ça doit cesser ».

À 74 ans, Thomas est persuadé qu'il n'a plus que cinq ans à vivre. Chez les Markle, affirme-t-il, les hommes n'ont jamais dépassé 80 ans. « À ce jour, répète-t-il, je ne sais pas ce que j'ai fait pour être traité comme je le suis. J'ai été un bon père, je n'ai rien fait de mal. Les meurtriers à la hache tuent 19 personnes, et leurs filles viennent encore leur rendre visite en prison. Maintenant, c'est comme un rêve qui s'est transformé en cauchemar. Les Royals et Meghan peuvent y mettre fin en me passant simplement un coup de fil[542]. »

Une fois de plus, Meghan est malheureuse de ne pas pouvoir empêcher Thomas de répandre sa colère à travers le monde. La restauration de Frogmore la bouleverse également beaucoup. Il en a coûté 2,65 millions de livres sterling pour aménager cette maison de cinq chambres, mais elle est insatisfaite. Les négociations avec les architectes, les entrepreneurs et le conservateur du palais de Buckingham responsable des peintures n'ont pas donné les résultats escomptés.

Des amis et des clients ont entendu les entrepreneurs parler des manières de Meghan. Pour l'un d'eux, elle n'a pas cessé de changer d'avis, et semble persuadée qu'une duchesse doit se comporter comme Marie-Antoinette. Inévitablement, ces incidents se retrouvent dans les médias. Certains ont été exagérés, d'autres complètement inventés, mais la mention que la chambre d'enfant sera peinte avec la gamme Auro de l'Organic and Natural Paint Company expose Meghan aux sarcasmes des tabloïds[543].

La restaution est presque terminée, mais les entrepreneurs perçoivent que Meghan reste mécontente. Le nouveau bâtiment, semble-t-elle suggérer, est tout à fait correct pour les domestiques, mais où est le palais de la duchesse ? La cuisine est petite, le salon exigu… et il n'y a aucune vue sur l'océan. Sans compter les avions qui décollent de Heathrow et survolent en permanence la propriété. Son ressentiment redouble lorsqu'elle compare Frogmore aux 4,5 millions de livres sterling que William et Kate ont dépensé pour rénover leur appartement de Kensington Palace et aux manoirs californiens des célébrités de Hollywood.

L'« horreur » de Frogmore et le fait que la reine ait refusé d'accorder à Meghan et Harry une cour indépendante confortent la jeune femme dans l'idée que personne ne l'apprécie. Elle commence aussi à comprendre que la monarchie britannique, qui ne coûte au public « que » 85 millions de livres sterling par an, n'est ni une machine de luxe ni une Rolls-Royce. Le pouvoir et l'influence qu'elle pense avoir acquis grâce à son mariage avec Harry sont illusoires.

La paranoïa de Harry s'ajoute à la vulnérabilité de Meghan. Tous deux sont consternés par le fait que le Great Park de Windsor, qui s'étend tout près de leur maison, soit ouvert au public. Ils réalisent que les photographes pourraient violer leur intimité, car il n'y a pas de clôture autour de leur demeure[544]. Pour répondre aux exigences de Harry, obsédé par la protection de sa vie privée, le public reçoit l'ordre de ne pas approcher Meghan ou ses chiens dans le parc de Windsor[545]. L'annonce n'est pas bien accueillie par la population.

Une fois de plus, Meghan et Harry se retournent contre Knauf et son assistant, Christian Jones, qui n'ont pas réussi à endiguer le flot de reportages négatifs. Knauf répond que son personnel travaille en permanence. Tous les jours, ils suppriment les messages injurieux sur les réseaux sociaux. Certains soutiennent Kate contre Meghan. Les pires messages, soupçonnent-ils, sont générés par une campagne orchestrée en Russie[546].

Harry et Meghan ne sont pas convaincus. S'appuyant sur la condamnation pénale d'un étudiant qui a traité Harry de « traître à la race » sur les réseaux sociaux, ils accusent les tabloïds d'entretenir les comportements racistes. « Dès le début de notre relation, se plaindra plus tard Meghan, ils attaquaient et incitaient aux racisme[547]. » Hypersensibles à toute critique, même fondée, Harry et Meghan sont convaincus que Knauf a reçu de Buckingham Palace l'ordre de ne pas répondre à « une machine monstrueuse qui nourrit les "pièges à clics" et les tabloïds », car le Palais a peur d'irriter les médias. Selon Harry, Buckingham Palace redoute un retour de bâton.

Encore une fois, Meghan clame qu'elle n'est « pas défendue par l'institution » et qu'il lui est « interdit de se défendre » contre de fausses allégations[548]. Personne ne rappelle la déclaration de Meghan à la BBC au moment de l'annonce de ses fiançailles : elle affirmait alors qu'elle ignorait les médias : « J'ai fait le choix de ne rien lire de négatif ou de positif. » Tout le monde sait que ce n'est pas vrai. Elle ne résiste pas à lire la presse. Pendant plus de trente ans, elle a aspiré à la célébrité, mais aujourd'hui, elle subit les conséquences de ce qu'elle appelle « la mort par mille coups[549] ».

Patrick Jephson, le secrétaire privé de Diana, approuve en partie les doléances du couple. Il blâme la « complaisance et la vanité » du Palais qui l'empêche de répondre aux plaintes de Meghan. Cette institution, dit-il, « a une capacité fatale d'inertie morale quand l'un membres du clan est en difficulté ». De même que Diana a été « jetée à la dérive », poursuit Jephson, et que le prince Andrew n'a pas été sauvé par « l'élite du Palais », Meghan a été abandonnée par Knauf et le service des relations avec la presse. Jephson décrit le comportement obsolète du Palais face aux médias et sa conviction que la monarchie survivra à tous les scandales. Knauf et ses supérieurs ne sont pas disposés à façonner un récit à l'avantage de Meghan. L'opinion de Jephson est en partie contredite par les efforts de Knauf pour aider Omid Scobie et par sa volonté de nier cet engagement.

Les nuits de Meghan et Harry ne sont pas sereines, car ils se sentent persécutés. « Je ne voyais pas de solution », déclarera Meghan[550]. Elle dira aussi avoir pensé qu'elle ne voulait plus vivre[550]. Harry dira lui aussi que Meghan a évoqué avec lui ses « pensées suicidaires et la façon dont elle allait mettre fin à sa vie[552] ». Les pensées suicidaires sont généralement le produit d'un trouble psychologique profond, mais Harry insiste sur le fait que sa femme est « complètement saine d'esprit » et « absolument sobre ».

Les critiques des médias sont la raison avancée par Meghan pour justifier ses pensées suicidaires. « J'ai un peu honte, a admis Harry, de la façon dont j'ai géré la situation. » Il a de bonnes raisons d'éprouver des remords. Malgré son expertise des troubles dépressifs, il n'a pas fait grand-chose pour que Meghan soit aidée. Il accuse sa famille de « négligence », mais ne cesse de produire des versions contradictoires de la situation. Tantôt, il dit qu'il n'a jamais parlé à son entourage de la crise de Meghan. À un autre moment, il affirme qu'il a évoqué avec sa famille le projet de quitter la Grande-Bretagne à cause de l'état psychologique de sa femme. Selon lui, les discussions sur le fait d'aller vivre dans un autre pays se sont poursuivies pendant plus d'un an[553].

La gravité de la situation est révélée le 16 janvier 2019. Ce soir-là, les Sussex se rendent au Royal Albert Hall pour un spectacle du Cirque du Soleil. À leur arrivée, ils affichent tous deux un large sourire – la jeune femme n'a rien perdu de son allure glamour. Meghan affirmera pourtant plus tard qu'elle n'avait pu surmonter ses pensées suicidaires qu'en serrant fort la main de Harry. Elle dira plus tard qu'elle s'est effondrée une fois que les lumières se sont éteintes : « Je pleurais, et il me tenait la main[554]. » Elle a supplié Harry de ne pas la laisser seule.

Enceinte de six mois, Meghan déclare qu'elle ne veut plus vivre. Elle dit qu'elle a demandé une aide médicale à « l'une des personnes les plus haut placées » du Palais, mais que cette aide lui a été refusée par une femme employée aux ressources humaines, avec l'explication suivante : « Ce ne serait pas bon pour l'institution[555]. » « Je suis de tout cœur avec vous, aurait dit la femme, parce que je vois à quel point vous allez mal, mais nous ne pouvons rien faire pour vous, parce que vous n'êtes pas une employée de l'institution. »

Après cette rebuffade, Meghan explique : « Je ne voulais plus vivre… J'y pensais sans cesse, d'une façon très claire, réelle et effrayante. Je me souviens de la façon dont [Harry] m'a bercée. » Elle expliquera plus tard qu'elle ne pouvait pas se rendre chez un médecin ni à l'hôpital, car « on » lui avait pris « [son] passeport, [son] permis de conduire, [ses] clés ». Elle était « piégée[556] ». « Si elle n'est pas passée à l'acte, commente Harry, c'est qu'elle trouvait que ce serait injuste pour moi après ce qui est arrivé à ma mère. Ce serait terrible que je perde ma femme, et le bébé qu'elle portait[557]. »

Il est difficile de vérifier les choses, car Harry et Meghan ont donné des comptes rendus contradictoires de cet épisode. Meghan a eu des pensées suicidaires tantôt le soir, tantôt le matin, parfois même le matin et le soir. Ils ne s'accordent pas non plus la durée de l'épisode. Et aucun des deux n'a pu expliquer pourquoi Meghan a demandé de l'aide à un fonctionnaire du Palais plutôt qu'à un médecin expérimenté. Harry n'a jamais identifié quel membre de sa famille a « négligé » sa femme.

Ce qui est certain, c'est que l'instabilité de Meghan traumatise Harry. Elle a fait de grands sacrifices pour entrer dans la famille royale, lui dit-elle, elle est devenue une cible sans protection. Harry se sent coupable. Il s'efforce de trouver une solution.

CHAPITRE 26

Exposition

Meghan confie sa misère à des amies américaines et révèle que son père a ignoré son appel à cesser ses attaques. Sa lettre, dit-elle, lui a rappelé l'extraordinaire gentillesse dont elle a fait preuve à son égard avant et après le mariage. Elle mentionne « l'attention qu'elle portait à son père, le fait qu'elle s'occupait depuis longtemps de son bien-être et qu'elle essayait de trouver des solutions à ses problèmes de santé[558] ». Elle critique également le fait que Thomas ait refusé de venir au mariage. Par-dessus tout, elle se sent « abandonnée » par les fonctionnaires du Palais chargés de la protéger.

Parallèlement, elle consulte deux attachées de presse : Isabel May, une amie londonienne qu'elle a rencontrée par l'intermédiaire de Markus Anderson, et Keleigh Thomas Morgan, son conseiller à Los Angeles. May nie avoir donné des conseils professionnels à Meghan, mais Thomas Morgan se montre compréhensif à l'égard de Meghan. Persuadé qu'elle est un élément important pour l'avenir de la monarchie, il trouve préoccupant qu'elle ne bénéficie pas du soutien approprié. Il donne l'impression d'être un homme puissant qui peut couper court aux histoires négatives et promouvoir un récit qui mette en valeur Meghan. Il encourage cette denrière à se défendre.

Pendant les vacances de Noël, les amies de Meghan sont consternées d'apprendre que la publication du livre d'Omid Scobie est retardée. Elles ont accepté d'être interviewées pour aider à diffuser la situation de Meghan dans le monde entier et pensent qu'il est urgent de trouver un autre support pour décrire sa détresse.

Dans le lot, il y a une amie de Dan Wakeford, le rédacteur en chef du magazine *People*, l'une des publications américaines les plus diffusées. Après avoir exposé la situation à Wakeford, ce dernier accepte de publier un portrait de Meghan sur la base d'entretiens avec cinq de ses amis. Lindsay Roth, l'amie de Meghan à Northwestern, est l'une des principales sources de l'article.

Meghan insistera plus tard sur le fait que l'article s'est fait à son insu. Meghan, plaideront ses avocats, « ne savait pas que ses amies accordaient une interview au magazine *People*[559]. » Mais beaucoup pensent que rien n'aurait pas eu être fait par les amies de Meghan sans que l'une d'elles au moins ne la previenne. Après tout, l'un des éléments clés du reportage est la lettre que Meghan a écrite à son père. Elle niera plus tard avoir utilisé ce courrier dans le cadre d'une stratégie médiatique ni même que ses amies l'aient cité [560]. D'autres personnes soupçonnent que, sans en parler au Palais, elle savait que ses amies allaient exposer le contenu de sa lettre au magazine *People*.

À la veille de la publication, Meghan semble plus sûre d'elle. En visite à Bristol pour soutenir l'association One25, qui aide les prostituées, elle écrit des messages au feutre sur des bananes : « Tu es forte », « Tu es aimée » et « Tu es spéciale ». Certains sont surpris par ses sentiments. Les médias la tournent en dérision. Elle est furieuse. Ces critiques, affirme-t-elle, sont clairement racistes[561].

Elle se montre tout aussi provoquante lors d'une visite à l'université de Manchester. La militante Rachel Cowan lui dit qu'une grande partie du personnel est blanche et masculine. « C'est choquant, et il est clair que nous avons du chemin à faire », répond Meghan[562]. Une fois de plus, les observateurs sont perplexes. Après presque trois ans passés au sein de la famille royale, Meghan enfreint la règle d'or de la neutralité. De plus, ces deux visites, deux spectacles à Londres et sept autres sorties représentent tous ses engagements officiels au cours des sept premières semaines de l'année. Dans le même temps, observent les fonctionnaires les plus critiques du Palais, la princesse Anne a consacré vingt-cinq journées complètes à des événements officiels.

Une question se pose : Meghan a-t-elle l'intention de tenir son rôle de jeune « royale » ou cherche-t-elle avant tout la reconnaissance publique et la célébrité ? La réponse est fournie le 6 février 2019, avec la publication du magazine *People*. Sous le titre « Ses meilleurs amies brisent le silence » se trouve cette accroche : « La vérité sur Meghan ». Le magazine laisse entendre que Meghan a autorisé ses amies à fournir les informations contenues dans l'article.

Ce dernier dresse le portrait flatteur d'une fille aimante qui mène une vie très simple au palais de Kensington. Publiquement calomniée par un père affreux, elle a pourtant cherché à se réconcilier avec lui. Thomas Markle, selon les amies de Meghan, est entièrement fautif. L'article donne l'impression que Meghan a informé au moins une amie du contenu de sa lettre à Thomas, et de la réponse de ce dernier. Résumant des extraits de la lettre de Meghan à Thomas, le magazine évoque une offre affectueuse de réconciliation, écrite quelques jours après le mariage. En réalité, Meghan l'a rédigée trois mois plus tard. Contrairement à ce qu'elle affirmera plus tard, le magazine a mis « le contenu de la lettre dans le domaine public[563] ».

Meghan nie catégoriquement avoir été informée que ses amies ont donné des interviews au magazine ou que sa lettre et celle de son père devaient être citées[564]. Elle affirme aussi avoir été informée de la publication de l'article par Harry, qui venait de l'apprendre, le jour même de la sortie, par l'équipe chargée de la presse au palais de Kensington[565].

Rédigé par Michelle Tauber, l'article décrit comment Meghan a autorisé cinq amies qui la connaissent très bien à « remettre les pendules à l'heure ». Les cinq femmes – « une amie de longue date, une actrice avec qui Meghan a tourné, une amie de Los Angeles, une collègue et une confidente » – décrivent leur amie comme une femme élégante, grâcieuse et très généreuse. Rejetant les critiques qui la décrivent comme « une épouse exigeante, une patronne épuisante et une personnalité indifférente », le magazine cite l'éloge d'une des amies : « C'est un diamant qui fait son devoir. »

La preuve : elle a acheté « un stand incroyable de glaces et de sorbets » pour le personnel du palais de Kensington. Ce qui a provoqué « des acclamations sincères pour la meilleure journée de travail de tous les temps ».

Dépeignant Meghan comme une femme désintéressée, vivant modestement, une autre amie évoque sa solitude à Nottingham Cottage et le manque de personnel. Elle fournit des chauffe-mains aux policiers qui gardent les portes du Palais, se fait les ongles collée au radiateur et est ravie de cuisiner un « repas cinq étoiles avec les restes du réfrigérateur ».

« Elle fait tout elle-même », déclare une amie, décrivant une duchesse peu exigeante ayant une « relation étroite avec Dieu » et « un sens élevé de la gratitude et de l'humilité ». Monter en épingle les e-mails qu'elle écrits à 5 h du matin est, selon cette même amie, une « mauvaise interprétation » de sa nature « organisée, diligente, concentrée et travailleuse ».

De même, les mouvements de personnel s'expliquent par « les cours naturels de l'emploi ». Insensibles au fait que leur témoignage n'est guère flatteur pour Harry, les amies de Meghan déclarent que c'est elle qui l'aide à écrire ses discours. Enfin, elles affirment que les histoires du diadème et du parfum dans la chapelle sont fausses, de même qu'il n'y a « rien derrière la querelle avec Kate ».

Mais le cœur de l'article réside dans l'évocation des relations entre Meghan et son père. Il est « faux » de suggérer que Meghan a « exclu » Thomas. Au contraire, sa lettre visait à « réparer notre relation ». Le silence depuis le mariage incombe entièrement à Thomas Markle.

Le magazine rapporte les mots de Meghan : « Papa, j'ai le cœur brisé. Je t'aime. J'ai un seul père. S'il te plaît, arrête de me détruire dans les médias pour que nous puissions réparer notre relation. » Son objectif, déclarent ses amies au magazine, était de « s'attaquer aux mensonges », au « traumatisme émotionnel » et d'exposer « l'intimidation mondiale » infligée à une femme « enceinte », « attachée à ses animaux de compagnie et qui aime ses amies ».

Thomas Markle, déclare une amie, aurait ignoré plus de vingt appels et textos de Meghan avant le mariage : « Il savait comment la contacter. Son numéro de téléphone n'a pas changé. Il n'a jamais appelé, il n'a jamais envoyé de SMS. Je pense qu'elle se sentira toujours dévastée par ce qu'il a fait. » Selon le magazine, Meghan est blessée par le fait que Thomas a refusé de monter dans la voiture qu'elle lui a envoyée pour le conduire à l'aéroport et qu'il ne l'a même pas prévenue qu'il ne viendrait pas au mariage[566]. Manifestement, l'amie ne croit pas que Thomas ait subi une opération du cœur ni même qu'il ait été hospitalisé – c'est aussi le sentiment de Meghan.

« C'est super-douloureux, poursuit cette amie, parce que Meg a toujours été très dévouée. En même temps, parce que c'est une fille, elle a beaucoup de tendresse pour son père. Elle s'en est occupée avec une générosité incroyable. Dire qu'elle se comporte mal ou qu'elle ne s'occupe pas de lui est absurde. » Meghan a soutenu financièrement son père et elle a « été un roc pour toute sa famille ». Elle ne peut plus tolérer de souffrir comme elle le fait : « Meg s'est tue et a enduré les mensonges. Nous nous inquiétons des effets que cela pourrait avoir sur sa santé et celle de son bébé. » Thomas Markle est accusé d'être un menteur invétéré.

La source de ces informations ne peut être que Meghan. D'autant plus qu'elle a déjà raconté à Jason Knauf la version de la fille aimante éconduite par un père mauvais. La sortie du magazine déclenche une véritable explosion.

Buckingham Palace est profondément choqué. Le contenu de l'article est de la dynamite. Personne ne peut comprendre ce que cherche Meghan. Les responsables du Palais se demandent comment elle compte traiter la famille royale, vu comment elle se comporte avec son père. Ce retour de bâton surprend Meghan.

Meghan demande à Knauf de nier toute implication de sa part, mais il refuse. Personne ne croit Meghan quand elle prétend être « bouleversée et surprise » par l'article[567]. Les citations de sa lettre à Thomas Markle ne peuvent venir que d'elle. Insistant sur le fait qu'il n'est au courant de l'article qu'après avoir lu les journaux britanniques, Knauf répond aux centaines de demandes des médias par cette formule lapidaire : « Pas de commentaire. » Meghan est encore plus frustrée. « Tout le monde s'est senti réduit au silence », se plaint-elle[568]. Comme ni Kensington ni Buckingham n'ont nié que l'article a pu être accepté par Meghan, beaucoup de gens pensent que les extraits de sa lettre à Thomas sont vrais et que les cinq témoins ont parlé avec son accord. Le magazine *People* n'a d'ailleurs jamais reçu de plainte concernant la citation de cette lettre[569].

Au Mexique, Thomas Markle est de nouveau en colère. L'article est un mensonge total, maudit-il. Il déforme le ton et le contenu de la lettre que Meg a écrite. Sa lettre l'avait accusé de fabriquer de la douleur, d'être paranoïaque, d'être ridiculisé, de fabriquer des histoires, d'attaquer Harry et de mentir continuellement[570].

« J'ai rapidement décidé que je voulais corriger cette fausse représentation, déclare-t-il[571]. La lettre de Meghan, affirme-t-il, n'était « pas une tentative de réconciliation. Elle ne disait pas qu'elle m'aimait. Elle ne montrait aucune inquiétude pour ma santé… En fait, elle me signifiait la fin de notre relation. Je voulais juste me défendre[572]. » Il ajoute : « Meghan est une menteuse et elle est très autoritaire[573]. »

Pour défendre son point de vue, Thomas Markle montre des extraits des deux lettres au *Mail on Sunday*. En publiant ces extraits, le journal justifie sa violation de la vie privée de Meghan en affirmant que Thomas Markle a un droit de réponse. Le journal estime que les deux lettres doivent être publiées dans l'intérêt du public pour la famille royale et Meghan. Celle-ci jouit d'un « immense privilège et d'une richesse financée en partie par l'argent public » et elle doit s'attendre à ce que sa lettre fasse l'objet d'une fuite et soit publiée[574].

En réponse, Meghan affirme que la publication de sa lettre fait partie de la campagne du *Mail* « pour publier des histoires fausses et désobligeantes » à son sujet. À Los Angeles, les conseillers de Meghan sont convaincus que les critiques des médias britanniques sont racistes, sexistes et snobs. Ils encouragent leur cliente à entamer une action en justice contre le journal. Sunshine Sachs et ses autres communicants commencent à chercher des célébrités prêtes à défendre leur cliente. Meghan donne le nom de George Clooney.

Meghan et Harry sont en visite officielle au Museum d'histoire naturelle quand la bombe Clooney explose. Dans une déclaration publiée par son attaché de presse, il attaque les médias qui ont reproduit l'article du magazine *People :* « Vous prenez une lettre d'une fille à un père et vous la diffusez partout. Elle est malmenée. C'est irresponsable. » Il compare le sort de Meghan à celui de Diana. « Poursuivie, vilipendée et chassée » comme la princesse, tonne Clooney. L'histoire se répète. Nous avons vu comment cela se termine[575]. » La star américaine suscite la colère des tabloïds britanniques. Aucun paparazzi ne poursuit Meghan et il n'y a aucune intrusion dans sa vie privée. Pas un seul cliché non approuvé d'elle enceinte n'a été publié. Clooney a inventé sa version des faits. Le *Sun* fait appel au photographe royal Arthur Edwards, un expert de Diana. C'est Meghan elle-même qui a déclanché la violation de sa vie privée par les médias, affirme Edwards, et les « allégations hystériques erronées » de Clooney ne tiennent pas compte de l'essentiel. Alors que Meghan a déclaré la guerre aux médias, elle a déclaré simultanément au magazine *People* qu'elle a le droit de parler. Ce n'est pas le cas de son père. De plus, personne n'a forcé Diana à s'asseoir sans ceinture de sécurité dans une voiture conduite par un chauffeur ivre[576].

De nombreux Britanniques ne remercient pas Clooney pour son intervention. Pourtant, même le *Sun* n'est pas sûr de l'humeur du public. De nombreux lecteurs adorent Meghan. Pour leur plaire, le journal publie la description de Karren Brady, qui évoque une Meghan « magnifique, une personne positive qui fait des choses positives » et qui est traitée de façon épouvantable par un père en quête de gloire.

Avec Clooney de son côté, Meghan persuade Harry que sa technique est la bonne. Ils doivent abandonner les attachés de presse du Palais et s'en remettre à ses communicants de Los Angeles. À l'avenir, Harry et Meghan diffuseront des messages non filtrés par le biais des réseaux sociaux.

CHAPITRE 27

Baby Shower

Enceinte de sept mois et demi, Meghan tient à avoir sa *baby shower*. Ayant peu d'amies à Londres, elle veut organiser la fête aux États-Unis. À sa trente-deuxième semaine de grossesse, elle peut s'envoler en toute sécurité pour New York pour tracer son destin. Sa dépression semble avoir disparu.

Meghan prétend que la fête est organisée par une amie de l'université avec quinze « proches[577] ». Dans les faits, les choses seront très différentes. Après avoir parlé avec Oprah Winfrey et d'autres personnes, Meghan aurait demandé aux agents de Serena Williams – Jill Smoller, Kelly Bush Novak et Celine Khavarani – d'organiser la fête. Le résultat ne ressemble en rien à une classique *baby shower*. Il s'apparente plutôt à une soirée de lancement au profit d'un groupe d'amis bien décidés à tirer un bénéfice financier du statut de Meghan.

Les amis de Toronto sont Jess Mulroney, les actrices Abigail Spencer et Janina Gavankar, ainsi que les coiffeurs de Meghan, Daniel Martin et Serge Normant, sans oublier la coach sportive Taryn Toomey. Parmi les invités les plus importants figurent Bonnie Hammer, responsable à NBC, Gayle King, une proche d'Oprah Winfrey, et Amal Clooney. La confidente de Meghan, Misha Nonoo, est invitée. Nonoo a déjà exploité leur amitié en faisant la publicité d'un de ses produits, la « jupe du samedi[578] ». Avec la bénédiction de Meghan, d'autres personnes présentes ont bien l'intention d'en faire autant. L'agente Celine Khavarani utilisera l'événement pour promouvoir le style vestimentaire de ses clients ; la styliste Jess Mulroney espère tirer parti de son amitié pour décrocher un contrat télévisé ; quant à Serena Williams, qui a financé l'événement, elle fera une nouvelle publicité pour sa marque en citant le nom de Meghan. La liste d'invités est la dernière tentative de Meghan pour devenir une célébrité aux États-Unis.

Le 15 février, Meghan arrive à New York pour cinq jours. Elle se rend au Mark, l'hôtel « le plus audacieusement somptueux de NYC ». Sa suite coûte 15 312 livres sterling la nuit. Le Mark est l'un des rares hôtels de luxe de la ville qui peut garantir qu'aucune arrivée passe inaperçue : la porte de service est inutilisable.

Le premier soir, Meghan dîne avec Markus Anderson, Jess Mulroney, Serena Williams et Gayle King. Meghan apprécie de retrouver des amis qui partagent sa façon de voir les choses. King est fascinée par les plaintes de Meghan sur sa vie à Kensington. Sa misère, commente-t-elle, s'apparente à la survie derrière un mur de prison. L'énumération de ces griefs – comme elle l'a déjà fait auprès des cinq amies citées par le magazine *People* – montre à quel point la loyauté de Meghan envers la famille royale est mince.

Meghan ne prétend pas être modeste. Ayant connu des années difficiles, elle aime le luxe. Elle n'a pas l'intention de suivre la remarquable sobriété de la reine. Elle ne le peut pas non plus. Comme ceux qui ont financé la *baby shower*, elle est déterminée à en avoir pour son argent.

Les journalistes et les photographes, informés par les organisateurs, s'entassent derrière les barrières de sécurité dressées spécialement devant l'hôtel. En combinaison rouge et grosses lunettes de soleil – sa tenue haiutuelle –, Amal Clooney souhaite manifestement être photographiée alors qu'elle se dirige vers la porte de l'hôtel, peut-être en signe de solidarité avec Meghan. Certains invités portent de gros sacs de cadeaux. Une harpe est apportée. Un chariot de valises Away suit. Tout le monde se dirige vers la *penthouse suit* (57 000 livres sterling la nuit) composée de cinq chambres et de deux bars. Grâce aux photos postées sur Instagram, les invités de Meghan savent que Darcy Miller, l'organisatrice de la fête, a préparé un gigantesque buffet, avec notamment quatre tours de macarons Ladurée – une adresse dont « Marie-Antoinette aurait approuvé l'élégance » –, des biscuits de créateurs, des gâteaux, des mini-tartes meringuées sur des assiettes ornées d'un liseré doré et une débauche de fleurs.

Moins de deux heures plus tard, les invités s'en vont. Chacun s'est vu promettre la livraison à domicile d'une valise Away. Certaine d'être de nouveau photographiée, Amal Clooney monte dans sa voiture devant l'hôtel. Meghan quitte l'hôtel en portant une casquette de baseball et des vêtements promus par Céline Khavarani.

Le lendemain, la styliste Misha Nonoo apparaît dans l'émission Today de la NBC pour évoquer la passion de son amie Meghan pour ses créations. Daniel Martin, le maquilleur de Meghan, poste des photos du buffet, des hochets et des bavoirs – ainsi que l'adresse de son salon. Abigail Spencer fait la promotion de sa nouvelle émission, *Rectify*. Janina Gavankar profite de la publicité générée par la *baby shower* pour décrocher un nouveau rôle.

Gayle King, après un passage sur le plateau de CBS pour vanter son intimité avec Meghan, réussit à obtenir un nouveau contrat lucratif. Sa promotion doit beaucoup à Oprah Winfrey : « Nous sommes toutes les deux noires et nous avons toutes les deux cherché à rendre notre vie meilleure. [King] est la mère que je n'ai jamais eue, la sœur dont tout le monde rêve, l'amie que chacun voudrait mériter. Je ne connais personne d'aussi bien qu'elle. »

Le lendemain, Meghan rentre à Londres dans le jet privé d'Amal Clooney. Peu après son atterrissage, ses détracteurs lancent un assaut féroce. Comment une philanthrope autoproclamée peut-elle s'offrir un voyage dont le coût est estimé à 325 000 livres[579] ? Ses défenseurs rétorquent avec l'habituel argument du racisme des critiques. Une réponse plus convaincante aurait pu être apportée en citant le fait que le prince Charles n'a pas de scrupules a profiter des yachts, jets privés et îles paradisaiques de donateurs louches.

Deux jours après le retour de Meghan, le couple s'envole – un vol standard de la British Airway – pour une visite officielle de deux jours au Maroc. Meghan se montre sereine en public mais continue, en privé, de pester contre les médias qui critiquent son voyage à New York. Dans son état, elle a besoin d'être protégée – ce que lui assure un jet privé. Plus tard, elle affirmera que les critiques étaient malhonnêtes. En 2019, pendant huit mois, elle ne s'est pas montrée : « J'étais soit enceinte, soit en train de m'occuper de mon bébé[580]. » Elle semble avoir oublié ses voyages à New York et au Maroc.

Le séjour à New York semble avoir réglé le sort de Meghan. Méprisant les conseils du Palais et de son personnel, elle est bien décidée à façonner sa carrière sans tenir compte de la monarchie. Une fois de plus, elle prend l'initiative et travaille en secret.

Inspirée par ses agents de Los Angeles, elle a envoyé un courriel au nouveau rédacteur en chef du *Vogue* britannique. Edward Enninful à quarante et un ans et travaille pour des magazines depuis l'âge de dix-sept ans. Sa nomination au poste de rédacteur en chef a confirmé ses compétences. Meghan demande à Enninful si *Vogue* peut promouvoir Smart Works, une organisation caritative britannique à laquelle elle a adhéré au mois de janvier[581]. La structure forme les femmes défavorisées aux entretiens d'embauche et leur fournit des tenues adaptées. Intrigué par la démarche, Enninful se rend au palais de Kensington pour rencontrer une femme tout aussi ambitieuse et avide de publicité que lui. Smart Works n'est pas la seule raison pour laquelle il accepte de rencontrer Meghan.

Enninful raconte son ambition d'être une force positive de changement. Fils d'immigrés ghanéens, il veut encourager les femmes noires à se montrer aussi ambitieuses que les femmes blanches. La suite de leur conversation est contestée par les deux parties.

Selon Meghan, après avoir consulté « [mes] deux chiens blottis contre moi », elle suggère à Enninful d'être la rédactrice invitée du prochain numéro de *Vogue*. L'équipe du magazine tourne cette proposition en ridicule mais, insistent les journalistes, Enninful est persuadé que la duchesse peut leur permettre de gagner beaucoup d'argent. Enninful a décidé que Meghan sera l'invitée du numéro de septembre – parution importante pour le magazine. Elle sera la première rédactrice invitée du

Vogue britannique – la bible de l'élite de la mode. La femme qui sort rarement du palais de Kensington avec des tenues à moins de 5 000 livres sterling et qui portent Manolo Blahnik à talons hauts pour rehausser son mètre soixante-dix ne voit aucune raison d'informer le Palais de sa décision.

Enninful classe le projet top-secret et charge une équipe de produire le numéro de septembre comme si de rien n'était, sans laisser entendre que cette version ne paraîtra pas. De son côté, avec une équipe de treize personnes, il construit le numéro spécial. L'accent sera mis sur quinze femmes désignées par Meghan comme ses héroïnes, pour leurs « forces du changement ».

CHAPITRE 28

Bien-être

En mars 2019, le « bien-être » est devenu la nouvelle religion de Harry. Il cherche à se réinventer et adopte la passion de Meghan pour les produits bio, la méditation, les gongs, les bols chantants, le calme intérieur, l'équilibrage des chakras et les massages spéciaux du corps et de la bouche. L'homme qui empestait jadis le tabac et qui n'a pas lésiné sur les joints cesse aussi de boire de l'alcool.

Lors d'un court séjour à l'hôtel Heckfield Place, dans le Hampshire, il a recours aux bienfaits du spa, s'inscrit à un « atelier de respiration » et fait du yoga[582]. Le prince Charles, grand défenseur des médecines douces, aurait approuvé. N'a-t-il pas exhorté le National Health Service à proposer des lavements au café comme traitement contre le cancer ? La conversion de Harry le pousse encore plus loin. Il est devenu, écrit Jan Moir, « un monogramme royal vide dans lequel Meghan déverse son jargon d'adepte fraîchement convertie et qu'il avale sans broncher ». Harry, poursuit-elle, a adopté « le blabla new age pseudo-profond qui fait fureur dans les bars à jus de Malibu[583] ».

Le 6 mars, le nouveau Harry se présente devant 12 000 écoliers et étudiants à la Wembley Arena, à l'occasion du WE Day, un hommage aux jeunes qui veulent changer le monde. Le prince exhorte la « génération la plus engagée de l'humanité » à « défendre leurs valeurs et à faire ce qu'il faut pour éclairer le monde ». Les jeunes, dit-il, ne doivent pas désespérer de « l'ancienne génération, même si celle-ci ne paraît pas s'intéresser à ce qui se passe ». En particulier en ce qui concerne le climat. « Chaque brin d'herbe, chaque rayon de soleil et chaque goutte de pluie sont essentiels à notre survie », leur lance-t-il. Deux jours plus tôt, Harry s'est envolé en hélicoptère pour Birmingham.

Dans son discours, Harry reproche aux réseaux sociauxde « déformer la vérité et d'essayer de manipuler le pouvoir de la pensée positive ». Il oublie que la célébrité de Meghan dépend de son habileté à orchestrer les réseaux sociaux en sa faveur. Ces paradoxes sont enterrés par les applaudissements nourris du public lorsque Harry « tire » Meghan pour la faire monter sur la scène. Tous deux prêchent « le progrès, l'ouverture d'esprit et le changement ». Leur slogan est le suivant : « Soyez plus courageux, plus forts, soyez gentils les uns envers les autres… Changez vos pensées et changez le monde[584]. » Leur performance n'est pas exempte de contradictions.

Dans sa vie, le prince se sent plus que jamais insatisfait. À Frogmore, il est pris dans un nouveau tourbillon sombre. Fâché contre son frère qui refuse de soutenir sa campagne contre les médias ou d'approuver sa récente conversion à la pensée new age, Harry se sent à l'écart. Les responsables du Palais consacrent leur énergie à préparer William à devenir roi. N'étant plus à Kensington Palace et se sentant éloigné des fonctionnaires de Buckingham, il se mue en agent trouble.

Pour rassurer Harry, un porte-parole de Buckingham informe la presse que Charles a forgé une nouvelle relation avec ses deux fils. Prétextant une fête organisée pour célébrer le 50e anniversaire de son investiture à la titulature galloise, le Palais décrit un père toujours « proche » de Harry et précise que leur lien s'est encore renforcé grâce à Meghan, que Charles apprécie beaucoup[585].

En réalité, Harry est devenu un rebelle imprévisible. Parrain d'expéditions pour Walking With The Wounded, une organisation caritative pour les anciens membres de l'armée, Harry est accueilli avec empressement lors de leur réunion annuelle. À son arrivée, on lui demande d'accorder une attention particulière à Hans K. Rausing, un milliardaire suédois qui doit faire un don généreux. Au lieu de cela, Harry se lance dans une tirade sur l'incapacité des entreprises à enrayer le changement climatique. Rausing fait le chèque promis, mais les initiés déplorent le comportement de Harry qu'ils qualifient de perturbateur.

Au palais de Kensington, Amy Pickerill, la nouvelle secrétaire adjointe de Meghan, démissionne un an seulement après son arrivée. Comme beaucoup d'employés juniors, après une expérience en Australie et aux Fidji, elle trouve stressant de travailler pour Meghan[586].

Pour résoudre ce problème récurrent, la reine recrute Lord Geidt afin qu'il aide Meghan à s'intégrer dans la famille royale. Comme Meghan met sans cesse en avant son envie d'apporter des changements sociaux positifs, Geidt organise sa nomination au poste de première vice-présidente du Queen's Commonwealth Trust, chargé de l'éducation[587]. Tout en doutant que ce poste puisse à lui seul résoudre l'antagonisme entre les Sussex et les autres clans de la famille royale, Geidt a loyalement évoqué une installation du jeune couple en Afrique australe, que Harry décrit souvent comme sa seconde maison. Mais peu de gens pensent que Meghan veut vivre en Afrique. Les initiés spéculent plutôt sur son intention de retourner en Californie. Leurs soupçons sont éveillés par son projet de reprendre son rôle d'influenceuse.

L'ambition de Meghan est de renouer avec ses anciens followers et d'avoir des millions de militants sur Instagram. Le site @sussexroyal sera sa plateforme pour répondre aux critiques plus rapidement que le Palais et sans que celui-ci s'en mêle. « Elle pourrait ainsi faire entendre sa voix », explique son porte-parole[588]. La célébrité des Sussex est un gage de succès. Le choix d'Instagram pour le « site officiel du duc et de la duchesse de Sussex » est cependant controversé, car ce réseau social est critiqué pour alimenter l'anxiété, la dépression et la dépendance, notamment chez les jeunes filles.

Le nouveau site est conçu par Ryan Sax et David Watkins, alias « Digital Dave », directeur de l'agence de création Article qui a créé The Tig. Les noms de domaine sussexroyal.com et sussexofficial.uk sont enregistrés sur des serveurs en Arizona[589]. Simultanément, Andrew Meyer, conseiller de longue date de Meghan à Los Angeles, enregistre les sites americanfriendsofsussexroyal.com et theamericanfriendsofsussexroyal.com. Plus tard dans l'année, il enregistre également de nouveau The Tig[590].

Pour recruter de nouveaux abonnées, Meghan se présente comme leader d'opinion lors d'un événement public à Londres pour la Journée internationale des femmes, début mars 2019. Interrogée en public sur le fait qu'elle est décriée pour son « wokisme » sur les réseaux sociaux, elle répond : « Je ne lis rien. C'est beaucoup plus sûr comme ça. » Elle nie également consulter Twitter : « Je ne fais pas partie de cet univers. Je ne le regarde pas. » Deux autres invitées, la chanteuse Annie Lennox et l'ex-Première ministre australienne Julia Gillard, approuvent d'un signe de tête.

Les deux invitées acquiescent aussi quand Meghan dit que son futur enfant, même s'il s'agit d'un garçon, est déjà féministe. Les mouvements du bébé, elle en est certaine, sont « les coups de pied embryonnaires du féminisme ». Harry, ajoute-t-elle, est un féministe autoproclamé. Il bénéficie de ce qu'elle appelle « le déplacement des stéréotypes de genre ». Le féminisme, explique-t-elle, cela signifie qu'un homme ne doit pas se sentir menacé d'avoir « une femme à ses côtés, et non pas derrière lui ». À ce moment-là, nombreux sont ceux qui pensent que Meghan mène la danse dans le couple.

Le discours coïncide avec un changement dans les plans des Sussex. À l'insu de Geidt, les agents de Meghan à Los Angeles, qui anticipent une possible installation du couple aux États-Unis, négocient avec Oprah Winfrey. C'est elle qui sera chargée de la première interview de Meghan, si celle-ci retourne en Californie. Elle accepte aussi de produire avec Harry une série télévisée sur la santé mentale.

Guidé par Meghan, Harry a adopté les idées de la chercheuse en psychologie Brené Brown. Dans son livre *Dare To Lead*, celle-ci encourage les célébrités à afficher leur fragilité. « Si vous développez une peau tellement épaisse que vous commencez à perdre la capacité d'être blessé, écrit Brown, vous risquez de ne rien ressentir. » Le fait de parler de sa santé mentale aide d'autres hommes à se débarrasser de la stigmatisation. « La seule stratégie infaillible que j'ai trouvée jusqu'à présent, écrit

Brown, est de s'approprier son histoire. » En s'attachant à « être vrai », déclare Brown, Harry « rendrait service au monde en disant sa vérité ». L'utilisation de leur statut, convient Meghan, « permettrait un changement à la base pour créer une société meilleure ». Seuls les détracteurs pleins de préjugés s'opposeraient à leur « vérité[591] ».

Sous contrat avec Apple TV, Harry est payé pour raconter son histoire sous le titre « Bien-être mental ». Il sait qu'en s'aventurant sur ce terrain, il risque d'irriter son frère. La santé mentale, pierre angulaire du travail de William et Kate par le biais de la Royal Foundation, est le thème d'un documentaire de la BBC qui s'apprête à sortir, *A Royal Team Talk : Tackling Mental Health*. Plus grave encore est l'accord de Harry avec Apple pour décrire sa relation intime avec sa famille.

Harry ne se soucie plus de blesser William et Kate. Les détails du « divorce » entre les deux familles sont presque finalisés. Les Cambridge continueront de gérer la Royal Foundation et les Sussex créeront leur propre organisation. Mécontents de Jason Knauf et de son assistant, Christian Jones, les Sussex choisissent une nouvelle chargée de communication, Sara Latham. Recrutée chez Freuds PR, la jeue femme d'origine américaine a travaillé pour Tony Blair, les Clinton et les Obama[592]. En regardant Kate et Meghan s'embrasser chaleureusement à l'abbaye de Westminster pour la cérémonie du Commonwealth Day, peu de gens ont conscience qu'un drame est sur le point de se jouer[593].

Le 14 mars, le palais de Buckingham annonce que les Fab Four ont vécu : les Sussex et les Cambridge vont agir désormais chacun de leur côté. Le porte-parole du Palais nie que ce divorce est le résultat d'un désaccord. Trois semaines plus tard, @sussexroyal est lancé sur Instagram. La « marque Sussex » promet de publier des « annonces importantes » et des informations sur le mariage, de faire toute la lumière sur certains événements en s'adressant directement à leurs abonnés. En six heures, le site attire un million de personnes. En l'espace d'un an, ce chiffre passe à près de cinq millions dans le monde. Les Cambridge comptaient alors 7,4 millions de followers, David Beckham 55 millions et Kim Kardashian 156 millions.

Le compte Instagram des Sussex annonce la « série documentaire en plusieurs parties » sur la santé mentale que Harry prépare avec Oprah Winfrey[594]. La vérité est maintenant connue. Meghan s'est engagée avec Harry auprès d'Oprah Winfrey. La star de la télévision californienne a de bonnes raisons de croire qu'elle a les choses en main.

CHAPITRE 29

Pitching

Oprah Winfrey a négocié l'exclusivité, ce qui convient tout à fait à l'ambition de Meghan et Harry, qui souhaitent se venger de la famille royale, des médias et du public britannique.

Afin de renforcer le profil de Meghan aux États-Unis, Oprah Winfrey et Gayle King concluent un accord exclusif avec Meghan pour produire pour CBS un documentaire télévisé sur sa première année de mariage. Il sera diffusé à une heure de grande écoute, peu après la naissance de son bébé. En échange, Meghan promet qu'aucune chaîne de télévision n'aura accès à elle ou à l'enfant. La stratégie, gardée secrète, est soutenue par Sunshine Sachs. L'accord tripartite est baptisé « vie privée ». Harry accepte que Buckingham Palace n'ait pas voix au chapitre. CBS obtiendra les droits exclusifs de filmer la présentation du petit Archie à la reine. La naissance et ses suites marqueront la rupture des Sussex avec le Palais.

À la mi-avril, Sara Latham annonce que les Sussex « garderont secret tout ce qui concerne l'arrivée de leur bébé ». Ni l'hôpital ni l'identité des parrains et marraines ne seront révélés. Dans la foulée, Oprah Winfrey soutient la décision des Sussex. Meghan, déclare-t-elle, fondera sa famille « d'une manière différente de ce qui se fait depuis plus de mille ans ». C'est vrai. Par tradition, les naissances royales ont toujours été un motif de célébration nationale. De plus, la publicité qui les accompagne a toujours été essentielle pour établir la légitimité du nouveau-né.

Inévitablement, la décision des Sussex relance la controverse. Certains sont sensibles à leur volonté de se protéger des « dangers de la gloire[595] ». D'autres ont du mal à comprendre comment ils vont pouvoir articuler la défense de leur « vie privée » avec leur projet de « modernisation » et leur engagement à servir le peuple[596] ?

Peu de gens comprennent finalement ce que le couple entend par « vie privée ». Pour Meghan et Harry, cela ne signifie pas de rester invisible, mais d'exercer un contrôle total sur leur image et le récit qui les accompagne. Si cette stratégie dérange le Palais et contrevient au protocole, c'est encore mieux.

Initialement, Meghan voulait accoucher chez elle, avec sa mère à ses côtés. Mais ce choix n'est pas sans risques pour une femme de trente-sept ans. Comme le bébé tarde, le plan est abandonné. Le 5 mai, Meghan est conduite de Frogmore à l'hôpital Portland, une clinique privée du centre de Londres. Le 6 mai, à 5 h 26, Archie Harrison Mountbatten-Windsor naît.

La tromperie commence aussitôt.

À 14 heures, soit un peu plus de huit heures après la naissance d'Archie, le palais de Buckingham annonce que Meghan vient de commencer le travail. Vingt minutes plus tard, à 14 h 20, la naissance est annoncée sur le site Instagram des Sussex. Réalisant qu'ils ont été trompés, les responsables de Buckingham se rattrapent quelques minutes plus tard avec cette annonce officielle : « Son Altesse Royale la duchesse de Sussex a accouché d'un fils à 5 h 26. Le bébé pèse 3,260 kg. Le duc de Sussex était présent à l'accouchement. » À ce moment-là, les Sussex et le bébé sont déjà rentrées à Frogmore. Meghan contrôle tout.

Tiraillé entre la stratégie de Meghan et l'envie de partager son bonheur, Harry ne peut pas résister au désir se présenter aux médias en début d'après-midi. Dans les écuries de la reine au château de Windsor, le prince, en tenue décontractée, lance : « Je suis très heureux d'annoncer que Meghan et moi-même avons eu un petit garçon tôt ce matin, un garçon en très bonne santé. La mère et le bébé se portent incroyablement bien. C'est l'expérience la plus incroyable que j'aurais jamais pu imaginer.

Comment une femme peut faire ce qu'elle fait dépasse l'entendement. Je n'ai pas assisté à beaucoup de naissances, c'est ma première. C'était incroyable, absolument incroyable, et nous voulions simplement partager cela avec tout le monde. »

Les Sussex font alors, par l'intermédiaire de leur porte-parole, une annonce importante. Avec l'accord de Harry, le Palais révèle qu'ils ont décidé qu'Archie ne serait pas un prince. Le couple, explique Sara Latham, ne veut pas être lié par les conventions ou par l'histoire. Meghan veut que son fils soit juste « Mister Archie » et ne porte pas de titre. Ils veulent protéger la vie privée d'Archie[597]. Les Sussex savent que, selon la loi britannique, Archie deviendra automatiquement un prince après la mort de la reine, sauf si Charles décide de changer les règles[598]. Quoi qu'il en soit, a-t-on dit à Meghan, sa famille continuera à être protégée par la police métropolitaine. Sur l'acte de naissance d'Archie, sa mère se nomme « Rachel Meghan, duchesse de Sussex ». Trois semaines plus tard, les avocats du Palais ordonnent que le certificat porte la mention « Son Altesse Royale la duchesse de Sussex[599] ».

Juste après la naissance, Thomas Woodcock, roi d'armes principal de l'ordre de Jarretière, appelle Meghan pour lui expliquer que son fils héritera automatiquement du titre de Lord Dumbarton, puisque Harry, en épousant Meghan, a été fait comte de Dumbarton. Meghan est aussi automatiquement devenue comtesse de Dumbarton. « Il n'en est pas question, s'exclame Meghan. Aucun de mes fils ne sera appelé Dumb. »

Deux jours après la naissance d'Archie, Gayle King est à Windsor pour la première apparition publique du bébé. Les caméras de la BBC et d'ITV ont été exclues. À la demande de King, Meghan synchronise le photocall dans le St George's Hall du château avec le début de l'émission matinale de CBS, à New York. La photo publiée par le Palais montre la reine, le prince Philip, Doria et les Sussex regardant un châle[600]. CBS et l'unique photographe présent n'ont pas eu accès au visage d'Archie.

King est néanmoins ravi. Pour avoir obtenu un accès exclusif à Meghan et pour le documentaire télévisé qui doit être diffusé dix jours plus tard, ses honoraires annuels vont doubler et passer à 11 millions de dollars[601]. Une fois de plus, Meghan s'est affranchie du protocole royal, et les critiques à son encontre sont vives. Une fois de plus, George Clooney défend Meghan. « Les gens devraient être un peu plus gentils, déclare-t-il. C'est une jeune femme qui vient d'avoir un bébé[602]. »

Deux ans plus tard, la version que donnera Meghan à Oprah Winfrey sur ces petits arrangements est contradictoire. Elle déclare d'abord : « On ne nous a pas demandé de prendre une photo[603]. » Puis elle admet qu'elle a interdit les photos en signe de protestation, parce que le Palais a refusé à Archie le titre de prince et une protection policière : « J'avais très peur de savoir qu'il ne serait pas en sécurité. » Ces deux explications sont fausses et elle le sait. Oubliant qu'elle a elle-même annoncé qu'Archie serait un « simple citoyen », elle déclare à Oprah : « Un enfant qui ne sera pas protégé et qui n'a pas de titre, comment cela peut-il avoir un sens[604] ? »

Le baptême d'Archie, à Windsor, est tout aussi agité que sa naissance. Meghan interdit l'accès au photographe accrédité par le Palais et confirme que les noms des parrains et des marraines resteront secrets. Pour expliquer sa décision, elle déclare à Oprah : « Ces personnes qui ont abusé de moi veulent que je leur livre mon enfant sur un plateau d'argent. » Parmi ceux qui ont été identifiés, on trouve Mark Dyer, un ancien écuyer, Tiggy Legge-Bourke, la nounou de Harry, et Charles van Straubenzee, un ancien camarade de classe de Harry[605].

Les médias qualifient les demandes de Meghan de caprices. Les tabloïds qu'elle a avidement recherchés jusqu'en 2017 sont désormais l'ennemi. « Elle ne mérite pas toute cette presse négative », déclare Daniel Martin, le maquilleur de Meghan. La transformation scandaleuse de « Meghan Markle, la royale parfaite » en « duchesse difficile » est malveillante, plaide-t-il. « Depuis des années que je travaille avec elle, elle n'a jamais eu de crise de diva. Jamais. Harry et Meghan sont de grands philanthropes. »

Daniel Martin a de bonnes raisons de se montrer reconnaissant envers Meghan. Son mariage, se souvient-il, l'a propulsé sur les réseaux sociaux à une hauteur strastosphérique « que je ne m'explique pas ». Parmi les nombreux nouveaux bénéfices, Martin est devenu consultant de marque pour Dior.

Capitaliser sur le mariage et la *baby shower* a transformé d'autres inconnus en célébrités. En associant ses créations à Meghan, Misha Nonoo a ouvert une boutique éphémère dans le centre de Londres et un « atelier intime » de « guérison sonore avec des bols chantants ». Jess Mulroney, nouvellement surnommée par *Harper's Bazaar* « la marraine de la mode canadienne », a obtenu un contrat pour l'émission *Good Morning America* sur ABC. Affichant sa relation avec Meghan, Mulroney a présenté sa nouvelle ligne de vêtements sur Instagram, entourée de ses trois enfants. Le nombre de followers sur Instagram de l'actrice Abigail Spencer, qui a joué dans *Suits*, est passé de 100 000 en 2016 à un demi-million. Et la série télévisée *Timeless,* où elle joue, n'a pas été supprimée – contre toute attente. La coach sportive Taryn Toomey peut aussi être contente : Meghan et Harry ont vanté à leurs followers les retraites de Toomey au Mexique et à Mustique – 3 600 livres sterling pour quatre nuits – et les ont encouragés à acheter ses colliers en pierre de lune – 1 200 livres[606].

Les transactions commerciales orchestrées par les Sussex inquiètent le Palais. La collaboration de Meghan avec ses conseillers de Los Angeles et Gayle King convainc tout le monde que le couple va échapper à leur contrôle. La diplomate Fiona Mcilwham, qui a été ambassadrice de Grande-Bretagne en Albanie pendant vingt et un ans, est nommée pour remplacer Samantha Cohen. Mariée à Daniel Korski, un collaborateur de David Cameron, Mcilwham partage peu de choses avec une actrice de Hollywood. Dès le départ, elle découvre que Meghan n'a pas l'intention de partager ses projets[607]. Même Sara Latham n'a pas réussi à gagner la confiance de Meghan, pas plus d'ailleurs que Heather Wong, assistance personnelle de Harry, et Clara Madden, l'assistante de la duchesse[608].

Meghan pense avoir de bonnes raisons de se méfier. Toutes ses demandes sont désormais transmises au palais de Buckingham, et les fonctionnaires de la reine ordonnent régulièrement au personnel de privilégier les intérêts du Palais par rapport à ceux de Meghan. Plus important encore, une contrainte légale a été imposée à la fondation Sussex Royal.

Un avocat employé par Buckingham Palace a été chargé de créer la « fondation du duc et de la duchesse de Sussex ». Le couple pense que l'homme de loi a reçu l'ordre de suivre le modèle de la Royal Foundation. Selon la loi, une fondation est un organe de droit privé, les mécènes n'ont aucune obligation de publier des comptes détaillés. Cependant, cette forme juridique est complexe et son financement doit être arrêté avant sa création. La fondation du couple a été enregistrée comme une association caritative, et doit donc être soumise à un examen financier, comme toutes les associations caritatives. La différence est considérable. Facile à créer et sans besoin de fonds initial, une association caritative doit publier des comptes détaillés qui sont contrôlés par des fonctionnaires indépendants employés par la Charity Commission. Tous les dons que les Sussex s'attendent à recevoir, notamment des États-Unis, seront publiés, tout comme les salaires de leur personnel. En tant que membre de l'organisation, Meghan est soumise à la loi fiscale britannique. L'organisme de bienfaisance a été fondé le 1er juillet 2019.

Lors de leur première réunion au palais de Kensington, les Sussex accueillent les quatre administrateurs de la fondation. Tous leur sont inconnus. Steven Martin Cooper est le directeur général de la Hoare's Bank ; Kirsty Jackson Jones et Karen Blackett, une femme d'affaires britannique, ont une grande expérience commerciale et juridique ; et le président de la Fondation, Stefan Allesch-Taylor, est un homme d'affaires et un philanthrope réputé. Dans une atmosphère solennelle, ils discutent de leurs objectifs pour le succès de la fondation.

À la fin de la réunion, les Sussex, choqués, réalisent que les administrateurs ne sont « ni des amis ni des domestiques ». Ce sont des personnalités indépendantes qui auront le contrôle des fonds. Selon la loi, les Sussex n'ont aucun droit de regard sur la gestion de la fondation. Pour Meghan, qui a besoin de tout contrôler, c'est une mauvaise surprise.

La structure juridique de la fondation, pense-elle, a été choisie délibérément pour saper son autorité.

Maintenant que Meghan a découvert que sa fondation ne peut pas fonctionner dans le secret, une autre raison de rester en Grande-Bretagne disparaît. L'argent est essentiel pour elle. Comme Gina Nelthorpe-Cowne l'a compris, c'est « une femme d'affaires avant tout ». Tout est calculé en termes commerciaux[609]. Le financement de ses œuvres de bienfaisance et son train de vie sont destinés à ne faire qu'un.

Harry est également furieux. Charles lui a assuré un rôle majeur dans la monarchie allégée pendant au moins dix ans. Maintenant, la différence de traitement entre William et lui-même confirme le pire. Il veut partir. Meghan n'est pas déçue par sa décision. « Je pensais qu'elle tiendrait le coup plus longtemps avant de craquer », déclarera plus tard Gina Nelthorpe-Cowne.

Meghan admettra plus tard qu'elle et Harry ont évoqué un départ de Grande-Bretagne avec la reine avant leur mariage. « Pendant deux ans », dira-t-elle[610]. Dans ses souvenirs, Harry mentionne cette éventualité à sa grand-mère pour la première fois en janvier 2018, disant que le manque de soutien de la part des médias et de sa famille l'encourage à quitter la Grande-Bretagne[611]. Mais il cherchait déjà à partir avant son mariage. « Je n'ai jamais triché avec ma grand-mère », insiste-t-il. Harry confirme qu'ils ont également discuté de cette éventualité en janvier 2019, au moment de la dépression de Meghan, et que sa « famille a essayé de l'en empêcher[612] ». Selon lui, ces discussions ont duré toute l'année, toujours à cause des pensées suicidaires de Meghan. « Jusqu'où les choses doivent-elles aller, aurait demandé Harry, avant que je sois autorisé à partir ? »

La colère qui alimente leur urgence à quitter la Grande-Bretagne parvient à Los Angeles. On demande à Nick Collins de commencer à chercher des rôles pour Meghan[613]. Son agent, Andrew Meyer, est également prié de négocier un accord monumental – similaire à celui des Obama – avec Netflix.

Parallèlement, Meghan est encouragée par David Furnish, le mari d'Elton John, à coopérer sur une série d'animation[614]. Le secret est dévoilé le 14 juillet, lors de la première à Londres du remake du *Roi Lion*, le film préféré de Harry. Dans la file d'attente, Meghan ne cache pas son désespoir. Le rappeur Pharrell Williams lui dit qu'il est « tellement heureux » de leur mariage et ajoute : « Nous sommes avec vous. » Touchant son bras, Meghan sourit : « Merci. Ils ne nous ont pas facilité les choses. »

Quelques minutes plus tard, Harry discute avec Jon Favreau, le réalisateur du film. « Si quelqu'un a besoin d'une voix off… » commence-t-il, avant d'être interrompu par Meghan : « C'est pour ça qu'on est là », dit-elle. Harry loue les talents d'actrice de sa femme[615].

Harry s'adresse ensuite à Robert Iger, directeur général de Disney, célèbre pour sa boutade : « À Hollywood, on ne vous soutient que lorsque votre cancer est en phase terminale. »

« Vous savez qu'elle fait des voix off ? » demande le prince à Iger.

« Je ne le savais pas », répond Iger.

« Vous avez l'air surpris ? dit Harry. Elle est vraiment intéressée. »

« Nous serions ravis d'essayer, dit Iger, comprenant que le prince cherche du travail. C'est une excellente idée[616]. »

Le succès des Sussex sera gâché plus tard quand ils réaliseront que tous leurs échanges ont été enregistrés. Meghan prêtera aussi sa voix au documentaire *Elephants Without Borders*, produit par Disney et qui retrace l'histoire d'un groupe d'éléphants menacés par des braconniers. Les critiques ne sont pas enthousiastes : les commentaires les moins sévères évoquent « un spectacle indigeste et sucré » et « un sommet d'ennui » [617].

Peu après la première du *Roi Lion,* Meghan va voir Serena Williams jouer à Wimbledon. Des dizaines de photographes professionnels et de caméras de télévision relaient sa présence dans la loge royale. Jusqu'au moment où Meghan ordonne à son garde du corps de dire à une spectatrice de ne pas la photographier. Elle est à Wimbledon, déclare-t-elle, « à titre privé ». Le lendemain, Lorraine Kelly écrit dans le *Sun :* « Soit ils sont des citoyens lambdas et ils règlent la facture des travaux de leur maison, soit ils font partie de la famille royale et ils doivent partager les événements avec le reste du monde. Ils ne peuvent pas avoir le beurre et l'argent du beurre[618]. »

À l'exception peut-être de la reine et de Charles, peu de gens à Londres réalisent, cet été-là, que Meghan se détache de la famille royale.

Elle compte les semaines jusqu'à son retour en Californie. Son porte-parole déclare qu'elle ne prendra pas de congé de maternité parce qu'elle veut travailler. Mais en dehors d'un engagement pour la promotion de Smart Works, elle n'a aucune activité publique pendant l'été. Elle regarde des matchs de polo et de tennis, voyage à plusieurs reprises en jet privé pour des vacances avec Harry et Archie. Ils séjournent chez Elton John à Saint-Tropez, chez les Clooney à Côme et dans la villa d'un ami dans le domaine Vista Alegre à Ibiza – louée environ 100 000 livres sterling la semaine. Pour Meghan, prendre des jets privés semble aussi commun que de commander un Uber.

Inévitablement, ses détracteurs, notamment le *Sun*, s'insurgent : « Le couple veut tous les avantages et aucun des inconvénients de la vie royale. Passant leur temps à s'apitoyer sur leur sort et à se considérer comme des victimes, ils sont totalement déconnectés de ce qu'endurent les gens ordinaires[619]. »

Pour faire taire les critiques sur l'« hypocrisie » du couple, les communicants de Meghan ont de nouveau contacté ses amis qui ont répondu aux attaques par un soutien unanime. « J'appelle la presse, déclare Elton John, à cesser ce harcèlement et cette présentation mensongère de leurs personnalités dont ils sont victimes tous les jours[620]. » Jessica Mulroney poste sur Instagram : « Honte à vous, brutes racistes. Trois ans de haine et d'abus immérités. C'est assez[621]. » L'actrice Jameela Jamil justifie les jets privés comme une mesure de protection : « Ce n'est pas sûr pour nous d'être dans les mêmes avions… Ce sont des cibles de choix pour les enlèvements et parfois les assassinats[622]. »

Harry défie ses détracteurs. Début août, il se rend en jet privé et en hélicoptère au camp Google en Sicile pour parler du changement climatique. Son avion n'est que l'un des 114 jets privés qui ont transporté milliardaires et célébrités au festival – sans compter la flotte de super-yachts. Libéré des contraintes de l'étiquette du Palais, il goûte à la liberté d'une star de cinéma aux côtés de Leonardo DiCaprio, Tom Cruise, Orlando Bloom et de Harry Styles.

En tant que membres de la famille royale, lui et Meghan se sentent autorisés à utiliser leur statut pour faire la morale aux autres. « Chaque choix, écrit Harry au même moment sur la page Instagram des Sussex, chaque action fait une différence. » Comme ses hôtes, Harry justifie son usage des jets privés par la nécessité de « protéger ma famille de ces gens ». De quelle menace s'agit-il et qui désignent les mots « ces gens », tout cela reste flou[623].

Le discours de Harry témoigne d'une arrogance nouvelle. Il n'apprécie pas que l'on scrute son comportement. Peu après sa visite en Sicile, il organise une conférence de presse à Amsterdam pour promouvoir sa nouvelle campagne d'éco-voyage en ligne, Travalyst. Il est outré que son auditoire lui demande de justifier son utilisation de jets privés. Il répond en affirmant que 99 % des avions qu'il emprunte sont des vols commerciaux. Agacé que ses réponses soient décortiquées, Harry est encouragé par un cadre de Sunshine Sachs de s'en tenir à des réponses évasives. Il utilise les jets privés, proteste-t-il, pour « assurer la sécurité de ma famille ».

En réalité, au moins 60 % de ses voyages sont réalisés en jet privé[624]. « Personne n'est parfait », déclarera-t-il ensuite. Je plante des arbres pour compenser mon empreinte carbone. » On le presse de donner des précisions : « Où et combien d'arbres ? » Ces questions éveillent en lui un sentiment de persécution. Tout ce qu'il dit, il en est convaincu, est « la vérité ». Lui et Meghan sont des personnes à part, qui ont besoin de protection. Un peu plus d'un an plus tard, Heather Wong, directrice générale de Travalyst, démissionne et est remplacée par Sally Davey[625].

Les Cambridge ripostent. Les médias sont convoqués à Aberdeen pour les filmer en train de monter à bord d'un avion de la compagnie low cost Norwich alors qu'ils se rendent à Balmoral pour les vacances d'été. Pour se venger, Meghan annonce que sa famille ne suivra pas les Cambridge à Balmoral. Archie, qui a trois mois, est trop jeune pour voyager en avion jusqu'en Écosse[626]. Et elle s'envole aussitôt avec Archie pour Ibiza. La même semaine, elle se rend à New York sur un vol commercial pour aller regarder jouer Serena Williams à la finale de l'US Open. Williams a perdu.

Quelques jours plus tard, Meghan et Harry se rendent en jet privé au mariage de Misha Nonoo à Rome. Le second mari de Nonoo, Mike Hess, est le fils d'un milliardaire. Le genre de personne que Meghan aime rencontrer – et que Nonoo admire[627].

CHAPITRE 30

Vogue

Tout le mois d'août, alors qu'elle sillonne l'Europe, elle réfléchit au numéro de *Vogue* qui doit sortir en septembre. L'implication d'Edward Enninful et le secret entourant la parution du magazine ont convaincu Meghan que l'événement va servir son lancement aux États-Unis. Son enthousiasme est partagé par le rédacteur en chef. « Je n'ai jamais imaginé, écrit-il aux lecteurs, que de mon vivant, une personne noire entrerait – ou pourrait entrer – dans les plus hautes sphères de notre famille royale. »

En parallèle, Meghan prévoit de lancer *The Bench*, un livre pour enfants qu'elle a écrit. Espérant un succès dans les deux cas, elle demande à Keleigh Thomas Morgan de s'occuper de la publicité. En prévision de son installation à Hollywood, Andrew Meyer, son directeur commercial et son prête-nom à la tête de Frim Fram Inc, renouvelle le dépôt de la marque The Tig. En août, au nom de Harry, des avocats enregistrent MWX Trading Ltd auprès de la Companies House afin de déposer des demandes de marques, notamment Travalyst, la société de voyages durables de Harry[628]. Meghan ayant indiqué que ses fonctions ne seraient plus financées en Grande-Bretagne, Latham et le Palais ne sont plus consultés.

Au cours des sept mois précédents, alors que le magazine prend forme, Meghan s'est persuadée qu'elle en était vraiment la rédactrice en chef. Régulièrement, lors de réunions téléphoniques, elle fait des commentaires et demande des changements.

« Je veux briser Internet », lance-t-elle devant l'équipe de rédaction, signifiant ainsi qu'elle veut contrôler son image. En écoutant la duchesse, les expressions de l'équipe montrent une exaspération silencieuse. La plupart de ses contributions sont superficielles, sans rime ni raison. Pour éviter toute confrontation, on ne lui demande jamais de s'expliquer. L'équipe suppose à tort que ses commentaires sont inspirés par Sunshine Sachs. Mais ce sont bien ses idées à elle. Plus tard, Meghan dira de ces réunions que c'étaient des moments où elle « philosophait avec Ed devant une tasse de thé à la menthe fumante ».

Dans les semaines qui précèdent la sortie de *Vogue*, Meghan donne des conseils pour la promotion. Elle parle d'« allumer Internet » en provoquant des fuites. Enninful n'est pas impressionné. Le secret, répète-t-il, est essentiel pour un lancement en fanfare. Mais le *Sun* publie régulièrement des bribes d'informations sur le sujet. La rédaction soupçonne que la source est une amie de Meghan, une attachée de presse londonienne.

Façonner un numéro entier autour de la duchesse est un coup journalistique et commercial. Présentant Meghan comme « le phare le plus influent du pays en matière de changement », Enninful s'extasie dans son éditorial sur cette « brillante Américaine, métisse dotée d'une grande force », qui exerce une « influence positive partout ».

Aucun membre de l'équipe ne voit Meghan se demander si elle ne dépasse pas les bornes. Elle ne semble jamais s'interroger sur le fait qu'elle utilise son mariage princier pour assurer sa promotion. La limite que le prince William a identifiée dans un documentaire télévisé en 2017 ne l'intéresse pas. De manière mesurée, William a évoqué clairement la question du lien entre les médias et la famille royale : « L'une des leçons que j'ai retenues est qu'il ne faut jamais les laisser entrer, car il est difficile de les faire ressortir. Il faut maintenir une barrière et une frontière, car si celle-ci est franchie, cela peut entraîner beaucoup de douleur et de problèmes. » Meghan ne tient pas compte de cette mise en garde. Enthousiasmée par l'occasion que représente *Vogue*, elle n'a pas l'intention de la laisser passer.

Enninful et Meghan ont sélectionné quinze femmes qui « remodèlent la société de manière radicale et positive » : la primatologue Dian Fossey, qui a consacré sa vie à la sauvegarde des gorilles rwandais jusqu'à son assassinat en 1985 ; l'actrice Jane Fonda, 82 ans ; Bonnie Hammer de NBC, qui a fait jouer Meghan dans *Suits* ; la compositrice et interprête Joni Mitchell ; Toni Morrison, lauréate du Nobel de littérature. Il y a aussi l'actrice transgenre Laverne Cox, la top-model Adwoa Aboah, l'actrice Gemma Chan, la boxeuse Ramla Ali, la mannequin Adut Akech, et la jeune militante Greta Thunberg – qui a dû se demander ce qu'elle faisait au milieu de toutes ces personnalités qui sillonnent le monde pour se faire photographier dans des lieux exotiques. En échange de leur nomination, les femmes saluent Meghan comme « une force pour le changement ». Et Meghan les félicitent pour représenter les sans-voix. La reine est omise.

Reste à arrêter le choix de la couverture. Meghan veut y figurer, comme Kate en 2016 pour le centenaire de *Vogue*. Mais la rédaction réussit à la convaincre que cela pourrait être perçue comme de l'autocélébration. En public, Enninful dira que Meghan a choisi de ne pas figurer sur la couverture, car elle souhaite rester « humble », mais l'équipe se souvient que cette décision lui a été imposée. La couverture est confiée à Salma Hayek, star hollywoodienne mariée au milliardaire François-Henri Pinault, l'un des principaux annonceurs de *Vogue*.

Le titre « *Forces for Change* » (Forces pour le changement) donne à réfléchir. Dans l'éditorial, Meghan fait part de son intention de mettre en avant « la force du collectif » et de se concentrer sur « la positivité, la gentillesse, l'humour et l'inclusion… pour apporter de la lumière dans un monde rempli d'une obscurité quotidienne ». Elle ajoute : « J'espère que vous ressentirez la force du collectif dans la sélection diversifiée de femmes choisies pour ce numéro. » Aucune vision n'est dessinée, aucune philosophie n'émerge. Le mot « objectif » est une métaphore récurrente dans le lexique de Meghan. Quelques heures plus tard, les téléphones de *Vogue* n'arrêtent pas de sonner. Le monde entier veut lire le numéro spécial conçu par Meghan. Les jeunes lectrices du magazine se sont attachées à cette femme indépendante qui utilise sa place au sein de la famille royale pour faire campagne pour le changement. Pour rester sous les feux de la rampe, le rédacteur en chef diffuse une nouvelle par jour. Meghan exhorte Enninful à proposer davantage d'histoires aux médias affamés. Finalement, elle a trouvé le bon filon.

Buckingham Palace est pris au dépourvu. Sara Latham est chargée par Meghan d'organiser son dernier lancement publicitaire. Sa première tâche, dit Meghan, est d'exiger que la publication officielle en Grande-Bretagne soit retardée d'un jour pour que le numéro américain sorte d'abord. La réception aux États-Unis, elle en est certaine, sera plus positive qu'en Grande-Bretagne. Cette consigne révèle que Meghan se fie à ses conseillers américains et qu'elle espère que la demande du palais sera acceptée par Enninful. Mais ce n'est pas le cas, et les relations entre Meghan et *Vogue* se détériorent.

Keleigh Thomas Morgan appelle le magazine pour dire qu'il représente désormais les intérêts de Meghan, donc ceux de *Vogue*. Enninful refuse. Dans la bataille entre les demandes de Latham au nom du Palais et celle de l'agent américain, Enninful se range du côté du pouvoir royal. Sa décision est remise en question par Meghan. En quelques heures, leur différend disparaît sous le flot des commentaires auxquels se livrent les médias britanniques.

Condamnée par le *Sun* pour être « une gauchiste détestant Trump », Meghan est présentée comme une « donneuse de leçons » dont les erreurs de jugement sont « épiques ». Dans le *Times*, Melanie Phillips décrit les quinze femmes comme ennemies des aspirations à la justice sociale. La plupart « ont une attitude qui divise et offense le code royal de neutralité pour unir ». Phillips conclut à propos de Meghan : « Quand elle est dans un trou, elle ne se contente pas de continuer à creuser. Elle continue jusqu'à ce que la terre s'effondre sur elle, et elle ne s'arrête pas, même à ce moment-là[629]. »

Buckingham Palace exige que Latham agisse pour en « finir » le plus vite possible. Hargneuse, celle-ci appelle *Vogue* pour demander l'arrêt de la diffusion. Comme on lui répond toujours par la négative, elle cesse de téléphoner. La réaction de Kensington Palace ne se fait pas attendre : certains ont pu voir Latham fondre en larmes, « brisée par le système ».

Tout aussi émue, Meghan appelle Enninful pour voir son avis. Selon elle, le titre du *Daily Mail*, « Rappel à Meghan : Nous, les Britanniques, préférons la vraie royauté à la royauté de la mode » est clairement raciste. Être britannique signifie être né et avoir été élevé au Royaume-Uni – donc être blanc[630]. Elle ne comprend pas les raisons du tollé. « Je ne fais que promouvoir un monde plus heureux », plaide-t-elle.

Elle appelle Keleigh Thomas Morgan et James Holt pour convoquer ses supporters. Holt demande à plusieurs personnalités de soutenir publiquement Meghan. Enninful compte au nombre de ceux qui refusent de s'impliquer. D'autres acceptent de participer à des émissions télévisées, proposent des interviews et publient des déclarations.

Depuis Los Angeles, l'actrice Jameela Jamil écrit : « Chère Angleterre et chère presse anglaise, dites simplement que vous la détestez parce qu'elle est noire et que vous le détestez parce qu'il a épousé une femme noire, et c'est tout. Vos tentatives d'intimidation sont honteuses[31]. » Elle poursuit : « Si Meghan était une femme blanche, toutes ses audaces seraient célébrées ». Meghan, dit-elle, est « l'artisan du changement et de la transgression des règles, et je l'admire ».

« Arrêtez d'insister, répète Sara Latham aux rédacteurs de *Vogue*. Il faut que ça cesse vite. » Sous la pression de Buckingham Palace, Latham mène une bataille ingrate. Ayant publié l'édition la plus vendue de *Vogue* depuis cent cinq ans, Enninful ne voit aucune raison de mettre fin à la controverse. Pas plus que Meghan et ses agents de Los Angeles. Cette publicité annonce la prochaine étape de la stratégie de Meghan…

CHAPITRE 31

Attaque

Trois semaines après avoir déclaré qu'Archie était trop jeune pour prendre l'avion pour Aberdeen, Meghan s'envole avec son fils et son mari pour l'Afrique du Sud[632].

Ce voyage de dix jours est planifié depuis des mois. Au départ, le Palais avait envisagé que les Sussex pourraient s'installer en Afrique du Sud pour développer le programme humanitaire de Harry. Puis cette option a disparu. Mais le couple a demandé à rencontrer les victimes de la pauvreté, des maladies et de la violence en Afrique du Sud. Avant le voyage, le porte-parole de Meghan annonce qu'elle portera des vêtements durables et bon marché, et qu'elle laissera sa bague de fiançailles à la maison[633]. La tournée est présentée par le Palais et Sunshine Sachs comme une occasion de redorer l'image du couple. Les Sussex acceptent aussi que le visage d'Archie soit exposé aux caméras et aux photographes.

Les fonctionnaires du Palais qui ont organisé la tournée ne savent pas que les Sussex ont renoncé à leur avenir en Grande-Bretagne. Se concentrant sur eux-mêmes, ils ont décidé de s'installer aux États-Unis. Ils ont l'intention d'utiliser la tournée sud-africaine pour soigner leur image et clarifier leurs objectifs.

Durant ce voyage, Harry ne peut dissimuler ses états d'âme. S'adressant à un étudiant chrétien de dix-huit ans, Peter Oki, il décrit comment il se réveille souvent accablé par les problèmes du monde. « Parfois, dit-il à Oki, il est difficile de sortir du lit le matin[634]. » Parlant devant les parents d'enfants gravement malades bénéficiaires de Well Child Awards, Harry étouffe ses larmes en décrivant son émotion d'être père, que c'est quelque chose qu'il n'aurait jamais pu ressentir avant d'avoir un enfant. Le prince en larmes, père d'un enfant en bonne santé, est réconforté par des parents démunis qui se battent quotidiennement contre des difficultés accablantes[635]. Contrairement à eux, Harry ne peut pas gérer le stress normal de la vie. Malgré tous ses privilèges, il est démuni.

Pendant ce temps, Meghan se lance dans sa promotion. Avec un sang-froid parfait, elle joue le rôle de la célébrité hollywoodienne en campagne. Debout sur une souche d'arbre, elle déclare à un groupe de femmes de Nyanga, la « capitale du meurtre » de l'Afrique du Sud, près du Cap : « Permettez-moi de vous dire que si je suis ici avec mon mari comme membre de la famille royale, je veux que vous sachiez que je suis ici avec vous en tant que mère, en tant qu'épouse, en tant que femme, en tant que femme de couleur et en tant que sœur. » Au cours de réunions privées avec des femmes d'affaires, des politiciennes et des universitaires, elle défend les droits des femmes. À l'université de Johannesburg, se présentant comme « votre sœur », elle déclare à l'auditoire : « Lorsque nous donnons des moyens d'agir aux filles qui ont soif d'éducation, nous cultivons des femmes qui sont encouragées à apporter des changements au sein de leurs communautés et dans le monde entier. »

Il manque une pièce dans sa démonstration : définir ce que les femmes devraient être habilitées à faire. Elle ne propose aucun objectif pour y parvenir. Elle est également contradictoire. Après s'être décrite comme une « femme de couleur », elle déclare qu'elle espère que son mariage ne sera pas perçu à travers le prisme de la race. Des problèmes fondamentaux restent en suspens. Elle est incapable d'expliquer les défis que doit relever une femme métisse dans la société occidentale et ne remet pas en question les valeurs de la société occidentale – parce que ce sont aussi ses valeurs[636].

Personne ne dit à Meghan que ses messages sont confus. Au contraire, on la félicite pour la fluidité de ses discours et l'enthousiasme qu'elle provoque. Sa popularité augmente, mais son mécontentement s'accroît envers son personnel. Selon Harry, les fonctionnaires « n'aimaient tout simplement pas Meghan et ne reculaient devant rien pour lui rendre la vie difficile[637] ». De son côté, ses employés pensent que Meghan part du principe que son succès lui donne tous les droits. La relation des Sussex avec les médias augmente encore les tensions.

Les rares journalistes britanniques autorisés à les accompagner se sentent ostracisés. Agissant sur les ordres des Sussex, Sara Latham refuse aux médias un accès normal, bien que limité, au couple. Soucieux de rassurer le couple, même les critiques les plus sévères suggèrent que leurs sourires devant les caméras « ressemblent à un début de rapprochement avec le public britannique[638] ». La tournée, relayée par les médias, est un succès retentissant. Meghan, Harry et Archie sont salués comme des héros. Les premières photos d'Archie sont qualifiées de « sensationnelles ». Pourtant, chaque rameau d'olivier irrite Harry. La couverture « positive » souligne, selon lui, le « deux poids deux mesures » du groupe de presse spécifique qui a « vilipendé [Meghan] presque quotidiennement au cours des neuf derniers mois[639] ». Délibérément, il ignore les questions les plus anodines[640].

Harry et Meghan sont pris au piège. Toutes les nuits, ils consultent Internet pour lire les articles des journaux et les messages des trolls sur les réseaux sociaux. De manière irrationnelle, ils alimentent mutuellement la frénésie de l'autre sur les médias. Convaincus qu'ils sont persécutés en tant que champions du bien et que Meghan est victime de racisme, ils sont blessés par la plus légère critique. La presse britannique, dira plus tard Harry, « détruisait ma santé mentale. Je me disais : “C'est toxique[641].” »

L'instabilité de Harry alimente les craintes de Meghan que ses amis divulguent des informations aux médias. Elle soupçonne en particulier Victoria Beckham. Harry appelle David Beckham pour répéter cette accusation. Outré, ce dernier dément. Mais l'incident nuit à la relation entre les deux hommes[642].

Le résultat de ce voyage creuse encore l'écart avec la famille royale. Tout comme en Australie, les Sussex sont persuadés que leur célébrité en Afrique du Sud n'est pas appréciée par Buckingham Palace. Leur loyauté est exploitée. Ayant rompu avec sa famille, Meghan persuade

Harry de faire de même. En même temps, elle déverse sa colère auprès de ses conseillers de Los Angeles. Les fonctionnaires du Palais sont ligués contre eux et travaillent désormais pour Charles et William. Elle rentre pourtant avec l'assurance que la reconnaissance mondiale, sa célébrité et sa fortune sont garanties quand elle retournera aux États-Unis. Mais elle doit préparer le terrain. La douceur apparente des Sussex cache une envie immense de se venger des médias britanniques.

Harry est en train de peaufiner sa plainte contre le *Daily Mirror* et le *Sun* pour le piratage de son téléphone. Ce succès, pense-t-il, sera suivi d'une autre victoire contre le *Mail on Sunday*. Il a également déposé une plainte auprès de l'IPSO[A], un organe de régulation de la presse indépendant, à propos de photographies parues sur Instagram qui le montrent près d'un éléphant en liberté. Comme l'a révélé le journal, les photos ont été recadrées pour dissimuler des cordes de contention autour des pattes de l'éléphant[643]. La réaction de Harry reflète son manque de jugement dans ses attaques contre les médias.

Au mois d'août, les Sussex franchissent le Rubicon. Gerrard Tyrrell, le conseiller juridique de la famille royale, s'est chargé jusque-là de leur menace d'action en justice contre le *Mail on* Sunday, suite à la publication de la lettre de Meghan à son père. Tyrrell a envoyé au journal un projet de plainte pour violation des droits d'auteur et de la vie privée de Meghan. Sa relation avec son père, selon Meghan, est privée. Aucun intérêt public ne peut justifier la publication de sa lettre.

Avocat expérimenté, Tyrrell connaît le risque auquel s'expose Meghan si l'action en justice est réellement engagée. Non seulement elle sera exposée à un contre-interrogatoire à la barre des témoins, mais elle devra divulguer avant le procès des informations embarrassantes, entre autres les textos et e-mails envoyés aux amies qui ont été interviewées par le magazine *People*. Elle continue de nier avoir été informée du projet, mais ses dénégations seront rigoureusement examinées lors du contre-interrogatoire.

A. Independent Press Standards Organisation.

Ses affirmations sur le conflit qui l'oppose à son père peuvent aussi donner lieu à un déballage désagréable. Elle s'obstine à dire qu'elle a essayé plusieurs fois de le contacter après le mariage, mais c'est un choix dangereux. Elle devra fournir la preuve qu'elle s'est « occupée » de lui[644]. De même, son affirmation selon laquelle « elle l'a protégé de l'intrusion des médias » sera réfutée[645]. Même si elle est furieuse que le *Mail on Sunday* ait publié des articles la montrant sous « un jour faux et préjudiciable », elle sait ce qu'elle risque si elle poursuit le journal en diffamation[646].

Mais elle a besoin d'agir. Visiblement insatisfaits des conseils de Gerrard Tyrrell, ses avocats de Los Angeles suggèrent que Keith Schilling, un avocat londonien agressif qui n'a jamais été employé par la famille royale, est le guerrier idéal pour cette affaire. Arborant des tenues négligées et parlant *sotto voce* avec des traces d'accent de l'East End, Schilling est l'antithèse de l'avocat de St James. Aimant le conflit, demandant des honoraires élevés. Schilling et son équipe se vantent de leurs succès auprès des clients potentiels. Ils communiquent rarement sur leurs échecs.

Comme Schillings leur laisse espérer une victoire contre le *Mail on Sunday*, les Sussex décident d'attaquer le journal avant de quitter Londres. Le calendrier est fixé par Schillings. De façon inattendue, les avocats envoient un courriel indiquant que la plainte sera déposée pendant qu'ils seront en Afrique du Sud. Les officiels du Palais, inquiets, demandent aux Sussex de ne pas gâcher la tournée. Mais le couple ignore leur appel. La bataille juridique est lancée depuis l'Afrique du Sud.

Posté sur le site officiel du Sussex, un script agressif de Harry dénonce leurs ennemis. En partie rédigé par David Sherborne, un avocat détestant les médias qui défile régulièrement sous les projecteurs, le texte de Harry accuse la « presse » de « propagande acharnée » contre Meghan et dit qu'elle joue « un jeu que nous n'avons pas voulu jouer depuis le début ».

Harry poursuit : « Ma femme est devenue l'une des dernières victimes d'une presse à sensation britannique qui mène des campagnes contre des individus sans se soucier des conséquences, une campagne impitoyable qui s'est intensifiée au cours de l'année dernière, tout au long de sa grossesse et pendant qu'elle élevait notre nouveau-né. Cette propagande incessante a un coût humain, surtout lorsqu'elle est sciemment fausse et malveillante. Bien que nous ayons continué à faire bonne figure, comme beaucoup d'entre vous peuvent le comprendre, je ne peux pas décrire à quel point cela a été douloureux. Parce qu'à l'ère du numérique, les articles de presse sont transformés en vérité dans le monde entier. »

Oubliant les voyages de Meghan à New York et au Maroc pendant sa grossesse, Harry affirme que les médias n'ont pas cessé de mentir sur son compte « parce qu'elle n'était pas visible pendant son congé maternité ». S'il n'a pas identifié les « mensonges », il a révélé l'angoisse qu'ils ont provoqué : « J'ai été un témoin silencieux de la souffrance de ma femme pendant trop longtemps... Rester en retrait et ne rien faire serait contraire à tout ce en quoi nous croyons. Il arrive un moment où la seule chose à faire est de s'opposer à ce comportement, car il détruit des personnes et des vies. En termes simples, il s'agit d'un harcèlement, qui effraie et réduit au silence les gens. Nous savons tous que ce n'est pas acceptable. »

Enfin, il joue la carte Diana. Meghan, dit-il, est « victime des mêmes forces puissantes », et sa « plus grande crainte est que l'histoire se répète. J'ai vu ce qui se passe quand quelqu'un que j'aime est traité comme un objet marchand, quand il cesse d'être considéré comme une personne. J'ai perdu ma mère et je vois maintenant que ma femme est victime des mêmes forces puissantes ». Harry affirme que, en publiant des extraits de la lettre de Meghan à son père, le *Mail on Sunday* a trompé les lecteurs en « omettant stratégiquement certains paragraphes, des phrases spécifiques et même des mots singuliers pour masquer les mensonges qu'ils ont perpétués pendant plus d'un an ».

Il affirmera plus tard : « Ma mère a été poursuivie jusqu'à la mort lorsqu'elle a eu une relation avec quelqu'un qui n'était pas blanc, et regardez ce qui s'est passé ». Désignant explicitement Meghan, il poursuit : « Ils n'arrêteront pas tant qu'elle ne sera pas morte[647]. » Il oublie que Diana avait renvoyé ses gardes du corps et que Dodi El-Fayed, play-boy au chômage et amateur de drogues, avait ordonné à son chauffeur ivre de traverser Paris à toute vitesse.

Au milieu de la tournée en Afrique du Sud, Schillings dépose donc l'affaire au nom de Meghan devant la justice. Ce recours à la loi n'est pas sans précédent. Charles a poursuivi le même journal en 2006 pour avoir publié son journal de 1997 sur un voyage à Hong Kong. Malgré la faiblesse du dossier, le juge s'est rangé du côté de Charles. On peut faire confiance aux juges britanniques pour protéger la famille royale.

Dans sa plainte, David Sherborne accuse le *Mail on Sunday* d'avoir « délibérément attisé » une dispute entre Meghan et Thomas Markle. Le père de Meghan, décrit comme un « individu vulnérable et fragile », a été « exploité… harcelé et manipulé » par les médias. La plainte nie également que le magazine *People* ait publié sur Thomas Markle « des informations fausses ou préjudiciables » qui nécessitaient un droit de réponse[648]. Sherborne affirme que la sélection, par le journal, de citations tirées de la lettre de Meghan est « malhonnête », dénote une « intention malveillante évidente » et « trompe ses lecteurs ».

« Hystérique », « malavisé », « tête brûlée », « complaisant » et « trop émotif » sont quelques-uns des commentaires des journaux sur la déclaration de Harry et la plainte devant la justice. La tournée en Afrique du Sud se termine sur une note pénible. Pour la première fois, certains suggèrent que les Sussex devraient envisager d'abandonner leurs titres royaux et devenir de simples citoyens[649].

Peu de gens réalisent que l'attaque des Sussex contre les médias préfigure une attaque frontale contre la famille royale. Pendant leur tournée en Afrique, Tom Bradby a filmé un documentaire pour ITV, *Harry & Meghan : An African Journey*. La diffusion est prévue le 18 octobre, soit deux semaines après leur retour. Elle coïncide avec la visite officielle des Cambridge au Pakistan. Cette visite est d'une importance capitale pour la diplomatie britannique, mais elle est également destinée à montrer la transformation de Kate en une femme plus glamour et plus sûre d'elle.

Avec une coupe de cheveux plus jeune et une nouvelle garde-robe, Kate a été conseillée par Virginia Chadwyck-Healey, ancienne rédactrice en chef et styliste de *Vogue*[650]. Sous l'influence de Kate, William s'impose comme un héritier calme, le « prince du peuple ». Pour focaliser l'attention des médias sur le couple, on demande à Harry de retarder la diffusion du documentaire d'ITV. Il refuse. Un sabotage délibéré selon les Cambridge et le gouvernement. Le documentaire télévisé qui devait permettre la réhabilitation de Camilla est l'autre victime colatérale du conflit entre les Sussex et la famille royale[651].

En planifiant *An African Journey*, Tom Bradby a prévu de dépeindre l'expérience des Sussex face aux problèmes du continent africain. Il s'est lié d'amitié avec Harry lors du tournage d'un documentaire au Lesotho. Harry a aussi posé pour lui posé en Angola, avec des enfants victimes des mines antipersonnelles. Bradby a également filmé Meghan rencontrant des jeunes filles ayant subi des viols en temps de guerre. La question de savoir si ces événements correspondent au sermon de Diana – « Partout où je vois la souffrance, c'est là que je veux être, en faisant ce que je peux » – mérite réflexion. Ni Meghan ni Harry n'ont choisi, comme elle le faisait, d'affronter la misère et de consoler les sans-abri, les malades et les mourants dans des hôpitaux et des hospices en Grande-Bretagne. Plus pertinemment, dans le film de Bradby, les Sussex ont choisi de ne même pas se concentrer sur les tragédies humaines de l'Afrique du Sud.

Les Sussex décident d'utiliser la toile de fond africaine pour exprimer leur douleur face à leur situation. Soucieux d'afficher sa vulnérabilité, Harry raconte à Bradby comment la mort de Diana l'a conduit à plusieurs reprises au bord de la dépression. Le traumatisme provoqué par ce moment des obsèques où il marche, seul avec William, derrière le cercueil de leur mère, sous les yeux de la foule et des caméras, est une blessure qui reste à vif et se réveille à la moindre occasion : « Je pense qu'en faisant partie de cette famille, dans le rôle qui est le mien, le travail qui est le mien, chaque fois que je vois une caméra, chaque fois que j'entends un clic, chaque fois que je vois un flash, cela me ramène directement en arrière. Donc à cet égard, c'est le pire souvenir de ma vie, par opposition au meilleur ».

Puis Harry fait une révélation qui fait l'effet d'une bombe. Sa relation avec William est brisée : « Nous suivons des chemins différents en ce moment. » Il est difficile d'expliquer pourquoi il expose ainsi les querelles familiales à ce moment précis, lors de sa tournée en Afrique du Sud, si ce n'est qu'il est persuadé, par l'exemple de Meghan qui s'est coupé définitivement de son père, de sa famille et de ses amis de toujours, que toutes les relations sont inutiles.

Convaincue que le public veut aussi entendre parler de ses souffrances, Meghan donne une interview. Elle se met en scène dans un township, donc au milieu de gens qui vivent dans des conditions effroyables, et se mord dramatiquement la lèvre en murmurant à Bradby à quel point elle s'est sentie « vulnérable » pendant sa grossesse, combien la pression était « dure » et comment l'expérience « d'essayer d'être une nouvelle mère ou d'essayer d'être un nouveau marié » lui a été « rendue vraiment difficile ». Tout en laissant couler ses larmes, elle dit qu'elle regrette d'avoir ignoré l'avertissement de ses amis américains qui lui disaient que les tabloïds britanniques allaient détruire sa vie : « Je suis américaine, nous n'avons pas ce genre de chose là-bas, et j'ai très naïvement pensé : “Mais de quoi parlez-vous ?” Ça n'avait pas de sens, je n'ai pas compris. En toute honnêteté, je n'en avais aucune idée. »

Bradby ne demande pas à cette femme de trente-huit ans si elle a déjà entendu parler des révélations dévastatrices du *National Enquirer* sur des Américains célèbres. Il ne lui demande pas non plus de citer une seule histoire fausse de tabloïd pour justifier sa complainte. Au lieu de cela, il hoche la tête quand elle continue d'exposer sa douleur : « J'ai essayé, j'ai vraiment essayé de rester silencieuse comme le font les Britanniques, mais je pense que cela fait beaucoup de dégâts à l'intérieur de soi. Je n'ai jamais pensé que ce serait facile, mais je pensais que ce serait juste. »

Serait-il juste, demande Bradby, de dire qu'elle n'est « pas vraiment bien » ? Que sa vie a « vraiment été une lutte » ? Une autre larme coule lorsque Meghan répond en s'en prenant à la famille royale : « Oui. Et je vous remercie d'avoir posé la question, car peu de gens m'ont demandé si j'allais bien. Mais c'est une chose très réelle que l'on vit dans son quotidien. » Avec un soupçon de sanglot dans la voix, elle ajoute : « Il ne suffit pas de survivre à quelque chose, n'est-ce pas ? Ce n'est pas le but de la vie. Il faut s'épanouir. » C'est encore une de ses formules préférées.

Interrogée sur son avenir, Meghan répond : « Je ne sais pas. Il faut prendre chaque jour comme il vient. » Tout près de là, des familles démunies prennent elles aussi chaque jour comme il vient pour tenter de survivre à la faim, à la maladie et à la violence. Meghan choisit de ne rien dire sur la vie de sa famille. Bradby conclut que les Sussex espèrent transformer l'« intérêt incessant des médias à leur égard en une force positive », mais, ajoute-t-il, « la profondeur de leur malheur m'est apparue dans toute sa force et j'ai eu l'impression d'enregistrer leur retrait de la vie publique[652] ». Après avoir passé autant de temps avec le couple, le journaliste peut deviner ce que Harry a ressenti : « J'ai fait ce que tout mari et père aurait fait. J'avais besoin de faire sortir ma famille de là[653]. »

Les fonctionnaires du Palais savent maintenant que Meghan veut se séparer de la famille royale et qu'elle a déjà commencé. Les rapports du personnel qui accompagne le couple en Afrique confirment le pire. Reconnaissant l'existence d'un problème, un porte-parole de Kensington se contente de dire que les Sussex traversent un « moment difficile[654] ». Pour échapper à la pression, ces derniers s'envolent pour la Californie où ils vont passer plusieurs semaines, avant de revenir passer Noël à Sandringham.

Les craintes de William se confirment. Meghan est devenue un agent de division. Pour lui plaire, Harry s'est séparé de ses amis. Il a même changé de numéro de téléphone sans le dire à sa famille. William autorise une de ses assistantes à dire aux médias qu'il espère que Harry et Meghan vont « bien[655] ».

Parmi les soutiens inconditionnels de Meghan se trouve Jessica Morgan, une écrivaine britannique de vingt-six ans. L'interview de Meghan, déclare Morgan, « m'a brisé le cœur ». En tant que femme noire, Morgan comprend la duchesse quand elle dit qu'elle s'est sentie rejetée. « Elle n'est pas seulement une femme de la famille royale, elle est aussi une femme noire, poursuit-elle. Qu'elle ait dû supporter ce que moi-même je vis en

Grande-Bretagne depuis ma naissance est triste. Mais je suis heureuse qu'ils en parlent. On pense qu'on n'a pas le droit d'être triste quand on est riche, mais c'est scandaleux. » Morgan s'exprime au nom de nombreuses jeunes femmes, en particulier celles issues de la diversité. Elles se sentent proches de Meghan, qui est pour elles un modèle et une martyre. La jeune mère, opprimée par le racisme, est saluée pour avoir sauvé sa peau et celle de Harry.

Trevor Phillips, personnalité charismatique au franc-parler, lui-même Noir, critique l'hypothèse selon laquelle Meghan était trop fragile pour supporter la pression. Jessica Morgan, écrit-il, ne s'exprime pas au nom de toute la communauté noire. Selon Phillips, suggérer que Meghan a été rejetée à cause de sa couleur de peau est une insulte pour elle et pour des légions de femmes qui, comme elle, se sont battues pour sortir de leur condition[656]. Mais son refus de reconnaître que le racisme existe en Grande-Bretagne, repris par Priti Patel, la ministre de l'intérieur elle-même d'origine asiatique, est tourné en dérision par certains militants noirs, qui les qualifient de « noix de coco[657] ».

« Meghan donne à l'innocence un air sale », juge un commentateur blanc[658]. Sa victimisation agace ceux qui rappellent que, en 2017, Meghan a accepté les contraintes et les devoirs de la vie royale en échange de privilèges, d'une sécurité financière et d'une reconnaissance mondiale.

Gina Nelthorpe-Cowne fait partie de ceux que l'interview sur ITV rend furieux : « Elle m'a fait rire aux éclats. Je sais quand un non-sens est un non-sens, et c'était une absurdité démontrable. Meghan était adulte quand elle a rencontré Harry. Elle m'a dit qu'elle voulait changer le monde. Ce qu'elle voulait dire, c'est qu'elle souhaite diriger le monde[659]. »

Le coup suivant est tiré par un « proche » de Meghan. Max Foster, correspondant royal de CNN à Londres, a appris d'une « source » que le Palais n'avait pas su comment exploiter au mieux le potentiel des Sussex. « L'institution qui entoure la famille royale britannique, rapporte Foster, est remplie de personnes timorées et inexpérimentées, qui n'ont pas su tirer parti de ce couple qui, selon lui, a modernisé la monarchie[660] ». Le reportage de CNN fait la Une des journaux télévisés britanniques.

Meghan pense que le destin de la monarchie dépend d'elle. Ses détracteurs sont déconcertés par son aveuglement. Au cours des trois années qui se sont écoulées depuis sa rencontre avec Harry, Meghan n'a manifestement pas compris que la reine modernise la monarchie millénaire depuis 1952. Sous sa direction, la famille a travaillé en équipe. Meghan a-t-elle entendu le dernier message de Noël de la Reine : « Alors que nous attendons tous avec impatience le début d'une nouvelle décennie, il est bon de se rappeler que ce sont souvent les petits pas, et non les bonds de géant, qui apportent les changements les plus durables. »

Meghan dissimule habilement le fossé qui se creuse entre elle et le Palais deux jours après la diffusion du film sur ITV. Très professionnelle, elle monte sur la scène du Royal Albert Hall de Londres en tant que vice-présidente du Queen's Commonwealth Trust pour célébrer l'ouverture du sommet One Young World. Cinq ans plus tôt, la cofondatrice Kate Robertson a intégré Meghan à l'événement de Dublin pour offrir une tribune à l'ambitieuse actrice. Aujourd'hui, Robertson accueille la duchesse comme « une championne mondiale des droits des femmes et des filles, une activiste et une philanthrope ».

La sympathie de Robertson pour Meghan est partagée par 72 députées. Mené par la travailliste Holly Lynch, ce groupe multipartite exprime dans une lettre ouverte sa « solidarité » avec Meghan en tant que femmes engagées dans la vie publique. Elles compatissent à sa lutte pour faire face à la pression liée à son statut et critiquent également ce qu'elles considèrent comme des « sous-entendus dépassés et colonialistes » dans les articles parus dans la presse nationale[661]. Les descriptions du caractère de la duchesse faites par les journaux, soulignent les députées, sont « de mauvais goût et trompeuses », et ne respectent pas son « droit à la vie privée ». Accusant les médias de chercher à « démolir une femme sans raison apparente », les députées observent que « les abus et les intimidations sont maintenant très souvent utilisés comme un moyen de dénigrer les femmes engagées dans la vie publique et de les empêcher de poursuivre leur travail ». Le même jour, Meghan téléphone à Lynch pour la remercier.

Pour certains, il semble que Meghan se pose en procureur de la famille royale. Les divisions du pays autour de Sussex sont de plus en plus tranchées selon l'âge, le sexe, la race et les convictions politiques. Les partisans de Meghan sont sceptiques sur la place des Royals et la tradition de devoir et de neutralité attachée à leur personne. Vu à travers le prisme des privilèges qui leur sont accordés et de l'inconduite de Meghan et son engagement pour les femmes et l'environnement. Ils s'identifient à « ses espoirs, ses craintes et ses insécurités ». Tout rapport désobligeant sur son compte est rejeté comme un préjugé raciste.

Convaincue qu'elle est incomprise, Meghan invite Bryony Gordon, la sympathique journaliste du *Daily Telegraph*, à la rejoindre à la Luminary Bakery de Camden Town, au nord de Londres[662]. Le lieu emploie des femmes défavorisées. Meghan a enfilé un tablier et, tout en décorant des gâteaux, elle écoute les récits de ces femmes sur leur vie difficile. En moins de deux heures, Gordon est convaincue que Meghan n'est « pas si différente de nous ». Elle est « une femme d'action ». Elle ne veut pas seulement qu'on l'aime, mais elle veut offrir aux gens sa philosophie de vie. Gordon se pâme en rapportant certains propos de Meghan, qui a décrit l'humanité comme « une créature blessée qui a besoin d'être guérie ».

Mais la journaliste ne repère les contradictions dans les déclarations de son idôle dans son interview avec Tom Bradby, en particulier quand elle évoque son besoin de sympathie. Comme Bradby, Gordon accepte de dire que Meghan est la « solution et non de problème ». Comme Bradby, Gordon n'a pas demandé à Meghan si elle a compris que le service royal exigeait un sacrifice personnel. Elle ne s'est pas demandé non plus si la duchesse de Sussex aurait visité Luminary Bakery en l'absence de caméras. Gordon ne s'est pas demandé si cette visite était destinée à aider les femmes ou à aider Meghan ? Est-elle sincèrement compatissante ? Avec une expérience considérable, Meghan sait façonner son image. Elle poste sur le compte Instagram @sussexroyal une citation de l'auteur américain Leo Buscaglia : « Nous sous-estimons trop souvent le pouvoir d'un geste, d'un sourire, d'un mot gentil, d'une oreille attentive, d'un compliment honnête ou du plus petit acte de sollicitude, qui ont tous le potentiel de faire basculer une vie. » Les détracteurs de Meghan se demandent quelle sympathie elle a manifesté à l'égard de son propre père. Et ce qu'il en est de sa gentillesse envers la reine et la famille royale.

Imprégnée de culture américaine, Meghan a cessé de prétendre qu'elle s'intéressait à la culture britannique. Soutenue par les Obama, Joe Biden et les Clinton, elle est devenue, aux États-Unis, une héroïne radicale et courageuse. Michelle Obama et Hillary Clinton sont ses icônes.

Début novembre, Hillary Clinton rend visite à Meghan à Frogmore. Alors que celle-ci évoque de son anxiété, notamment à propos de la presse à scandale, Clinton fait preuve d'une compréhension sans réserve. La politicienne estime que le traitement réservé à Meghan est « déchirant et injuste ». Selon elle, l'ascension fulgurante de Meghan a été spectaculaire. Vivre sous les projecteurs, avec chaque geste scruté ou déformé par des commentaires racistes, est une épreuve difficile. Comparant la vie d'un président et celle d'un membre de la famille royale, Clinton estime que les Sussex « luttaient pour avoir une vie pleine de sens à leurs conditions[663] ».

Deux semaines plus tard, la nouvelle étape du départ des Sussex est annoncée. Officiellement, ils ne passeront pas Noël à Sandringham. Au lieu de cela, ils séjournent pendant six semaines à Mille Fleurs, un manoir fortifié de cinq chambres, situé au bord de l'eau sur l'île de Vancouver et gardé par six agents de sécurité. Leur séjour en tant qu'invités d'un milliardaire américano-russe dont le nom n'a pas encore été révélé (il s'agit de Yuri Milner, comme on l'apprendra plus tard) a été organisé par le producteur de musique David Foster, âgé de soixante et onze ans. Cinq fois marié, Foster est un ami et un voisin d'Oprah Winfrey à Santa Barbara, et il apparaît occasionnellement dans son émission. Il est également un ami de la famille Mulroney.

Le porte-parole des Sussex indique que le couple va établir une présence dans un pays du Commonwealth. À partir de Vancouver, déclare son porte-parole, Meghan pourrait « reprendre ses activités professionnelles[664] ». La plupart des gens pensent que c'est au Canada qu'ils ouvriront une nouvelle page de leur vie et de leur carrière. Mais certains soupçonnent que c'est juste une étape pour finaliser leur départ de Grande-Bretagne.

Meghan est en communication constante avec Andrew Meyer, son directeur commercial, Rick Genow, son avocat, ainsi que Keleigh Thomas Morgan et d'autres membres de l'agence Sunshine Sachs. À l'ordre du jour figurent la poursuite des négociations avec Netflix et Spotify, et la réouverture dans le Delaware, le 22 octobre 2019, de Frim Fram Inc, la société qui gérait The Tig. La fondation Archewell – qui signifie « source d'action » – a déjà été enregistrée dans le Delaware. Simultanément, Genow a enregistré, toujours dans le Delaware, la société Loving Kindness Senior Care Management Inc, dirigée par Doria Ragland. Contrairement à la Californie, le Delaware garantit le secret des activités financières et des comptes des sociétés[665]. Parallèlement, Sussex Royal a déposé des demandes de marques pour toute une série de produits, dont des bandanas, des journaux, des vêtements de sport, des stylos et des « services de soutien émotionnel ».

Meghan consulte son équipe de Los Angeles sur les meilleures conditions de leur départ de Grande-Bretagne. Le palais de Buckingham, selon elle et Harry, doit être tenu responsable des retombées éventuelles. En Grande-Bretagne, le Palais comprend que, après avoir rejeté l'invitation de la reine à Balmoral l'été passé, le refus de passer Noël à Sandringham est la preuve que Meghan veut partir[666].

Les Sussex continuent de dissimuler la rupture qui se profile pendant qu'ils réfléchissent secrètement à leur installation en Californie. À la même période, le prince Andrew est interviewé par Emily Maitlis sur la chaîne *Newsnight* pour évoquer son lien avec Jeffrey Epstein et réfuter toute relation avec Virginia Roberts[667]. Son peu d'empathie pour les victimes d'Epstein, son déni peu convaincant concernant une photo compromettante de lui avec Roberts et les explications absurdes qu'il évoque pour démolir le récit de leur rencontre dans une boîte de nuit – le prince déclare qu'il souffre d'une maladie qui l'empêche de transpirer et qu'il ne boit pas d'alcool – ont détruit sa crédibilité. Pire encore, son erreur de jugement et ses mensonges mettent en péril l'affection des Britanniques pour la monarchie.

La combinaison du crash d'Andrew et de la colère de Harry sur ITV incite le *Sun* à exhorter la reine à sauver sa famille avant qu'elle ne « tombe d'une falaise sans personne au commandement[668] ». Le rideau se lève sur une autre crise royale.

La reine, après avoir consulté Charles et William, prend les choses en main. Convaincu que Harry et Meghan sont déjà sur le départ, le trio convient que l'avenir de la monarchie passe par les Cambridge. La réconciliation de Charles et William au cours des mois précédents facilite les choses. Les souvenirs de leurs vives disputes, de leur rivalité et de leur ressentiment à l'égard du traitement de Diana sont enterrés. Pour éviter de futures disputes, ils ont convenu que tous les voyages officiels à l'étranger seraient planifiés en tenant compte de leur vie de famille et que William commencerait à gérer le duché de Cornouailles, d'où il tirera ses futurs revenus. Plus important encore, sans annonce officielle, la monarchie sera « allégée ». Andrew et Harry seront écartés plus tôt que prévu.

Cet accord est rendu public par la reine lors de ses traditionnels vœux télévisés de Noël, le 25 décembre 2019. En regardant l'allocution de sa grand-mère depuis Vancouver, Harry reste bouche bée. Quatre photos de famille encadrées d'argent ont été soigneusement placées derrière elle. Elles montrent le père de la reine, George VI, le prince Philip, Charles et Camilla, et enfin William et sa famille. À la grande fureur de Harry, il n'y a aucune photo de lui avec Meghan et Archie. Les Windsor ont effacé les Sussex de l'Histoire.

CHAPITRE 32

En transit

L'isolement sur l'île de Vancouver accroît l'indignation des Sussex. En écoutant les échanges de Harry avec sa famille, Meghan est furieuse qu'ils n'acceptent pas leurs conditions. Au contraire, ils sont brimés, mis au pilori et maltraités. Traqués par les médias et exploités par le Palais, ils sont laissés sans protection. « Abandonnés » est le qualificatif que Meghan adopte rapidement. Les négociations pour leur départ, décide-t-elle, ne resteront pas discrètes. Les encouragements de ses conseillers de Los Angeles la stimulent. La marque Sussex, assure-t-on à Meghan, offre les mêmes opportunités mondiales que celles récoltées par les Obama. Ils pourront exploiter leur statut royal dans les films, les livres, la finance et le monde numérique. Les Sussex peuvent gagner des dizaines de millions de dollars. La première étape doit être une grande interview. Oprah Winfrey attend.

Avec Harry, Meghan compte exprimer sa frustration face au conservatisme de la famille royale. Il offense le rêve américain. Dans cette bataille de propagande, Meghan s'attend à ce que Hollywood batte les Windsor. Ses publicistes ont produit une vidéo destinée à être diffusée sur le site sussexroyal après l'annonce de la rupture. Mettant en avant leur vie en 2019, le couple remercie ses 10,8 millions de followers pour leur « soutien continu » et assure qu'ils vont « collaborer avec la reine » en continuant de mener un programme « progressiste ». Dans le même temps, ils rédigent une proposition de déclaration publique pour annoncer leur départ de Grande-Bretagne. Harry pense que sa famille acceptera leurs demandes.

Après plusieurs changes téléphoniques avec Charles, il a été demandé à Harry d'envoyer ses propositions par écrit. La réponse, accompagnée de proposition de déclaration publique, décrit dans les grandes lignes les attentes des Sussex qui souhaitaient conserver leurs titres, privilèges et revenus tout en vivant au Canada. Ils garderont Frogmore, bénéficieront d'une protection 24 heures sur 24 qui coûtera au contribuable britannique 2,5 millions de livres par an et continueront de recevoir du duché de Cornouailles un revenu annuel de 1,5 million de livres. En échange, ils retourneront occasionnellement en Grande-Bretagne, mais représenteront autrement la monarchie depuis le Canada. Certains suggéreront plus tard que la proposition de Harry a été approuvée par Christopher Geidt[669].

Charles tergiverse. Il a besoin, répond-il, de plus d'informations. Harry fait appel à la reine, qui lui répond qu'il doit négocier avec son père. Même si Elizabeth II est profondément attachée à Harry, les appels téléphoniques de ce dernier avec elle, Charles et William sur ses projets d'avenir ont rapproché le trio, qui forme désormais un front uni contre les Sussex.

Après Noël, la frustration de Harry augmente. Il apprend que Dan Wootton, l'expert royal du *Sun*, a été informé de leurs plans secrets pour quitter la Grande-Bretagne. Cette fuite convainc Harry que c'est une conspiration visant à les détruire, lui et Meghan. Il exige que Buckingham Palace prenne des mesures radicales contre le *Sun*. Il est éconduit. Le Palais se contente de nier que les Sussex ont l'intention de quitter la Grande- Bretagne.

Persuadé que des forces malveillantes s'agitent contre lui à Londres, Harry est convaincu qu'on cherche à le démolir et à détruire son couple. Il ne peut pas imaginer que la source de Wootton peut être l'un des nombreux conseillers des Sussex à Los Angeles et au Canada. Son seul soulagement est que le scoop n'a pas été publié. Wootton est en vacances en Nouvelle-Zélande et ne réussit pas à persuader le rédacteur en chef du *Sun* d'ignorer les démentis du Palais.

Harry et Meghan atterrissent à Heathrow le 6 janvier 2020, par une journée froide et grise. Archie a été laissé à Vancouver. Harry a prévu de se rendre directement à Sandringham pour dîner avec la reine. À son grand désarroi, on lui annonce que le rendez-vous est annulé. Il téléphone à la reine pour lui demander une autre date cette semaine-là. Elle lui répond que son agenda est plein.

Il est mis en relation avec Edward Young, le secrétaire privé de la reine, à qui il déclare que la solution à ses problèmes mentaux récurrents est d'annoncer immédiatement leur départ de Grande-Bretagne. Young demande à Harry de ne pas ennuyer la reine en publiant sa déclaration publique avant leur rencontre. À la fin de leur conversation, Harry pense que la reine a reçu de « très mauvais » conseils[670].

Le lendemain, le *Sun* publie en exclusivité l'article de Wootton. Le couple, écrit Wootton, prévoit de « prendre du recul » et de vivre au Canada aux côtés des nombreux amis de Meghan. Avec l'aide de l'agence Sunshine Sachs, ils ont l'intention de lancer la Sussex Royal Foundation. Le papier évoque aussi la visite des Sussex, le 8 janvier, à la Maison du Canada pour remercier la Haut-Commissaire Janice Charrette de leur avoir accordé asile et protection. Cette apparition était un prétexte pour une photo montrant leur arrivée à Trafalgar Square alors qu'ils s'apprêtent à faire leur annonce fracassante.

Convaincu des plans du Palais pour le saboter, le couple décide de franchir le pas. Malgré l'imminence du rendez-vous avec la reine, leur bureau publie leur déclaration sur le site Instagram de @sussexroyal. Ils veulent « prendre du recul » en tant que membres de la famille royale. Ils prévoient de se construire progressivement « un nouveau rôle au sein de cette institution » et de répartir leur temps entre le Royaume-Uni et l'Amérique du Nord, tout en continuant à honorer leur devoir envers la reine et le Commonwealth. « Cet équilibre nous permettra d'élever notre fils dans le respect de la tradition royale dans laquelle il est né, tout en offrant à notre famille l'espace nécessaire pour se concentrer sur un nouveau chapitre, notamment le lancement de notre association caritative. Nous sommes impatients de partager tous les détails de cette prochaine étape passionnante en temps voulu. »

Comme prévue, leur déclaration est interprétée dans le monde entier comme un défi délibéré à la famille royale. Leur promesse de « collaboration » dans un avenir « progressiste » est, selon beaucoup, une insulte à la reine. La mention de l'Amérique du Nord vise à persuader le public que la famille vivra au Canada. D'autant que Meghan s'est engagée à ne pas aller aux États-Unis tant que Trump est toujours président.

Le Megxit captive la nation. Meghan, une fois de plus aux commandes, réserve son vol pour Vancouver le lendemain. La famille royale, suppose-t-elle, est aveugle. Les critiques reprochent à Meghan d'avoir « pris Harry en otage » et d'avoir brisé sa relation avec la reine. D'autres prennent plaisir à cette vigueur nouvelle donnée au feuilleton des Windsor. William est bouleversé ; Charles, exaspéré. Le laconique accusé de réception posté sur Instagram par Buckingham Palace se conclut par une demande de délai. Harry attend d'être convoqué. Le terme « Megxit », déclarera Harry plus tard, est un terme misogyne inventé par des « bandits avec des cartes de presse[671] ».

En prévision de l'épreuve de force, la reine, Charles, William et leurs principaux conseillers conviennent que les contribuables britanniques n'apprécieront pas de subventionner les Sussex s'ils se soustraient à leurs obligations. Ils se demandent également pourquoi un « roi progressiste » souhaite porter le titre d'altesse royale. Les « progressistes », après tout, se sont engagés à changer une société inégale. Le trio convient que la monarchie ne peut pas prendre le risque que les Sussex exploitent de manière incontrôlée leurs privilèges et leurs titres.

Une phrase en particulier inquiète : l'intention des Sussex de « travailler pour devenir financièrement indépendants ». L'argent, ils le savent, est au cœur des pensées de Meghan, et il semble qu'elle a l'intention de monétiser la monarchie. En examinant les documents déposés par la fondation Sussex Royal dans le Delaware, les fonctionnaires sont choqués de constater que le couple a l'intention de vendre des stylos et des vêtements sous le logo de la fondation.

Harry a hérité d'environ 27 millions de livres sterling de Diana et de sa grand-mère et Meghan a sans doute économisé plus d'un million de livres sterling grâce à sa carrière, mais cela ne suffira pas à assurer leur existence quand ils auront perdu le soutien financier du Palais. Peu de personnes au Palais ont oublié les scandales impliquant la comtesse de Wessex, le prince Andrew et son épouse Sarah Ferguson, la duchesse d'York.

Le succès des négociations avec Harry repose sur la loyauté des Sussex et la volonté de les empêcher de « ponctionner » le contribuable britannique. Les options ne sont guère engageantes. Soit Meghan est autorisée à conserver les privilèges liés à son titre sans en assumer les responsabilités, soit son titre lui est purement et simplement retiré. Cette dernière option attise la colère de tous ceux qui sont convaincus que Meghan est victime de racisme, de misogynie et de préjugés de classe. (Harry resterait toujours un prince.) Il faut trouver un compromis.

Le 13 janvier, Harry est conduit à Norfolk. Juste avant son arrivée, le prince Philip se retire dans son cottage de Wood Farm. Meghan n'a pas été autorisée à participer par Zoom à la discussion. Le Palais pense qu'elle aurait inclus d'autres auditeurs et que les échanges seraient enregistrés.

Ceux qui attendent Harry à Sandringham – Charles, William et leurs conseillers Edward Young, Clive Alderton, Simon Case et Fiona Mcilwham – imaginent que Harry et Meghan sont prêts à faire des concessions. Ils pensent également que Meghan contrôle Harry. En réalité, ce dernier partage les exigences intransigeantes de sa femme. Au cours du déjeuner, Harry entend persuader la reine qu'ils peuvent servir la monarchie depuis le Canada. Mais il ne réalise pas qu'on lui va lui poser un ultimatum. Un pied dedans et l'autre dehors, c'est impossible, lui dit-on. Il travaille pour la monarchie, mais la monarchie ne travaille pas pour lui. Les choses sont dites sans détours. Si lui et Meghan quittent le pays, le soutien financier sera rapidement réduit, les titres honorifiques seront supprimés et les fonctions des Sussex fortement diminuées. En outre, ils ne seront pas autorisés à être rétribués par des sociétés comme ambassadeurs de marque. La protection de la police leur sera également retirée. Harry affirmera par la suite qu'il a offert de payer personnellement cette protection de la police[672 673].

Surpris par la ligne dure de sa famille, Harry conclut que ces conditions équivalent à une punition. Alors qu'il tente de négocier un meilleur accord, il reste conscient que l'opinion publique est divisée. Si beaucoup soutiennent sa décision de quitter le pays, la majorité s'oppose à ce que lui et sa famille reçoivent un soutien financier ou qu'ils conservent leurs titres[674].

« Qu'a fait la reine pour mériter ce traitement de faveur ? demande Tony Parsons, du *Sun,* pourtant auteur de commentaires euphoriques sur les Sussex le jour de leur mariage. L'histoire retiendra qu'aucun couple royal n'a été aussi adoré que Harry et Meghan. Il est étonnant – et incroyablement triste, peut-être même tragique – que des millions d'entre nous soient heureux de les voir partir[675]. » Le journal condamne le « comportement odieux » des Sussex et poursuit : « Ce n'est pas seulement la famille qu'ils ont trahie. Ils abusent de façon grotesque de la générosité et de la bonne volonté des contribuables… Ils veulent d'avoir le beurre et l'argent du beurre. Ils veulent tout l'argent et tous les privilèges, mais sans le dévouement au devoir et le travail acharné dont la reine et, plus récemment, William et Kate sont l'exemple. Ce n'est pas ainsi que fonctionne cette institution. »

Les partisans de Meghan sont eux aussi en colère. La condamnation de la famille royale est menée par le *New York Times,* un journal anglophobe. Harry, affirme le journal, a provoqué la colère des Britanniques lorsqu'il a « décidé de prendre pour épouse une actrice américaine métisse[676] ». « Les Britanniques noirs savent pourquoi Meghan veut partir, écrit Afua Hirsch dans le même journal. À cause du racisme. Seuls les Noirs connaissent la vérité. Le traitement raciste de Meghan a prouvé ce que beaucoup d'entre nous ont toujours su : peu importe votre beauté, la personne que vous épousez, les palaces dans lesquels vous vous trouvez, les œuvres de charité que vous soutenez, votre fidélité, la quantité d'argent que vous accumulez ou les bonnes actions que vous accomplissez. Dans cette société, le racisme vous suivra toujours[677]. »

« Tous les Noirs savent que cela allait arriver », reconnaît Gina Yashere, toujours dans le *New York Times*. Meghan a dû faire face à « un racisme constant déguisé en critiques ». Ravi par les efforts de la famille royale pour prouver sa pertinence, le magazine *Oprah* va encore plus loin. En tant que divorcée métisse portant du vernis à ongles foncé, affirme la publication, « Meghan ne s'est pas sentie la bienvenue au Royaume-Uni[678] ». Le magazine *People* cite un proche de Meghan : « Il y a tellement de mauvais sang dans cette famille – c'est toxique... La main de Meghan et Harry a été forcée. » Meghan, selon le magazine, se plaint de son « statut d'outsider en tant qu'Américaine métisse ». Ni elle ni Harry n'ont été réconfortés et soutenus par les membres de la famille royale[679].

Aucun des médias américains ne reconnaît que le racisme est un problème plus important dans leur pays qu'en Grande-Bretagne, ni ne cite un exemple précis pour illustrer les abus racistes que la duchesse aurait subis en Grande-Bretagne. Ils semblent ravis de la défiance de Meghan envers la reine et s'identifient aux raisons pour lesquelles elle quitte le pays.

L'arme secrète de Meghan est révélée par ses « amis » en Californie. Si la famille royale rejette ses demandes, elle exposera la vérité dans l'émission *The Oprah Winfrey Show*[680]. Sa menace d'une interview « sans retenue » est confirmée par Tom Bradby dans le *Sunday Times*. « Je pense que ce ne sera pas joli à voir », prédit-il[681]. Tom Bradby reproche à William d'avoir exclu Harry de la famille royale. Il accuse les Cambridge d'avoir snobé Meghan avant le mariage. Ils n'ont pas été « suffisamment accueillants », dénonce-t-il. Assez tôt, ils ont décidé : « Nous allons rappeler à ces personnes où se trouve leur place. » Le résultat, écrit Bradby, c'est « la fuite de Harry et Meghan loin du palais empoisonné ». Buckingham oppose une seule réponse aux accusations de Bradby : tout est faux[682].

En Grande-Bretagne, le député travailliste Clive Lewis, lui-même métis, impute le Megxit au « racisme et au sexisme structurels ». Évoquer le manque d'intérêt de la duchesse pour ses responsabilités royales n'est pas pertinent. « Nous pouvons le voir avec Meghan Markle et la façon dont elle a été traitée dans les médias… On ne peut pas supprimer du jour au lendemain quatre siècles de racisme[683]. » Pour les Britanniques qui partagent ce point de vue, dont l'écrivain Philip Pullman, Meghan est une femme noire courageuse chassée par les racistes. La famille royale a trahi Meghan, toutes les femmes et toutes les personnes noires[684]. « Meghan Markle est attaquée par la presse britannique parce qu'elle est noire, déclare Pullman, et le prince Harry a raison de la défendre. » L'Amérique du Nord est un refuge naturel contre l'intolérance de la Grande-Bretagne.

Les menaces et les injures des commentateurs n'influencent pas la position la famille royale. Le trio en a vu assez. La perspective de pouvoir travailler avec les Sussex pour protéger la monarchie est abandonnée. La recherche d'un compromis est même exclue. Meghan, pensent-ils, n'a aucun scrupule à se soucier des personnes qu'elle insulte et elle ne pratiquera aucune autocensure. Elle est décidée à vaincre ses ennemis et elle est prête à tout pour y parvenir. Comme ils en ont été témoins, elle n'a n'hésite pas à se débarrasser des gens quand ils ne lui sont plus d'aucune utilité. Brûler les ponts est naturel pour elle. Pour Meghan, la déloyauté est une preuve de conviction.

Néanmoins, la reine veut se montrer juste. Sur son insistance, Harry et Meghan se voient proposer une « séparation à l'essai » – c'est-à-dire une période de transition où ils partageront leur temps entre le Canada et la Grande-Bretagne – plutôt qu'un divorce immédiat. Harry accepte, mais insiste sur le fait qu'il ne changera pas d'avis. Dans son esprit, ils partent pour toujours.

Certains pensent que Christopher Geidt aurait pu trouver un compromis négocié à l'amiable, mais cette perspective est désormais déraisonnable[685]. L'accord de Sandringham est dur. Les Sussex cessent d'être des membres actifs de la famille royale et n'utilisent plus leur titre HRH[A]. Harry perd aussi ses titres militaires, dont celui de capitaine général des Royal Marines, et Meghan ne joue plus de rôle au sein du Commonwealth. Ils rembourseront les 2,4 millions de livres sterling dépensés pour la restauration de Frogmore et, après un an, ne recevront plus de soutien financier.[686] Harry assure à sa famille que lui et Meghan n'utiliseront « jamais » leurs titres royaux « pour faire de l'argent[687] ». Enfin, ils conviennent de communiquer sur cette séparation avec les éléments de langage habituels. La reine déclare : « Je reconnais les difficultés qu'ils ont rencontrées à la suite de l'intense surveillance dont ils ont fait l'objet au cours des deux dernières années et je soutiens leur souhait de mener une vie plus indépendante. » Les Sussex s'engagent à « défendre les valeurs de Sa Majesté ».

Harry rentre à Vancouver en sachant que Meghan est « furieuse » contre l'accord. Tous deux vivent comme une injustice la perte de protection et de soutien financier, ainsi que l'hostilité de Charles, William et Kate. En quête de consolation, Harry téléphone régulièrement aux fonctionnaires de Londres qui travaillent encore pour lui, mais ceux-ci, furieux de l'impolitesse de Meghan et se préparant à être licenciés, se montrent peu sympathiques[688].

La visite surprise très médiatisée de Meghan dans un refuge pour femmes a pour but d'embarrasser le Palais[689]. Elle est venue en hydravion de Victoria à Vancouver. Le personnel du refuge accueille Meghan, qui disparaît ensuite très vite et ne reviendra jamais. Les médias ont été prévenus, bien sûr, par son équipe. Personne ne peut expliquer pourquoi elle n'a pas choisi de visiter un refuge pour femmes près de chez elle[690]. Le cynisme de Londres au sujet de cette escapade nourrit la soif de vengeance de Harry et Meghan. Buckingham, s'emporte Harry, est peuplé de « vipères » qui méritent d'être punies.

Début février, les responsables de Buckingham apprennent par les agents de protection des Sussex que Meghan cherche une maison

A. His Royal Highness (Son Altesse royale).

à Malibu, en Californie. Elle a souvent mentionné son désir de vivre près de la plage.[691] Les hauts fonctionnaires du palais ne sont qu'à moitié surpris. Le Canada, pensent-ils, n'était qu'un écran de fumée. Mais ils ont aussi entendu un fonctionnaire canadien évoquer sa longue conversation téléphonique avec Harry pour lui expliquer les avantages qu'il aurait à rester dans le pays. À la fin, le fonctionnaire est convaincu que Harry va continuer de séjourner au Canada.

Selon la version des Sussex, ils seraient restés à Vancouver si Harry n'avait pas été informé « au pied levé que les agents chargés de sa sécurité seraient supprimés[692] ». Leur maison isolée a été repérée et, conclut-il, le lieu n'est plus sûr. Le « manque de soutien et de compréhension » de Buckingham Palace, dit-il, ne leur laisse d'autre choix que de quitter cet endroit maintenant que leur protection n'est plus assurée. Harry parle de son besoin de « protéger son fils », mais on ne sait pas de quel danger. Son principal ennemi semble être les tabloïds. Selon Harry, les journaux sont furieux après leur déménagement à Vancouver : « Ils vont essayer de détruire notre réputation et de nous couler. »

Heureusement, lui et Meghan peuvent « défendre ensemble ce en quoi nous croyons[693] ». On ne sait pas comment un déménagement de Vancouver vers une maison à Los Angeles protégera mieux les Sussex des tabloïds ou d'un potentiel criminel, mais la logique ne joue aucun rôle dans la conduite du couple.

Leurs véritables intentions sont découvertes quand Harry accepte de prendre la parole lors d'un événement organisé par JP Morgan à Miami, où il est accueilli par Gayle King. Il se rend en Floride en jet privé pour parler de ses blessures moyennant une rémunération de 1 million de dollars. Dans un discours empreint d'émotions, Harry décrit une fois de plus le traumatisme qu'a été pour lui la perte de sa mère. De manière plus controversée, il déclare au monde qu'il ne regrette pas d'avoir abandonné ses fonctions royales. Pour protéger sa famille, dit-il, Meghan et ses enfants ne doivent pas vivre une vie et une enfance similaires à la sienne.

Les officiels du palais de Buckingham sont horrifiés. C'est précisément le marchandage de monarchie que Harry s'est engagé à ne pas faire lors de la rencontre à Sandringham. Pire encore, Harry négocie avec l'agence Harry Walker un contrat pour faire des conférences publiques, chacune payée près de 500 000 dollars. Son porte-parole affirme que Harry n'a pas l'intention de parler de la famille royale, mais personne n'y croit à Londres[694]. Craignant le scandale, Buckingham informe Harry que le compte Instagram et la marque SussexRoyal doivent être immédiatement fermés[695]. La date butoir fixée par le Palais pour qu'ils cessent d'être membres de la famille royale est le 31 mars. Six semaines seulement après avoir dit qu'ils « prennaient du recul », les Sussex annoncent qu'ils « se retirent ». Le gouvernement canadien cesse immédiatement de financer de leur protection[696].

« Nous étions excités, dit Harry avec nostalgie. Nous avions de l'espoir. Nous étions là pour servir... Je suis très triste d'en arriver là[697]. » Certains calculent que, s'ils veulent conserver leur niveau de vie, ils auront besoin d'un revenu annuel de 10 millions de dollars. Le porte-parole des Sussex nie qu'ils ont l'intention d'être interviewés par Oprah Winfrey[698]. Mais dans une longue déclaration rédigée par leurs avocats et leurs agents sur la perte de leur titre d'altesses royales, le couple s'en prend directement à Elizabeth II[699].

La reine, déclarent les Sussex, n'a aucun droit à l'étranger sur l'emploi du mot « royal ». S'ils choisissent d'utiliser ce mot, la reine – et le gouvernement britannique – n'ont rien à dire. Après tout, soulignent-ils, Harry est le sixième dans l'ordre de succession au trône et altesse royale par sa naissance. Le duc et de la duchesse de Sussex aimeraient continuer à représenter et à soutenir Sa Majesté la Reine, dans un cadre plus limité et sans faire appel à la subvention souveraine. Leur ressentiment à l'égard de William, de Kate et des autres membres de la famille royale n'est pas caché. Les Cambridge sont autorisés à gérer la Royal Foundation, et les deux filles d'Andrew, Beatrice et Eugenie, travaillent toutes les deux – de manière assez modeste – dans le monde de l'art.

Meghan ne s'avoue pas vaincue. Elle demande à ses conseillers de trouver un dirigeant à Los Angeles pour leur nouvelle organisation caritative, Archewell. Son activité effrénée n'échappe pas aux fonctionnaires de Buckingham Palace. Le puzzle est presque complet. Mais le public et les médias ignorent toujours les plans des Sussex lorsqu'ils atterrissent à Londres pour un dernier adieu.

CHAPITRE 33

Adieu

« Sans aucun doute, dira Harry à propos de Meghan, elle m'a sauvé[700]. » Incertaine de son avenir à Los Angeles, Meghan cache ses émotions au public lors du bref retour à Londres, le 5 mars 2020. Son scénario exige une fin dramatique. Les Sussex ont besoin d'être présentés comme un couple moderne et engagé, victime d'une cabale. Leur valeur commerciale implique une visibilité constante. Les conseillers de Meghan ont insisté sur le fait qu'elle doit rappeler aux Américains qu'elle est une duchesse mariée à un prince.

Leur première séance de photos est conçue comme pour une star de Hollywood. Par une nuit pluvieuse, devant le Mansion House de la City, Meghan, vêtue d'une étonnante robe bleu électrique, se tient près de Harry sous un parapluie. Brillamment chorégraphiée, l'image montre deux célébrités profitant de leur liberté. La composition et l'éclairage enthousiasment même le photographe chevronné Arthur Edwards : « C'est la meilleure photo royale de l'année », juge-t-il. *Vanity Fair* décrit l'image comme « cinématographique et tendre ». Ce jour-là, ceux qui ont dit que Harry est pris en otage par sa femme sont déconcertés. Sur la photo, le prince semble s'être échappé vers le Pacifique, laissant à William le fardeau royal.

Les Sussex entreprennent leur dernière fonction royale, la remise des prix pour l'Endeavour Fund. Au cours d'une cérémonie militaire, Harry réaffirme solennellement sa volonté de servir « la reine et son pays » et de « ne jamais quitter » ses frères – les militaires blessés.

Deux jours plus tard, son dernier engagement en tant que capitaine général des Royal Marines au Royal Albert Hall est plus émouvant. Arborant son uniforme de cérémonie pour célébrer le 75e anniversaire de la fin de la Seconde Guerre mondiale, il est au bord des larmes lorsque le public acclame le loyal soldat. Beaucoup se souviennent de son bonheur dans l'armée et se demandent comment il fera face à l'exil. Certains spéculent qu'il sera désespéré de perdre le contact avec ses amis et sa famille. De son côté, Meghan est furieuse que Harry ait perdu ses fonctions militaires[701].

La vérité explose deux jours plus tard, le 9 mars. Une dispute monumentale éclate quand Meghan et Harry apprennent qu'ils ne peuvent pas se joindre au cortège familial dans l'abbaye de Westminster pour le service annuel du Commonwealth Day. Si le protocole prévoit que Harry et Meghan marchent derrière la reine, les responsables du Palais ont revu leur décision. Soupçonnant un coup fourré des Sussex, ils ont décidé de les humilier publiquement. Harry est informé que lui et Meghan doivent désormais attendre, assis dans l'église, l'arrivée du cortège. L'image de leur isolement dans l'abbaye les consterne.

Ils sont alors conscients de l'antagonisme de Kate et William. William n'a pas offert un accueil fraternel à Harry et Kate s'est montrée très distante avec Meghan. Pour éviter un éclat public, William et Kate décident d'attendre à l'intérieur de l'abbaye, avec Harry et Meghan. Alors que les membres de la famille royale entrent dans l'abbaye, la tension ne peut plus être dissimulée. Kate ignore les Sussex et William se montre très froid. Harry semble tendu. Le visage de Meghan exprime sa perplexité.

Le même jour, Meghan fait ses adieux aux derniers membres de son personnel. Selon Omid Scobie, « les employés qui ont servi le couple pendant des années étaient effondrés par la fin de ce qui aurait dû être une histoire heureuse[702] ». Invité par Meghan, Scobie assiste également à son dernier engagement privé au palais de Buckingham. Après avoir rencontré vingt-deux étudiants boursiers du Commonwealth, il écrit : « La réalité s'est imposée alors que je donnais à Meghan une accolade d'adieu… Les larmes que la duchesse avait courageusement retenues se sont mises à couler librement devant ces visages familiers. » Meghan aurait alors dit à Scobie : « Cela ne n'aurait jamais dû se passer comme ça[703]. »

Meghan ne veut pas comprendre que la famille royale ne peut pas faire de compromis. Jusqu'à la fin, elle ne comprend pas pourquoi ses demandes n'ont pas été satisfaites. « J'ai abandonné ma vie pour cette famille, aurait-elle déclaré à un ami à Londres. J'étais prête à faire tout ce qu'il fallait. Mais nous en sommes là. C'est très triste[704]. »

Quand elle s'envole pour Vancouver aussitôt après la cérémonie à l'abbaye de Westminster, sa belle-famille ne semble pas beaucoup regretter son départ. Elle reste pour eux tous une aventurière susceptible à qui on a refusé le droit de vivre comme elle l'entendait. Malgré les efforts déployés pour l'accueillir – le mariage, la maison, le personnel, les voyages à l'étranger et les fonctions limitées –, Meghan a refusé d'accepter que la monarchie incarne la continuité. Il n'y a pas de place pour quelqu'un qui veut renverser mille ans de traditions pour s'imposer comme une « progressiste ».

La nation est déconcertée et divisée. Les critiques de Tom Bradby à l'encontre de la famille royale – « peu de tentatives ont été faites pour guérir les blessures » – trouvent un écho chez ceux qui chargent les Windsor. Selon eux, la famille a également abandonné Diana. Ils déplorent une occasion manquée[705]. D'autres sont indignés par Meghan : « C'est injuste pour la reine, qui ne mérite pas d'être traitée de cette façon. C'est très cavalier », écrit un collaborateur du *Mail*[706]. Mais la plupart des gens restent perplexes face aux lamentations de Meghan : « J'ai abandonné ma vie pour cette famille. » Elle n'a passé que trois ans en Grande-Bretagne. Elle laisse derrière elle d'anciens employés et un monde qui a été trompé sur ses intentions. Le jour suivant, le *New York Times* rapporte que Meghan a « décampé vers l'un des avant-postes de la frontière, à l'ouest du Canada, et devra affronter une vie incertaine ». Les Sussex, déclare le titre, se rendent au Canada « pour mener une vie nouvelle et construire leur marque[707] ».

De bonnes nouvelles arrivent de Los Angeles. L'équipe de Meghan a recruté Catherine St-Laurent, une organisatrice philanthropique d'origine canadienne et ancienne assistante de Melinda Gates. Elle dirigera Archewell et sera la cheffe de cabinet du couple. Catherine St-Laurent décrit ses nouveaux employeurs comme des leaders qui « s'engagent dans ce voyage d'apprentissage, d'écoute et d'inspiration pour l'action ». Elle ajoute : « Je suis ravie de pouvoir jouer un rôle de soutien dans la réalisation de leur vision et de leur permettre d'avoir un impact sur les questions qui leur importent le plus[708]. »

Sa tâche est de faire des Sussex des influenceurs mondiaux. Sa description de la mission de Meghan recourt à un jargon élaboré : « Chez Archewell, nous libérons le pouvoir de la compassion pour susciter un changement culturel systémique. Nous le faisons par le biais de notre travail à but non lucratif au sein de la Fondation Archewell, en plus d'activations créatives par le biais des verticaux commerciaux de l'audio et de la production. »

Décrit comme une organisation caritative à but non lucratif, Archewell ne dispose pas de fonds propres. Rien n'est dit sur la façon dont les Sussex, à l'avenir, répartiront leurs revenus pour soutenir leur niveau de vie, payer leurs employés et financer Archewell. Ils n'ont pas non plus dressé la liste des bénéficiaires d'Archewell. Il ne sont plus soumis aux lois britannique sur la transparence financière des organisations caritatives. Tout est prêt pour leur nouvelle vie. Ou – pour reprendre les mots de Meghan des années plus tôt – leur « prochain chapitre ».

À la mi-mars, la famille Sussex embarque en secret dans un jet privé et s'envole vers Los Angeles. Quelques jours plus tard, l'accès à l'espace aérien sera réduit en raison de la pandémie mondiale de Covid.

Le jet appartient à Tyler Perry, un producteur de cinéma représenté occasionnellement par Keleigh Thomas Morgan. Tyler a vendu sa série *The Have and The Have Nots* à la chaîne d'Oprah Winfrey. Il a également prêté aux Sussex sa maison de Beverly Ridge et ses huit chambres à coucher. D'une valeur de 18 millions de dollars, la plus vaste propriété de la région s'étend sur un terrain de vingt-deux hectares. Les Sussex peuvent oublier les souvenirs pénibles de ces mois passés à Frogmore. Dès son arrivée, Meghan s'exclame : « Je suis heureuse d'être rentrée chez moi[709]. »

Donald Trump est l'un des rares à ne pas se réjouir de son retour. Dans le passé, elle a qualifié le président de « diviseur », de « misogyne », et a ajouté : « On ne veut pas du monde qu'il nous peint[710]. » Après leur arrivée, le président a tweeté que les États-Unis ne paieraient pas pour leur sécurité. Personne n'a demandé aux États-Unis de payer, a répondu Meghan[711]. De manière inhabituelle, Trump ne mord pas à l'hameçon : « Elle a été méchante avec moi et c'est normal pour elle d'être méchante. Ce n'est pas bon pour moi d'être méchant avec elle et je ne l'ai pas été… Elle fait du bon travail. J'espère qu'elle apprécie sa vie. Je pense qu'elle est très gentille. » La faiblesse du Président est récompensée par Harry qui, victime d'un canular, déclare : « Le simple fait que Donald Trump pousse l'industrie du charbon, si importante aux États-Unis, prouve qu'il a du sang sur les mains. »

Meghan revient en Californie après une absence de neuf ans. Pour les riches, Los Angeles est une ville glorieuse – soleil, mer, paysages spectaculaires, excellents restaurants, réservoirs illimités de personnel, et un environnement parfait pour élever des enfants. Les femmes comme Meghan mangent bio et prônent une philosophie de vie à l'avenant. Assez fortunée pour profiter des plages et de la vie californienne, Meghan pourra facilement convertir Harry au plaisir de barboter dans le Pacifique et de regarder les surfeurs à Santa Monica. C'est mieux que de serrer des mains dans une ville anglaise pluvieuse. Libre et indépendante, elle promet qu'ils vont se construire une vie passionnante et enrichissante.

Leurs perspectives à court et à long termes ne sont pas les mêmes. Les mondaines locales chercheront certainement à pimenter leurs fêtes avec la présence d'un duc et d'une duchesse. Les stars de Californie afflueront sans doute pour découvrir la nouveauté. La célébrité de Harry est le gage d'une attention. Mais leur succès à long terme dépend de leur manière d'agir. Le défi est de maintenir leur statut. Pour cela, il leur faut non seulement construire un solide réseau de sympathisants célèbres, mais aussi conserver la fidélité de leurs followers. L'hypersensibilité du couple rend la tâche plus difficile pour St-Laurent. Meghan et Harry ne s'attendent pas à être la cible de critiques. Trouver des personnes partageant ce point de vue est un défi.

Pour leur malheur, le lancement de leur « marque » coïncide avec la fermeture des frontières partout dans le monde. L'isolement imposé par le Covid provoque le désespoir de millions de personnes. Durant cette période sombre, la reine offre sa sympathie à tous. Son discours télévisé à la nation se termine de manière émouvante en rappelant la chanson de guerre « *We'll Meet Again*[712] ». Sur la recommandation de Sunshine Sachs, les Sussex postent un message rival sur la crise mondiale. « Nous allons partager des informations et des ressources pour nous aider tous à naviguer dans l'incertitude, postent-ils sur Instagram, et adopter les mesures que nous pouvons prendre pour nous garder en bonne santé, nous et nos familles. » Un message audacieux qui semble dire que les Sussex seront en mesure de délivrer des informations scientifiques sur la crise sanitaire en cours.

Dans le compte à rebours pour leurs adieux aux fidèles de Sussex Royal et la fin de leur statut de membre de la famille royale, qui doit s'achever le 31 mars, ils se sont engagés à ne pas mettre la reine dans l'embarras et à ne pas compter sur le soutien financier de Charles : « Nous sommes impatients de vous revoir bientôt. Vous avez été formidables. D'ici là, prenez soin de vous, et les uns des autres. Harry et Meghan[713]. »

Tony Parsons exprime la voix des Britanniques désabusés : « Alors que le Royaume-Uni est aux prises avec la pire crise sanitaire de mémoire d'homme, le message envoyé par Harry et Meghan, depuis leur manoir de Beverly Hills, au pays qu'ils ont abandonné est stupéfiant d'arrogance, d'orgueil, d'amour-propre, d'apitoiement sur soi, de manque de conscience. On peut voir à quel point nous nous sommes trompés sur leur compte. Ce message d'adieu de Harry et Meghan depuis Los Angeles ne sera sans doute pas le souvenir inoubliable de l'année 2020. Ce sera au contraire l'émouvant discours, tellement inspirant, que la reine a adressé à la nation au plus fort de la pandémie, intitulé “*We'll Meet Again*”. S'ils n'étaient pas aussi imbus d'eux-mêmes, Harry et Meghan auraient pu être des trésors nationaux pendant cette crise. Imaginez Harry se rendant sur place pour parler aux agents de santé de première ligne ! Imaginez Meghan montrant à la nation comment être superbe avec un masque ! Cela n'est pas été le cas. Et alors que notre pays lutte contre une crise sanitaire terrible, ces célébrités obsédées par elles-mêmes et s'apitoyant sur leur sort laissent Granny faire le travail. Et à 94 ans, la reine le fait brillamment. Mais comme elle fait paraître Harry et Meghan pathétiquement superficiels. Et à quel point ils semblent insignifiants en dehors du contexte de la famille royale[714]. »

Au moins, Meghan n'a plus à se rappeler qu'elle doit croiser les jambes lorsqu'elle s'assied.

CHAPITRE 34

Au paradis

En mai 2020, Meghan semble avoir réalisé son rêve américain. Elle et Harry ont acheté à Montecito, Santa Barbara, une maison à flanc de colline de 1 350 m^2 qui compte neuf chambres et quatorze salles de bains, pour 14,65 millions de dollars. Avec 2 ha de pelouses et une vue sur le Pacifique, c'est une « aubaine », comme disent les agents immobiliers locaux. La propriété comprend une salle de sport, un spa, un cinéma, un court de tennis, une piscine, un cottage pour les enfants, une maison d'hôtes de deux chambres et un garage pour cinq voitures. Le dur labeur de Meghan est enfin récompensé par un palais dans le paradis californien. Ses voisins lui offrent la clé de son avenir. Parmi les célébrités, il y a Ellen DeGeneres, animatrice d'une émission télévisée très populaire. En 2016, Barack Obama lui a décerné la plus haute distinction civile américaine, la médaille de la Liberté. À proximité, Oprah Winfrey possède une propriété de 17 ha. À côté se trouve son associée et amie Gayle King. À quelques rues de là habite Ted Sarandos, responsable mondial des contenus pour Netflix, qui gère un budget annuel de 17 milliards de dollars. Sarandos a vécu avec Nicole Avant, première ambassadrice noire des États-Unis aux Bahamas, amie d'Oprah Winfrey et fille de l'ancien président de Motown Records, Clarence Avant, *alias* le Parrain noir.

Des célébrités de Hollywood, dont Gwyneth Paltrow et Katy Perry, demeurent aussi dans le voisinage, entre autres le producteur de musique David Foster et sa cinquième femme, Katharine McPhee. Foster est devenu un guide spirituel pour Harry. « David a une très, très belle relation avec Harry, déclare McPhee. Ils sont tellement mignons. Ils sont comme père et fils[715]. »

Les rapports sur le bonheur des Sussex à Montecito suscitent des spéculations en Grande-Bretagne. Beaucoup doutent que le couple puisse durer. Certains prédisent que Harry regrettera d'avoir abandonné sa vie royale et que sa famille et ses amis lui manqueront. Son humiliation sera terrible quand Meghan aura réellement dévoilé ses projets. Ils ont mal compris le prince. Harry bénit Meghan de l'avoir sauvé de la presse britannique et de Kensington Palace. Il peut marcher librement sur la plage ou barboter avec Archie dans le Pacifique. Harry se sent libéré. Ceux qui lui prédisaient la même misère qu'à Édouard VIII, surpris, après son abdication, que les Britanniques se soient détournés de lui, ont fait une mauvaise comparaison. Harry n'a jamais été l'héritier du trône. Même si la reine a laissé au couple une porte ouverte pour qu'ils puissent reconsidérer leur départ après un an de vie indépendante, Harry n'a aucune intention de revenir.

Meghan a du pouvoir et de l'influence. Tous les directeurs, producteurs, agents et acteurs qui ont été témoins de ses luttes passées craignent de parler de leurs expériences. Un seul mot négatif de Meghan peut mettre fin à leur carrière. « Je ne me sens pas à l'aise pour parler de Meghan en ce moment », déclare David Bartis, un des acteurs de *Suits*. C'est une réponse typique aux demandes des journalistes. Les héros de Los Angeles ont été inventés par Hollywood pour le cinéma. Les Sussex sont désormais des stars protégées. Intégrés à la bonne société hollywoodienne, tous deux se présentent comme des guerriers prêts à braver toutes les attaques.

Meghan a su convaincre Harry des méfaits du privilège blanc. « Récemment, déclare-t-il en juillet 2020 aux jeunes récipiendaires des Diana Awards, ma femme a dit que notre génération n'a pas fait assez pour réparer les erreurs du passé. Je suis désolé. Désolé que nous n'ayons pas amené le monde à l'endroit où vous méritez qu'il soit. Le racisme institutionnel n'a pas sa place dans nos sociétés. Oui, il est encore endémique. Les préjugés inconscients doivent être reconnus sans être blâmés afin de créer un monde meilleur pour chacun d'entre vous[716]. » Harry fait écho à un discours que Meghan a prononcé deux semaines plus tôt dans une vidéo sur les Noirs tués par la police[717]. Son auditoire est composé de diplômés de son ancienne école à Los Angeles : « La première chose que je veux vous dire, c'est que je suis désolée. Je suis vraiment désolée que vous deviez grandir dans un monde où cette situation est encore présente[718]. »

À Montecito, Harry se coupe de sa famille et de ses racines. Se transformant en militant, il s'en prend au Commonwealth, qu'il juge colonialiste et raciste, et dont il qualifie l'histoire d'« inconfortable ». À peine quatre mois plus tôt, en tant que vice-président du Commonwealth Trust, il a fait un éloge sans réserve de la réussite de sa grand-mère[719].

« Quand on regarde le Commonwealth, déclare Harry à de jeunes dirigeants de l'organisation depuis son jardin de Montecito, on se dit qu'on ne peut pas aller de l'avant sans faire un retour sur le passé. » Meghan répète son attaque contre les « préjugés raciaux inconscients » du Commonwealth. Adoptant l'argument de *Black Lives Matter*, Meghan prône l'égalité : « Nous allons être un peu mal à l'aise maintenant, parce que l'égalité ne met personne sur le pied d'égalité, elle nous met tous sur le même pied – ce qui est un droit humain fondamental[720]. »

Tous deux semblent confondre le Commonwealth, qui a été fondé pour accompagner le processus de décolonisation, avec l'ancien empire britannique. Certains reprochent à Nicola Brentnall, directrice générale du Commonwealth Trust, d'avoir encouragé leurs critiques. Elle a démissionné peu après[721]. Leur porte-parole, Omid Scobie, partage leurs arguments. Le Commonwealth, écrit-il, existe pour « soutenir la suprématie blanche[722] ». Un mois plus tard, tous deux ont partiellement revu leur copie. Lors d'une visioconférence, Meghan explique qu'elle est fière de travailler avec le Commonwealth, mais exhorte la Grande-Bretagne à corriger les torts[723] ». Elle n'avait pas anticipé l'écho de ses déclarations dans le Commonwealth, en particulier dans les Caraïbes, où le ressentiment contre la Grande-Bretagne est grand et où les appels à réclamer des réparations financières pour l'esclavage se multiplient.

Les déclarations du couple coïncident avec un nouveau verrouillage du monde pour endiguer la propagation du Covid. La Grande-Bretagne est en crise. Le nombre de décès augmente, l'économie est en chute libre et la souffrance est généralisée. Depuis le Montecito, Harry exhorte le gouvernement britannique à faire plus pour les enfants gravement malades.

La popularité du couple souffre de leur démagogie. En Grande-Bretagne, Harry recueille 47 % d'opinons négatives, contre de 35 % avant son départ ; Meghan, pour sa part, est passée de 46 % à 59 % d'avis défavorables. En revanche, la reine recueille 83 % d'opinions positives, William 80 % [724]. En Amérique, Meghan et Harry restent populaires.

CHAPITRE 35

Le procès

« Ils détruisaient ma santé mentale », déclare Harry en parlant des médias britanniques. Il leur reproche d'avoir dû fuir Londres. « J'étais comme… c'est toxique. Alors j'ai fait ce que n'importe quel mari et père aurait fait – j'avais besoin de faire sortir ma famille de là[725]. » Leur vie privée et la nécessité de se protéger des tabloïds britanniques sont citées à plusieurs reprises par les Sussex comme leur principale raison de quitter la Grande-Bretagne. En sécurité à Los Angeles, le couple annonce une campagne contre les tabloïds.

« Elle pense qu'il y a eu un ensemble d'articles intrusifs et offensants », écrit David Sherborne, l'avocat de Meghan dans sa plainte contre le *Mail on Sunday* pour avoir publié sa lettre à Thomas Markle. Le lancement de cette plainte pour violation de la vie privée est un moment de vérité pour les Sussex qui voudraient enfin être vengés.

Se présentant comme un champion de la liberté de la presse, Sherborne fait un véritable sermon : « Lorsque le pouvoir est exercé sans responsabilité, la confiance que nous plaçons tous dans cette industrie indispensable est dégradée. » Citant neuf articles prouvant la « malhonnêteté et l'intention malveillante » du journal, l'avocat décrit la « détresse » de Meghan face à « l'agenda » du *Mail on Sunday*[726]. Dans son esprit, les médias britanniques, qui n'ont pas de comptes à rendre, ont imprimé « des centaines de milliers d'articles inexacts sur elle » en sachant qu'ils étaient « déformés, faux ou envahissants au-delà de toute raison[727] ».

Les Sussex sont des personnes honorables « malmenées » dans le seul but de faire de l'argent sur leur dos. Refusant de « s'offrir comme monnaie d'échange pour une économie de l'appât du clic et de la distorsion », leur personnel s'est vu interdire de parler aux journalistes des tabloïds[728].

En lisant les récriminations de Meghan, Thomas Markle est outré. Le magazine *People* a déformé la lettre de sa fille : « C'est un mensonge total, déclare-t-il. Il a déformé le ton et le contenu de la lettre que Meghan a écrite. La lettre n'est pas une tentative de réconciliation[729]. » Pire encore, l'article l'a diffamé en le qualifiant de « malhonnête, exploiteur, en quête de publicité et sans cœur ». Pourtant, en poursuivant le *Mail on Sunday*, Meghan s'en prend à lui, un père honnête et malheureux. Elle refuse également, selon Thomas, d'endosser la responsabilité de l'image négative que les médias renvoient d'elle à cause de ses prêches hypocrites sur l'environnement alors qu'elle utilise des jets privés et par son plaidoyer répété en faveur de la « compassion » alors qu'elle traite si durement son père. Selon lui, ce sont les illusions de Meghan qui ont déclenché la bataille judiciaire.

Thomas Markle est particulièrement agacé par l'affirmation selon laquelle le *Mail on Sunday* a provoqué la rupture en « cherchant délibérément à creuser ou à attiser les problèmes entre elle et son père ». Meghan, par la voix de son avocat, affirme que le *Mail* a « harcelé, humilié, manipulé et exploité [...] cet homme vulnérable pour qu'il donne des interviews ». Elle va encore plus loin. Dans sa déclaration signée, elle affirme qu'elle était « préoccupée par le fait que le récit de son père selon lequel elle l'avait abandonné et n'avait pas essayé de le contacter (ce qui est faux) serait répété, alors qu'elle avait essayé de l'appeler, de lui envoyer des SMS et lui avait même écrit une lettre pour essayer de le persuader de cesser de traiter avec les médias ».

Thomas Markle est furieux. Le harcèlement médiatique a bel et bien eu lieu, mais c'était avant le mariage, et Meghan a alors ignoré ses appels à l'aide. Convaincu qu'il va mourir, comme tous les Markle, avant d'avoir quatre-vingts ans, il veut témoigner avant qu'il ne soit trop tard[730]. Il promet que ses révélations seront « stupéfiantes pour tout le monde » et « atrocement embarrassantes » pour la famille royale. Sa cible privilégiée est Harry, à cause des mots insultants qu'il a eus avant le mariage. « Meghan, dit-il de manière cinglante, est devenue la mère de Harry. Elle l'a noyé de sucre[731]. » Pour son malheur, sa colère se retourne contre lui « Il est temps de s'occuper de papa, déclare-t-il à la télévision britannique. Meghan a une dette envers moi. Il est temps qu'elle rembourse "papa" pour tout ce qu'il a fait[732]. »

Les procès devant la Haute Cour suivent un parcours compliqué. Avant que Meghan et d'autres témoins oculaires ne soient invités à faire leur déposition – et à subir un contre-interrogatoire –, le juge met en évidence, au cours de plusieurs audiences, les questions à trancher et la manière dont la loi doit être appliquée. Par la nature même du processus et en raison des préjugés, les décisions du juge sont imprévisibles. Si on ajoute la présence d'un membre de la famille royale en tant que requérant, aucune des parties ne peut être certaine des faits qui influenceront le juge et de ce qui peut déterminer son interprétation de la loi. Les deux parties ne peuvent que s'accorder sur le fait que la demande de Meghan est un cas historique qui peut influencer la loi sur la vie privée en Angleterre pour de nombreuses années.

Conscients de l'image de Harry et Meghan avant le début du procès à Londres, leurs chargés de communication autorisent la diffusion de photos du couple distribuant des repas aux sans-abri à Los Angeles, sous l'égide du Project Angel Food. L'association a été fondée par Marianne Williamson, auteur de livres de développement personnel et amie d'Oprah Winfrey. Sur une photo, on voit Harry et Meghan debout à côté de leur SUV Porsche noir et d'une Cadillac Escapade[733]. Après ce bref moment de charité, ils rentrent dans leur havre de paix à Montecito.

La première audience du procès débute à Londres le 24 avril 2020. Il est très tôt à Los Angeles, Meghan le suit à la télévision avec son avocat[734]. Le juge, Mark Warby, est considéré par les journaux comme un esprit posé et juste. Spécialisé dans le droit des médias, il a rencontré, en tant qu'avocat, de nombreux juges capricieux.

Représentant le *News of the World*, il a plaidé contre Max Mosley. Ce dirigeant de Formule 1 s'était opposé à l'exposition par le journal de son orgie sado-masochiste avec quatre femmes rémunérées et habillées avec des uniformes allemands. Mosley a gagné son action parce que le juge a déclaré qu'il n'y avait aucune connotation nazie dans cette orgie et que le journal ne pouvait donc pas affirmer qu'il y avait un intérêt public à exposer le comportement de Mosley. Beaucoup ont critiqué la partialité du juge.

La même critique a été formulée à l'encontre d'un autre juge dans l'affaire Warby contre le prince Charles. Représentant le *Mail on Sunday*, Warby a fait valoir que le magazine avait le droit de publier le journal de Charles, largement diffusé à Hong Kong. Le journal a perdu son procès, et Warby s'est montré aussi surpris qu'eux de la partialité du juge en faveur de Charles. D'aucuns estiment que les jugements rendus dans les deux affaires mettent en évidence les préjugés du pouvoir judiciaire à l'encontre des médias.

Le *Mail on Sunday* aurait pu faire confiance au juge Warby pour examiner attentivement sa défense contre la plainte de Meghan. À savoir qu'elle recherche constamment la publicité et ne peut y avoir « aucune attente raisonnable en matière de vie privée ». Premièrement, parce qu'elle a « sciemment » permis à ses cinq amies de divulguer les détails de la lettre au magazine *People* ; deuxièmement, parce que Thomas Markle a le droit de dénoncer les fausses allégations du magazine selon lesquelles Meghan a fait un geste pour se réconcilier avec son père ; troisièmement, parce qu'elle a écrit sa lettre dans l'espoir qu'elle serait divulguée aux médias[735].

Trois semaines après le début des audiences préliminaires, les espoirs du journal sont grands. Warby a pris une série de décisions spectaculaires. L'affirmation de Meghan selon laquelle le *Mail on Sunday* a délibérément « exploité » son père a été écartée. Tout comme son argument selon lequel le journal a « harcelé et humilié » son père et « délibérément manipulé et exploité une personne vulnérable et fragile ». Le juge décide qu'il n'y a pas de preuve « crédible ». Il rejette également l'affirmation de Meghan selon laquelle le *Mail on Sunday* a mené une campagne « malhonnête » contre elle. Il qualifie son dossier de « totalement inadéquat »,

« inadmissiblement vague » et « non pertinent ». Toutes les hyperboles de Sherborne sont rejetées[736]. Meghan est condamnée à payer 67 888 livres sterling au *Mail* pour les frais de préocdure. En guise d'avertissement, le juge critique Schillings, qui a chargé Sherborne d'aider Omid Scobie à publier des messages pro-Meghan sur Twitter[737].

« Pour Meghan, commente Mark Stephens, avocat spécialisé dans les médias, ce jugement est comme un train qui percuterait un camion-citerne à un passage à niveau… Elle est humiliée. » Stephens conseille à Meghan d'abandonner, car elle n'a aucune chance de gagner un procès entièrement axé sur la question de savoir si l'intérêt public et la liberté d'expression l'emportent sur ses droits à la vie privée et au droit d'auteur[738].

La défaite galvanise Schillings et Meghan. David Sherborne est remplacé par deux avocats coûteux, dont Justin Rushbrooke, le grand ami de Boris Johnson[739].

La stratégie de Meghan change radicalement. Au lieu de s'en prendre exclusivement au journal, elle critique aussi les conseillers du Palais, qui l'ont laissée « sans protection » pendant sa grossesse et qui, face à l'assaut de « centaines de milliers d'articles inexacts à son sujet », se sont contenté de dire « Pas de commentaire ». À sa grande fureur, « sans aucune discussion », on lui a « interdit de se défendre ». Elle était contrainte de souffrir en silence, et ses amies les plus proches – une « sororité spéciale » – se sont « profondément inquiétées pour sa santé mentale ». Pour la sauver, elles ont parlé « anonymement » au magazine *People*.

Pour la première fois, Meghan admet que deux de ses amies ont été informées de la lettre[740]. Mais elle nie les avoir autorisées à en parler publiquement et affirme qu'elle n'était pas au courant de l'article de *People* avant sa publication[741]. Le *Mail on Sunday* s'attendait à découvrir la vérité une fois que tous les textos et les courriels de Meghan aux cinq amies auraient été divulgués. Meghan condamne la tentative du journal pour découvrir l'identité des cinq amies comme « un jeu médiatique vicieux qui met en jeu des vies[742] ». Elle ne s'est jamais plainte au rédacteur en chef de *People* de leurs inexactitudes.

Meghan adopte également un récit différent sur la promotion du livre de Scobie et Durand, *Finding Freedom*. Dans les mois qui ont précédé la publication en août, Scobie a suscité la controverse sur son âge – il prétendait avoir 33 ans, alors qu'il en aurait 39 – et son apparence. En tant que soutien inconditionnel de Meghan, tout le monde l'a cru quand il a affirmé que le livre avait été écrit « avec la participation des personnes les plus proches du couple ». Kensington Palace, écrit Scobie en toute sincérité, a également présenté les auteurs à des personnes « proches » de Meghan. Scobie ne laisse aucun doute sur le fait qu'il a également bénéficié d'un accès à Meghan et Harry, affirmant avoir parlé au couple lorsque c'était nécessaire[743].

Le livre présente Meghan comme la victime de courtisans « sexistes et pleins de préjugés » parlant avec sarcasme de la « *showgirl* de Harry » qui « arrive avec beaucoup de bagages ». Il dépeint Meghan comme une *outsider* populaire dont on se méfie en tant que « femme de couleur ayant réussi[744] ». Les assistants de la famille royale sont décrits comme des « vipères », William est critiqué pour avoir provoqué la rupture avec Harry ; Thomas Markle est dépeint comme un père ruiné et peu aimant, qui a refusé d'assister au mariage ; Kate, enfin, est accusée de snober Meghan. Curieusement, Scobie rejette les allégations concernant la dispute entre Kate et Meghan avant le mariage. « Personne n'a versé de larmes », écrit Scobie[745]. Pour les Sussex, les critiques des médias à leur encontre sont inacceptables, car elles violent leur vie privée. Mais aider Scobie à critiquer la famille royale ne leur pose aucun problème. Et voilà que, brusquement, Meghan change sa « vérité ».

« Ils n'ont pas collaboré avec les auteurs du livre, déclare son porte-parole. Ils n'ont pas non plus été interviewés pour ce livre. » Dans une déclaration signée, l'avocate Jenny Afia nie que la duchesse ait parlé avec Scobie ou donné son accord pour que quelqu'un parle aux auteurs en son nom. Meghan elle-même qualifie les allégations du *Mail* selon lesquelles elle aurait aidé Scobie de « fausses », « fantaisistes », c'est « une théorie de la conspiration[746] ». Elle dit ne pas savoir quelle aide les auteurs ont reçu de son personnel[747] et nie avoir eu la possibilité d'apporter des modifications[748]. « Ce n'était pas moi et cela n'avait rien à voir avec moi », déclare-t-elle. La « vérité » de Meghan est soutenue par Omid Scobie.

Le 16 septembre, Scobie signe une déclaration : « Toute suggestion selon laquelle le duc et la duchesse ont collaboré à ce livre est fausse[749]. » À la fin de sa déclaration, Scobie reconnaît que la signature d'une déclaration trompeuse est un outrage à la cour. Scobie sait pourtant que le débriefing de deux heures avec Jason Knauf nécessitait l'approbation des Sussex, tout comme l'aide fournie par Keleigh Thomas Morgan et Sara Latham. L'auteur a signé une déclaration mensongère pour soutenir Meghan contre le *Mail on Sunday*. Les Sussex sont maintenant redevables à Scobie. À l'avenir, il pourrait en tirer profit pour obtenir des informations exclusives à vendre aux journaux et à la télévision. Parmi ses premiers bonus, on peut citer la révélation de l'appel vidéo privé des Sussex avec la reine le jour de ses 94 ans.

Armés du démenti catégorique de Scobie, les avocats de Meghan demandent au juge Warby de se dispenser d'un procès – il s'agit d'éviter qu'elle soit soumise à un contre-interrogatoire – et de rendre son jugement sur la vie privée. Selon les avocats, sa lettre était « privée, personnelle et sensible » et n'a jamais été destinée à être rendue publique. Le *Mail* fait valoir que, quand elle a consulté Knauf, Meghan prévoyait que la lettre serait rendue publique et qu'elle a violé sa vie privée en permettant à ses amies de parler au magazine *People* en son nom[750].

Quarante-neuf exemples de détails intimes décrits par Scobie sont répertoriés comme preuve de la coopération de Meghan. Il s'agit notamment de leurs projets de vacances, des habitudes d'hygiène et de toilette de Meghan au Botswana, des détails de sa première rencontre avec Harry, et qui des deux a dit « Je t'aime » le premier. Les détails sont tellement précis, affirme le journal, qu'ils ne peuvent provenir que des Sussex. Les Sussex réfutent cette hypothèse. Meghan énumère de nombreuses erreurs, inventions et « licences poétiques » du livre comme preuves qu'elle n'a pas coopéré avec Scobie[751].

Meghan reste convaincue que sa déclaration ne sera pas contredite. Pendant des années, elle a fait des affirmations inexactes sur son enfance, ses parents et sa carrière. Mais cette fois, c'est différent. Elle affirmera par la suite avoir oublié ses conversations, ses courriels et son mémorandum de deux pages à Jason Knauf, mais certains pensent qu'elle a décidé de prendre un risque. Si elle admet avoir coopéré avec Scobie, sa plainte contre le journal aboutira à un procès. Soumise à un contre-interrogatoire, elle devrait révéler tous ses SMS.

Par nature, Meghan envisage les autres pour ce qu'ils peuvent lui apporter – c'est ce qu'elle appelle « être gentil avec soi-même[752] ». Ses plaintes dans *Finding Freedom* et dans sa déclaration au tribunal selon lesquelles elle ne se sentait pas protégée à Kensington Palace irritent ses anciens employés. Même s'ils sont tenus par de rigoureux accords de confidentialité, certains membres du personnel se répandent sur le fait que la déclaration de Meghan au tribunal concernant sa non-coopération avec Scobie est inexacte. Quatre fonctionnaires – Knauf, Cohen, Latham et Jones – laissent entendre qu'ils sont prêts à témoigner dans un procès sans prendre parti sur la « création de la lettre » à Thomas Markle. En septembre 2020, le *Mail on Sunday* dépose une déclaration contestant les affirmations de Meghan selon lesquelles elle n'a pas parlé aux auteurs de *Finding Freedom*. En novembre ou décembre 2018, Meghan a confié à l'équipe de Kensington Palace dirigée par Jason Knauf que « ses amis aideraient les auteurs[753] ». Le journal se demande pourquoi Meghan n'a pas protesté contre le fait que des extraits de sa lettre à son père soient cités dans le livre et pourquoi seule la citation dans le *Mail on Sunday* a provoqué sa plainte[754] ? Si elle a coopéré avec le récit flatteur de Scobie, déclare le journal, elle n'a pas dit la vérité. De ce fait, elle ne peut pas prétendre à la confidentialité[755].

Sept semaines plus tard, Meghan modifie encore sa déclaration. Elle admet avoir autorisé un ami à expliquer à Scobie « la situation » concernant la relation avec son père « pour empêcher qu'on dise qu'elle l'a abandonné[756] ». Elle admet également que Sara Latham a aidé à « vérifier les faits » pour les auteurs. Elle cherche à minimiser son dernier aveu en déclarant spontanément qu'elle « ne sait pas si et dans quelle mesure l'équipe de communication a fourni des informations pour le livre[757] ». Sa note de deux pages à Jason Knauf est apparemment oubliée.

Alors que la défense de Meghan s'effrite, Keleigh Thomas Morgan est citée pour avoir introduit les auteurs auprès des amis de Meghan[758]. Celle-ci reconnaît que Knauf a contribué à la rédaction de la lettre[759] à son père et que l'un de ses proches a parlé de la lettre à Scobie[760]. Elle admet également que sa lettre n'était pas une tentative de réconciliation[761]. Le *Mail on Sunday* est ravi. Le journal estime que ces aveux renforcent leur défense selon laquelle Meghan ne peut pas avoir « d'attente raisonnable en matière de vie privée ».

Leur cause semble avoir été favorisée par les contradictions de Scobie. Dans un premier temps, il affirme qu'il a parlé aux Sussex, puis il le nie dans une déclaration signée. Francesca Kaye, maître de la division de la chancellerie, décide que l'honnêteté de Scobie doit être testée : « Ce n'est pas ce qu'il dit mais ce qu'il ne dit pas qui peut être instructif au procès. » Elle souligne également les contradictions de Meghan. « C'est un cas simple, anticipe Kaye. Si c'est un château de cartes, il s'écroulera rapidement au procès. Mais je suis convaincue qu'elle est défendable[762]. » Meghan est de nouveau condamnée à payer les frais d'avocats, pour un total de 178 000 livres sterling[763]. Tout semble indiquer que la véracité de son témoignage sera questionnée à la barre.

Personne à Buckingham Palace n'a imaginé que Meghan irait jusqu'au bout. En conséquence, les quatre fonctionnaires du palais ont chargé l'avocat David Engel d'envoyer un message clair aux défenseurs du journal. Même si les quatre témoins ont des éléments de preuve indiquant que Meghan avait prévu que sa lettre ferait l'objet d'une fuite, il refuse de citer ces preuves[764]. Avant d'ajouter : « Ils sont prêts à fournir à la cour toute l'aide qu'ils peuvent. Entre autres, s'il y a lieu, d'inclure la présentation d'une preuve orale au procès et/ou la fourniture aux parties de toute preuve documentaire pertinente. » Warby est laissé dans l'ignorance de cet échange.

Le procès

Les avocats de Meghan ont atténué les problèmes de la bataille juridique qui se déroule à Londres. Sous le soleil, à 8 000 km de là, la femme de Harry est occupée à préparer le terrain pour la prochaine grande apparition de sa carrière.

CHAPITRE 36

Le puzzle

L'image de marque de Meghan en tant qu'influenceuse a bénéficié de son mariage avec Harry. La guerrière de la justice sociale est une duchesse qui a un rôle à jouer. Pour forger l'image d'une femme unique, son équipe de communication est chargée d'assembler les pièces du puzzle : compassion, victimisation, *fake news*, racisme, féminisme et maternité. Chaque pièce incarne la souffrance de Meghan.

À Montecito, Christine Weil Schirmer, responsable de la communication, et Toya Holness, attachée de presse, collaborent avec James Holt, basé à Londres et ancien collaborateur à Downing Street de l'ancien vice-Premier ministre Nick Clegg. Il s'agit de mettre en œuvre le slogan des Sussex, « Bâtir la compassion dans le monde ». Schirmer explique que ses employeurs offrent « un accès diversifié et ouvert à leur travail en s'engageant auprès de médias mondiaux, spécialisés et populaires ». Elle parle de l'objectif d'Archewell, qui consiste à « libérer le pouvoir de la compassion pour susciter un changement culturel systémique ». Le trio se donne pour mission de répandre l'évangile de Meghan.

Le lever de rideau a lieu au Most Powerful Women Summit, organisé par le magazine *Fortune*[765]. Le sommet est virtuel, mais le « droit d'entrée » s'élève à 2 426 dollars. Meghan participe à la session « *Courageous Leadership* ». Se décrivant comme la « personne la plus trollée du monde en 2019 » – une exagération, puisque Adele et Gemma Collins, entre autres, l'ont été davantage – elle raconte comment les difficultés qu'elle a rencontrées l'ont laissée « isolée » et « différente[766] ». Être victime de racisme est, selon elle, « presque insurmontable ».

Au cœur du plaidoyer de Meghan se trouve l'injustice dont elle est victime. Les réseaux sociaux diffusent des messages haineux depuis qu'elle parle de santé mentale, de développement personnel et d'égalité des sexes. Alors que ses déclarations sont vraies et « non controversées », la réaction des réseaux sociaux est impitoyable, voire empoisonnée. « Je ne veux pas mettre ma famille en danger… Ce qui est devenu incendiaire, c'est l'interprétation des gens. C'est tellement énorme que vous ne pouvez même pas imaginer ce que ça fait[767]. »

Utilisant des phrases familières aux téléspectateurs du documentaire Netflix *The Social Dilemma*, elle plaide à la conférence « *Stop Hate for Profit* ». Les plus grandes entreprises du monde, insiste-t-elle, doivent cesser de faire de la publicité sur Facebook jusqu'à ce que le fondateur, Mark Zuckerberg, s'attaque aux discours de haine[768]. Ses critiques sont atténuées par le fait qu'elle nie suivre les réseaux sociaux : « Pour ma propre protection, je n'ai pas été sur les réseaux sociaux depuis très longtemps… J'ai fait le choix de ne pas avoir de compte[769]. » Meghan affirme avoir cessé d'utiliser Facebook : « Je ne sais pas ce qu'il s'y passe et, à bien des égards, cela m'aide. »

Cette déclaration est étrange, Meghan ayant déjà été la productrice attitrée de The Tig, suivie par plus de trois millions de personnes sur Twitter, Facebook et Instagram[770]. Sur le site sussexroyal.com, Harry vient pour sa part de publier un post, à l'occasion de la Journée de la santé mentale : « Montrer sa vulnérabilité dans le monde d'aujourd'hui est une force[771]. » Sur le même site, Meghan a posté un message, en tant que « duchesse de Sussex », pour compatir aux épreuves que vivent leurs followers bouclés chez eux à cause du Covid : « Nous reconnaissons les perspectives uniques à travers lesquelles les différentes communautés voient le monde. Et bien qu'il s'agisse d'une période de défis sans précédent, nos communautés ont la capacité d'apporter des solutions qui construiront un meilleur avenir pour tous. » Elle a ajouté, dans une allocution diffusée sur YouTube depuis Montecito à l'occasion de la Journée internationale de la femme, que le confinement lié au Covid a permis aux Sussex de passer « de très bons moments en famille[772] ».

Même cela n'est pas tout à fait exact. Six semaines plus tard, elle révèle dans un article pour le *New York Times* qu'elle a subi une fausse couche en juillet. Sous le titre « Les pertes que nous partageons », elle décrit comment elle a ressenti la première douleur en changeant Archie. « Je savais, en serrant mon premier enfant, que j'étais en train d'en perdre un deuxième. » Quelques heures plus tard, elle tenait la main de Harry à l'hôpital : « J'ai senti la moiteur de sa paume et j'ai embrassé ses phalanges, mouillées par nos larmes. J'ai essayé d'imaginer comment nous allions guérir[773]. »

Pour certains, par son article, elle viole elle-même sa vie privée. Pour d'autres, elle brise un tabou : en Grande-Bretagne, un quart des grossesses se terminent par une fausse couche. « Perdre un enfant, écrit-elle à ses sympathisants, signifie porter un chagrin insupportable, vécu par beaucoup mais dont peu parlent. » Pour ajouter du piquant à sa révélation, elle attribue la fausse couche à la pression qu'elle subit. À savoir son action en justice contre le *Mail on Sunday*. En réalité, en juillet, à la veille de la sortie de *Finding Freedom*, elle avait prévu une victoire éclatante dans ce litige qui l'oppose au journal.

La révélation de sa fausse couche s'accompagne d'une référence à sa royauté, élément essentiel du puzzle. À la suite de son interview avec Tom Bradby en Afrique du Sud – si mémorable selon elle parce qu'elle se présentait comme « une mère, une féministe et une militante » –, la reine et Charles lui ont « tendu la main[774] ». Aucune preuve n'est fournie pour appuyer cette affirmation.

Mais l'ingrédient clé de la marque Meghan, c'est son soutien politique aux démocrates. À la veille d'une élection présidentielle houleuse, en plein Covid, les Sussex soutiennent Joe Biden contre Donald Trump. Les sondages sont défavorables au président sortant. Désireuse de jouer un rôle dans l'humiliation de Trump, Meghan profite d'une rencontre virtuelle avec Gavin Newsom, le gouverneur démocrate de Californie[775].

Par la suite, elle et Harry diffusent un message aux Américains depuis leur jardin du Montecito. Célébrant leur présence parmi les cent personnalités les plus influentes de la planète selon le magazine *Time*, Meghan exhorte les Américains à « construire des communautés de compassion » et parle de « l'élection la plus importante de notre vie ». Dans un appel clair contre Trump, Harry demande aux Américains de s'inscrire sur les listes électorales : « À l'approche du mois de novembre, il est essentiel de rejeter les discours de haine, la désinformation et la négativité en ligne. » L'accord de Sandringham, selon lequel le couple doit « respecter les valeurs de Sa Majesté », n'est pas respecté. La neutralité politique est un dogme pour la royauté. À la réflexion, le geste de Harry qui a refusé de saluer Ivanka Trump lors de sa visite à Buckingham avec son père, en décembre, a été clairement inspiré par Meghan. Elle n'est pas apparue au dîner d'État organisé au palais pour Trump. Son esprit partisan n'a pas surpris le Président. « Je ne compte pas parmi ses fans, déclare-t-il. Je souhaite beaucoup de chance à Harry, car il en aura besoin. » La question est de savoir si Harry respectera loyalement les autres termes de l'accord de Sandringham, ou s'il adoptera l'attitude de Meghan. L'argent influence la réponse.

L'argent est en effet une pièce importante du puzzle. Un contrat avec Spotify pour un podcast est estimé entre 18 et 30 millions de livres sterling. Le contrat négocié de longue date avec Netflix vaudrait 100 millions de dollars. Les Sussex ont aussi accepté de produire des documentaires et des films pour « partager un contenu percutant qui débloque l'action ». Approuvée par Ted Sarandos, le voisin des Sussex et responsable mondial des contenus Netflix, la déclaration des Sussex en dit plus long sur eux-mêmes que sur les programmes qu'ils vont produire : « Nos vies, à la fois indépendantes et en couple, nous ont permis de comprendre la puissance de l'esprit humain : le courage, la résilience et le besoin de connexion. Grâce à notre travail [...], nous nous attacherons à créer des contenus qui informent mais donnent aussi de l'espoir. En tant que nouveaux parents, il est également important pour nous de créer des programmes familiaux inspirants et de raconter des histoires vraies et percutantes[776]. »

La surprise vient du fait que Harry se montre prêt à s'associer au producteur de *The Crown*, la série télévisée choc qui déforme sans vergogne la vérité sur la famille royale[777]. Certains se demandent si Harry a conscience qu'il est en pleine contradiction après avoir proclamé dans une émission : « Chaque goutte de pluie qui tombe du ciel soulage la terre desséchée. Et si chacun de nous était une goutte de pluie, et si chacun d'entre nous était concerné[778] ? » Harry aime parler les gouttes de pluie dans ses discours.

Buckingham Palace est confronté à un autre problème sans précédent. Harry approche de son trente-sixième anniversaire. En temps normal, le Palais aurait célébré l'événement en publiant des photos du prince entouré de sa famille. Ce n'est plus possible. Pour célébrer l'événement, les officiels publient des photos de Harry vieilles de trois ans. Toutes excluent Meghan[779]. Le processus d'exclusion visant Harry est également entamé. Pour la première fois depuis le début du Covid, la reine mène son premier engagement public à l'extérieur d'une résidence royale et visite Porton Down, le laboratoire scientifique secret de la Grande-Bretagne. Et pour la première fois en sept mois, elle est accompagnée de William[780]. Un autre incident ne laisse planer aucun doute : Harry demande qu'une couronne soit déposée en son nom au cénotaphe lors de la cérémonie du Souvenir, mais son souhait est rejeté. Il se déchaîne contre les fonctionnaires du Palais, tout en sachant que la reine a personnellement approuvé cette décision.

Toute suggestion de Londres selon laquelle les Sussex sont exclus de la famille royale menace leur célébrité aux États-Unis. Leurs finances dépendent de leur statut de personnalité royale. Reconnaissant le danger, Meghan et ses conseillers ripostent. Le jour du Souvenir, accompagnée d'un photographe, elle emmène Harry au cimetière national de Los Angeles, qui abrite 90 000 tombes de soldats. Alors qu'un assistant les suit avec des fleurs, ils se dirigent vers la tombe de deux soldats du Commonwealth. Portant ses médailles militaires sur son costume, Harry dépose une carte qui dit : « À tous ceux qui ont servi et qui servent encore. Merci. » Après la diffusion mondiale des photos, Harry nie avoir orchestré ce coup de publicité pour réaffirmer sa royauté abandonnée. Au contraire, il ne permettra pas à sa famille de lui refuser son droit de naissance.

Dans le même temps, Harry s'aligne avec Meghan sur les questions sensibles. Meghan soutient la suppression, par le gouvernement de Joe Biden, de la mention de genre sur les documents officiels. Rendre les termes « mère », « père », « fille » et « frère » inacceptables fait partie de la politique de l'administration pour effacer le sexe biologique.

Le soutien de Meghan à la *cancel culture* inclut la censure de ses opposants comme Trump sur Facebook et Twitter. Mais elle se heurte à un problème. Les partisans de *Black Lives Matter* s'en prennent aux Présidents George Washington, Thomas Jefferson et Abraham Lincoln parce qu'ils avaient des esclaves. D'autres veulent interdire les livres de littérature classique parce qu'ils sont prétendûment racistes. Se souvenant que leur faux pas à propos du Commonwealth les a exposés à la critique, Meghan résiste à l'idée de rejoindre la frange extrémiste du mouvement. Mais la question raciale est devenue trop importante dans sa carrière pour qu'elle puisse ignorer le débat.

Depuis qu'elle a écrit son article dans *Elle* en 2015, Meghan s'est toujours présentée comme une victime du racisme, même si elle n'a jamais fourni la moindre preuve. Depuis qu'elle est rentrée de Grande-Bretagne, explique-t-elle, elle a réalisé que les tensions raciales aux États-Unis sont « dévastatrices ». Elle ajoute : « C'est si triste de voir où en est notre pays[781]. » Après le meurtre de George Floyd, en mai 2020, il y a selon elle une « lueur d'espoir ». Dans toute l'Amérique, « dans des manifestations pacifiques [...] les gens assument leur rôle. Je suis passée de la tristesse à un sentiment d'inspiration absolue, car je peux voir que le vent tourne ». Selon Meghan, le mouvement *Black Lives Matter* est « une belle chose[782] ». Elle accepte les arguments de *Black Lives Matter* concernant le privilège des Blancs et leur culpabilité face à l'oppression. Même si certains critiques reprochent au mouvement d'alimenter le mécontentement social, Harry partage son opinion sur la culpabilité de l'homme blanc.

Harry critique un « monde créé par les Blancs pour les Blancs ». La Grande-Bretagne, déclare-t-il dans une interview donnée depuis Montecito, souffre de « racisme structurel ». Le racisme institutionnel est « endémique » dans la société[783]. La société blanche produit des « préjugés » qui ont un « effet sur les jeunes de couleur ». Les Britanniques blancs doivent comprendre les personnes « d'une autre couleur de peau[784] ». Harry se dit marqué par l'expérience de Meghan : « Vous savez, quand vous allez dans un magasin avec vos enfants et que vous ne voyez que des poupées blanches, est-ce que vous vous dites : "C'est bizarre, il n'y a pas de poupée noire ?"[785] » Les Britanniques blancs, sous-entend-il, profitent du racisme.

Même Londres, à ses yeux, n'est pas assez diversifiée. De nombreux Britanniques blancs sont déconcertés par cette affirmation, car la diversité concerne à peu près 40 % de la population. Le maire de Londres est d'origine pakistanaise. Son principal rival aux dernières élections est issu d'une famille jamaïcaine. Les parents de la ministre de l'Intérieur sont d'origine indienne. Le Chancelier de l'Échiquier est lui aussi indien. Juif, le père du ministre des Affaires étrangères est arrivé de Tchécoslovaquie en 1938 pour échapper aux nazis. Le secrétaire d'État au commerce et le secrétaire d'État à l'éducation sont des enfants d'immigrants africains.

Trevor Phillips, un commentateur noir, reproche aux Sussex de s'afficher comme la « prochaine génération de pionniers » dans leur présentation du show télévisé autour du *Black History Month*[A]. « Le programme télévisé des Sussex, écrit Phillips, m'a donné envie de regarder ailleurs. Non seulement leur programme est similaire à celui diffusé en Grande-Bretagne depuis 1987[B] pour le *Black History Month*, mais leur vidéo parle moins de la Grande-Bretagne noire que d'un couple qui veut à tout prix nous divertir. » Les commentaires de Phillips n'ont probablement jamais atteint les Sussex. La négativité est bannie à Montecito.

A. Originaire des États-Unis, le *Black History Month*, célébré tous les ans en février, rend hommage à la contribution des communautés noires dans tous les domaines de l'histoire. Différents programmes télévisés sont diffusés à cette occasion.

B. Année où la Grande-Bretagne rejoint le mouvement *Black History Month*.

À l'approche de Noël, que le couple doit fêter à Santa Barbara avec David Foster et sa femme Katharine McPhee, Meghan se rapproche de plus en plus d'Oprah Winfrey. L'émission de cette dernière est la plateforme parfaite pour parler de son expérience du racisme.

Star de la télévision américaine, avec une fortune évaluée à un milliard de dollars, Oprah Winfrey se présente comme la principale personnalité culturelle du pays. Elle a 19 millions d'abonnés sur les réseaux sociaux. Les personnes qui travaillent pour son émission sont liées à vie par une clause de confidentialité afin d'empêcher la divulgation d'informations sensibles. Notamment à ses détracteurs. Certains racontent en effet que Winfrey a fait sa fortune en exploitant des « victimes ». Les plaintes répétées de Meghan sur ce qu'elle a subi à cause des réseaux sociaux, du racisme et des préjugés font d'elle une invitée naturelle de l'émission d'Oprah.

La façon dont Oprah Winfrey a séduit Meghan est magistrale – même si sa proie ne demande pas mieux que d'être capturée. Pour qu'elle puisse intégrer la famille du Montecito, on a demandé à Meghan de soutenir Clevr Blends, une entreprise dirigée par des femmes qui produit le « café » SuperLattes – un mélange de lait d'avoine séché, de crème de coco, de fruit du moine[A], de champignons et de plantes adaptogènes qui réduisent le stress et améliorent la concentration. Comme Oprah, Meghan affirme aimer l'« approche holistique » du SuperLattes[786]. Elle approuve également le kit Home Ritual de Clevr Blends, qui contient deux sachets de SuperLattes, un chapelet de fleurs séchées décoratives et un message de « gratitude » – tout ça pour 120 dollars. Meghan investit une petite somme dans la jeune entreprise qui emploie six personnes.

C'est l'influence qu'Oprah Winfrey exerce alors qu'elle prépare le plus grand scoop de sa carrière. Elle a fixé la date de diffusion sur le réseau CBS. Tout est prêt pour lancer la marque Meghan aux États-Unis.

A. Fruit du *Siraitia grosvenorii* utilisé dans la médecine traditionnelle chinoise pour soulager la toux.

CHAPITRE 37

Netflix

La scène est mémorable. Assis devant un écran géant dans la gigantesque *hacienda* de Tom Barrack, un milliardaire partisan de Trump, Meghan et Harry regardent la dernière saison de *The Crown*. Présentés par Oprah Winfrey, les Sussex se sont rendus dans ce ranch de montagne près de Santa Barbara pour rencontrer cet homme controversé qui contrôle un empire immobilier de plusieurs milliards de dollars lié à des investisseurs arabes.

À la veille de la mise en examen de leur hôte, Harry commente sans discernement la version romancée du règne de ses grands-parents et de la relation hostile entre ses parents. « C'est bien pire que ça », déclare-t-il à plusieurs reprises.

Vivre parmi les célébrités hollywoodiennes a sapé chez Harry le sens de la discrétion et de la loyauté envers sa famille. Ses remarques reflètent la mission des Sussex. Premièrement, se venger de la famille royale ; deuxièmement, créer leur propre marque. Pour rester sous les projecteurs et gagner des millions de dollars, le couple recherche une publicité maximale.

Peu après leur visite, Harry fait le tour de Los Angeles dans un bus à impériale avec James Corden et une équipe de tournage. La star britannique de la pièce *One Man, Two Guvnors* est filmée en train d'offrir du thé et des biscuits au prince qui, à son tour, se prête aux plaisanteries et aux flatteries de l'humoriste[787]. Selon le producteur, cette interview a été organisée à la demande de Harry, qui a fait pression pour être invité dans l'émission[788].

Devant la caméra, Harry encense *The Crown* : « Je suis beaucoup plus à l'aise avec *The Crown* que je ne le suis en voyant les histoires écrites sur ma famille, ma femme ou moi-même[789]. » Il ajoute : « Bien sûr, ce n'est pas strictement exact, mais cela vous donne une idée du style de vie, des pressions exercées pour faire passer le devoir et le service avant la famille et tout le reste, et de ce qui peut en résulter. » Peu de gens ont oublié que Harry était sous contrat avec Netflix.

Harry n'est pas troublé par le fait que l'interview a été diffusée en février 2021, alors que le prince Philip était hospitalisé depuis treize jours et que la reine exhortait les Britanniques à se faire vacciner contre le Covid. Dans sa quête de publicité, Harry semble ignorer le chagrin de ses grands-parents. Rompant avec la tradition, il révèle également que la reine a offert à Archie un gaufrier pour Noël. Lors de sa tournée avec James Corden, ce dernier propose à Harry de visiter la maison du *Prince de Bel Air*. Pris d'une envie pressante, le prince dit aux propriétaires : « Je meurs d'envie de faire pipi. » Ces derniers acceptent qu'il utilise leurs toilettes. Et tout cela est filmé.

Dans leur quête de publicité, les Sussex n'hésitent pas devant les situations qui risquent de les ridiculiser. Pour le premier podcast d'Archewell pour Spotify, il a fallu convaincre Archie, 19 mois : « Tu peux parler dedans », insiste Harry en montrant le micro à son fils. « Archie, c'est amusant ? » demande Meghan un peu désespérément. « Amusant », répond Archie. « Après moi, prêt ? » Harry ordonne à son fils : « Dis “Bonne année” ». Ce qui provoque des rires nerveux de la part du couple[790].

Pour leur podcast, treize personnalités sont conviées par « le prince Harry, duc de Sussex, et Meghan, duchesse de Sussex » pour parler du « pouvoir de la connexion ». La chaîne doit permettre aux gens de « partager leurs vulnérabilités dans cet espace sûr[791] ». Parmi les désespérés se trouve Elton John. Il choisit d'avouer qu'il est un alcoolique « en voie de guérison » qui a survécu au confinement grâce à Zoom. D'autres confessions suivent. Pour retenir l'attention du public, les Sussex misent sur l'exposition, y compris la leur. La grossesse de Meghan est présentée comme la célébration de son importance.

Misan Harriman, photographe d'origine nigériane connu pour son soutien au mouvement *Black Lives Matter*, est engagé pour le tournage. Le résultat est spectaculaire. Un portrait en noir et blanc de Meghan la montre enceinte, allongée sous un saule, la tête sur les genoux de Harry. Son bras droit est posé sur son ventre. La photo des « esprits libres », prise par Harriman depuis Londres à l'aide d'un iPad, est destinée à faire la Une des journaux du monde entier.

« Avec l'arbre de vie derrière eux, écrit-il, et le jardin qui représente la fertilité, la vie et le progrès, ils n'ont pas besoin d'être guidés, car ils valsent dans la vie, et l'ont toujours fait, comme des âmes sœurs absolues. » En réalité, le saule a été ajouté par Harriman à Londres[792]. Peu après la prise de vue, Harriman est nommé président du Southbank Centre de Londres, l'un des plus grands complexes artistiques et musicaux de la ville[793]. « Une femme en mal de publicité dit à 7,67 milliards de personnes qu'elle est enceinte », titre le *Daily Star* au-dessus de la photo. Le journal se fait l'écho de la boutade de Piers Morgan : « Ils ont quitté le pays pour avoir une vie privée et ils ne se sont guère tus depuis... C'est de la foutaise[794]. » Les partisans de Meghan sont d'accord avec sa définition de la vie privée : « Je pense que tout le monde a un droit fondamental à la vie privée. Nous ne parlons de quelque chose d'exceptionnel. Il s'agit juste de limites... de respect[795]. » Meghan représente un courant d'opinion puissant parmi les influenceurs. L'offensive publicitaire des Sussex désarçonne le secrétaire particulier de la reine, Edward Young, et le personnel du Palais.

Young est confronté à un couple populaire qui fait sa promotion aux frais du Palais. Un an après Sandringham, les Sussex ont choisi de rompre, en particulier depuis l'interview avec Oprah Winfrey. Jamais, dans l'ère moderne, la monarchie n'a été remise en question de cette manière. Au lieu de convoquer des experts pour planifier une contre-attaque et affaiblir les Californiens, Young panique.

L'énigme à laquelle Young est confronté est difficile. L'affaire de Meghan contre le *Mail on Sunday* progresse au tribunal ; et le personnel du Palais qui s'est plaint du comportement de Meghan est mécontent que leurs griefs soient enterrés. En 2020, pour sa part, Meghan a de bonnes raisons de croire que le mémorandum de Jason Knauf est oublié. De même, elle suppose que Knauf n'exposera pas l'inexactitude de sa déclaration à la Haute Cour concernant la lettre à son père et le fait qu'elle n'a pas aidé les auteurs de *Finding Freedom*. Les fonctionnaires timides du Palais résisteraient à une guerre ouverte. Son pari semble avoir été payant.

David Engel, l'avocat de Jason Knauf, n'est pas d'une grande aide dans l'affaire avec le *Mail on Sunday*. Il explique que les quatre employés du Palais savent comment la lettre a été rédigée, mais ne donne aucune indication sur leur témoignage. Le rédacteur en chef du journal est déçu. La conclusion du juge Warby est beaucoup plus surprenante. Sceptique sur la possibilité, pour le journal, de produire des preuves contredisant Meghan, Warby décide qu'il n'est pas nécessaire de tenir un procès. Meghan devrait l'emporter sans être soumise à un contre-interrogatoire.

Le juge refuse d'entendre le témoignage des quatre employés du Palais[796]. Il décide que la plupart des preuves soumises par le journal, y compris les SMS de Meghan, ne sont pas pertinentes[797]. Le journal, dit-il, a refusé de « voir la réalité ». Sa défense, déclare-t-il, se « réduit à des hypothèses spéculatives fondées sur des ouï-dire provenant d'une source inconnue, qui ne sont pas corroborées et sont contredites par les deux personnes clés ». De façon spectaculaire, Warby rend un jugement sommaire en faveur de Meghan. Le journal, juge-t-il, a violé son droit d'auteur et sa vie privée.

Dans son jugement, Warby condamne le journal pour la publication des extraits de la lettre « manifestement excessifs et donc illégaux ». Être membre de la famille royale ne fait pas d'une personne un bien public. La lettre de Meghan, juge Warby, est celle d'une malheureuse – et c'est une missive privée. Il n'y avait aucun « intérêt public » à ce que la relation de Meghan avec son père soit exposée. Thomas Markle n'a pas plus le droit de poursuivre le magazine *People* pour diffamation. Et la mise en relation des auteurs de *Finding Freedom* avec des proches de Meghan n'est pas prouvée non plus. La crédibilité et la réputation de Meghan sont protégées de toute contestation par le juge. Meghan et Schillings ont remporté une victoire éclatante.

Le journal et l'industrie des médias sont déconcertés par la décision de Warby. Refuser un procès offense le sens de la justice. Personne ne peut expliquer la volte-face du juge. Représentant le choc que provoque cet événement dans la presse, Camilla Long décrit le jugement de Warby comme « une décision rêvée pour les puissants qui souhaitent échapper à tout contrôle ». Le public, qui permet à Harry et Meghan d'utiliser une marque britannique pour gagner de l'argent, s'est vu refuser la vérité par un juge[798]. Sans surprise, Meghan conteste cette analyse.

« Nous avons gagné, déclare Meghan dans un communiqué. On ne peut pas s'emparer de la vie privée de quelqu'un et l'exploiter, ajoute-t-elle. Je partage cette victoire avec chacun d'entre vous, car nous méritons tous la justice et la vérité, et nous méritons tous mieux. » Selon elle, le traitement que lui ont réservé les médias est « illégal et déshumanisant ». Le public, insiste-t-elle, a droit à des « informations fiables, vérifiées et de qualité[799] ».

Le 16 février, forte de cette victoire, Meghan est assise dans un jardin de Santa Barbara, prête pour une interview avec Oprah Winfrey qui a été planifiée avant son mariage. Meghan est maintenant prête à humilier sa belle-famille et à raconter son histoire contre les Cambridge. Pour certains, il s'agit d'une vengeance contre la famille royale qui a comploté pour lui refuser son destin. Ceux qui ont sali sa réputation à Londres avec des mensonges sur les disputes autour du mariage et ses brimades sont dans sa ligne de mire. La vie consiste à raconter des histoires, n'est-ce pas ? déclare Meghan. Raconter des histoires à travers un objectif de vérité[800]. »

Au cours des semaines précédentes, le texte de Meghan a été écrit, réécrit et répété. Elle connaît précisément les moments où elle hésitera, retiendra son souffle, touchera une mèche de cheveux soigneusement placée, montrera sa réticence à prononcer une condamnation sévère de la famille royale, puis, surmontant son hésitation, récitera à voix basse son obligation de dire la vérité.

L'entretien dure trois heures et vingt minutes. Harry entre en scène au bout de deux heures. Pendant le tournage, Meghan révèle qu'elle attend une fille. Elle ne fait aucune référence au prince Philip, dont la fin est proche. Oprah Winfrey remercie ses invités. Quelques heures plus tard, la star annonce son scoop. « La meilleure interview que j'ai jamais réalisée », déclare Oprah Winfrey au monde entier. L'enregistrement est programmé pour une diffusion mondiale le dimanche 7 mars.

Buckingham est sous le choc. Le fait que les Sussex n'aient pas prévenu le Palais est vécu comme une insulte. Les fonctionnaires craignent le pire. Edward Young comprend l'empressement récent de Harry à persuader la reine que le couple peut conclure des accords commerciaux, tout en restant dans la famille royale. La confiance en Harry décline rapidement.

Young recommande des représailles. La reine décide que les Sussex doivent démissionner de leurs dernières fonctions. Les derniers titres militaires de Harry et son patronage de la Rugby Football Union et du Commonwealth Trust lui sont retirés. Comme il est né prince, il conserve ce titre. Meghan perd son patronage du National Theatre et de l'Association des universités du Commonwealth, mais elle peut conserver son titre royal[801].

Il ne reste plus qu'à négocier une déclaration commune. Le Palais annonce unilatéralement : « En se retirant des fonctions de la famille royale, il n'est pas possible de continuer à assumer les responsabilités et les devoirs qui accompagnent une vie de service public. » Instantanément, les Sussex répliquent : « Nous pouvons tous vivre une vie de service. Le service est universel. » La riposte, rédigée par les conseillers de Meghan, paraît au moment où le prince Philip, 99 ans, rentre à l'hôpital.

Dans ce contexte, le comportement des Sussex suscite la colère. Quelqu'un décide de lancer une contre-attaque. Sur l'identité de ce « quelqu'un », le doute demeure. Certains disent que c'est le prince William, d'autres que l'information a été livrée au rédacteur en chef du *Times*, tandis que Valentine Low, l'expert royal du journal, décrit son article comme le fruit de plusieurs semaines de travail acharné[802]. Quoi qu'il en soit, le résultat est frappant.

Le 3 mars, le *Times* révèle que Jason Knauf a signalé les allégations d'intimidation de Meghan à un haut fonctionnaire du palais de Kensington. La source anonyme du journal affirme également que le comportement de Meghan a contraint deux assistants à démissionner et un troisième, souffrant d'une perte de confiance en soi, à dire : « Je ne peux pas m'arrêter de trembler. » Aucune des quatre personnes impliquées n'est identifiée. Tous affirment avoir travaillé dans un « climat de peur » et d'humiliation, qu'ils étaient sans cesse soumis à des « demandes déraisonnables ». Un assistant déclare au *Times* que cela ressemblait « davantage à de la cruauté et à de la manipulation, ce qui, je suppose, pourrait aussi être appelé de l'intimidation[803] ».

Valentine Low écrit qu'il a été contacté par des sources qui estiment que « seule une version partielle des deux années passées par Meghan dans la famille royale a été publiée et qu'elles souhaitent donner leur version ». Ces personnes se disent traumatisées et brisées par le comportement des Sussex, mais le Palais a refusé d'enquêter pour protéger Meghan : « Tous les hommes en costume qu'elle détestait dans *Suits* ont des comptes à rendre, car ils n'ont rien fait pour protéger les gens[804]. »

« Les personnes concernées, rapportera plus tard Rebecca English dans le *Daily Mail*, en ont assez de l'hypocrisie de toute cette histoire. Prétendre que les Sussex ont été intimidés et forcés de partir alors que d'autres subissaient le même traitement de leur part[805] ! »

Les avocats de Meghan ont été avertis une semaine avant des allégations du *Times*. Buckingham Palace est invité à fournir des preuves – documents, textes et courriels – de ses brimades. Finalement, les représentants des Sussex ne peuvent produire aucun motif légal pour empêcher la publication. La riposte de Meghan a été préparée. « Appelons les choses par leur nom, déclare Meghan, c'est une campagne de diffamation calculée, basée sur des informations erronées et nuisibles. »

Ses avocats déplorent que le journal soit « utilisé par Buckingham Palace pour colporter un récit totalement faux… Nous sommes déçus de voir ce portrait diffamatoire de la duchesse de Sussex rendu crédible par un média ». Les avocats ajoutent que la duchesse est « attristée par cette nouvelle attaque contre sa personnalité, en particulier parce qu'elle a elle-même été la cible d'intimidation et qu'elle est profondément engagée dans le soutien de ceux qui ont subi des douleurs et des traumatismes[806] ».

Les Sussex interprètent l'article comme une nouvelle attaque malveillante du Palais contre eux, pauvres victimes innocentes. Harry et Meghan n'ont aucun doute sur le fait que la fuite a été provoquée par William pour saboter leur grand événement – une attaque préventive avant leur grande interview. Jason Knauf ayant rédigé le mémorandum, c'est lui ou ses supérieurs qui l'ont transmis au *Times*. Les Sussex savent que le Palais n'aura pas de droit de réponse et ne sera même pas invité à commenter leurs allégations contre la famille royale durant l'interview d'Oprah Winfrey[807]. Ils disent la vérité et le mémo de Knauf est totalement faux.

Quel que soit le motif, l'opération contre les Sussex échoue. En l'absence de preuves suffisantes, de nombreux lecteurs sentent que la source du journal manque de conviction. La prudence du Palais reste de mise : Edward Young se demande sans doute si Buckingham peut accuser Meghan d'intimidation, tout en protégeant le prince Andrew. Le Palais engage tardivement un nouveau cabinet d'avocats pour enquêter sur les allégations d'intimidation, mais laisse entendre que ce n'est qu'après un processus exhaustif que les avocats pourraient demander aux Sussex de répondre. Sentant cette faiblesse, l'équipe de communication de Meghan orchestre une vague de déclarations sympathiques de ses amis contre le Palais.

« La duchesse de Sussex, déclare Jon Cowan, l'un des scénaristes de *Suits*, est une bonne personne plongée dans un monde inimaginable. J'ai passé trois ans à travailler avec elle… J'ai vu une personne chaleureuse, gentille et attentionnée. » Kristen Meinzer, amie et scénariste, reconnaît que « personne n'aurait pu se préparer au niveau de racisme, de misogynie et de vitriol auquel elle a été confrontée ». Elle blâme la « famille consanguine, désordonnée et dysfonctionnelle » qui s'oppose à une « millionnaire autodidacte instruite qui sait gérer les relations publiques…

Beaucoup de gens pensent que vous avez eu beaucoup de chance de l'avoir, et que vous avez tout gâché[808]. » La productrice de télévision et autrice américaine Lindsay Roth, une amie de Meghan depuis plus de deux décennies, déclare que « la gentillesse et la bonne volonté coulent dans ses veines ».

Patrick J. Adams, qui jouait le rôle de Mike Ross dans *Suits*, décrit la famille royale comme « apparemment archaïque et toxique. Il est obscène que la famille royale promeuve et amplifie les accusations d'"intimidation" à l'encontre d'une femme qui a elle-même été contrainte de fuir le Royaume-Uni pour protéger sa famille et sa propre santé mentale ». Faisant référence aux accusations d'intimidation, Adams poursuit : « Ce nouveau chapitre et son *timing* ne sont qu'un autre exemple étonnant de l'impudeur d'une institution qui a dépassé sa pertinence, est à court de crédibilité et apparemment sans décence. Trouvez quelqu'un d'autre à admonester, réprimander et tourmenter. Mon amie Meghan n'est pas du tout de votre niveau[809]. »

Jessica Mulroney, qui a qualifié les détracteurs de Meghan de brutes racistes mais qui est elle-même accusée de racisme par un blogueur noir, déclare que Meghan traitait son personnel avec « gentillesse, empathie et amour ». Meghan est également soutenue par Serena Williams, Katy Perry et Orlando Bloom, amis et voisins de Montecito qui, en tant qu'amis d'Oprah Winfrey, ont tous passé des vacances ensemble sur le yacht du magnat des affaires David Geffen[810]. Meghan est entre de bonnes mains. Pourtant, aucun de ses défenseurs n'accuse directement les quatre membres du Palais de mentir au sujet de l'intimidation présumée. Et les avocats de Meghan ne déposent pas de plainte pour diffamation contre le *Times*. Au Canada, l'équipe qui a tourné la pub pour Reitmans sait à quel point c'est la vérité.

Pour promouvoir l'émission d'Oprah Winfrey, CBS diffuse un clip le vendredi 5 mars. Parfaitement apprêtée, Meghan est assise dans le jardin de Montecito, une mèche de cheveux tombant sur sa joue – un excellent accessoire qu'elle peut toucher tout en confessant son angoisse et sa colère. Pour la bande-annonce, elle révèle que le Palais lui a interdit d'accorder une interview à Oprah en 2018. Désormais libérée, elle est « capable de faire un choix de son propre chef ». Et de parler pour elle-même. Mais elle « prend le risque de perdre des choses. Je veux dire, beaucoup de choses ont déjà été perdues ». Certains téléspectateurs n'ont pas vu de tristesse dans ses yeux.

Au siège de CBS à Los Angeles, c'est l'effervescence. Réduite à 85 minutes, l'interview a été pré-vendue dans le monde entier. Oprah Winfrey a trouvé une mine d'or. ITV à Londres a payé 1 million de livres pour les droits de diffusion. Comme CBS, ITV exige des tarifs élevés pour les publicités. Aux États-Unis, CBS vend des spots de premier ordre à des fabricants de papier hygiénique, de crèmes antirides et de lait d'amande.

La veille de la diffusion, le porte-parole des Sussex annonce que leur interview sera leur « dernier mot » concernant leur désaccord avec la famille royale. Ayant « besoin de s'exprimer », ils considèrent maintenant que l'affaire est close et veulent « passer à autre chose[811] ».

Le porte-parole de Buckingham Palace prédit alors que l'interview sera une attraction rapidement oubliée, « perdue dans la nuit des Temps ». Les gens, croit-il, sont plus préoccupés par le Covid. La reine est apparemment « calme » et croit au long terme. Elle aurait considéré qu'il était « préférable de ne pas réagir » à ce qui sera « leur dernier mot ». Faisant son devoir, elle et la famille royale passeront la journée de lundi à célébrer virtuellement le service annuel du Commonwealth Day. Elle choisit de parler d'« amitié et d'unité[812] ».

Edward Young n'a pas anticipé les gros titres de la radio et de la télévision qui vont dominer la veille du 8 mars. Il n'a pas non plus anticipé les conséquences de l'assaut de l'Amérique. Naïvement, il pense que l'interview sera le « dernier mot » des Sussex.

Samedi soir, Meghan est au lit en train de pleurer. Non pas parce qu'elle éprouve des remords pour ses allégations fracassantes contre la famille royale, mais parce que la Firme a orchestré une « diffamation » sur ses prétendues brimades. « Je l'ai prise dans mes bras, dit Harry. Nous avons parlé, elle a pleuré, pleuré et pleuré[813]. » Certain d'avoir dit la « vérité de la manière la plus douce possible » à Oprah, Harry pense avoir laissé « une ouverture pour la réconciliation et la guérison ».

En pleurant, Meghan s'est peut-être souvenue de ce qu'elle a déclaré au public du magazine *Fortune*, cinq mois plus tôt : « Si vous vivez en sachant la vérité, qu'importe ce que les autres disent, vous pourrez dormir la conscience tranquille[814]. » En même temps, elle a probablement oublié avoir dit au même public que rien de ce qu'elle disait ne pouvait faire l'objet de controverse.

Ce soir-là, Harry et Meghan semblent apparemment convaincus que leur interview avec Oprah Winfrey ne prêtait pas à controverse. Ils se voient tous deux comme les victimes de tabloïds racistes, et Buckingham Palace attise maintenant les braises autour d'une intimidation fictive.

CHAPITRE 38

L'interview

L'entrée en matière de l'interview-choc est impitoyable. Dans le cadre paisible d'un immense jardin baigné de soleil, Meghan est assise sur des meubles en bois, apparemment détendue. Parfaitement maquillée, elle adopte la pose d'une âme inoffensive. Les premiers commentaires d'Oprah donnent le ton de la victimisation.

Meghan, déclare Oprah, a été la cible de « critiques constantes [et] de remarques sexistes et racistes flagrantes de la part des tabloïds britanniques ». Pendant qu'elle parle, l'écran diffuse une série de titres apparemment racistes du *Daily Mail* et d'autres journaux britanniques. Le mot « tatillon » a été mis en évidence comme étant offensant, même si les critiques ont fait remarquer que l'origine scandinave du mot, datant du XVIe siècle, n'a aucun lien avec la race. Avant la fin de l'émission, les journaux britanniques dénoncent CBS pour avoir trafiqué les titres – et dissimulé la vérité, à savoir que l'écrasante majorité des titres sont tirés de publications américaines et australiennes. L'Associated Newspapers a prouvé les changements réalisés, mais Oprah Winfrey refuse de retirer les faux titres. Tous les médias britanniques, prétend-elle, sont racistes. Les principes de l'émission sont immuables : c'est la « vérité » selon la victime, donc selon Meghan.

La triste histoire de Meghan est celle d'une Américaine naïve qui est tombée amoureuse d'un prince dont elle ne connaissait rien – avant le *blind date*, « je n'ai pas googlé Harry en ligne ». C'est écrit dans son scénario, elle se compare à la petite sirène de Disney qui a perdu sa voix après être tombée amoureuse d'un prince inconnu. « Je n'avais pas de plan », déclare-t-elle.

L'innocence de Meghan est aggravée par son ignorance des conséquences que son mariage avec Harry aura : « Je ne savais pas ce que cela impliquerait. » Une fois amoureuse, elle pensait « honnêtement » que la Firme s'occuperait de ses intérêts. Elle n'avait « sincèrement » jamais pensé à tirer profit de ses relations royales. À son grand désarroi, des « larbins sans cœur » ont refusé de lui tendre la main. L'aveu qu'elle a fait à Gina Nelthorpe-Cowne, au cours d'un déjeuner, concernant ses recherches sur la famille royale, est oublié, tout comme l'avertissement de Nelthorpe-Cowne sur les conséquences inévitables de sa relation avec Harry. Même son aveu à Bradby, en Afrique du Sud, qu'elle a naïvement ignoré les avertissements de ses amis concernant les tabloïds, est passé à la trappe. « Dieu merci, je n'avais pas fait de recherches », déclare Meghan à Oprah.

Ses pauses dramatiques et ses yeux bordés de khôl soulignent l'ampleur de l'épreuve émotionnelle qu'elle vit. Le premier coupable, ce sont les médias qui ont créé un « faux récit ». Elle nie avoir lu les journaux mais reste horrifiée. Elle n'a jamais, dit-elle, soulevé la question de la vie privée. « Je veux dire, je n'ai jamais parlé de la vie privée. C'est une notion de base. » Son procès pour atteinte à la vie privée contre le *Mail on Sunday* de Londres est passé sous silence. Les médias « bigots », comme les qualifie Harry, ont créé un « environnement toxique de contrôle et de peur ». Cela a en partie alimenté son effondrement et ses pensées suicidaires, qui ont atteint leur paroxysme le jour où ils se sont rendus au Royal Albert Hall. Penser à ce moment lui rappelle cette nuit où elle s'est sentie enfermée. Elle a passé les heures qui ont suivi à penser au suicide.

Il est difficile de vérifier les événements qui ont conduit Meghan à ces pensées sombres. Harry et Meghan ont donné des versions contradictoires de cet épisode. Lors de l'interview, ils ne sont pas d'accord sur le fait que Meghan se sentait suicidaire la nuit, le matin ou les deux. Et ils ne sont pas d'accord sur le nombre de jours où elle s'est sentie suicidaire. Ni l'un ni l'autre n'a pu expliquer pourquoi Meghan a demandé de l'aide à un fonctionnaire non qualifié plutôt qu'à un médecin expérimenté. De plus, Harry n'a jamais identifié quel membre de sa famille avait « négligé » sa femme. Comme Oprah ne relance pas le récit par des questions, les producteurs choisissent de diffuser les réponses incohérentes des Sussex.

La même menace suicidaire s'est apparemment reproduite après la naissance d'Archie. Harry confirmera plus tard dans l'émission que, en rentrant du travail, il a trouvé Meghan en train de pleurer en allaitant Archie. Il n'en a pas parlé à sa famille. « J'avais honte de leur avouer. Je ne savais pas quoi faire. Je n'étais pas préparé à cela. J'ai fait une dépression moi aussi, mais je voulais être là pour elle. Et j'étais terrifié. »

Winfrey ne demande pas à Harry, parrain d'un organisme de bienfaisance pour la santé mentale, qui a reçu pendant sept ans une aide médicale pour ses problèmes et qui vit dans une ville comptant des milliers de médecins, pourquoi, après avoir vu sa femme chercher en vain de l'aide auprès d'un fonctionnaire des ressources humaines au Palais, il ne l'a pas encouragée à consulter un spécialiste. La même question n'est pas non plus posée à Meghan. Au lieu de cela, Oprah Winfrey regarde son invitée verser une larme – pas assez grosse pour abîmer son maquillage parfait. Oprah ne demande pas de preuves ni le nom du fonctionnaire du Palais. La vérité de Meghan n'est pas remise en question.

Dix-sept millions de téléspectateurs américains, soit bien moins que les 96 millions de téléspectateurs du Super Bowl, ont sans aucun doute été captivés. Mais la révélation suivante résonnera encore plus chez les Britanniques.

Oprah Winfrey a scénarisé une attaque contre Kate. Alors que Meghan, déclare-t-elle, a été dépeinte en Grande-Bretagne comme la « méchante », Kate est saluée comme « une héroïne ». Pour Oprah, cela s'explique par le fait Meghan est « la première personne métisse à entrer dans la famille royale ». La race étant devenue le thème dominant de l'émission, Oprah passe à la révélation, dans les journaux, que Meghan a fait pleurer Kate avant le mariage à propos de la robe d'une demoiselle d'honneur. Cette histoire a retourné de nombreux Britanniques contre la duchesse. L'interview est l'occasion pour Meghan de dire sa vérité.

Au moment opportun, Oprah demande si Meghan a fait pleurer Kate. Parfaitement préparée, celle-ci répond : « C'est l'inverse qui s'est produit… C'est elle qui m'a fait pleurer et ça m'a vraiment blessée… Et je ne dis pas ça pour dénigrer qui que ce soit, parce que la semaine du mariage a été très dure. Elle était contrariée par quelque chose, mais elle l'a assumé, et elle s'est excusée. Et elle m'a apporté des fleurs et un mot. »

Après avoir retourné le récit contre Kate – sans vouloir « en aucune façon la dénigrer » –, Meghan poursuit : « Et elle a fait ce que je ferais si je savais que j'avais blessé quelqu'un, c'est-à-dire en assumer la responsabilité. »

Non seulement Kate est coupable mais elle a admis son mauvais comportement. Et Meghan ajoute un autre rebondissement. Alors qu'elle a poliment gardé le silence pour « protéger » Kate, elle accuse les amis de sa belle-sœur d'avoir divulgué une fausse histoire contre elle. « Ce qui est difficile à surmonter, c'était d'être blâmée pour quelque chose que non seulement je n'avais pas fait, mais qui m'était arrivé… L'histoire de, vous savez, faire pleurer Kate, je pense que c'était le début d'un véritable "assassinat de caractère". Et ils savaient que ce n'était pas vrai. » Avec grâce, elle ajoute : « Mais je lui ai pardonné. » Le résultat, selon Meghan, est irréversible. « Je pense que c'est à ce moment-là que tout a changé, vraiment. »

« Je ne sais pas comment ils peuvent s'attendre à ce que, après tout ce temps, nous restions silencieux si la Firme joue un rôle actif dans la perpétuation de mensonges à notre sujet. » Son personnel et elle-même ont été empêchés par les fonctionnaires du Palais de nier les mensonges de Kate et de dire la vérité.

Réduite au silence et sans protection, Meghan conclut : « J'ai pensé, eh bien, s'ils ne veulent pas faire ce genre de choses, qu'allons-nous faire ? » Les « mensonges » du cabinet, dit Meghan, ne se limitent pas aux « larmes de Kate » : « J'ai fini par comprendre que je n'étais pas protégée et qu'ils étaient prêts à mentir pour protéger d'autres membres de la famille, mais qu'ils n'étaient pas prêts à dire la vérité pour nous protéger, mon mari et moi. »

Aucun exemple précis n'est donné concernant les fausses accusations dont elle a fait l'objet ou le « véritable assassinat de sa personnalité ». Elle a été jetée dans le grand bain sans que personne ne lui dise comment ne pas couler[816].

Toutes ces affirmations renforcent la crédibilité de Meghan auprès de la plupart des Américains. Ils sont notamment impressionnés quand elle dit que, pendant son mariage et surtout pendant sa grossesse, elle a été assignée à résidence. Son passeport, son permis de conduire et ses clés ont été confisqués. Les autorités l'ont empêchée de voyager au cours des quatre derniers mois de sa grossesse : « J'ai quitté la maison deux fois en quatre mois. » Les téléspectateurs britanniques se demandent comment cela peut concorder avec ses deux voyages à New York pour la *baby-shower* d'Archie et un match où jouait Serena Williams, ainsi qu'avec ses vacances en Europe.

« Je ne pouvais même pas rencontrer mes amis pour déjeuner », se plaint Meghan, qui a reçu de nombreuses visites à Londres et dans sa maison de campagne de l'Oxfordshire. « C'est comme si vous étiez piégée », relance l'intervieweuse. « C'est la vérité », répond Meghan.

Le mot « piégé » est le même que celui utilisé plus tard par Harry pour décrire sa vie de prince. « Comme le reste de ma famille, j'étais piégé, mais je ne savais pas que j'étais piégé. Piégé par le système, comme le reste de ma famille. Mon père et mon frère, ils sont piégés. Ils n'ont pas le droit de partir. Et j'ai une énorme compassion pour cela. Leurs sourires sur les photos, révèle-t-il, font partie du travail. »

Puis Meghan fait une révélation sans précédent : « Vous savez, trois jours avant notre mariage, nous nous sommes mariés. Personne ne le sait. » Selon elle, ils se seraient mariés en privé au palais de Kensington. « Ainsi, les vœux que nous avons encadrés dans notre chambre sont ceux que nous avons prononcés tous les deux dans notre jardin avec l'archevêque de Canterbury. » Meghan sous-entend ainsi que la cérémonie diffusée sur les écrans du monde entier est un simulacre.

Ce que Meghan pense obtenir par ce mensonge grossier n'est pas clair. Selon la loi britannique, un mariage doit être célébré dans un lieu public en présence de deux témoins ; or, le certificat de mariage de Meghan indique que le mariage a eu lieu le 19 mai à Windsor. Il est possible qu'elle croie que, comme en Californie, les certificats de mariage ne peuvent être mis à la disposition du public que sur ordre d'un juge. Une fois encore, Oprah Winfrey laisse carte blanche à Meghan. À la réflexion, il apparaît que Meghan a manipulé son intervieweuse – et l'archevêque de Canterbury. Le prélat refusera de commenter la date du mariage. Au lieu de cela, l'archevêque se lamentera sur le sort de Harry et de Meghan : « C'est la vie sans liberté conditionnelle[817]. »

D'autres injustices dont Meghan a été victime sont évoquées. Elle n'a reçu « aucun cours sur la façon de parler, de se comporter, de croiser correctement les jambes, d'être royale… Ce n'est pas quelque chose qui m'a été proposé ». Elle a même dû apprendre sur Internet l'hymne national et prendre une leçon accélérée de révérence dans le parc de Windsor.

Au cours de l'interview, elle n'a pas réussi à décider si elle avait été choquée par le fait qu'on lui a refusé une protection ou si elle a dit à la reine qu'elle n'en voulait pas. Oprah n'a d'ailleurs pas relevé la contradiction. Au lieu de cela, elle s'est emparée de la critique tacite de Meghan : « Je les ai crus quand ils ont dit que je serais protégée. » Cette conversation n'a pas été remise en question par Oprah après que Harry a soutenu sa femme. « Un manque de soutien et un manque de compréhension », convient-il.

Les téléspectateurs américains, Meghan le sait, n'ont aucune raison de douter de sa vérité. Surtout pas depuis qu'Oprah Winfrey a mis au grand jour un sujet explosif : le racisme. C'est un sujet sensible aux États-Unis, et Meghan le sait. La femme devenue une icône populaire dans son pays – au point qu'on l'appelle même la « princesse noire » –, rend la monnaie de sa pièce à la famille qui lui a refusé la célébrité.

Avec une hésitation toute théâtrale, elle décrit d'un ton doux « plusieurs conversations avec Harry » impliquant la « famille » de ce dernier au sujet de son enfant à naître. Pendant sa grossesse, elle révèle « qu'il y a eu discussions sur sa couleur de peau à la naissance ».

Oprah, prenant une mine surprise, s'interroge : « Est-ce qu'ils pensaient que ce serait un problème qu'il ait la peau brune ? »

Meghan confirme : « Cela semble assez sûr. » Elle décrit une situation difficile : « L'idée que notre fils ne soit pas en sécurité, et aussi que le premier membre de couleur de cette famille ne soit pas titré comme les autres petits-enfants. »

Oprah Winfrey demande plus tard à Harry d'expliquer ce qui s'est passé. Meghan a affirmé qu'il y avait eu « plusieurs conversations » et qu'elles ont eu lieu alors qu'elle était enceinte. La version de Harry est radicalement différente. Au début de leur relation, dit Harry, il y a eu une seule « remarque générale » sur les « enfants ». La réponse de Harry est essentielle. Meghan évoque plusieurs conversations pendant sa grossesse quand Harry parle d'une seule discussion avant leurs fiançailles. « Cette conversation, déclare Harry, je ne la révélerai jamais. Sur le moment, c'était gênant. J'étais choqué. »

L'énorme différence des versions est ignorée par Oprah Winfrey. Elle n'explore pas la « conversation », qui s'est limitée à un échange avec Charles et Camilla. Cinq ans plus tard, Harry interprète ce qu'il sait n'avoir été qu'une spéculation innocente comme la fin de ses relations avec Charles et Camilla : « Il y avait des signes évidents, avant même notre mariage, que cela allait être difficile. »

Harry et Meghan s'abstiennent de nommer les responsables. « Ce serait très dommageable », explique-t-elle. Mais comme Harry a mentionné son « profond respect » pour la reine, car « elle est mon colonel en chef et elle le sera toujours », certains téléspectateurs se demandent si Elizabeth II et son mari de quatre-vingt-dix-neuf ans ne se sont pas rendus coupables de racisme.

Pendant cet échange, Meghan sourit. Elle ne semble pas perturbée par le fait que Harry a sapé son scénario. Sans effort, elle passe sous silence cette découverte terrible pendant sa grossesse. Le futur bébé, lui a-t-on annoncé, sera privé du titre de prince et ne sera pas protégé. Prononcée sur un ton tellement calme qu'il en est désarmant, l'accusation de Meghan est cette fois encore explosive.

Lorsqu'Oprah lui demande pourquoi Archie n'est pas prince, Meghan répond : « Je peux vous donner une réponse honnête. » La même raison, selon Meghan, pour laquelle son fils se voit refuser la sécurité : parce que, avec sa peau brune, il ne sera pas traité « de la même manière que les autres petits-enfants ». Le Palais, selon Meghan, est infecté par le racisme. « C'est une décision qu'ils jugent appropriée. Il n'y a pas d'explication. »

Accuser la reine et la famille royale de racisme pour ne pas avoir fait d'Archie un prince est incroyable. Et Meghan sait que son argument n'est pas exact. En vertu d'un protocole signé par George V le 30 novembre 1917, Archie ne peut devenir prince qu'après que son grand-père, Charles, a été couronné roi. De plus, à la naissance d'Archie, le porte-parole de Meghan a annoncé que ses parents ne voulaient pas que leur fils ait un titre. Mais Meghan va plus loin dans l'interview. Elle affirme que, parce que son fils sera brun, « ils ont dit qu'ils voulaient changer le protocole pour Archie ». Elle n'identifie pas ce « ils » ni n'explique quel changement s'est produit dans le protocole.

Les faits n'ébranlent jamais la vérité de Meghan. Elle sait pourtant que la protection d'Archie a été assurée tant que ses parents ont vécu à Frogmore ou n'importe où en Grande-Bretagne. Une fois de plus, Oprah Winfrey affiche un mépris visible pour les membres de la famille royale et ne cherche pas à questionner la version de Meghan.

Portant un costume bleu mal ajusté, Harry apparaît aux deux tiers de l'émission. Le racisme généré par les tabloïds « bigots », a-t-il déclaré auparavant, a « joué un rôle important » dans la décision de quitter la Grande-Bretagne. Tout comme le fait de leur retirer « au pied levé » leur protection, une norme depuis son enfance. Même s'il a été prévenu que le contribuable britannique ne paierait pas pour sa protection s'il déménageait aux États-Unis, il a refusé d'accepter la réalité. « J'ai hérité du risque, déclare-t-il à Oprah Winfrey, donc ça a été un choc pour moi. ». Et maintenant, il dit à des millions de personnes qu'il craint que « l'histoire se répète ». Meghan, laisse-t-il entendre, pourrait être « assassinée » tout comme Diana.

« Ma famille m'a coupé les vivres, déclare-t-il à Oprah Winfrey. J'ai eu ce que ma mère m'a laissé. Je dois assurer notre sécurité. » Le refus de Charles de les aider financièrement, laisse-t-il entendre, les a laissés sans le sou et sans « plan de secours ». Il a été choqué de voir que Charles a cessé de prendre ses appels. Harry affirme que la négociation des contrats avec Netflix, Spotify, Disney et d'autres n'a commencé – par nécessité financière – qu'après leur arrivée en Californie. En fait, les comptes audités du prince Charles montrent que Harry a reçu plus d'un million de livres sterling après avoir quitté la Grande-Bretagne[818].

« C'est triste que l'on en soit arrivé là, déclare Harry alors que l'émission touche à sa fin. Mais je devais faire quelque chose pour ma santé mentale, celle de ma femme et celle d'Archie aussi. Parce que je peux voir où cela peut conduire. »

« C'est une fin heureuse », conclut Meghan. Ses dernières pensées semblent avoir été rédigées par un scénariste. « Plus grand que tous les contes de fées. »

Pendant trois jours, les accusations des Sussex figurent parmi les sujets les plus discutés au monde. Une majorité d'Américains et la plupart des Britanniques issus des minorités croient aux propos de Meghan : la famille royale est raciste. La majorité des Britanniques ont également l'impression que l'interview n'est qu'un avant-goût d'autres révélations. Les Sussex ont d'ailleurs menacé d'en dire plus au besoin.

La réaction immédiate est prévisible. Buckingham Palace est momentanément paralysé, les médias britanniques sont hostiles et les médias américains expriment un soutien euphorique. Dans tout le Commonwealth, beaucoup sont persuadés que toute la famille royale est raciste. Les conséquences sont lourdes.

En Grande-Bretagne, les sondages d'opinion montrent que 83 % des plus de 65 ans ont une opinion négative du couple, tandis que 95 % des 18-24 ans en ont une opinion positive. Les jeunes et les minorités ethniques semblent ravis que Meghan représentent leur point de vue[819]. Dans l'ensemble, cependant, le couple obtient des notes négatives : 48 % d'opinions défavorables pour Harry, 56 % pour Meghan[820].

Le soutien à Meghan et Harry est défendu avec éloquence par une professeure d'histoire américaine métisse, Christy Pichichero[821]. Selon elle, les contempteurs de Meghan au Palais, qui ont des préjugés, remettent en question la véracité de ses souvenirs par un « éclairage discriminatoire » visant à la manipuler psychologiquement et à miner sa confiance en elle. En somme, parce que le Palais n'a pas présenté d'excuses pour ses erreurs, Pichichero juge qu'il est coupable de « racisme et d'autres formes de sectarisme ».

L'actrice Janina Gavankar, amie de Meghan depuis dix-sept ans, révèle que Meghan se sent « libérée » depuis l'entretien. Malgré le sacrifice de son identité et son dévouement à la famille royale, « ils ne voulaient tout simplement pas l'écouter[822] ».

Les principaux soutiens de Meghan sont les responsables du parti démocrate. L'attaché de presse de Joe Biden salue le « courage » de Meghan, dépeignant la famille royale comme un nid de racistes rétrogrades. Michelle Obama compatit avec Meghan en tant que victime du racisme : « La race n'est pas une construction nouvelle dans ce monde pour les personnes de couleur, ce n'était donc pas une surprise totale d'entendre ses sentiments et de les voir exprimés. » Pourtant, les Sussex ne figurent pas parmi les quatre cents personnes invitées pour le 60e anniversaire de Barack Obama à Martha's Vineyard.

Hillary Clinton, qui à elle-même vécu un scandale dans sa famille, fait remarquer que « c'était déchirant de les voir tous les deux assis là, à décrire combien il était difficile d'être accepté, d'être intégré. Pas seulement dans la famille royale, comme ils l'ont décrit, mais plus douloureusement dans la société au sens large, dont le récit est alimenté par des tabloïds qui vivent dans le passé ». Certaine que Meghan a été traitée avec « cruauté » par les tabloïds et que sa liberté d'action a été réprimée par le Palais, Clinton déclare : « Cette jeune femme n'allait pas baisser la tête. Nous sommes en 2021 et elle voulait vivre sa vie. Elle voulait être pleinement engagée et elle était en droit de l'espérer[823]. »

Aucun partisan n'est plus éloquent qu'Amanda Gorman, la jeune poétesse noire américaine qui a lu « *The Hill We Climb* » lors de l'investiture de Joe Biden, un poème délivrant un message d'espoir sur le racisme de l'Amérique. « Meghan, tweete-t-elle le 8 mars, est la plus grande opportunité de changement, de régénération et de réconciliation de la Couronne dans une nouvelle ère. Ils ne l'ont pas seulement maltraitée, ils l'ont ratée. » Plus tard dans la journée, Amanda Gorman déclare à ses followers : « Meghan vit la vie que Diana aurait dû avoir, si seulement ceux qui l'entourent avaient été aussi courageux qu'elle. Meghan ne vit pas une vie sans douleur, mais une vie sans prison. »

Les partisans de Meghan ignorent les rapports de Londres énumérant dix-sept inexactitudes et contradictions dans les réponses de Meghan à Oprah Winfrey. Aucun ne remet en question le fait que Meghan ne s'est pas demandé, avant le mariage, si elle pouvait s'adapter à la culture de la famille royale. Pour de nombreux Américains, la force de Meghan définit leur lutte contre la famille royale. Une victime est toujours irréprochable.

Il n'y a que peu de voix dissidentes aux États-Unis. « Ses mensonges sont presque psychotiques », déclare Thomas Markle, faisant écho à la colère qu'ont suscité en Grande-Bretagne les mensonges flagrants de Meghan. Sarah Vine a ainsi parlé des « divagations délirantes et unilatérales d'un couple ivre de son propre drame[824] ». De nombreux Britanniques veulent que les Sussex soient déchus de leurs titres pour leurs accusations de racisme à l'encontre de la famille royale.

La communauté noire de Grande-Bretagne est divisée. Si beaucoup se sont ralliés à Meghan, s'identifiant à sa colère, d'autres, comme Rem Adekoya, enseignant à l'université de York, font valoir que de nombreux Noirs considèrent Meghan comme une Blanche[825]. Wendell Pierce, le père de Rachel Zane dans *Suits*, condamne l'interview avec Oprah, la jugeant « offensante et insensible » alors que 3 000 personnes meurent tous les jours aux États-Unis à cause du Covid[826].

Peu de temps après la diffusion, le porte-parole de Meghan s'empresse de diffuser une clarification. La personne qui s'interroge sur la couleur de l'enfant à venir n'est ni la reine ni Philip. Il reste donc Charles, William et Kate. Les officiels du Palais évitent une réaction immédiate. Après mûre réflexion, ils font une déclaration mesurée : « Toute la famille est attristée d'apprendre l'ampleur du défi que ces dernières années ont représenté pour Harry et Meghan. Les questions soulevées, en particulier celle de la race, sont préoccupantes. Bien que certains souvenirs puissent varier, ils sont pris très au sérieux et seront traités par la famille en privé. Harry, Meghan et Archie seront toujours des membres de la famille très appréciés. »

La plupart des Britanniques saluent cette déclaration comme un geste génial. Omid Scobie rapporte que les Sussex n'ont pas été surpris que la famille royale ne se remette pas en question. Selon lui, les Sussex auraient demandé comment avancer dans ces conditions[827].

Au nom des Sussex, Scobie condamne également Kate Robertson, la fondatrice de One Young World et l'un des premiers soutiens de Meghan pour les réserves qu'elle a formulées sur Tweeter : « Les Sussex ont des griefs, tweete Robertson, mais ils devraient les régler en personne et en privé. Faire du mal à la reine en public, c'est vraiment bas. » Elle loue la reine comme « l'exemple le plus frappant de service public au monde ». La critique d'Omid Scobie déclenche l'assaut de la « Sussex Squad » contre Robertson. Elle cède rapidement aux trolls. « Tout le monde a le droit de raconter son histoire, corrige-t-elle. Commenter la vie des gens, c'est mal. Je suis vraiment désolée[828]. »

Piers Morgan ne fait pas preuve de la même retenue dans l'émission *Good Morning Britain* sur ITV. Le journaliste, dont la carrière s'est construite en provoquant l'indignation, lance ainsi le programme à 6 h 32 le 8 mars. « Je suis en colère aujourd'hui, déclare-t-il à son public. Je suis dégoûté par ce que j'ai eu à regarder… Une démolition en règle de notre famille royale pendant deux heures. »

Il est immédiatement contesté par la co-présentatrice Susanna Reid. Suivant les directives d'ITV, Reid est chargée de défendre Meghan. Face à la caméra, elle déclare que l'affirmation de Meghan selon laquelle elle a eu des idées suicidaires est très sérieuse. Elle ne peut pas être « balayée d'un revers de main ». Elle doit être crue. Morgan la coupe. Meghan, exige-t-il, doit donner des détails et les noms de ceux qui l'ont évitée. « Je ne crois pas un mot de ce qu'elle dit, dit-il. Je ne croirais pas ses paroles si elle lisait le bulletin météo. » Une fois de plus, Reid balaie le scepticisme de Morgan. La réaction américaine à l'allégation raciale, rétorque Morgan, sera utilisée contre la monarchie.

À ce stade, le public est aussi divisé que les présentateurs de l'émission. Certains font de Meghan la méchante qui ment sur la famille royale et la race. D'autres croient ses accusations. Pas moins de 41 500 plaintes contre Morgan sont enregistrées par l'Ofcom, autorité régulatrice des télécommunications au Royaume-Uni. Pour couronner le tout, l'avocat de Meghan s'est officiellement plaint à ITV des préjugés de Morgan.

La température monte d'un cran le lendemain. La condamnation par Morgan de la « diatribe d'âneries » prononcée par Meghan a rendu furieux le présentateur météo de l'émission, Alex Beresford. Prenant clairement parti pour Meghan, il est invité à débattre avec Morgan. Participant pour la première fois à ce type d'exercice, Beresford salue à plusieurs reprises le courage de Meghan pour avoir dénoncé le racisme dont elle était victime. Il cite sa propre expérience – lui aussi est métis.

L'attaque de Morgan contre Meghan, se plaint-il, a été « incroyablement difficile à regarder ». La question de la race, dit-il, ne concerne pas uniquement la couleur de la peau, elle touche aussi à l'identité et aux idées. Morgan, estime-t-il, ne comprend pas le racisme dont sont victimes les non-Blancs. En tant que femme métisse, poursuit-il, elle fait partie des opprimés. Et en tant qu'homme blanc, Piers Morgan est incontestablement un oppresseur.

« Si Meghan dit qu'elle a souffert du racisme au Palais, dit Beresford, alors c'est vrai. Il n'y a que des personnes non-noires pour pouvoir suggérer le contraire[829]. » Même le fait de demander à Meghan de prouver ses allégations est jugé raciste. En tant que personne métisse, dit-il, elle a le droit de « dire sa propre vérité », même si toute inexactitude atteint les membres de la famille royale. Beresford nie que les « faits » soient différents de l'« expérience » ou de la « perception » personnelle.

L'emportement de Beresford est une plainte contre la performance de Morgan. « Meghan Markle, dit Beresford à Morgan, a le droit de vous faire taire si elle le souhaite. Pourtant, vous continuez à la dénigrer. » Beresford espère que cet argument réduira Morgan au silence.

« Ça suffit comme ça », lance Morgan avant de quitter le plateau. Quelques secondes après sa sortie spectaculaire, Beresford exprime sa fureur contre les critiques de Morgan.

La sortie de Morgan est assez amusante, finalement. Pendant des mois, le journaliste acerbe a harcelé sans pitié les ministres du gouvernement sur le Covid. À plusieurs reprises, il a humilié les politiciens sur leurs supposées erreurs. Lorsqu'il est confronté aux mêmes tactiques, il fuit. Mais ce paradoxe n'a pas été souligné.

L'affrontement entre Morgan et Beresford reflète les fortes divisions en Grande-Bretagne et aux États-Unis autour de la question raciale, mais elle souligne aussi les dommages irréversibles que les Sussex ont infligés à la monarchie. La dispute soulève une question fondamentale : une « victime » autoproclamée a-t-elle un droit incontesté à voir sa « vérité » acceptée sans discussion ? À ce moment-là, les vérités de Meghan – ou ses mensonges selon ses détracteurs – sont établies et largement commentées dans des émissions.

Carolyn McCall, directrice générale d'ITV, conteste le droit de Morgan d'être en désaccord avec Meghan. Elle critique particulièrement le journaliste pour avoir mis en doute les idées suicidaires de Meghan. Morgan, déclare l'ancienne directrice générale du *Guardian*, n'a pas le droit de remettre en question la « vérité » de Meghan. Ayant reçu une protestation de cette dernière en tant que femme et mère, McCall exige que Morgan fasse des excuses à l'antenne. Ce que Morgan refuse.

Selon Morgan, un problème de santé mentale est devenu l'excuse des célébrités prises en défaut. Même le prince Andrew a mentionné ses « problèmes de santé mentale » pour expliquer sa conduite. McCall refuse d'entrer entrer dans ce débat et met immédiatement fin aux apparitions de Morgan sur *GMB*.

« Je suis ainsi devenu la dernière victime de la *cancel culture*, s'est vanté Morgan, se réjouissant de faire la Une des journaux. Si je dois tomber pour avoir exprimé une opinion honnête sur Meghan Markle et toutes les âneries qu'elle a débitées dans cette interview, qu'il en soit ainsi. » Entre-temps, il a mentionné qu'il venait de déguster une bouteille de Krug à 400 livres sterling et de fumer un cigare.

Certains soupçonnent qu'il cherchait une excuse pour quitter ITV avec fracas. Du jour au lendemain, l'audience de l'émission s'effondre, passant de 1,89 million à moins de 500 000 téléspectateurs.

McCall décide de faire appel à Alastair Campbell, ancien porte-parole de Tony Blair à Downing Street, pour remplacer Morgan. Présenté comme un menteur tyrannique, Campbell est soupçonné d'avoir dissimulé le peu d'éléments sérieux justifiant un engagement dans la guerre en Irak[A] et d'avoir révélé à BBC News que le chercheur David Kelly était la source confidentielle du dossier. Cette révélation a provoqué le suicide de Kelly[830].

Six mois plus tard, l'Ofcom rejette les 58 000 plaintes concernant la performance de Morgan – dont celle de Meghan. « M. Morgan, déclare l'Ofcom, a le droit de dire qu'il ne croit pas aux allégations du duc et de la duchesse de Sussex. » Le faire taire, poursuit l'Ofcom, serait « une restriction injustifiée et effrayante de la liberté d'expression ». Morgan l'a emporté. « Une victoire retentissante pour la liberté d'expression, dit-il, et une défaite retentissante pour la princesse Pinocchio. » Carolyn McCall reste silencieuse. Peut-être prend-elle conscience des inconvénients de la « vérité » et d'un blâme facile.

À Montecito, Meghan est plus convaincue que jamais d'être une victime, parce que cette posture sert son objectif. Son triomphe dans l'émission

A. La présence d'armes de destructions massives a été utilisé par les États-Unis pour envahir l'Irak en 2003. Or, il s'agissait d'un mensonge auquel le gouvernement britannique a participé. Alastair Campbell était alors chargé de la présentation du dossier.

d'Oprah Winfrey a montré qu'elle et Harry avaient le pouvoir de manipuler les médias pour diffuser leur message selon leurs conditions.

Mais il y a une chose qu'elle n'a pas anticipée. Face à ce qui se passe à Londres, Jason Knauf, Sara Latham, Samantha Cohen et d'autres anciens membres de son personnel sont horrifiés. Ils ont travaillé sans relâche pour aider le couple. Meghan l'a d'ailleurs admis dans sa déclaration au tribunal : « J'ai supporté en privé l'assaut médiatique autour de mon père avec le soutien de M. Knauf[831]. » Or, c'est une tout autre histoire qu'elle a racontée au monde entier chez Oprah : non seulement Knauf et son équipe n'ont rien fait, mais ils ont conspiré contre elle et Harry. En Californie, elle se croit à l'abri.

CHAPITRE 39

Contrecoup

« J'ai perdu mon père. J'ai perdu un bébé. J'ai presque perdu mon nom. Je veux dire, il y a la perte d'identité », déclare Meghan le jour où elle admet qu'elle s'est, après tout, mariée à un Windsor[832].

Pour Meghan, qui s'est plainte auprès de ses deux maris d'une enfance sans famille, l'interview d'Oprah Winfrey a condamné ses enfants à un sort similaire : ces derniers risquent fort de grandir sans grands-parents, oncles, tantes ni cousins. Seule Doria les voit. Les relations chez les Windsor ont toujours été complexes, mais personne ne s'attendait à ce que Harry rompe complètement avec sa famille.

À Londres, les répercussions publiques ont duré plusieurs jours. « Nous ne sommes pas une famille raciste », déclare William alors qu'il est pris à partie par des journalistes dans une école de l'est de Londres pour promouvoir un projet de santé mentale[833].

Malgré sa colère face à la dénonciation de Kate par Meghan, William appelle Harry. Guérir et réparer, ont-ils convenu avec Charles, est leur seule option avant que la rupture ne devienne irréversible. Quelques heures plus tard, Gayle King apparaît sur CBS. Après avoir révélé la conversation privée entre les deux frères, elle moque le projet pacificateur. La conversation, dit-elle, n'a pas été « productive ».

King critique l'attitude de William : « La famille doit reconnaître qu'il y a des problèmes. » Or, ce n'est pas ce qui se passe. Elle poursuit en évoquant « ce qui est encore plus bouleversant » pour Meghan, à savoir que le Palais veut régler le différend en privé, mais n'a pas empêché la diffusion de fausses histoires dans les médias[834]. Ce qui est sûr, c'est que Buckingham n'a pas réussi à empêcher la diffusion des accusations formulées dans l'interview d'Oprah Winfrey.

Le Palais prévient Harry qu'il n'y aura plus de contact en cas de nouvelles fuites dans les médias. Les conseillers royaux pensent que cela intimidera Harry. Ils se trompent. Face au succès de l'interview d'Oprah aux États-Unis, les Sussex sont prêts à devenir des célébrités de premier plan et des militants en Californie. Un statut plus flatteur qu'être des membres en exil de la famille royale.

À la veille de son quarantième anniversaire, Meghan rayonne. Admirée par des millions de personnes comme une superstar authentique et qui ne fait pas de compromis, elle a défié tous les pronostics. Sous les projecteurs du monde entier, elle a humilié la famille royale.

Le contrôle des médias est essentiel. Rien ne peut être laissé au hasard. Le statut et les revenus de Meghan dépendent de son exposition dans les médias. Les dénigrer, notamment par des menaces juridiques, fait partie de son arsenal. À sa demande, CNN a retiré un rapport exposant ses inexactitudes dans l'interview d'Oprah Winfrey[835]. L'habileté des Sussex consiste à refuser de parler à ceux qui ne veulent pas accepter leurs conditions. En retour, leur autorité leur confère une influence considérable par le biais de leur situation à Hollywood. À Los Angeles, les médias reconnaissent que Meghan est devenue une force importante. Redoutant son influence, ceux qui ont travaillé avec elle par le passé accueillent les journalistes s'enquérant de sa carrière par un silence agressif. Leur refus abrupt de commenter donne une mesure de la nouvelle autorité de Meghan.

Présentés sur leur insistance comme duc et duchesse, les Windsor de Montecito ont créé leur image d'humanitaires multiraciaux et multiculturels, une image façonnée par des clichés savamment orchestrés. Leur marque royale est utilisée non pas pour servir et aider, mais pour construire une carrière lucrative. Seule la destination de Meghan reste floue. Son ambition est entourée de mystère.

La routine des Sussex a changé. Ils ne se soucient plus d'être filmés en train de distribuer des colis alimentaires ou de visiter des foyers pour femmes isolées. À la Toussaint 2021, Harry ne s'est pas rendu dans un cimetière pour honorer les morts. Avec leur équipe de conseillers, ils ont également conclu que tout appel aux Britanniques est perdu. À la suite de l'émission avec Oprah Winfrey, ils choisissent de concentrer leur énergie sur l'Amérique, pour se rapprocher de leur base et accroître encore leurs revenus.

Pour bénéficier des avantages en matière de secret fiscal et financier, les avocats de Meghan ont enregistré onze sociétés dans l'État du Delaware[836]. La Fondation Archewell et les finances personnelles des Sussex sont cachées. Fait troublant, ils ont aussi créé deux sociétés commerciales, Archewell Audio et Archewell Productions. Personne ne sait où le couple a déposé les revenus tirés de Netflix et de Spotify. Ni si ces revenus sont utilisés à des fins caritatives.

Rien ne prouve non plus que Netflix et Spotify tirent des revenus de leur relation avec les Sussex. Au contraire, des cadres de ces sociétés ont exprimé leur déception, car cette collaboration n'aurait occasionné aucun produit ni bénéfice[837]. Les Sussex acceptent un partenariat avec le Center for Humane Technology. Avec Archewell, ils étudient le développement de « communautés en ligne plus sûres et plus humaines ». Cela témoigne de leurs centres d'intérêts, mais cela ne permettra pas de générer des rentrées financières qui leur permettent de maintenir leur style de vie.

Dans le filet lancé par les Sussex auprès des milliardaires et des chasseurs de têtes de la Silicon Valley pour que Harry décroche un emploi convenable, leur première prise est Better Up. Le « Prince Harry, Duc de Sussex, annonce la société fondée en 2013, est engagé comme Chief Impact Officer ». Il devient une sorte de super-coach pour améliorer la motivation et la productivité, et supervisera les services de conseil et de mentorat de la société.

Malgré sa promesse de ne pas tirer profit de sa naissance royale, Harry offre à la machine à fric californienne son expertise comme prince souffrant de problèmes de santé mentale[838]. Il rejoint un programme destiné à inciter les personnes touchées à pratiquer la méditation avec l'aide d'un coach Better Up. « L'univers me donne des leçons », dira Harry pour évoquer le remède qu'il a trouvé pour faire face à son mal-être[839]. Selon lui, la santé mentale d'une personne en burn-out s'améliore quand elle quitte son emploi[840]. Mais il ne dit pas comment elle peut survivre sans revenus.

Pour promouvoir Better Up, Harry s'arrange pour que la société californienne soit liée à l'organisation caritative britannique Queen's Commonwealth Trust (QCT). En échange, le QCT fait la promotion de Better Up comme une aide précieuse pour les Américains[841]. Harry plonge dans des eaux troubles. Contrairement aux pratiques britanniques, la quasi-totalité du revenu annuel total de 796 106 livres sterling du QCT est versée au personnel plutôt qu'aux bénéficiaires répertoriés. Sans aucune connaissance de la finance ou du droit, Harry prend des risques.

Se décrivant comme un « humanitaire, un vétéran de l'armée, un défenseur du bien-être mental et un écologiste », Harry est aussi membre d'une commission de l'Aspen Institute qui enquête sur la manière dont la « désinformation » provoque une « crise de confiance moderne dans les institutions clés ». Parmi les autres membres figure Kathryn Murdoch, l'épouse de James Murdoch, dont le journal londonien a illégalement piraté le téléphone de Harry – même si Murdoch a toujours dit qu'il n'était pas au courant.

En tant que victime de la « dictature numérique », Harry estime qu'il peut contribuer à l'enquête sur « cette crise de confiance et de vérité qui est un problème humanitaire mondial ». Le rapport de la commission demande des comptes aux « super-diffuseurs » de mensonges en ligne qui nuisent à « des centaines de millions de personnes chaque jour[842] ».

Harry va plus loin. Il décrit les journalistes imprécis comme « des pirates munis de cartes de presse qui ont détourné l'industrie la plus puissante du monde ». Il demande : « Si les médias d'information sont censés nous demander des comptes, qui leur demande des comptes ? J'adorerais voir un mouvement visant à dénoncer ceux qui ne sont pas éthiques, immoraux et malhonnêtes parmi eux[843]. » Les inexactitudes de l'interview d'Oprah Winfrey et la déclaration trompeuse de Meghan devant la Haute Cour dans l'affaire du *Mail on Sunday* ne sont pas mentionnées.

L'éthique compte tellement pour Meghan et Harry qu'ils rejoignent le fonds d'investissement Ethic en tant que « partenaires d'impact ». Ce fonds de gestion d'actifs de 1,3 milliard de dollars, créé en 2015, se concentre sur les investissements « durables ». L'objectif, déclarent les Sussex, est de « repenser la nature de l'investissement pour aider à résoudre les problèmes mondiaux auxquels nous sommes tous confrontés ». Les Sussex ont investi dans le fonds et sont rétribuées pour devenir des ambassadeurs de la marque, même si l'accord de Sandringham le leur interdit.

Les pratiques du fonds Ethic sont pourtant controversées[844]. Les fondateurs, qui se présentent comme des écologistes, ont été accusés de *greenwashing* en permettant aux super-riches de gagner encore plus d'argent en se cachant derrière un projet prétendûment éthique. Les critiques soulignent que qu'Ethic a investi dans des mines d'or, des réseaux sociaux, des compagnies aériennes, des sociétés pétrolières, des produits pharmaceutiques, ainsi que des entreprises comme Amazon, le fabricant de missiles Raytheon et même la Fox Corp de Rupert Murdoch – autant d'entreprises jugées contraires à l'éthique par les groupes de pression – et autrefois par Harry lui-même. Mais désormais il déteste ceux qui, dans les médias, les critiquent.

Son peu de compréhension des médias est révélée par sa dénonciation, à la télévision, du Premier Amendement de la Constitution américaine, qu'il a qualifié de « farfelu », ignorant qu'il s'attaque ainsi à la pierre angulaire de la liberté d'expression et des médias non censurés. Par la suite, il admet ne pas avoir compris la protection permise par la Constitution[845].

Il y a une bonne raison pour que Harry renouvelle ses critiques à l'encontre des médias. Le 16 avril 2021, l'avocat David Engel déclare au *Mail on Sunday* que même si son client Jason Knauf n'aide pas volontairement le journal, il fera une déclaration si l'affaire Meghan vient à être jugée[846]. La dernière démarche de Knauf est motivée par le fait que le juge Warby a refusé d'autoriser un procès. Knauf est également déconcerté par les inexactitudes des Sussex dans l'interview d'Oprah Winfrey, ainsi que par les allégations de Meghan qui présentent son père comme un menteur, alors qu'elle a tout tenté pour l'aider. Warby, se plaignent les quatre employés du Palais, protège la « duplicité » de Meghan, lui permettant de trahir la réputation de « bonnes personnes et de professionnels brillants ». Si les quatre employés témoignent au procès, les conséquences pourraient être lourdes pour les Sussex. C'est pour cette raison que Harry a finalement décidé de se rendre à Londres.

Une semaine plus tôt, le 9 avril, le prince Philip est décédé. Ses funérailles sont fixées au 17 avril. Ni le palais ni les médias ne comprennent l'état d'esprit des Sussex quand Harry atterrit juste avant la cérémonie.

L'ambiance à Londres est plombée. Chaque jour, les médias vantent la vie remarquable de Philip et son dévouement au pays. Le duc a souhaité des funérailles simples dans la chapelle St George, à Windsor. Les répétitions ont montré un exercice militaire sans faille. Le cérémonial britannique ne peut pas manquer de toucher les spectateurs. Le temps s'annonce parfait. La seule incertitude concerne le comportement de Harry avec sa famille. Comment fera-t-il face à son père et à son frère ? Meghan a invoqué sa grossesse de sept mois pour excuser son absence.

Au château de Windsor, la reine se prépare à affronter le public pour l'un des jours les plus tristes de sa vie. Philip a été son roc pendant soixante-dix ans. Pour respecter les mesures de distanciation liées Covid, elle se tiendra seule à son banc. « Dieu merci, Meghan ne vient pas », a dit la reine d'une voix claire à ses assistants. L'aversion de la reine envers l'actrice ne fait plus aucun doute.

La présence de Harry reste un problème. En tant que citoyen dépouillé de ses titres militaires, il ne peut pas porter l'uniforme. Pour réduire l'embarras de Harry et d'Andrew, qui est dans le collimateur de la justice, les membres masculins de la famille royale sont en costume. Et Harry et William sont séparés par leur cousin Peter Phillips dans le cortège.

Beaucoup observent Harry pour voir s'il manifeste des regrets envers sa famille. Certains interprètent son regard de travers vers William comme le signe d'un malaise. Personne ne saisit pourquoi Harry est aussi nerveux. Quatre semaines plus tard, la diffusion sur Apple TV de la série télévisée sur la santé mentale qu'il a coproduit confirmera non seulement sa déloyauté, mais aussi son mépris pour la vie privée de sa famille. La diffusion a été repoussée après les funérailles. Une fois de plus, Harry se joue des Windsor.

En regardant sa famille debout dans la chapelle St Georges, Harry sait que la condamnation qu'il leur exprime dans la série télévisée d'Apple va creuser le fossé qui les sépare. Assise seule sur son banc, la reine de 94 ans dissimule son chagrin derrière un masque noir. Tout le monde est ému par sa dignité. William semble tendu, Kate sereine, Charles angoissé. Seule l'expression de Harry reste déconcertante. Faisant claquer son ordre de service contre ses cuisses en quittant la chapelle, il est clairement impatient. Personne ne sait que le jeune prince autrefois adoré a trahi sa famille.

Après l'office, avides de signes de réconciliation, les médias ont saisi la manœuvre de Kate pour organiser un échange entre les deux frères. Des caméras les ont suivis alors qu'ils montaient la colline en direction du château. Les reportages ultérieurs oscillent entre une discussion de deux heures entre Harry, William et Charles, et un échange superficiel avant le départ de tous. Peu de gens se rendent compte que Harry ne cherche aucune réconciliation. Il veut retourner en Californie aussi vite que possible. Les trois princes ont parlé brièvement avant que Charles rejoigne sa résidence dans les Brecon Beacons, au Pays-de-Galles. On a confié à William la charge de sauver la monarchie des dommages causés par Harry et Andrew.

Buckingham Palace comprend finalement le 14 mai que les Sussex sont incontrôlables. Apple TV diffuse le message de Harry. Intitulée *The Me You Can't See*, la série qu'il a coproduite, sous couvert d'explorer la dépression, est pour lui un moyen de dénoncer William, qu'il a auparavant loué comme étant la seule personne en qui il « pouvait avoir confiance ». Plus tard, dans un podcast intitulé *Armchair Expert*, il déshonore Charles, qu'il a pourtant remercié d'être si « gentil ». Il critique même la reine, bien qu'il ait dit qu'elle était « extrêmement admirée[847] ». Tous ses proches sont présentés comme des méchants responsables de ses « cycles de souffrance » et de sa « colère non résolue ». Comparant sa vie à « un mélange de *The Truman Show* et de zoo », il déclare : « J'ai vu derrière le rideau. J'ai vu le modèle économique. Je sais comment cette opération fonctionne… Je ne veux pas en faire partie. »

Au lieu de se réconcilier avec sa famille, il monnaye son angoisse. Le déclencheur de sa colère est une fois de plus la négligence de ses proches envers Meghan quand elle souffrait de dépression. « Elle était sur le point de mettre fin à sa vie. Elle n'aurait pas dû en arriver là, déclare-t-il. C'est d'ailleurs l'une des principales raisons de mon départ : je me sentais piégé et contrôlé par la peur, à la fois par les médias et par le système lui-même, qui n'encourageait jamais à parler de ce type de traumatisme. J'avais honte d'aller voir ma famille. Parce que je sais que je ne vais pas obtenir de ma famille ce dont j'ai besoin. »

Reprenant ses accusations diffusées dans l'interview d'Oprah Winfrey, Harry décrit comment lui et Meghan se sont sentis « brimés… Je pensais que ma famille m'aiderait, mais chaque demande, requête, avertissement a été accueilli par un silence total, une négligence totale. Nous avons passé quatre ans à essayer de faire en sorte que ça marche. Nous avons fait tout ce que nous pouvions pour rester là et continuer à jouer notre rôle et à faire notre travail. Meghan essayait de faire face[848]. » Même lorsqu'ils ont négocié leur départ – « chassés et impuissants » à Londres –, il y avait « des forces qui travaillaient contre nous ». Les personnes qui ont repoussé les supplications de Harry n'ont pas été identifiées.

Alors que le Palais a du mal à comprendre pourquoi Harry critique publiquement la reine et son grand-père pour l'éducation qu'ils ont donnée à Charles, celui-ci apprécie d'apprendre qu'il est en première position sur les réseaux sociaux. Les Américains, les hommes surtout, ont été saisis par son plaidoyer en faveur des thérapies. Il est crédité d'avoir supprimé la stigmatisation de l'aveu de l'anxiété et de la dépression.

En revanche, les responsables du Palais constatent qu'il n'y a aucun moyen de raisonner un homme qui « partage » sa colère afin d'aider les autres à avoir un « impact positif ».

Le fossé entre les Windsor et Harry se creuse. Cinq jours plus tôt, lors du Vax Live, « le concert pour réunifier le monde » organisé à Los Angeles, Harry a déclaré publiquement que Pfizer® et autres laboratoires pionniers des vaccins anti-Covid devaient abandonner leur propriété intellectuelle pour que les pays les plus pauvres puissent avoir accès au brevet[849].

Le président Biden soutient ce geste, mais la Grande-Bretagne et l'Union européenne s'y opposent. La participation de Harry à cet événement comme membre de la famille royale aurait été impossible. Tout comme le clip dans lequel Meghan affirme que les femmes de couleur ont été touchées de manière disproportionnée par le Covid. Selon elles, les progrès des femmes ont été « effacés » pour une génération. Elle n'a fourni aucune preuve de cette affirmation.

Harry sait que son activisme politique et la monétisation de sa colère causent du chagrin à Charles. Impuissant face aux événements de Californie, Charles sait qu'il a de bonnes raisons de priver les Sussex et leurs enfants de leurs titres. Le statut du couple dépend entièrement de ses titres royaux. Chaque apparition ou déclaration est publiée sous l'étiquette « Le duc et la duchesse de Sussex ». Ni l'un ni l'autre ne jugent étrange d'honorer la reine tout en la décrivant comme une mauvaise mère pour Charles. Aux États-Unis, personne ne semble conscient de ces contradictions. Mais Harry ne peut pas imaginer que Charles tolère ses manifestations agressives sans réagir. Dans le court laps de temps qui précède la mort de la reine, Harry doit consolider son statut.

Pour rester visibles, les Sussex créent un site web, Lilibet, avant la naissance de leur fille[850]. Lilibet était le nom utilisé par George V, le grand-père de la reine, lorsqu'il imitait sa petite-fille quand elle essayait de dire son prénom. Après sa mort en 1936, ce surnom est resté, mais n'était utilisé que par les proches de la reine.

La fille de Harry et Meghan naît au Cottage Hospital de Santa Barbara le 4 juin. Le même jour, mais deux jours avant l'annonce de la naissance, les avocats de Meghan ont enregistré le site lilibetdiana.com. Après la naissance, mais avant l'annonce publique, Harry appelle la reine. Il lui annonce que lui et Meghan ont décidé d'appeler leur fille Lilibet.

Pour contrer les Sussex, le Palais déclare à la BBC que la reine n'a « jamais été sollicitée » pour l'utilisation de son prénom. Lors de son appel téléphonique, Harry a juste « parlé » du prénom à la reine. La machine à « vérité » des Sussex se met alors en branle. Toya Holness, la porte-parole de Meghan, affirme que Harry n'aurait pas choisi ce prénom si la reine ne l'avait pas « soutenu ». Enflammée par la colère des Sussex, Schillings annonce que si la BBC ne s'excuse pas et ne retire pas son annonce, les Sussex porteront plainte pour diffamation. Dresser Harry contre la reine est une tactique extrême. Le Palais soutient la BBC. Face à la vérité des faits, les Sussex battent en retraite. La menace de Schillings s'évanouit. Les Sussex sont vaincus.

Les querelles juridiques de Londres pourraient être facilement oubliées en Californie. Ce n'est que lorsque toute la famille royale se rend au sommet du G7 organisé par le Premier ministre en Cornouailles, le 12 juin, et que Kate est filmée en train de rire avec Jill Biden, que Meghan comprend à quel point la lutte est inégale. Pour les Britanniques, la vue de William, de Charles et de la reine marchant dans un jardin, aux côtés des dirigeants du monde, représente la force durable de la monarchie, et William et Kate incarnent l'avenir de cette institution. Les Windsor sont rassurés par les accolades de leurs Royals avec les personnalités politiques venues du monde entier. Les Sussex préparent leur contre-attaque. Leurs prochaines apparitions publiques sont soigneusement programmées, le point culminant doit se dérouler plus tard dans l'année, à New York. Leur événement « royal » est prévu pour consolider leur statut aux États-Unis.

Dans leur emploi du temps, l'inauguration d'un mémorial en bronze en l'honneur de Diana dans le Sunken Garden du palais de Kensington, le jour du 60ᵉ anniversaire de la princesse, est importante pour Harry.

Seule la famille Spencer est présente aux côtés des frères. Tous les autres, y compris les petits-enfants de Diana, restent à l'écart. L'absence de Meghan n'a pas été commentée, sauf dans les régions d'Amérique où Diana est vénérée.

Debout devant une représentation peu inspirante de Diana, William et Harry défient les spéculations. La cérémonie ne déclenchera pas de réconciliation. La réticence de William à assister à la cérémonie est connue. Il sait désormais qu'il est inutile d'apaiser les Sussex. Le destin de Harry se construit en sapant les Windsor. Sa réinvention exige une rupture nette, un châtiment et une éventuelle réconciliation aux conditions des Sussex. Le seul problème est le risque que la vérité éclate.

À la fin du mois de juillet 2021, l'avocate du *Mail on Sunday* écrit à Jason Knauf. Elle demande au fonctionnaire s'il peut faire une déclaration à la prochaine audience contre Meghan. La réponse de Knauf arrive le lendemain. Pour éviter que ce qu'il avance soit remis en cause, il appuie sa déclaration sur son échange de SMS et d'e-mails avec Meghan et Harry. Avec la déclaration de Knauf et la déclaration ultérieure de Meghan, un nouveau pas est franchi. Knauf révèle qu'il a commenté le projet de lettre de Meghan à son père et que, à la demande de Meghan, il a également informé Omid Scobie[851]. En outre, l'équipe de communication de Kensington Palace aurait remis au journaliste une copie de la lettre de Meghan à Thomas Markle. Scobie aurait ensuite discuté de la lettre avec l'un des amis américains de Meghan[852]. En l'occurrence, Scobie est furieux que le magazine *People* l'ait devancé[853].

Maintenant, laisse entendre Knauf, le personnel du Palais est prêt à « dire la vérité » dans le procès de Meghan[854]. Les trois autres anciens membres du personnel ont également préparé des déclarations. Tous les quatre vont contester les allégations de Meghan. La déclaration de Knauf est remise simultanément aux avocats du *Mail* et à celui des Sussex. Les Sussex ont de bonnes raisons de s'inquiéter.

Knauf a changé d'avocat. Un nouveau cabinet a également été engagé par le Palais pour enquêter sur les allégations d'intimidation de Meghan. La déclaration de Knauf ne mentionne pas son mémorandum qui enregistrait les allégations du personnel concernant les brimades de Meghan. Pour les Sussex, il est devenu essentiel d'empêcher que les médias publient la « vérité » de Knauf.

CHAPITRE 40

Grand standing

Les trolls sur les réseaux sociaux ne cessent de répandre des ragots et leurs posts sont implacables : Meghan a insulté le personnel de Tyler Perry et les Sussex ont quitté la maison prêtée par le producteur après une dispute ; Meghan jure que Harry passe trop de temps avec des « Britanniques » vivant à Los Angeles ; George Lucas, réalisateur de films et voisin du couple à Montecito, est irrité par les Sussex ; Meghan écrit sur du papier à lettres portant un « M » sous une couronne dorée ; Netflix et Spotify sont mécontents du manque de bénéfices générés par les Sussex ; Archie n'a jamais été aperçu en train de jouer avec les enfants du quartier ; Harry est vu tous les matins en train de fumer un joint dans son jardin. Richard Mineards, un ancien journaliste vivant près de Montecito, donne au *London Evening Standard* le rapport inverse. Les Sussex, dit-il, sont parfaitement intégrés dans leur quartier[855].

Les Sussex ont de bonnes raisons d'ignorer les trolls. Leur équipe est en train d'assembler le puzzle pour les assoir comme des acteurs majeurs aux États-Unis. Tout sera bouclé dans trois mois.

Les négociations sont presque terminées pour un contrat portant sur quatre livres. Le premier titre, qui sera publié fin 2022, sera les mémoires « intimes et sincères » de Harry[856]. Écrits par le journaliste américain J.R. Moehringer, le livre promet de donner un « récit définitif, précis et totalement véridique » sur les « pertes et les leçons de vie qui ont contribué à le façonner ». Pour gagner l'avance estimée à environ 20 millions de livres sterling, Harry est censé donner à Moehringer des confessions et des détails secrets. Ceux-ci lui permettront de régler ses comptes avec sa famille et ses amis. Meghan doit aider le *ghost writer* à comprendre la douleur que la famille royale leur a infligée, à elle et Harry.

Parmi les cibles, outre William, Kate et Charles, il y a Camilla, raciste selon Meghan. La sortie doit coïncider avec les célébrations du jubilé de platine de la reine, en juin. Par définition, Harry exclut d'évoquer les avantages liés à sa naissance. Or, Harry est l'un des hommes les plus privilégiés au monde. Un autre livre devrait être publié après la mort de la reine.

L'annonce de cet accord coïncide avec la publication du livre pour enfants de Meghan, *The Bench*. Elle s'attend à un best-seller pour les trente-quatre pages inspirées d'un poème qu'elle a écrit pour Harry le jour de la fête des pères, après la naissance d'Archie. Dédié « à l'homme et au garçon qui font battre mon cœur » elle écrit qu'elle souhaite « dépeindre ce lien spécial à travers un prisme inclusif ». Elle souhaite en particulier mettre en avant la « douceur de la masculinité et de la paternité » à travers « la chaleur, la joie et le confort de la relation entre pères et fils ». Meghan ne remarque pas qu'elle et Harry se sont éloignés de leurs propres pères.

Les critiques sont sévères. Meghan est trop controversée pour attirer la générosité. Le *Daily Telegraph* commente un livre « semi-alphabétique » qui « laisse Harry tenir le bébé ». Un autre se plaint que le « projet s'essouffle ». D'autres s'interrogent sur la similitude du livre avec *The Boy and the Bench*, publié en 2018. Classé en 4 934e position sur le site Amazon Grande-Bretagne après deux semaines, *The Bench* atteint le Top 2000 en Amérique. En quelques jours, les mauvaises critiques n'ont plus d'importance.

Meghan exécute avec succès deux autres apparitions. Le jour de son quarantième anniversaire, elle a publié une vidéo. Filmée dans sa maison, derrière une table où s'entassent des piles de son livre, elle explique comment une poignée de femmes célèbres ont été recrutées pour consacrer 40 minutes à en aider une autre à reprendre le travail après la pandémie. Sans expliquer clairement ce qui peut être accompli en 40 minutes, et même si l'humour de la brève vidéo tournée avec l'actrice Melissa McCarthy est tombé à plat, ces images enrichissent son profil et réaffirment son engagement en faveur de l'autonomisation des femmes. L'impact réel de cette opération ne sera jamais révélé.

La pièce suivante du puzzle est plus importante. Deux sénatrices républicaines, Susan Collins (Maine) et Shelley Moore Capito (Virginie occidentale) sont contactées par téléphone[857]. Se présentant comme « Meghan, la duchesse de Sussex », elle leur demande de voter en faveur du congé parental rémunéré. Elle souhaite que davantage de mères en bénéficient pour passer du temps avec leur bébé. Les deux sénateurs semblent déçus par ces appels. Ils ont également trouvé étrange que Meghan utilise son titre royal. Après tout, elle a déclaré à *Vanity Fair* qu'elle ne s'était « jamais définie par sa relation ». Néanmoins, la machine publicitaire du Sussex réussit à diffuser la nouvelle pour en faire un coup de théâtre.

Les deux appels téléphoniques ont été précédés de lettres à la présidente de la Chambre des représentants, Nancy Pelosi, et au chef de la majorité du Sénat, Chuck Schumer[858]. Pour soutenir sa cause, la duchesse de Sussex décrit son enfance pauvre, sa fréquentation du bar à salades Sizzler, et répète également qu'elle a travaillé à l'âge de 13 ans.

Harry et Meghan ont le vent en poupe. Ils se disent préoccupés par le fait que « le monde est exceptionnellement fragile » ; ils se sentent « sans voix » après que les talibans ont commencé leur avancée victorieuse vers Kaboul ; et ils sont « effrayés » par les nouveaux variants du Covid et la désinformation qui règne sur le virus[859]. Ils sont moins préoccupés par le fait que, après un match de polo, Harry prend un jet privé pour aller d'Aspen à Santa Barbara, alors qu'il a déclaré à Oprah Winfrey que le changement climatique est « l'un des problèmes les plus urgents » auxquels le monde est confronté[860].

En septembre, la même Oprah Winfrey a été huée à Londres lors de la cérémonie des National TV Awards pour son interview des Sussex. On ne sait pas si les huées étaient destinées aux Sussex eux-mêmes ou à la présentatrice venue chercher des éloges pour sa prestation. Quoi qu'il en soit, les Sussex comptent sur Toya Holness pour étouffer toute voix négative.

Holness recrute à New York Genevieve Roth, fondatrice d'Invisible Hand, pour assurer la promotion du couple. Roth doit superviser le récit des Sussex. En 2020, elle a déclaré au magazine *Good Housekeeping* : « Je suis en proie à un racisme intériorisé et à des préjugés inconscients. » Mariée à un Afro-Américain, elle avoue que « la race est un problème dans notre couple parce que, en tant que femme blanche privilégiée, j'ai des tendances racistes inscrites à un niveau cellulaire[861] ». À New York, Roth est aidée par les rédacteurs du magazine *Time*.

Time, qui compte parmi les publications les plus prestigieuses d'Amérique, désigne chaque année les cent personnalités les plus influentes du pays. Le personnel des Sussex travaille dur pour convaincre les rédacteurs en chef de faire de Harry et Meghan l'« icône » numéro un de l'Amérique[862]. Et ils y parviennent. Dans un passé lointain, la nomination était rédigée par une personnalité politique ou culturelle célèbre. Le mieux que *Time* ait pu trouver pour la nomination les Sussex est José Andrés, un chef à l'origine de l'organisation World Central Kitchen (WCK), financée en partie par des fonds d'Archewell. La réalité de l'opération WCK est moins mondiale que ne le laisse penser son nom : en dehors des États-Unis, l'organisation n'a ouvert que de petites cuisines à Haïti, Porto Rico et Tonga.

Andrés ne tarit pas d'éloge sur les Sussex : « Le couple, écrit-il, est béni par la naissance et le talent, brûlé par la célébrité. Le duc et la duchesse ont de la compassion pour les gens qu'ils ne connaissent pas. Ils ne se contentent pas d'émettre des opinions, ils s'engagent activement. Ils donnent une voix aux sans-voix. » Les sceptiques pourraient s'interroger sur le choix des Sussex comme personnalités de l'année, mais Clare et Nina Hallworth, qui ont renouvelé l'image de Jennifer Aniston en 2019, ont été embauchées pour la photo du couple pour la couverture du *Time*.

Les stylistes ont placé Harry, tout de noir vêtu, debout derrière Meghan, habillée de blanc. Meghan a visiblement changé d'avis sur les stylistes. Trois ans plus tôt, elle a dit à Knauf qu'elle n'utilisait pas de stylistes : « Vous savez à quel point je trouve frustrant le récit de la "styliste" – ma coiffure est la seule chose sur laquelle j'ai encore un peu de contrôle. »

Le *Time* est le prélude au prochain grand événement : une tournée de trois jours à New York à partir du 22 septembre. Les Sussex sont arrivés dans un jet privé avec Mandana Dayani, nouvellement nommée directrice des opérations d'Archewell et qui a travaillé pour Hillary Clinton. Seuls des photographes seront présents. Le couple ne donne aucune interview.

Installés au Carlyle, l'hôtel préféré de la princesse Diana, les Sussex sont assurés de recevoir une protection maximale. Leur convoi sera entouré de motocyclistes de la police qui bloquent la circulation pendant qu'ils traversent Manhattan. Lors de leur première visite, tôt le jeudi matin, à One World Observatory, ils sont accueillis par Bill de Blasio, le maire de New York, et par Kathy Hochul, la gouverneure de l'État de New York. Traités comme des membres de la famille royale britannique, ils sont escortés jusqu'au Mémorial Ground Zero et au 102e étage de la Freedom Tower du World Trade Center. Après avoir rendu hommage aux victimes, ils ont marché jusqu'à leur convoi gardé par la police.

Les spectateurs ont été surpris de voir que Meghan porte un col roulé et un manteau épais malgré la douceur des températures. Durant ces trois jours, elle ne va arborer que des vêtements d'hiver, des pièces d'Armani, Loro Piana et Max Mara, sur des robes Valentino. Les accessoires sont signés Valentino, Cartier et Manolo Blahnik. Comme Harry porte un microphone pour les besoins d'un documentaire qu'il doit réaliser pour Netflix, on peut entendre une discussion autour du baptême de Lilibet, qu'ils semblent vouloir célébrer en Grande-Bretagne. Cela ne s'est pas produit[863].

L'étape suivante est le bâtiment des Nations unies, où le couple doit rencontrer l'ambassadrice américaine à l'ONU, Linda Thomas-Greenfield, puis participer à une discussion avec Chelsea Clinton sur l'accès équitable au vaccin contre le Covid, dans les bureaux de l'Organisation mondiale de la santé, avec l'apparition en vidéo du directeur général de l'OMS, Tedros Adhanom Ghebreyesus.

Le lendemain, le couple se rend à l'école primaire Mahalia Jackson, dans Harlem. Meghan est filmée en train de lire *The Bench* à une classe. Les journalistes ont appris que les Sussex avaient fait don d'une machine à laver et d'un sèche-linge, de deux jardinières remplies de légumes et d'herbes aromatiques, ainsi que d'exemplaires du livre de Meghan. Les mauvais esprits se demanderont si les écoliers issus de familles défavorisées et de foyers brisés accueilleront favorablement le récit d'une famille heureuse et si la tenue à 15 000 dollars de Meghan était appropriée. Ensuite, le couple est allé déjeuner de poulet frit et de gaufres à Melba, un restaurant de Harlem. Ils se sont engagés à verser 25 000 dollars au fonds de secours du restaurant.

Le point culminant de la tournée a lieu le samedi après-midi. Devant une foule de 60 000 personnes, à Central Park, un concert Global Citizen Live fait la promotion de l'équité d'accès aux vaccins. Les Sussex sont acclamés pour avoir exhorté les fabricants à donner des vaccins aux pays pauvres. « Les laboratoires pharmaceutiques ultra-riches ne partagent pas les recettes pour les fabriquer, déclare Harry à la foule. « Recettes » est bien le mot qu'il utilise. Adoptant le langage de Meghan, il poursuit : « Quand on commence à regarder les choses de ce point de vue, chaque personne mérite un accès égal au vaccin. » Aucun membre de l'assistance ne semble se demander comment Harry, profitant de son titre et de sa fortune, est qualifié pour lancer une campagne de ce type.

Avant la fin du concert, le couple est conduit à l'aéroport de Teterboro. Alors qu'ils prennent leur jet privé pour retourner à Santa Barbara, le sommet sur le climat de la Cop 26 se réunit à Glasgow. « Le duc et la duchesse de Sussex ont un engagement de longue date envers la planète », annonce Archewell. L'organisme ajoute que les Sussex n'émettront aucun gaz à effet de serre d'ici 2030 et compenseront leur empreinte carbone. Un mois plus tard, le couple retourne à New York en jet privé pour un gala donné en hommage aux anciens combattants[864]. Meghan porte une superbe robe rouge de créateur. Elle sera saluée par le *New York Times* comme une célébrité iconique et une activiste sociale.

Le même journal invite la duchesse de Sussex à rejoindre sur une estrade Mellody Hobson, présidente de Starbucks, codirectrice générale d'un fonds d'investissement et épouse du réalisateur de *Star Wars*, George Lucas. Ensemble, elles appellent l'administration Biden à financer les congés parentaux – « question humanitaire[865] » selon elles. Le même jour, Harry participe au débat lors d'une conférence Re-Wired sur la désinformation et attaque les médias britanniques qui ont créé de fausses informations afin de nuire à Meghan. « Les motivations de la publication, lit Harry dans son script, ne sont pas nécessairement alignées sur les motivations de la vérité. La désinformation est une crise humanitaire mondiale. »

Leurs deux discours à New York coïncident avec l'ouverture de l'audience devant la cour d'appel de Londres, dans l'affaire qui oppose Meghan au *Mail on Sunday*.

CHAPITRE 41

Victoire

Le 9 novembre 2021, les trois juges d'appel annoncent que les arguments présentés au nom du journal par Andrew Caldecott présentent un intérêt limité. L'un d'eux, Geoffrey Vos, n'a jamais manifesté une préoccupation particulière pour la liberté de la presse.

À ses côtés, Victoria Sharp est une critique virulente des médias. Au début de sa carrière, elle s'est empressée de représenter le magnat de la presse Robert Maxwell pour écraser les attaques des journalistes. Dans un précédent jugement, Sharp a sapé la protection statutaire essentielle des médias dans les affaires de diffamation. La cour suprême l'a déboutée.

Les juges britanniques montrent rarement une sympathie pour le groupe de presse du *Mail*, qui a accusé, en 2016, le pouvoir judicaire de préjugés contre le Brexit. (Deux juges avaient déclaré que le référendum en faveur du Brexit ne pouvait être mis en œuvre qu'avec l'approbation du Parlement. Dans un parlement sans majorité, obtenir ce vote était irréaliste.) Dans le procès de Meghan, le manque de sympathie des trois juges pour le *Mail* est perceptible dans leur impatience, alors que Caldecott expose son cas. « Vous faites perdre du temps au tribunal », telle est l'impression que donnent des juges.

Alors que Meghan visite une base militaire américaine dans le New Jersey, Caldecott souligne l'importance de la déclaration de Jason Knauf. Il fait valoir que le juge Warby a été induit en erreur par la déclaration de Meghan au tribunal. Il montre également comment Warby a ignoré certains SMS de Thomas Markle. Le juge a eu tort, selon Caldecott, de refuser au *Mail* le droit de contre-interroger Meghan et de produire le témoignage des quatre membres du Palais dans un procès.

Les juges rejettent ouvertement l'argument de Caldecott concernant l'importance de la description par Jason Knauf de ses « multiples » discussions avec Meghan[866]. Ils préfèrent s'accrocher aux excuses de Meghan pour avoir induit la cour en erreur dans sa déclaration signée.

« J'avais oublié les échanges de courriels que j'avais eus avec M. Knauf, écrit Meghan dans une nouvelle déclaration contrite, ainsi que ma rencontre avec les auteurs[867]. » Elle poursuit : « Lorsque j'ai approuvé le passage… je n'ai pas eu l'avantage de voir ces courriels et je m'excuse auprès de la cour de ne pas m'être souvenue de ces échanges à ce moment-là. Je n'avais absolument aucun souhait ni aucune intention d'induire en erreur le défendeur ou le tribunal. »

Les juges acceptent l'explication de Meghan. Sa déclaration trompeuse, déclare Vos, était « au mieux un malheureux trou de mémoire ». Le journal perd son appel. Selon les juges, Meghan est habilitée à déterminer le récit et les médias ne sont pas autorisés à contester sa vérité dans un procès. Le droit à la vie privée de Meghan est plus important que la liberté de la presse et l'intérêt public. Le journal n'aurait pas eu la possibilité de se défendre.

Inévitablement, la réaction des médias à ce jugement est critique. Comment Meghan a-t-elle pu oublier ses échanges avec Knauf ? demandent-ils. Elle est coupable d'un « faux » et de « mensonges[868] ». Aucun autre demandeur devant un tribunal anglais n'a jamais échappé à un procès et à la justice à cause d'un « malheureux trou de mémoire ». Pour beaucoup, cela montre que les riches et les puissants l'emportent toujours dans ce genre d'affaires. Selon les initiés, le grand vainqueur est le juge Warby, protégé par ses collègues. La victime est Thomas Markle. Il ne reçoit aucune réparation pour la diffamation publiée par le magazine *People*. « Les Markle meurent à quatre-vingts ans, dit-il. Il ne me reste que trois ans à vivre. Je ne verrai plus ma fille, et je ne connaîtrai jamais mes petits-enfants. »

Meghan Markle est euphorique : « C'est une victoire, pas seulement pour moi, mais pour tous ceux qui ont eu peur de défendre ce qui est juste. » Elle accuse le *Mail on Sunday* d'avoir fait traîner l'affaire et d'avoir déformé les faits pour générer plus de gros titres – « un modèle qui récompense le chaos plutôt que la vérité ». Elle ajoute : « Au cours des trois années qui se sont écoulées depuis le début de cette affaire, j'ai fait preuve de patience face à la tromperie, à l'intimidation et aux attaques calculées… Ces pratiques préjudiciables n'arrivent pas une fois dans la lune bleue – elles sont un fait quotidien qui nous divise et nous méritons tous mieux ». Elle appelle à un changement de loi : « Bien que cette victoire crée un précédent, ce qui compte le plus, c'est que nous sommes maintenant collectivement assez courageux pour remodeler une industrie des tabloïds qui conditionne les gens à être cruels et qui profite des mensonges et de la douleur qu'ils créent. »

Le *Times* reproche à la duchesse de s'en prendre aux médias : « Il est inapproprié d'exploiter la plate-forme accordée par le privilège héréditaire, dans son cas par le biais du mariage, pour faire pression sur une cause politique[869]. »

Un article contre les médias britanniques et en faveur de Meghan paraît dans le *New York Magazine*. Il est écrit par Safiya Umoja Noble, professeur associé d'études sur le genre et d'études africaines à UCLA, directrice du Center for Critical Internet Inquiry et auteur de *Algorithms of Oppression : How Search Engines Reinforce Racism*. Noble affirme que Meghan a été la cible d'une campagne Twitter sexiste et raciste sans précédent, alimentée par « le harcèlement et la haine ». Les femmes noires, écrit-elle, étaient « implacablement ciblées en ligne » par ce qu'elle appelle « misogynoir ». L'attaque contre une « femme noire qui a intenté un procès pour protéger sa vie privée et qui a gagné est trop dure à supporter pour les tabloïds », écrit Mme Noble. Elle ne mentionne pas que ses recherches ont été partiellement financées par la fondation Archewell pour « mettre en lumière les problèmes d'inégalité et de racisme structurels[870] ».

Le triomphe de Meghan est scellé par son apparition sur le plateau du talk-show d'Ellen DeGeneres[871]. Les deux femmes, voisines à Montecito, sont unies par des accusations d'intimidation[872]. Elles cherchent aussi désespérément à rester bien vues du public américain. Dans l'économie de la célébrité, les femmes d'âge moyen doivent fournir un effort remarquable pour obtenir la publicité qui les maintient au sommet de l'indice. L'astuce est d'éviter l'obsolescence en rafraîchissant constamment son attrait.

Craignant que son succès new-yorkais soit déjà oublié, Meghan accepte de participer à un show qui risque de bousculer son image. Elle est d'abord interviewée en studio sur sa vie par DeGeneres. Ensuite, vêtue d'un top Oscar de la Renta, elle quitte le studio et descend dans la rue. Instruite par une oreillette connectée à DeGeneres, elle reçoit l'ordre d'interagir avec des commerçants vendant des cristaux de quartz et des sauces piquantes. « Prenons ce qu'il y a de plus épicé, ce qu'il y a de plus chaud », s'écrie Meghan avec une étincelle dans le regard. Meghan, ordonne DeGeneres, « mange comme un écureuil », puis elle clame devant les commerçants médusés : « Oh Seigneur, Seigneur, Seigneur ! ». Le public du studio applaudit. Les téléspectateurs sont déconcertés. « Je me sens chaude, chaude, chaude », crie Meghan en dansant toute seule. Obéissant à l'ordre de DeGeneres de s'accroupir et de toucher son nez tout en buvant au biberon, elle entonne : « Maman veut du lait ». Le public du studio est encouragé à applaudir davantage. Les téléspectateurs sont encore plus perplexes. Pour le final, elle doit imiter un chat. Pendant une minute, elle récite : « Je suis un chaton. Miaou, miaou, miaou ».

CHAPITRE 42

Revanche

Le décor est désormais planté pour le divorce définitif entre les Sussex et la famille royale.

Harry a tiré les premiers coups de feu. Son refus de chercher une réconciliation au mémorial de Diana ou de se rendre à Londres pour le service commémoratif du prince Philip, le 29 mars 2022, confirme que les Windsor de Montecito n'ont aucune intention de reconstruire leur relation avec la famille royale. Ou alors à leurs propres conditions.

La reine a invité Harry et Meghan à se joindre aux festivités du jubilé de platine, mais le couple semble chercher des raisons d'éviter l'humiliation. Devenus de simples citoyens, ils ne peuvent pas paraître au balcon de Buckingham ni monter dans les carrosses[873]. L'image de leur isolement porterait atteinte à leur statut royal en Amérique.

Pour forger une excuse valable, Harry demande à la Haute Cour de Londres une ordonnance obligeant la police métropolitaine à assurer sa protection pendant sa visite ou lui permettant de payer cette protection policière[874]. Sa demande, dont le coût s'élève à 400 000 livres sterling, est refusée. Simple citoyen, Harry ne peut pas obliger le gouvernement à lui fournir une protection policière[875]. Il ne montre aucune déception et ne semble pas plus inquiet que ça d'assister en avril aux Invictus Games, qui se déroulent aux Pays-Bas.

Après l'annonce par Elizabeth II que Camilla serait la prochaine reine de Grande-Bretagne, le silence de Harry ne laisse planer aucun doute sur son ressentiment à l'encontre de sa famille et de son pays[876]. Dix-sept ans après son second mariage controversé, Charles a su convaincre sa mère et une majorité de Britanniques que Camilla devait accéder au titre de reine au moment où il sera couronné. Le silence de Harry laisse présager des problèmes. Charles a de bonnes raisons de craindre que l'aversion de son fils pour Camilla ait été ravivée par Meghan. L'attaque des Sussex contre la famille royale a été alimentée par de prétendus propos racistes tenus par Camilla sur le futur enfant à naître du couple.

La plupart des Britanniques ne comprennent pas l'hostilité de Harry. Encore moins sa déloyauté envers sa grand-mère. Il semble parfois prêt à trahir toutes les valeurs qui étaient autrefois les siennes. Personne ne comprend que son hostilité s'est encore accrue au cours de ses conversations avec John Moehringer, le *ghost writer* chargé d'écrire ses mémoires. Pour rentrer dans leurs frais, les éditeurs ont besoin que le livre soit un best-seller, et ils ont encouragé Harry à critiquer les siens dans les termes les plus extrêmes. Harry s'apprête donc à trahir son père, Camilla, les Cambridge et même la reine. Pour gagner l'avance consentie par son éditeur, rien ni personne n'est sacré.

Au début de l'année 2022, Charles a un aperçu des horreurs qui se profilent. Deux journaux du dimanche ont révélé qu'il avait accepté 1,5 million de livres sterling de la part d'un milliardaire saoudien, Mahfouz Marei Mubarak Ben Mahfouz, dans des circonstances douteuses. Il s'agit en réalité d'un don au profit de la fondation créée par le prince Charles pour sauvegarder le château de Dumfries House en Écosse. En retour, Charles a rencontré Mahfouz à deux reprises, en Écosse et en Arabie saoudite, avant de lui décerner en 2016 le titre de commandeur de l'Ordre de l'Empire britannique pour sa générosité. Ces transactions ne sont pas inhabituelles dans la vie du prince de Galles. Pour collecter des fonds pour ses œuvres philanthropiques, il « monnaye » certaines rencontres. Dans l'affaire Mahfouz, le plus proche collaborateur de Charles, Michael Fawcett, a gardé une trace compromettante de la « transaction » : après avoir reconnu le don de l'homme d'affaires saoudien, Fawcett offre de soutenir sa demande de citoyenneté britannique et s'engage à demander que lui soit attribué le titre de chevalier. La lettre de Fawcett ayant été révélée par la presse, Scotland Yard doit ouvrir une enquête, l'attribution d'une décoration contre de l'argent constituant une infraction pénale depuis 1925. Charles ne peut être blanchi que si Fawcett nie que le prince était au courant de sa proposition écrite.

Harry porte un coup supplémentaire à son père en publiant des e-mails montrant que lui-même a rompu avec l'homme d'affaires. En 2014, Mahfouz a promis de donner un million de livres sterling à Sentebale, l'organisation caritative de Harry. Ce dernier remercie le généreux donateur, qui lui fait savoir par son porte-parole que la somme sera versée à condition que Harry lui rende visite en Arabie saoudite. L'invitation est rejetée comme une offre douteuse. Il n'y a pas eu d'autres échanges. Charles a fait le contraire. Pour ajouter à la situation délicate de Charles, Harry se dit « préoccupé » par la conduite de son père[877].

Cette nouvelle tombe en même temps qu'une autre annonce embarrassante : le prince Andrew accepte de dédommager Virginia Giuffre, l'Américaine qui l'a accusé d'abus sexuels alors qu'elle n'avait que dix-sept ans. Cet accord de plusieurs millions de livres permet d'éviter un procès dévastateur devant un tribunal new-yorkais. Jeffrey Epstein continue de faire des ravages. Andrew est aussitôt privé de ses titres et de ses fonctions officielles, banni de la vie publique et relégué dans l'ombre.

Ces circonstances fragilisent la monarchie au moment où la santé de la reine décline. Comme Charles le redoute, Harry pourrait ne pas soutenir son accession au trône et le titre de reine pour Camilla. Il soupçonne que cette dernière sera citée dans les mémoires de Harry comme une des causes du départ des Sussex. Sous l'influence de Meghan, Harry utilise la question de la race pour assurer sa promotion. Grâce à un réseautage assidu, Meghan a noué des relations avec les leaders de l'Amérique noire, entre autres l'avocate Anita Hill, professeur à l'université Brandeis et connue pour ses coups d'éclat. En 1991, elle a tenté d'empêcher le juge fédéral Clarence Thomas d'être nommé à la Cour suprême. Trente et un ans plus tard, une femme noire est nommée pour la première fois à la Cour suprême. Il s'agit de Ketanji Brown Jackson. Anita Hill se fend d'un hommage dans lequel elle cite aussi une autre « femme noire admirable pour sa stature et son engagement – Meghan, la duchesse de Sussex[878] ». Citant longuement Meghan, Hill décrit la duchesse comme une figure historique de l'émancipation des femmes noires. « L'histoire des droits civils de demain s'écrit aujourd'hui », déclare Hill. Meghan, dit-elle, a écrit une partie de l'histoire des accomplissements des femmes noires, elle est l'une des pièces « de l'Histoire américaine ».

Meghan est élevée par Hill au rang de championne des droits des Afro-Américains au moment où les Sussex font une apparition remarquée aux 53e NAACP Image Awards à Beverly Hills. Créée en 1909, la National Association for the Advancement of Colored People est la plus grande organisation américaine de défense des droits civiques. Pour ce lancement en fanfare, le couple est accompagné par Doria, et Meghan monte sur scène dans une tenue d'un bleu éclatant. Pendant ce temps, en Grande-Bretagne, la presse britannique révèle que la cote de popularité de Meghan est tombée à 8 % et celle Harry n'est que de 13 %[879].

Leur participation à la remise des prix fait partie d'un accord négocié par les chargés de communication de Meghan. Le President's Award de la NAACP est décerné aux Sussex en « reconnaissance de leurs actions en faveur de la justice sociale et de leurs contributions philanthropiques[880] ». Parmi les précédents lauréats de ce prix figurent Muhammad Ali, Jesse Jackson, Colin Powell et Rihanna. L'exploit de Meghan ne s'arrête pas là : durant la cérémonie, la NAACP annonce la création d'un nouveau prix, le NAACP-Archewell Digital Civil Rights Award. D'une valeur de 100 000 dollars, il récompense des personnes dont le travail inspire les nouvelles générations de militants.

Le premier lauréat est Safiya Noble, professeur à l'UCLA qui a produit une étude, financée par la fondation Archewell, sur la manière dont les préjugés de race, de genre ou de culture sont intégrés par les moteurs de recherche. La publicité de l'événement a été organisée par Sunshine

Sachs. Le conflit d'intérêts n'est pas loin – comme avec José Andrés, le chef qui a signé leur portrait dans les colonnes du *Time* en 2021 et qui avait reçu 25 000 dollars d'Archewell pour son association caritative.

Les petits arrangements visant à promouvoir les Sussex sont douteux et peut-être contraires à l'Internal Revenue Code[A] qui encadre l'octroi d'une aide financière à un individu associé à un organisme de bienfaisance. De même, la provenance des 100 000 dollars est inexplicable[881]. Dans le bilan de sa première année, Archewell déclare avoir collecté moins de 50 000 dollars[882]. La comptabilité de l'organisme reste entourée de mystère. Mais son principal objectif est clair : faire connaître les Sussex.

A. Principale composante du code fédéral des impôts aux États-Unis.

CHAPITRE 43

Retombées

À la fin du mois de mars 2022, Kate et William sont les victimes de la promotion endiablée de Meghan et Harry. Quelques heures après leur arrivée en Jamaïque, deuxième étape d'une tournée officielle d'une semaine dans les Caraïbes, des manifestants sont rassemblés devant la représentation britannique à Kingston. Le sentiment anti-britannique est fort, et le couple n'a pas été prévenu que le message de Meghan Markle sur le racisme de la famille royale avait été entendu.

La tournée est planifiée depuis des mois en prévision du jubilé de la reine, et les Cambridge doivent se rendre dans trois pays du Commonwealth – le Belize, la Jamaïque et les Bahamas – dont la reine reste chef d'État. Leurs conseillers au palais de Kensington, au ministère des Affaires étrangères et au haut-commissariat en Jamaïque n'ont pas mesuré l'ampleur de l'hostilité envers les Britanniques. Aucun d'eux n'a transmis à Buckingham les effets des discours de Meghan. Le Commonwealth est perçu comme un vestige de la colonisation et la famille royale est soupçonnée de manquer d'empathie pour les descendants d'esclaves, alors que des demandes de réparations ont été adressées à la Grande-Bretagne.

Après les incidents de Kingston, les Cambridge écoutent le Premier ministre de la Jamaïque, Andrew Holness, prononcer un discours dans lequel il dénigre la monarchie et promeut un programme républicain, ainsi que ses ambitions politiques.

Le malaise s'aggrave lorsque William, portant un uniforme blanc orné de médailles militaires, fait le salut dans une Land Rover à toit ouvert. Critiqués comme des colonialistes arrogants, les Cambridge sont aussi montrés du doigt pour les vêtements coûteux et les bijoux scintillants de Kate. D'autres photos les montrent en train de serrer des mains d'enfants à travers un grillage. La crise a atteint son paroxysme quand William prononce des excuses au nom de la monarchie pour le commerce des esclaves qu'elle entretenait au sein de ses anciennes colonies. Ses paroles irritent la plupart des Britanniques et ne satisfont pas les Jamaïcains qui désapprouvent la visite. À son retour à Londres, William ne suit pas l'exemple de la reine, qui a souvent répondu aux polémiques par le silence, et publie une déclaration embarrassée dans laquelle il reconnaît que le sort du Commonwealth doit être reconsidéré.

La performance de William a mis en lumière une autre des récriminations de Meghan : la famille royale est entourée de conseillers incompétents. Les manifestations contre la monarchie ont été prédites par plusieurs journées, à la Jamaïque comme à New York. Le correspondant royal du *Newsweek*, Jack Royston, a prévenu que l'accueil des Cambrige pourrait être perturbé après les déclarations de Meghan sur le racisme supposé de la famille royale. Et le principal journal jamaïcain, *The Gleaner*, a posé cette question : « Pourquoi la Jamaïque devrait-elle s'obstiner à rester dans les jupons de la monarchie ? » puisque la reine est « la matriarche d'une famille dysfonctionnelle ». L'opprobre jeté sur les Cambridge est inversement proportionnel à l'accueil que Harry avait reçu sur l'île en 2012 et à sa tournée triomphale en Afrique du Sud en septembre 2019.

Dans la foulée, beaucoup ont émis l'hypothèse que les visites royales, voire la monarchie elle-même, étaient des reliques. Blessé par les critiques, William semble très abattu. Le travail de démolition des Sussex semble avoir contribué à abîmer la réputation des Cambridge.

Au cours des mois précédents, Harry s'est préparé pour les Invictus Games, organisés à La Haye en avril 2022. Sa participation doit être présentée dans une série Netflix. Dans les épisodes de cette série, les Sussex doivent apparaître comme des membres de la famille royale. Afficher ostensiblement leur lien avec la reine est d'une importance capitale pour leur statut et leurs revenus.

En mars 2022, la reine est souffrante et doit annuler plusieurs engagements publics. Elle fait une exception pour sa participation au service en mémoire du prince Philip. L'événement est éclipsé par l'apparition d'Andrew qui escorte sa mère jusqu'à son siège dans l'abbaye de Westminster. Ne tenant pas compte de son interdiction d'exercer des fonctions publiques, Andrew a indiqué qu'il comptait être présent pour les célébrations du jubilé en juin.

Tenir Andrew à l'écart est un des problèmes à régler. Un autre concerne la demande de Harry et Meghan qui souhaitent apparaître avec la reine sur le balcon de Buckingham. Si ces trois perturbateurs réussissent à se montrer en public avec la famille royale, les médias vont se concentrer sur eux et oublier les réalisations de la reine. Inévitablement, la réaction du public sera peu enthousiaste.

Les obstacles à l'apparition de Meghan et Harry sont considérables, notamment parce que Charles s'oppose à leur présence. Pour lui, ils sont devenus de simples citoyens, et ne doivent pas être invités à monter dans un carrosse royal ni à se montrer au balcon de Buckingham. Ils doivent rester confinés dans l'enceinte des VIP. Pour Meghan, cette perspective n'est pas satisfaisante, parce qu'elle a besoin d'être vue à côté de la reine – sa valeur pour Netflix en dépend.

Harry harcèle les conseillers de la reine. Après avoir échoué, il demande à la reine s'il peut lui rendre visite à Windsor avant de se rendre aux Pays-Bas. Pour obtenir l'accord d'Elzabeth II, il semble donner l'impression que la rencontre offrirait un « rameau d'olivier » pour « clarifier les choses ». Au dernier moment, désireuse de voir son petit-fils et instinctivement indulgente envers Meghan, la reine accepte de rencontrer le couple le 14 avril. Charles est méfiant, tandis que William a évité d'être présent en partant skier avec sa famille en France.

Après avoir passé la nuit chez Eugénie, Harry et Meghan sont conduits au château de Windsor. Les mauvaises langues diront qu'ils ont fait exprès de traverser le parc à pied afin de permettre à Netflix de les enregistrer. Sur l'insistance de la reine, ils ont rencontré Charles et Camilla avant elle. Les Sussex arrivent en retard. La première rencontre est courtoise mais ne permet pas de résoudre les tensions générées par leur interview avec Oprah Winfrey. En revanche, le thé avec la reine semble avoir été beaucoup plus cordial. Mais la question de leur apparition sur le balcon n'est pas résolue. Leur visite a fait l'objet d'une fuite dans le *Sun* après leur arrivée aux Pays-Bas, le même jour. Et le danger de permettre une réunion de façade refait surface six jours plus tard.

Suivis par les caméras de Netflix, les Sussex se sont montrés chaleureux en se mêlant aux athlètes à La Haye. Toujours souriante et vêtue de vêtements coûteux, Meghan joue l'hôtesse éblouissante qui s'est engagée à servir le monde. Mais la fureur des Sussex est à son comble, car le Palais a refusé de les voir jouer un rôle de premier plan lors du Jubilé en échange de leur retour en Grande-Bretagne avec leurs enfants. Harry ne peut pas s'empêcher de laisser éclater sa colère devant un journaliste de la chaîne américaine NBC.

Il a toujours eu une relation « spéciale » avec la reine, dit-il, et elle lui confiait des secrets inconnus des autres membres de la famille. Il laisse ainsi entendre que les quatre enfants et les sept autres petits-enfants de la reine sont exclus de ses confidences. Mais il va encore plus loin en déclarant qu'il a le devoir de s'assurer que sa grand-mère est « protégée et entourée des bonnes personnes ». Charles, Anne, William et le personnel du Palais, suggère donc Harry, ne conviennent pas pour cette tâche. Il semble parler avec son cœur, et non comme un homme irréfléchi manipulé par sa femme. Harry choisit de relancer les hostilités. Le « rameau d'olivier » était un leurre.

Comme on pouvait s'y attendre, l'affirmation sur son statut spécial suscite l'indignation, et ses propos sont d'« une arrogance à couper le souffle » et d'« une illusion sans limites ». Devant la fureur du public, Downing Street a même publié une déclaration pour affirmer que la reine est bien protégée.

Manifestement peu désireux de limiter les dégâts, Harry refuse de répondre quand on lui demande si son « frère et son père » lui manquent.

Tourner le dos à sa famille, il le sait, sera compensé chez les téléspectateurs américains par sa réponse chaleureuse quand on l'interroge sur sa mère. À une question sur la « présence » de Diana dans sa vie, il répond : « Elle est constante. Elle l'a été au cours des deux dernières années, plus que jamais. » Il va jusqu'à tenter de s'approprier Diana : « C'est presque comme si elle avait fait sa part avec mon frère, et maintenant elle m'aide beaucoup. Elle l'a aidé à s'installer, et maintenant elle m'aide à m'installer. »

De manière peu convaincante, le multimillionnaire associe sa mère à son plaidoyer pour « un monde plus égalitaire ». Avant de déclarer que l'Amérique est son « foyer ». Une contradiction flagrante avec les propos qu'il a tenus récemment devant la Haute Cour quand il a demandé une protection spéciale. La Grande-Bretagne, a déclaré son avocat aux juges, « est et sera toujours son pays ». Son apparition télévisée de quelques minutes seulement suffit à démontrer le danger de sa présence aux célébrations du jubilé. Tout tourne autour de lui et de Meghan. Déloyaux envers la famille royale, les Sussex jettent le doute sur la confiance qu'on peut leur accorder.

Quatre ans après leur mariage, ils ont transformé la famille royale, qui formait un groupe relativement harmonieux, embrassant le multiculturalisme dans le cadre de son service à la Grande-Bretagne et au Commonwealth, en une institution assiégée et incertaine de son avenir. À eux seuls, et pour un gain financier considérable, ils ont terni la réputation mondiale irréprochable de la reine. Pour leurs plus durs détracteurs, ils sont devenus des agents de destruction.

Meghan ne semble pas comprendre que la reine est bien plus qu'une célébrité. Elle incarne l'identité et les valeurs de la Grande-Bretagne. La monarchie constitutionnelle est à l'origine des libertés et de la stabilité historiques du pays, sa résistance aussi au moment où des États voisins ont succombé à des dictatures. Pour les Britanniques, la reine symbolise la continuité malgré les crises qui secouent parfois le pays.

Refusant de comprendre qu'elle ne peut pas occuper un rôle de premier plan à côté de la reine, Meghan a accéléré son retour en Californie.

Déloyaux envers les Windsor, elle et Harry ne se sont pas demandé si leur interview avec Oprah Winfrey ne risquait pas de compromettre la succession et de fragiliser le futur roi. Ils semblent ravis que leur franc-parler complique la gestion d'une période inévitablement difficile.

Le défi de Charles sera de désarmer les Sussex, qui ne resteront pas silencieux et dociles. Leur crédibilité et leur appétit financier exigent qu'ils se présentent depuis la Californie comme des membres d'une famille qu'ils ne cessent pourtant de condamner. Mais Charles possède-t-il la compétence ou la fermeté nécessaires pour sortir les Sussex de la famille royale – et les dépouiller de leurs titres ? Toute autre solution risque pourtant de mettre en péril son règne et l'héritage de William. Le problème de Charles, c'est que la reine souhaite réunir sa famille pour ce qui sera sans doute sa dernière sortie officielle.

Le 6 mai, la famille royale et ses représentants acceptent d'agir. À 15 heures, le Palais annonce que Meghan, Harry et Andrew sont interdits de balcon pour le Trooping the Colour. Seuls les membres de la famille en activité se tiendront aux côtés de la reine pour le lancement des festivités, le 2 juin, devant les Britanniques. La reine et Charles ont mis fin à la farce terrible imaginée par les Sussex.

Les médias ont été prévenus de l'annonce une heure auparavant. Omid Scobie fait partie des personnes averties. Alertés par leur porte-parole officieux, les Sussex sont effondrés. Ils ont perdu la bataille. Leur statut et Netflix exigent leur présence à Londres. Sans hésiter, Harry abandonne ses exigences pour une protection spéciale et Meghan accepte le rôle réduit qu'on lui propose. Dix-huit minutes après l'annonce de Buckingham Palace, Scobie révèle que les Sussex viendront à Londres avec leurs enfants. « Excités et honorés », telle est leur formule pour sauver la face. Les responsables du Palais doivent maintenant prendre des dispositions pour limiter les dégâts qu'ils peuvent causer pendant le week-end. Toute tentative de tirer profit du jubilé pour Netflix provoquera inévitablement un scandale.

Financé par une télévision, Thomas Markle décide de se rendre à Londres pendant le jubilé. « Je viens voir la reine », annonce-t-il depuis le Mexique, conscient qu'il risque de perturber les célébrations. Son objectif est d'embarrasser sa fille, elle-même désireuse d'être filmée avec ses enfants en train de rencontrer la reine. La démission soudaine de Toya Hollness juste avant l'arrivée des Sussex à Londres reflète les difficultés du couple à sauver leur navire. Meghan et Harry savent que les intérêts de Netflix vont à l'encontre de ceux du Palais. Si les fonctionnaires de la reine ne parviennent pas à étouffer la querelle entre Meghan et son père, le week-end menace de se transformer en bain de sang.

Brusquement, la menace est écartée. Le 23 mai, Thomas Markle est victime d'une attaque cérébrale. Conduit dans un hôpital californien, il a perdu l'usage de la parole. Son voyage à Londres, financé par une chaîne britannique, est abandonné. Le danger a disparu. Au lieu de faire trois heures de route pour aller voir son père malade, Meghan s'est rendue en jet privé à Uvalde, au Texas, pour déposer des fleurs à la mémoire de dix-neuf écoliers et de deux de leurs professeurs, massacrés par un adolescent armé. En son absence, le Palais et Harry ont convenu que les Sussex rencontreront la reine le jour du premier anniversaire de Lilibet, mais ne chercheront pas se mettre en valeur. Invités au service d'action de grâce à la cathédrale St Paul, ils doivent se montrer tout aussi discrets.

Pendant les célébrations du jubilé, rares sont ceux qui pensent que la Grande-Bretagne abandonnera la monarchie. Mais tout le monde peut voir que l'enthousiasme du public pour la famille royale a fondu en quatre ans. Le comportement d'Andrew y a amplement contribué, et le Megxit en partie.

La carrière de Meghan est une réussite étonnante. Grâce à son père, elle a prospéré malgré le divorce de ses parents et une mère très absente durant ses années d'école. Sa carrière d'actrice et ses relations personnelles ont ensuite connu un succès mitigé. À trente-quatre ans, son avenir est incertain. Sa rencontre avec Harry lui a apporté la gloire et la fortune qu'elle recherchait depuis l'enfance. Le fait d'organiser cette rencontre et de surmonter les doutes justifiés de la famille de Harry a révélé la détermination d'une survivante de Hollywood. La ténacité a un prix.

Dissimuler ses humiliations pour atteindre le succès a transformé la jeune femme compatissante en une opportuniste sans pitié. Pour assurer sa promotion, elle a abandonné son père et ses amis, elle a trompé les proches de Harry, a menti à Oprah Winfrey. Tout en se moquant bien des conséquences de son comportement sur le sort des Windsor. Elle ne voit que les avantages pour elle-même. Son apparition télévisée avec Winfrey a renforcé sa célébrité mondiale. Une question demeure : pourrait-elle un jour payer le prix des torts qu'elle a causés à ceux qui ont refusé de se plier à ses exigences ?

Même les plus féroces détracteurs de Meghan n'ont pas pu prédire le résultat de son interview avec Oprah Winfrey. À court terme, elle et Harry forment une famille comblée, jouissant d'une richesse extraordinaire au soleil.

À moyen terme, son sort est plus incertain. Jusqu'à présent, le seul revenu garanti des Sussex repose sur la commercialisation de la famille qu'ils ont trahie. Mais à quarante ans, Meghan reste ambitieuse – ne serait-ce que pour financer son style de vie. L'argent reste une motivation essentielle pour elle. Gagner des millions de dollars chaque année repose sur l'originalité et la célébrité des Sussex. Ces deux éléments sont limités par la réalité et le temps. Sa seule initiative audacieuse serait de se lancer dans une carrière politique.

Les démocrates californiens pourraient être tentés de choisir la duchesse de Sussex pour les représenter au Congrès. Même si son titre royal a été temporairement abandonné, sa célébrité est un atout. Son apparition et son discours aux Invictus Games ont confirmé son aisance et son charme. Il n'est pas certain que son égocentrisme soit suffisamment fort pour la laisser dans l'ignorance des inévitables conflits et critiques que suscite la politique, mais cela ne risque pas de la dissuader d'emblée.

La chance de Meghan est qu'elle ne semble pas éprouver de remords pour le mal qu'elle a causé à la reine et à sa famille, ni pour avoir déçu des millions de Britanniques. Elle conserve le pouvoir d'abîmer une institution à laquelle les « Royals », par leur naissance, sont contraints de consacrer leur vie.

Avec son sourire hollywoodien, Meghan est trop avisée pour révéler ses sentiments alors qu'elle entre dans la cathédrale St Paul. Harry paraît tendu et Meghan lui frotte le dos. Ils sont assis au deuxième rang, de l'autre côté de l'allée, à côté des membres les plus âgés de la famille royale. Charles, William et Kate évitent soigneusement de regarder dans leur direction. Les Cambridge ont dit qu'ils ne rencontreront pas les Sussex pendant le week-end. Netflix n'a pas eu le droit de faire un plan panoramique associant le couple à la reine. Incapable de marcher longtemps, la reine regarde la cérémonie depuis le château de Windsor. Cependant, à la grande joie des milliers de personnes massées depuis Admiralty Arch jusqu'au Mall et devant le Palais, elle est apparue la veille avec les membres de la famille royale en activité sur le balcon de Buckingham pour une longue parade du drapeau. Les Sussex ont eu juste droit à une photo d'eux regardant le défilé depuis la fenêtre d'un petit bureau. Leur exposition publique s'est limitée à cette image.

Avec une habileté peu courante, les responsables du Palais les ont exclus de toute autre apparition publique. Meghan ne manifeste aucune déception. En revanche, l'expression sinistre de Harry indique son dépit d'être ainsi mis à l'écart. Au cours du week-end, il a pu voir que tout était prévu pour la succession : de la reine à Charles, de Charles à William et de William à Georges. Il est éliminé du scénario. Meghan et lui sont présents en tant que simples spectateurs, tandis que les Cambridge ont été applaudis par le monde entier lors du trajet en car, sous le soleil, avec leurs enfants, pour se rendre à la cérémonie du drapeau, ainsi que pour le concert spectaculaire du samedi soir à l'extérieur du Palais. Le dimanche, avant la reprise des festivités, les Sussex quittent le ciel gris de la Grande-Bretagne pour rejoindre le soleil de Santa Barbara à bord de leur jet privé. Meghan est sans aucun doute soulagée de rentrer chez elle. Harry est confronté à la réalité de l'exclusion et de l'exil. Leur voyage outre-Atlantique ne s'achève pas sur des sourires francs et sincères.

Une revanche de Meghan nuira à la reine. Perspicace, modeste et sobre, la mère, la grand-mère et l'arrière-grand-mère voudrait finir ses jours au sein d'une famille heureuse. Meghan et Harry semblent déterminés à priver de ce bonheur la reine la plus aimée et la plus ancienne de Grande-Bretagne[A].

A. Elizabeth II est décédée le 8 septembre 2022.

Remerciements

Plusieurs personnes m'ont incité à écrire ce livre, mais personne n'a insisté autant que Tom Mangold. En cinquante ans, Tom m'a donné des conseils pertinents – à la fois lorsque nous voyagions ensemble à travers le monde pour *Panorama* et plus récemment en tant qu'amis. Il avait raison sur Meghan Markle. Je lui en suis reconnaissant – et de bien d'autres choses encore.

Découvrir les dessous de l'histoire tout en se voyant refuser l'accès au sujet du livre implique de pouvoir faire confiance à des témoins fiables et d'être déterminé à creuser en profondeur. Heureusement, beaucoup ont accepté de nous aider. Personne n'a joué un rôle plus important dans la rédaction de ce livre que Claudia Wordsworth, chercheuse exceptionnelle et déterminée, et un guide inestimable pour découvrir des aspects inédits de cette histoire extraordinaire.

Pour d'autres recherches essentielles, je me suis appuyé sur Mary Jo Jacobi à Washington et Barbara McMahon à Los Angeles. Toutes deux ont été de fidèles alliées. À Toronto, j'ai été aidé par Shinan Govani, le chroniqueur mondain de la ville. Dès le départ, j'ai consulté un groupe remarquable de journalistes. Parmi eux, Patrick Jephson, Matthew Drake, Andrew Morton, Ingrid Seward, Camilla Tominey, Katie Hind, David Jones, Hugo Daniel, Caroline Graham, Alison Boshoff, Charlotte Griffiths, Richard Kay, Hugo Vickers et Dan Wootton. Je suis également reconnaissant à David Ambrose, Clive Sydall et Anne Marie Thompson pour leur aide.

Beaucoup m'ont donné des informations mais ont demandé à ne pas être nommés. En effet, ce livre est remarquable par le nombre de personnes qui ont demandé à ne pas être citées ! Beaucoup se sont exprimés en précisant que leur identité ne devrait jamais être révélée. Je leur suis redevable à tous.

Comme toujours, je suis particulièrement reconnaissant à mon fidèle agent Jonathan Lloyd de Curtis Brown, ami et allié. Mes éditeurs, Blink Publishing, ont été d'un grand soutien.

Les remerciements les plus vifs vont à Veronica, ma femme, ma meilleure amie, ma sage *consigliore* et mon irremplaçable soutien. Sans elle, ce livre n'aurait pas vu le jour.

Londres, juin 2022

Notes

J'ai interrogé plus de 80 personnes aux États-Unis, au Canada, en Grande-Bretagne et en Irlande. Toutes les révélations proviennent de témoins oculaires. Les personnes qui se sont exprimées officiellement sont énumérées dans les notes en fin d'ouvrage. Pour des raisons compréhensibles, la majorité d'entre elles ont insisté pour garder l'anonymat. À quelques exceptions près, j'ai inclus dans le texte les informations provenant de sources anonymes et évité l'irritante note de bas de page « Source privée ». Les exceptions sont celles où j'ai estimé que c'était important. La vie de Meghan Markle est une histoire médiatique – elle fait l'objet de débats dans les journaux, les magazines, les livres, les interviews télévisées et les procédures judiciaires. Je ne m'excuse donc pas de citer les nombreuses sources publiques différentes et de nommer les journalistes qui ont suivi cette saga depuis 2016.

Un grand nombre de citations et de références dans ce livre proviennent d'un noyau de sources sélectionnées, principalement de presse écrite et des livres. C'est pourquoi les abréviations ci-dessous sont utilisées dans les notes de fin d'ouvrage pour les sources les plus régulièrement utilisées.

Tel – *Daily Telegraph*
ST – *Sunday Times*
T – *The Times*

MoS – *Mail on Sunday*
DM – *Daily Mail*

AM – Andrew Morton, *A Hollywood Princess*, Michael O'Mara (Londres, 2018)
SM – Samantha Markle, *The Diary of Princess Pushy's Sister*, Central Park South Publishing (New York, 2021)
RL – Robert Lacey, *Battle of Brothers*, William Collins (Londres, 2020)

1 DM 15.8.17 ; MoS 21.10.18.
2 AM p. 30.
3 Entretien de l'auteur avec Thomas Markle.
4 DM 31.10.16.
5 DM 15.4.19.
6 SM p. 52 et p. 64.
7 SM p. 72-73.
8 Entretien de l'auteur avec SM ; entretien de l'auteur avec Thomas Markle ; SM p. 73.
9 SM p. 9.
10 SM p. 31.
11 *Elle*, juillet 2015 ; DM 31.10.16
12 Omid Scobie, *Finding Freedom,* Harper Collins Publishers (USA, 2020) p. 176.
13 Entretien de l'auteur avec Thomas Markle.
14 Magazine *Elle*, 2015.
15 DM 2.4.18.
16 DM 2.12.17 ; *Sun* 15.7.18.
17 *Finding Freedom* p. 13.
18 DM 5.11.16, Alison Boshoff.
19 https://afrotech.com/meghan-markle-businesses-duchess-of-success?item=2
20 DM 2.12.17.
21 Entretien de l'auteur avec Thomas Markle ; SM p. 151.
22 DM 5.6.20.
23 https://www.youtube.com/watch?v=FWstrgBr6Xg
24 *Vanity Fair*, octobre 2017.
25 MoS 3.12.17.
26 Entretien de l'auteur avec Thomas Markle.
27 AM p. 56.
28 Magazine *Sharp*, 2016 ; AM p. 56.
29 DM 31.10.16 ; DM 15.8.17, David Jones.
30 Entretien de l'auteur avec SK ; Larry King 8.8.13 ; DM 2.4.18.
31 DM 25.10.18 ; entretien de l'auteur avec Thomas Markle.
32 *Sun* 15.7.18.
33 MoS 12.8.18.

34 https://www. *dailymail*.co.uk/video/dailymailtv/video-1766720/Video-EXCLUSIVE-14-an-old-Meghan-Markle-gives-graduation-speech.html
35 *LA Times*, 18.5.18.
36 *Finding Freedom* p. 16.
37 DM 15.8.17, David Jones.
38 DM 31.10.16.
39 https://web.archive.org/web/20160324100245/http://thetig.com/birthday-suit/ [consulté pendant l'hiver 2020]
40 Samantha Brett et Steph Adams, *The Game Changers,* Penguin Books Australia (Aus, 2017).
41 Meghan Markle, lettre au Congrès ; DM 21.10.21.
42 https://www.Youtube.com/watch?v-Mp91w4qQ32k ; https://youtu.be/dLp1eFoiC5Q
43 Entretien de l'auteur avec Lisa 25.3.21.
44 DM 30.3.18.
45 DM 12.8.17, David Jones.
46 DM 2.12.17.
47 DM 2.4.18.
48 *Vancouver Sun* 1.11.2016.
49 SM p. 172.
50 T 16.5.18, Valentine Low.
51 AM p. 64.
52 Ancestry, annuaires scolaires américains, 1900-1999.
53 DM 16.8.17.
54 MoS 9.12.18, Caroline Graham.
55 DM 2.12.17, David Jones ; *Sun* 2.9.19.
56 *Sun* 10.5.18.
57 Entretien de l'auteur avec Linda Gater.
58 DM 7.5.2019.
59 AM p. 72.
60 MoS 22.4.18, citant *Marie Claire*.
61 DM 2.12.17.
62 The Tig, juin 2014.
63 DM 2.12.17.
64 DM 11.5.18.
65 *Sun* 10.5.18 ; M11.5.18.
66 https://www.scriptsandscribes.com/2016/04/podcast-trevor-engelson/
67 AM p. 89.
68 DM 21.4.18, David Jones.
69 DM 21.4.18, David Jones.
70 The Tig, 4.8.14, https://web.archive.org/web/20160324100245/http://thetig.com/ birthday-suit/ [consulté pendant l'hiver 2020].
71 SM p. 189.
72 *Finding Freedom* p. 20.
73 *Finding Freedom* p. 32.
74 https://www.youtube.com/watch?v=pFKleWOhehs.
75 AM p. 101, citant « Working Actress ».
76 AM p. 100.
77 T 19.5.18.

78 DM 31.10.16.
79 *Allure*, avril 2020.
80 Entretien de l'auteur avec Thomas Markle.
81 Source non attribuable.
82 Source non attribuable.
83 Source non attribuable.
84 DM 21.4.18.
85 AM p. 110.
86 Entretien de l'auteur avec Thomas Markle.
87 *Air Mail*, mars 2021, Shinan Govani.
88 Entretien de l'auteur avec Phaedro Harris.
89 *Air Mail*, mars 2021, Shinan Govani.
90 AM p. 112.
91 AM p. 111, citant Lesley Goldberg.
92 MoS 9.12.18.
93 AM p. 114.
94 DM 14.4.18, David Jones.
95 Larry King, 22.7.2013.
96 AM p. 117.
97 *Air Mail*, mars 2021, Shinan Govani.
98 AM p. 117.
99 DM 2.12.17.
100 https://thetig.meghanpedia.com/for-the-love-of-dogs/
101 ST 3.12.17.
102 ST 3.12.17, Bedell Smith.
103 *Air Mail*, 20.3.21, Shinan Govani.
104 AM p. 124.
105 Abby Wathen, doc ITV, *Prince Harry et Meghan : Truly, Madly Deeply*, 21.4.18.
106 Abby Wathen, doc ITV, *Prince Harry and Meghan : Truly, Madly Deeply*, 21.4.18.
107 DM 2.12.17 ; DM 21.4.18, David Jones.
108 DM 2.12.17.
109 Entretien de l'auteur avec Thomas Markle ; *Sun* 15.7.18.
110 MoS 1.9.19.
111 *Finding Freedom*, p. 31.
112 Documents juridiques : Numéro de dossier BD586850, Palais de justice de Stanley Mosk.
113 *Elle*, 2015
114 DM 15.8.17, David Jones
115 https://www.marieclaire.com/celebrity/news/a7733/meghan-markle-interview/
116 https://www.youtube.com/watch?v=b6LOQnO6lyo
117 DM 21.4.18
118 https://www.elle.com/culture/celebrities/news/a16293/women-in-television-2013-celebration/ Inside ELLE's Second Women in Television Celebration ELLE a organisé le deuxième dîner annuel des femmes à la télévision.
119 https://extra.ie/2018/07/11/entertainment/celebrity/meghan-markle-dicyes-tweet-2015
120 DM 3.12.17 ; MoS 27.10.19.
121 DM 31.10.16.
122 MoS 27.10.19.

123 DM 25.5.19, Alison Boshoff ; *Finding Freedom* p. 82.
124 https://youtu.be/sVLzHkBXyxl [consulté en 2020].
125 https://www.canadianliving.com/style/fashion/article/fashion-advice-from-meghan-markle
126 DM 5.11.16, Alison Boshoff.
127 Larry King, 2016.
128 https://variety.com/2014/tv/news/usa-network-renews-suits-season-5-1201279977/
129 DM 14.8.17.
130 DM 14.4.18, David Jones.
131 https://www.irishcentral.com/culture/entertainment/rory-mcilroy-returns-to-new-york-as-conquering-hero [consulté en 2020]
132 https://www.golfpunkhq.com/news/article/when-meghan-markle-and-rory-mcilroy-took-le-défi-du-seau-de-glace
133 https://soundcloud.com/user-682413562-561358898/charlie-bird-meets-john-fitzpatrick
134 https://www.her.ie/celeb/rory-mcilroy-steps-out-with-actress-for-cosy-dinner-in-new-york-173288
135 *Finding Freedom* p. 66.
136 Instagram : 4.10.14, message de Meghan Markle à Ashley Doyle.
137 Entretien de l'auteur avec Gina Nelthorpe-Cowne.
138 https://strategyonline.ca/2015/08/07/un-women/turn-on-the-light/
139 https://www.her.ie/celeb/rory-mcilroy-steps-out-with-actress-for-cosy-dinner-in-new-york-173288
140 https://soundcloud.com/user-682413562-561358898/charlie-bird-meets-john-fitzpatrick
141 https://goss.ie/showbiz/rory-mcilroy-isnt-dating-suits-star-meghan-markle-as-she-has-a-secret-boyfriend-16610
142 Entretien de l'auteur avec Gina Nelthorpe-Cowne ; MoS 20.1.20.
143 DM 16.9.17, Alison Boshoff.
144 https://ew.com/article/2013/07/17/suits-costume-designer-on-the-shows-tailor-made-armoire/
145 https://v5.femalefirst.co.uk/celebrity_interviews/jolie-andreatta-interview-292307.html
146 Vanessa Pascale, *Miami Living*, 2016.
147 *Vanity Fair*, octobre 2017.
148 DM 14.4.18.
149 http://www.prweb.com/releases/2014/12/prweb12370444.htm
150 https://www.youtube.com/watch?v=8XfvJeiUed8
151 DM 29.11.17.
152 https://www.cosmopolitan.com/entertainment/a20145547/meghan-markle-lifestyle-blog-tig-facts-photos
153 https://www.irishcentral.com/culture/entertainment/meghan-markle-friend-of-liam-neeson-et-hillary-supporter
https://www.independent.ie/style/celebrity/celebrity-news/theyre-on-the-list-the-irish-invités-attendant-le-mariage-royal-de-british-36923472.html
154 Tom Bower, *Broken Vows*, Faber & Faber (Londres, 2016), p. xiii.
155 https://rwanda-podium.org/book-i-am-a-girl-from-africa-a-powerful-memoir-by-elizabeth-nyamayaro/= [consulté en 2020].
156 Larry King, février 2016.
157 AM p. 153.
158 AM p. 276.

159 *Toronto Star* 1.11.16, Leanne Delap.

160 AM p. 157.

161 https://lovinmalta.com/lifestyle/celebrities/future-british-princess-rocks-a-traditional-maltese-look/

162 https://bay.com.mt/why-meghan-really-loves-malta/

164 https://www.irishtimes.com/culture/heritage/meghan-markle-s-great-great-great-grandmother-was-a-belfast-catholic-1.3767214 https://www.walesonline.co.uk/news/uk-news/meghan-markles-great-great-great-20695180 –https://www.forces-war-records.co.ukrecords/ 8529343/private-thomas-bird-british-army-1st-battalion-22nd-foot-cheshire/

164 Gracie Delicata.

165 Entretien de l'auteur avec Thomas Markle.

166 https://www.elle.com/uk/life-and-culture/news/a26855/more-than-an-other/

167 Meghan Markle, The Tig, 27.3.15, https://web.archive.org/web/20160426114329/http:/ thetig.com/malta/

168 Meghan Markle, The Tig, 27.3.15, https://thetigarchives.tumblr.com/post/ 175614202520/the-tig-archivestravelmalta-pt-1-originally

169 https://soundcloud.com/search?q=Charlieper cent20Bird per cent20interviews

170 https://www.independent.ie/entertainment/radio/ryan-tubridy-recalls-meeting-old-friend-meghan-markle-comme-il-fait-pratique-actrice-comme-un-grand-fun-36106748.html.

171 https://www.livingly.com/Fun+Facts+A propos de+Meghan+Markle/articles/ghNy9n49Ojn/met+President+Obama+2015

172 https://www.unwomen.org/en/news/stories/2015/3/press-release-galvanizing-global-attention-mondial-leaders-célébrités-et-activistes

173 https://www.unwomen.org/en/csw/previous-sessions/csw59-2015/official-meetings

174 DM 16.8.17, citant *US* ou *Glamour*.

175 https://thetig.meghanpedia.com/international-womens-day-2015/

176 AM p. 155.

177 AM p. 142.

178 DM 7.1.17.

179 https://www.youtube.com/watch?v=NrrC3HkJMzM

180 The Tig : 29.8.14 et 8.9.14.

181 https://screenrant.com/suits-usa-season-5-jessica-rachel/ 15 JUIN 2015

182 DM 5.11.16, Alison Boshoff.

183 https://thetig.meghanpedia.com/international-womens-day-2015 / Archives Tig 8.6.15

184 *Finding Freedom* p. 24.

185 MM 22.1.17.

186 DM 14.4.18, David Jones.

187 DM 14.4.18, David Jones.

188 https://www.Youtube.com/watch?v-Mp91w4qQ32k

189 *iving Well with Meghan Markle of The TIG* (thechalkboardmag.com).

190 https://strategyonline.ca/2016/03/24/world-vision-plays-on-bold-promises/

191 https://static1.squarespace.com/static/5c807307d7819e55018dfc31/t/5fbca5e2b474932ca25fa8a8/1606198754947/GABOR+JURINA.pdf192 https://www.worldvision.ca/about-us/media-centre/meghan-markle-brings-clean-water-to-enfants
http://meghanmarklereview.com/2017/05/tig-archives-meghans-world-water-day-article/
https://strategyonline.ca/2016/03/24/world-vision-plays-on-bold-promises/

193 https://www.worldvision.org.uk/about/blogs/meghan-markle-rwanda/

194 The Watercolour Project, https://youtu.be/kfpiezABvOU
195 https://www.youtube.com/watch?v=IepMamRWnJU&t=89s
196 http://meghanmarklereview.com/2017/05/tig-archives-meghans-world-water-day-article/
197 Larry King 5.2.16.
198 https://uk.news.yahoo.com/liam-neeson-doesn-apos-t-160249215.html. https://www.irishcentral.com/culture/entertainment/meghan-markle-friend-of-liam-neeson-and-hillary-supporter
199 DM 14.4.18, David Jones.
200 *Mirror* 6.12.20.
201 *Daily Mail* Australia, 19.7.19.
202 https://www.youtube.com/watch?v=FWstrgBr6Xg
203 https://www.irishtimes.com/news/world/us/bill-clinton-advises-irish-politicians-to-work-ensemble-1.2615881
204 https://cassies.ca/reitmans-really/
205 *Toronto Star* 1.11.16, Leanne Delap.
206 Correspondance de l'auteur avec Jeannie Vondjidis-Miller.
207 https://www.youtube.com/watch?v=wi45nKVv3UQ
208 *Toronto Star* 1.11.16, Leanne Delap.
209 https://www.youtube.com/watch?v=JeUJUCzEMzY https://www.youtube.com/watch?v=Uj0YTm4FNJU https://www.youtube.com/watch?v=wi45nKVv3UQ
210 https://www.youtube.com/watch?v=Lksnk6Wtzy8
211 https://strategyonline.ca/2017/02/22/cassies-silver-reitmans-pitches-a-younger-crowd/
212 *Fashion*, 20.4.16, Jeanne Beker.
213 MoS 14.3.21.
214 *Finding Freedom* p. 33.
215 T31.10.16 iV.
216 MoS 9.12.18.
217 MoS 8.4.18 Gina Nelthorpe-Cowne ; entretien de l'auteur avec Gina Nelthorpe-Cowne.
218 MoS 15.4.18 ; entretien avec Gina Nelthorpe-Cowne.
219 RL p. 147.
220 RL p. 136.
221 RL p. 97, citant Wendy Berry.
222 RL p. 98.
223 RL p. 240.
224 MoS 25.6.17.
225 Dax Shepherd, Apple TV, 2021.
226 MoS 25.6.17.
227 DM 7.5.18.
228 RL p. 162.
229 MoS 25.6.17.
230 MoS 25.6.17.
231 *Finding Freedom* p. 65.
232 www.independent-360.com/presenters/Cressida-bonas/#
233 RL p. 244.
234 HeadsTogether, palais de Kensington, 25 juillet 2016.
235 RL p. 240.
236 DM 14.5.21 ; Dax Shepard, Apple TV, 2021.
237 ITV, *Elizabeth : Queen, Wife, Mother*.

238 *Finding Freedom* p. 65.
239 ST 8.5.16.
240 DM 25.5.21.
241 *Finding Freedom* p. 36.
242 Tel28.11.17.
243 *Dave TV*, 12 juillet.
244 Entretien de l'auteur avec Gina Nelthorpe-Cowne ; MoS 12.1.20.
245 *Finding Freedom* p. 53.
246 Tel 28.11.17 ; MoS 8.4.18 ; Entretien avec Gina Nelthorpe-Cowne.
247 Tel 1.4.17.
248 https://www.judiciary.uk/wp-content/uploads/2021/02/Duchess-of-Sussex-v-Associated-2021-EWCH-273-Ch.pdfhttps://www.judiciary.uk/wp-content/uploads/2021/02/ Duchesse-de-Sussex-v-Associée-2021-EWCH-273-Ch.pdf
249 Tel 29.7.20.
250 Tel 19.11.21 ; show télévisé d'Ellen DeGeneres.
251 DM 31.10.16.
252 AM p. 207 ; DM 31.10.16.
253 DM 9.3.21.
254 T 30.10.16.
255 DM 2.11.16.
256 DM 9.11.16.
257 DM 2.11.16 ; DM 3.11.16.
258 Tel 5.11.16.
259 DM 21.4.18, David Jones.
260 *Sun* 6.11.16.
261 DM 3.11.16 DM 4.11.16.
262 *Finding Freedom* p. 103.
263 *Finding Freedom* p. 104.
264 *Finding Freedom* p. 104.
265 MoS 6.11.16 ; *Finding Freedom* p. 104.
266 *Finding Freedom* p. 89.
267 *Elle*, 2016.
268 T 19.11.20.
269 *Finding Freedom* p. 106.
270 DM 26.11.16.
271 Tel 9.11.16.
272 DM 9.11.16.
273 AM p. 214.
274 *Finding Freedom* p. 186.
275 *Newsweek* 21.6.20.
276 CBS, *Oprah with Meghan and Harry*, 7.3.21.
277 *Finding Freedom* p. 124-125.
278 CBS, *Oprah with Meghan and Harry*, 7.3.21.
279 DM 5.5.19, Alison Boshoff.
280 DM 1.12.16.
281 ST 12.1.20.
282 Tel 17.12.16.

283 RL p. 236.
284 Tel 17.12.16.
285 https://www.youtube.com/watch?v=b6LOQnO6lyo [21.2.16].
286 *Newsweek* 21.6.2017.
287 DM 3.2.17.
288 DM 7.12.16 ; DM 15.12.16 ; DM 24.12.16.
289 MoS 18.12.16.
290 DM 10.12.16 ; *Finding Freedom* p. 111.
291 DM 2.10.17.
292 DM 8.1.17 ; DM 21.1.17.
293 Tel 8.3.17 ; DM 22.4.17.
294 Tel 6.3.21, Camilla Tominey ; *Finding Freedom* p. 102 et p. 106-107.
295 *Finding Freedom* p. 114.
296 RL p. 249.
297 *Time*, 8.3.17.
298 Documents juridiques : Re-Amended Particulars of Claim 1, p. 1.
299 DM 7.5.17.
300 DM 12.6.17.
301 DM 8.4.17 ; AM p. 219 ; *Finding Freedom* p. 115 et p. 128.
302 Tel 17.4.17.
303 Tel 23.9.17.
304 Tom Bower, *Rebel Prince*, William Collins (Londres, 2018) p. 331.
305 *Newsweek* 21.6.17.
306 *Newsweek* 21.6.17.
307 MoS 25.6.17 ; *Newsweek ;* DM 22.6.17 ; Tel 23.6.17.
308 DM 22.6.17.
309 DM 24.7.17.
310 RL p. 271 et p. 304.
311 https://www.heart.co.uk/news/royals/meghan-markle/meghan-markle-engagement-ring/#:~:text=Voici% 20tous%20les%20détails, magnifique%20trois%2Ddiamant%20engagement%20.
312 *Vogue*, 24 juin 2019.
313 https://youtu.be/Ape4M6jXw0s
314 *Finding Freedom* p. 129.
315 Entretien de l'auteur avec Thomas Markle ; *Vanity Fair*, octobre 2017.
316 DM 7.8.17.
317 https://www.smh.com.au/lifestyle/life-and-relationships/the-girl-power-speech-that-put-meghan-markle-sur-la-carte-20181009-p508lb.html
318 DM 5.9.17.
319 RL p. 249.
320 CBS, *Oprah with Meghan and Harry*, 7.3.21.
321 CBS, *Oprah with Meghan and Harry*, 7.3.21.
322 *Finding Freedom* p. 147.
323 DM 23.9.17.
324 T 3.2.19.
325 DM 26.9.17.
326 MoS 1.10.17.
327 Documents juridiques : Re-Amended Reply 15.2D(xi), p. 25.

328 Tel29.10.19.
329 DM 19.10.17, Richard Kay.
330 CBS, *Oprah with Meghan and Harry*, 7.3.21.
331 BBC News, 27.11.17.
332 BBC News, 27.11.17.
333 Kelsey Castanon, 14.5.16.
334 Tel 28.11.17.
335 DM 26.11.17.
336 Tel29.11.17, Matthew Bell.
337 ST 3.12.17.
338 DM 28.11.17, Jan Moir.
339 DM 29.11.17, Sarah Vine.
340 AM p. 6.
341 DM 9.12.17.
342 DM 29.11.17.
343 DM 30.11.17, Stephen Glover.
344 *Finding Freedom* p. 230 et p. 229.
345 *Finding Freedom* p. 127 et p. 159.
346 SM p. 233.
347 Documents juridiques : First Witness Statement of Duchess of Sussex, 13.10.21, § 7, p. 3.
348 Entretien de l'auteur avec Thomas Markle ; T4.2.21 ; SM p. 233.
349 Entretien de l'auteur avec Thomas Markle ; SM p. 236.
350 Tel 28.11.17.
351 DM 14.5.21 ; Apple TV, *The Me You Can't See,* mai 2021.
352 AM p. 245.
353 Tel1.12.17 ; *Finding Freedom* p. 160 et p. 162.
354 T 3.3.21.
355 ST 7.3.21.
356 T 2.3.21 ; *Finding Freedom* p. 250.
357 CBS, *Oprah with Meghan and Harry*, 7.3.21.
358 DM 11.1.18.
359 23.3.18 ; entretien de l'auteur avec PD.
360 DM 16.2.18, Jan Moir.
361 *Finding Freedom* p. 181.
362 Tel 14.2.18 et Tel 6.3.21, CT ; entretien de l'auteur avec Gina Nelthorpe-Cowne.
363 DM 9.3.21.
364 DM 17.4.18 ; RL p. 275.
365 *Finding Freedom* p. 180 ; Tel 30.1.18.
366 T 19.1.18.
367 DM 8.3.18.
368 *Finding Freedom* p. 207.
369 DM 27.11.19, citation du magazine *Woman.*
370 DM 25.4.18.
371 T 3.8.20.
372 *Finding Freedom* p. 256.
373 Tel 6.3.21, Camilla Tominey.
374 Tel 4.12.21.

375 *Sun* 1.12.18.
376 *Finding Freedom* p. 245.
377 CBS, *Oprah with Meghan and Harry*, 7.3.21.
378 Entretien de l'auteur avec Thomas Markle ; T.13.8.18 citant MoS
379 Contra, *Finding Freedom* p. 191.
380 DM 2.12.17, David Jones.
381 Entretien de l'auteur avec Thomas Markle ; MoS 12.8.18.
382 Entretien de l'auteur avec Samantha Markle ; Tel 15.5.18.
383 DM 18.4.18 ; ST 22.4.18 ; DM 8.3.21, Rebecca English ; RL p. 478.
384 DM 12.5.18, Patrick Jephson.
385 https://twitter.com/scobie/status/1367236572928761860?lang=en 3.3.21
386 DM 12.5.18, Patrick Jephson.
387 Documents juridiques : Re-Re-Amended Defence 15.6.4 p. 27
388 Documents juridiques : Statement, LH, § 641.
389 MoS 13.5.18.
390 CBS, *Oprah with Meghan and Harry*, 7.3.21.
391 Entretien de l'auteur avec Thomas Markle ; MoS 29.7.18, Thomas Markle.
392 Documents juridiques : First Witness Statement of Duchess of Sussex, 13.10.21, § 7, p. 3 ; entretien de l'auteur avec Thomas Markle.
393 Documents juridiques : Letter Addleshaw Goddard to Court ; Mail 6 mai 2021.
394 Documents juridiques : Re-Amended Reply 14.8(c) p. 31.
395 *Finding Freedom* p. 197 et p. 199.
396 Documents juridiques : Re-Amended Reply 14.2e(ii) p. 28.
397 T 16.5.18.
398 T 16.5.18.
399 Documents juridiques : Re-Re-Amended Defence 17.8.2 p. 41.
400 Entretien de l'auteur avec Thomas Markle ; DM 21.4.20.
401 *Finding Freedom* p. 198.
402 T 13.8.18.
403 Entretien de l'auteur avec Thomas Markle ; *Sun* 21.4.20.
404 Tel 16.5.18 ; 17.5.18.
405 T 30.10.18.
406 Tel 8.11.18.
407 Tel 5.3.19.
408 *Sun* 19.5.18.
409 *Woman, Sun* 27.11.19.
410 Entretien de l'auteur avec Samantha Markle.
411 *Sun* 26.7.20.
412 *Finding Freedom* p. 220.
413 *Finding Freedom* p. 218.
414 T 22.5.18.
415 T 22.5.18.
416 ST 20.5.18, Tom Bradby.
417 CNN Opinion, 21 mai 2018, RL p. 294.
418 T 21.5.20, Anne Murphy.
419 MoS 12.1.20.
420 ST 12.1.20 ; RL p. 227/8 ; Tel 6.3.21, Camilla Tominey.

[421] Christina Pazzanese, Harvard Staff, 26.4.2019.
[422] Documents juridiques : Response 14 to Defendants CPR.
[423] Entretien de l'auteur avec Thomas Markle.
[424] Entretien de l'auteur avec Thomas Markle.
[425] DM 18.6.18.
[426] *Finding Freedom* p. 228.
[427] *Sun* 27.6.18.
[428] *Sun* 7.7.18 ; DM 6.7.18, Jan Moir.
[429] Entretien de l'auteur avec Thomas Markle.
[430] *Sun 15*.7.18.
[431] Tel 16.7.18.
[432] Documents juridiques : First Witness Statement of Duchess of Sussex 13.10.21, § 12, p. 5
[433] Documents juridiques : First Witness Statement of Duchess of Sussex 13.10.21, § 12, p. 5
[434] Documents juridiques : First Witness Statement of Duchess of Sussex, 13.10.21, § 11, p. 4
[435] Documents juridiques : First Witness Statement of Duchess of Sussex 13.10.21, § 12, p. 5
[436] Documents juridiques : First Witness Statement of Duchess of Sussex, 13.10.21, § 12, p. 5.
[437] Entretien de l'auteur avec Thomas Markle.
[438] Documents juridiques : Meghan Markle Statement, novembre 2021.
[439] T19.8.18 ; T3.10.19, Valentine Low.
[440] Entretien de l'auteur avec Gina Nelthorpe-Cowne.
[441] Tel 21.5.18.
[442] DM 12.7.18 ; DM 14.7.18.
[443] DM 24.7.18.
[444] T 18.7.20.
[445] *Sun* 13.2.19 ; Documents juridiques : Re-Re-Amended Defence, § 15.9, p. 29-30.
[446] MoS 29.7.18.
[447] DM 19.7.18.
[448] *Sun* 19.7.18.
[449] T 30.7.18.
[450] *Sun*, T 19.8.18.
[451] DM 8.10.18.
[452] Tel 23.4.19.
[453] Elliot D. Cohen, *Psychology Today*, « The Epistemology of Narcissistic Personality Disorder », septembre 2017.
[454] Conférence pour Fortune, 14 octobre 2020The Epistemology of Narcissistic Personality Disorder
[455] Documents juridiques : 7th Witness Statement of Jenny Afia, 10(a).
[456] Documents juridiques : Re-Re-Amended Defence, § 40.6, réf. § 56, Third Response.
[457] Documents juridiques : Re-Re-Amended Defence, § 15.9.
[458] Documents juridiques : 7th Witness Statement of Jenny Afia, 10(a).
[459] DM 19.11.20 ; T 12.2.21 ; documents juridiques : Warby's Judgment.
[460] Documents juridiques : Witness Statement of Jason Knauf Exhibits.
[461] Documents juridiques : First Witness Statement of Duchess of Sussex, 13.10.21, § 6, p. 2.
[462] https://www.judiciary.uk/wp-content/uploads/2021/12/Sussex-v-Associated-News-arrêt-021221.pdf, § 18.
[463] *Finding Freedom* p. 232.
[464] *Sun* 13.2.19.

465 T 19.11.20.

466 *Sun* 13.2.19 ; Re-Re-Amended Defence 15.9 p. 29/30 ; https://www.judiciary.uk/wp-content/uploads/2021/12/Sussex-v-Associated-News-jugement-021221.pdf, § 6.

467 https://www.judiciary.uk/wp-content/uploads/2021/12/Sussex-v-Associated-News-arrêt-021221.pdf, § 14.

468 https://www.judiciary.uk/wp-content/uploads/2021/12/Sussex-v-Associated-News-jugement-021221.pdf, § 12.

469 T 20.1.21 ; MoS 10.2.19, Caroline Graham.

470 DM 21.9.18, Jan Moir.

471 DM 28.9.18.

472 DM 29.9.18, Amanda Platell ; MoS 2.6.19 ; DM 27.9.18.

473 *Finding Freedom* p. 262.

474 *Sun* 1.12.18.

475 RL, p. 332-333.

476 *Finding Freedom* p. 248 ; DM 4.3.20.

477 T 4.3.21.

478 DM 8.3.21 ; *Finding Freedom* p. 244.

479 https://meghanpedia.com/the-royal-family-the-media-and-sussexit-part-4/

480 T 3.3.21.

481 DM 4.3.21.

482 T.7.1.22.

483 T.3.3.21.

484 *Sun* 28.10.18, Tracey Sayer.

485 DM 25.10.18.

486 MoS 2.6.19.

487 CBS, *Oprah with Meghan and Harry*, 7.3.21.

488 DM 27.10.18.

489 Tel 17.1018.

490 MoS 4.7.21, Patrick Jephson.

491 CBS, *Oprah with Meghan and Harry*, 7.3.21.

492 ST 28.10.18.

493 Rapport de la Royal Foundation.

494 *Sun* 28.10.18.

495 MoS 12.8.18.

496 DM 4.3.21, Rebecca English.

497 DM 4.3.20 ; DM 4.3.21, Rebecca English.

498 MoS 7.3.21.

499 DM 4.3.21.

500 *Sun* 5.2.19.

501 CBS, *Oprah with Meghan and Harry*, 7.3.21.

502 CBS, *Oprah with Meghan and Harry*, 7.3.21.

503 DM 10.11.18.

504 DM 4.7.20, Richard Kay.

505 *Sun* 1.12.18.

506 T10.11.18.

507 DM 28.10.18, Robert Jobson..

508 Tel 6.3.21Camilla Tominey

509 Tel 26.11.18, Camilla Tominey
510 *Sun* 1.12.18, Dan Wootton.
511 *Sun* 8.12.18.
512 CBS, *Oprah with Meghan and Harry*, 7.3.21.
513 DM 12.3.21, citant Scobie sur le site de *Harpers Bazaar.*
514 DM 13.12.18, Rebecca English.
515 Documents juridiques : Re-Re-Amended Defence p. 11 13.8A.5
516 Message de Knauf à Meghan Markle, 30 août 2018.
517 E-mail de Meghan Markle à Knauf, 12 novembre 2018.
518 Documents juridiques : First Witness Statement of Duchess of Sussex, 13.10.21, Exhibit p. 6, e-mail 19 novembre.
519 DM 8.11.18.
520 *Rebel Prince.*
521 MoS 31.1.21.
522 MoS 11.11.18.
523 T 3.12.18.
524 https://www.glamour.com/story/gina-torres-interview
525 https://soundcloud.com/user-682413562-561358898/charlie-bird-meets-john-fitzpatrick
526 ST 11.10.20.
527 *Sun* 11.12.18.
528 MoS 9.12.18.
529 Tel 18.12.18 ; *Sun* 29.12.18, Thomas Markle.
530 Documents juridiques : First Witness Statement of Duchess of Sussex 13.10.21, § 42 p. 17
531 Documents juridiques : Witness Statement of Jason Knauf 16.9.2021, § 12
532 Documents juridiques : Witness Statement of Jason Knauf 16.9.2021, § 12
533 Documents juridiques : First Witness Statement of Duchess of Sussex 13.10.21, Exhibit p. 13 et 15.
534 Harry à Knauf, 10 décembre 2018.
535 *Elle*, 2015.
536 *Vanity Fair*, octobre 2017.
537 Documents juridiques : First Witness Statement of Duchess of Sussex 13.10.21, Exhibit p. 11.
538 Documents juridiques : First Witness Statement of Duchess of Sussex 13.10.21, Exhibit p. 11.
539 Documents juridiques : Re-Amended Reply, § 5.1, signée par Jenny Afia.
540 Documents juridiques : Re-Amended Reply, § 9B.1 et 14A.3, signée par Jenny Afia.
541 Documents juridiques : Re-Amended Reply, § 9B.1 et 14A.3, signée par Jenny Afia.
542 *Sun* 29.12.18.
543 DM 24.1.19.
544 *Finding Freedom* p. 273.
545 DM 29.7.19.
546 Tel 9.3.19 ; T 10.1.20.
547 CBS, *Oprah with Meghan and Harry*, 7.3.21.
548 Tel 3.7.20.
549 *Finding Freedom* p. 280.
550 CBS, *Oprah with Meghan and Harry*, 7.3.21.
551 CBS, *Oprah with Meghan and Harry*, 7.3.21.

552 CBS, *Oprah with Meghan and Harry*, 7.3.21.
553 *The Me You Can't See*, Apple TV, 2021.
554 *The Me You Can't See*, Apple TV, 2021.
555 CBS, *Oprah with Meghan and Harry*, 7.3.21.
556 CBS, *Oprah with Meghan and Harry*, 7.3.21.
557 *The Me You Can't See*, Apple TV, 20 mai 2021.
558 Documents juridiques : Response 8 & 13 to Defendants.
559 Documents juridiques : Re-Amended Reply § 3.5.5
560 Documents juridiques : Re-Amended Reply 12.7A p. 13.
561 DM 2.2.19 ; *Finding Freedom* p. 251.
562 *Finding Freedom* p. 264.
563 Documents juridiques : First Witness Statement of Duchess of Sussex, 13.10.21, § 45, p. 18.
564 Documents juridiques : Re-Amended Reply 3.5 p. 2-4 ; 12.8e p. 18.
565 documents juridiques : Meghan Statement, ct case ; Tel 2.7.20.
566 Documents juridiques : Re-Re-Amended Defence 17.8.2 p. 41.
567 Documents juridiques : irst Witness Statement of Duchess of Sussex 13.10.21, § 47(a), p. 19.
568 documents juridiques : Meghan Statement, ct case ; Tel 2.7.20.
569 M 8.2.19, Richard Kay.
570 Documents juridiques : Re-Re-Amended Defence 15.9 p. 29.
571 Entretien de l'auteur avec Thomas Markle.
572 DM, Thomas Markle ; T.20.1.21.
573 Entretien de l'auteur avec Thomas Markle.
574 T 15.1.20 ; Tel 2.7.20.
575 DM 13.2.19.
576 *Sun* 14.2.19.
577 Documents juridiques : Response 27 (5) to Defendants CPR, p. 12.
578 MoS 2.6.19.
579 DM 22.2.19, Jan Moir.
580 T 12.10.20.
581 *Finding Freedom* p. 262.
582 DM 6.4.19 ; DM 31.7.19, *Vogue*.
583 DM 8.3.19.
584 DM 7/8.3.19.
585 Tel 5.3.19.
586 DM 9.3.19 ; DM 4.3.21.
587 RL p. 278 ; DM 8/9.3.19.
588 *Finding Freedom* p. 297 & p. 300.
589 RL p. 299 et p. 327.
590 MoS 26.1.20.
591 *Sun* 25.9.19.
592 DM 15.3.19.
593 DM 12.3.19.
594 DM 11.4.19.
595 DM 7.5.19, Sarah Vine.
596 DM 12.4.19.

597 *Finding Freedom* p. 10.
598 *Finding Freedom* p. 285.
599 DM 9.2.21.
600 DM 19.5.19.
601 MoS 2.6.19.
602 DM 9.5.19.
603 CBS, *Oprah with Meghan and Harry*, 7.3.21.
604 *Finding Freedom* p. 302.
605 DM 12.4.19.
606 MoS 2.6.19.
607 *Sun* 12.5.19.
608 DM 19.8.19.
609 MoS 12.1.20.
610 CBS, *Oprah with Meghan and Harry*, 7.3.21.
611 CBS, *Oprah with Meghan and Harry*, 7.3.21.
612 *The Me You Can't See*, Apple TV, 2021.
613 *Sun* 2.3.20.
614 DM 19.8.20 ; *Variété*.
615 T 20.1.20.
616 Tel 14.7.2019.
617 *Sun* 1.4.20.
618 *Sun* 6.7.19.
619 *Sun* 12.1.20.
620 DM 20.8.19.
621 T14.1.20.
622 DM 22.8.19.
623 DM 11.3.20, entretiens avec Harry le 31/12 et le 22/1.
624 DM 4.9.19.
625 https://www.dailymail.co.uk/femail/article-9368653/Prince-Harry-loses-key-member-staff-tourisme-durable-venture-Travalyste.html
626 DM 6.9.19.
627 DM 7.9.19.
628 ST 13.9.19.
629 T 30.7.19.
630 *Finding Freedom* p. 87.
631 DM 22.8.19 ; ST 11.8.19.
632 DM 24.9.19.
633 *Washington Post* 28.9.18.
634 *Sun* 25.9.19.
635 T 16.10.19.
636 DM 24.9.19.
637 DM 26.7.20.
638 DM 26.9.19, Sarah Vine.
639 Tel 2.10.19.
640 Tel 2.10.19.
641 *Sun* 27.2.21 ; interview de James Corden.
642 *Sun* 12.1.2020.

643 IPSO, 30 janvier 2020.
644 Documents juridiques : Re-Amended Reply 13, p. 21.
645 Documents juridiques : Re-Amended Reply 14.2(a), p. 27.
646 Documents juridiques : Response 26/7 to Defendants CPR.
647 CBS, *Oprah with Meghan and Harry*, 7.3.21.
648 Documents juridiques : Re-Amended Reply 12.10, p. 20.
649 *Sun 3*.10.19 ; *Sun 5*.10.19 ; *Lorraine Kelly*.
650 DM 30.3.19.
651 *Sun* 19.10.19 ; DM 19.10.19.
652 T 16.1.21.
653 *Sun* 27.2.21 ; interview de James Corden.
654 T 22.10.19.
655 DM 22.10.19, Richard Kay.
656 T.10.1.20, Trevor Phillips.
657 T et DM 14.1.20.
658 *Sun 21*.10.19.
659 Entretien de l'auteur avec Gina Nelthorpe-Cowne, MoS 12.1.20.
660 T 23.10.19.
661 DM 30.10.19.
662 Tel 1.11.19.
663 BBC Radio 5, bbc.in/34OB0kY ; https://people.com/royals/meghan-markle-meets-hillary-clinton-at-home-first-time/
664 Documents juridiques : Re-Amended Reply 6., p. 7
665 https://apps.irs.gov/app/eos/detailsPage?ein=852213963&name=Archewell per cent20Inc.&city=Beverlypercent20Hills&state=CA&countryAbbr=US&dba=&type=CHARITÉS, percent20DETERMINATIONLETTERS, percent20EPOSTCARD&orgTags=CHARITÉS &orgTags=DETERMINATIONLETTERS&orgTags=EPOSTCARD
666 DM 14.11.19.
667 BBC TV 16.11.19.
668 *Sun* 19.11.19.
669 RL p. 326.
670 CBS, *Oprah with Meghan and Harry*, 7.3.21.
671 Tel 10.4.21.
672 *Newsweek* 22.3.22.
673 CBS, *Oprah with Meghan and Harry*, 7.3.21.
674 DM 11.1.20.
675 *Sun* 12.1.20.
676 *New York Times*, 9.1.20.
677 DM 11.1.20.
678 DM 10.1.20.
679 DM 15.1.20.
680 DM 14.1.20.
681 ST 12.1.20.
682 DM 14.1.20 ; ST 12.1.20.
683 Sky News, Clive Lewis.
684 T 10.1.20.
685 MoS 19.1.20.

686 T 25.9.20.
687 *Mail-online*, 11.3.20.
688 DM 14.2.20.
689 DM 26.1.20.
690 https://www.cbc.ca/news/canada/british-columbia/meghan-markle-dtes-womens-abri-1.5427270
691 DM 23.9.20, déclaration de l'avocat.
692 CBS, *Oprah with Meghan and Harry*, 7.3.21.
693 *Mail-online*, 11.3.20.
694 DM 25.6.20.
695 DM 19.2.20.
696 DM 28.2.20.
697 Tel 21.1.20.
698 DM 20.1.20.
699 DM 24.2.20.
700 CBS, *Oprah with Meghan and Harry*, 7.3.21.
701 *Finding Freedom* p. 236.
702 *Finding Freedom* p. 5.
703 *Finding Freedom* p. 9.
704 DM 26.7.20 ; *Finding Freedom* p. 329.
705 RL p. 348.
706 DM 9.1.20.
707 *New York Times*, 9.3.20.
708 https://www.marieclaire.com/career-advice/a37003705/catherine-st-laurent-meghan-markle-melinda-gates/
709 DM 27.8.20.
710 DM 31.3.20.
711 T 2.4.20.
712 DM 20.3.20.
713 DM 31.3.20.
714 *Sun* 26.7.20.
715 DM 21.5.20.
716 DM 2.7.20.
717 https://www.youtube.com/watch?v=FWstrgBr6Xg 2.6.20
718 DM 5.6.20 ; T2.7.20.
719 Tel 6.7.20.
720 DM 8.7.20 ; DM 28.1.20 ; DM 7.7.20.
721 https://www.msn.com/en-gb/news/uknews/prince-harry-and-meghan-cheerleader-nicola-brentnall-quits-her-role/ar-BB1ffovr
722 DM 12.3.21.
723 20.8.20.
724 T 29.10.20.
725 T 8.2.21.
726 Tel 25.4.20.
727 Tel 3.7.20.
728 T 21.4.20.
729 Documents juridiques : First Witness Statement Thomas Markle, § 2 et 5.

Notes

730 Entretien de l'auteur avec Thomas Markle ; T 30.10.20.
731 Entretien de l'auteuravec Thomas Markle ; *Sun* 27.1.20.
732 Tel 24.1.20 ; Channel 5, interview de Thomas Markle.
733 MoS 19.4.21.
734 DM 25.4.20.
735 DM 21.4.20.
736 Documents juridiques : Supplemental Response to the Defendant's Third CPR, 19.4, p. 10.
737 T 9.8.20 ; T 13.6.20.
738 DM 2.5.20.
739 T21.9.20 ; https://www.judiciary.uk/wp-content/uploads/2020/05/sussex-v-associated-jugement-010520-1.pdf
740 Documents juridiques : Re-Amended Reply, § 9B.5.
741 DM 2.7.02.
742 Tel 20.11.20.
743 *Finding Freedom* p. 349.
744 DM 24.7.20.
745 *Finding Freedom* p. 245.
746 Tel 19.11.20.
747 Documents juridiques : Re-Amended Reply 4, p. 9
748 Documents juridiques : Re-Amended Reply 5.4, p. 4
749 Documents juridiques : Scobie statement, § 6.
750 DM 20.1.20.
751 DM 23.9.20 ; T 23.9.20.
752 https://youtu.be/dLp1eFoiC5Q
753 DM 22.9.20.
754 DM 2.10.20.
755 DM 22.9.20.
756 Documents juridiques : Re-Amended Reply 5, p. 9.
757 18.11.20.
758 Tel 20.1.21.
759 Documents juridiques : Re-Amended Reply 12.7A.5, Mathieson § 15(b).
760 Documents juridiques : Re-Amended Reply 9B.5, Mathieson § 15(a).
761 Documents juridiques : Ted Verity Statement, § 5.
762 *Sun 30*.9.20.
763 T 30.9.20.
764 Documents juridiques : First Witness statement of Keith Mathieson, § 6 à 8. Envoyé le 21 décembre 2020.
765 T 30.9.20.
766 ST 11.10.20 ; Tel.13.10.20.
767 Tel.13.10.20.
768 DM 29.6.20 ; T30.9.20 ; *Fortune* 29.9.20.
769 *Fortune* 13.10.20.
770 T.10.1.21.
771 T.12.10.20.
772 Tel.13.10.20.
773 T.26.11.20.
774 Tel.26.11.20.

775 T.8.2.21.
776 DM 3.9.20.
777 DM 5.9.20.
778 T.19.12.20.
779 DM 16.9.20.
780 T16.10.20.
781 DM 16.8.20.
782 DM 2.10.20.
783 DM 2.10.20.
784 DM 2.10.20 ; T 2.7.20.
785 T.2.10.20, interview pour l'*Evening Standard* sur le Black History Month.
786 T 8.1.21 ; T 15.12.20.
787 T 8.2.21.
788 DM 25.6.21, citant *The Hollywood Reporter*.
789 *Sun* 27.2.21.
790 T 30.12.20.
791 T 23.2.21.
792 BBC Radio, Private Passions 20.3.22.
793 Tel 17.2.21.
794 *Sun* 5.1.21.
795 *Sun* 10.3.21.
796 Documents juridiques : Second Witness Statement of Keith Mathieson, § 5(c).
797 Documents juridiques : udgement, § 111-113, 11 février 2021.
798 ST 14.2.21, Camilla Long.
799 Tel 16.2.21.
800 CBS, *Oprah with Meghan and Harry*, 7.3.21.
801 RL p. 484.
802 Source privée.
803 T 3.3.21.
804 T 4.3.21.
805 DM 4.3.21, Rebecca English.
806 DM 4.3.21.
807 T 15.3.21.
808 T 6.3.21.
809 DM 6.3.21.
810 DM 6.3.21, Alison Boshoff.
811 DM 8.3.21.
812 MoS 7.3.21
813 Apple TV, *The Me You Can't See*, mai 2021.
814 Conférence pour Fortune, 14 octobre 2020.
815 Tel 13.10.20.
816 CBS, *Oprah with Meghan and Harry*, 7.3.21.
817 DM 9.4.21.
818 DM 24.6.21.
819 DM 10.3.21.
820 DM 13.3.21.
821 Christy Pichichero, *Think*, 28 mars 2021.

822 DM 11.3.21 ; T 11.3.21.

823 https://www.vanityfair.com/style/2021/03/hillary-clinton-meghan-markle-prince-harry-oprah-interview-suits-writer-defends-royals. Événement du Washington Post, 8.3.21

824 DM 6.3.21.

825 *Spectator TV*, b26, 11.3.21.

826 Entretien LBC ; DM 9.3.21.

827 *Finding Freedom*, épilogue.

828 DM 5.3.21.

829 *Sun* 11.3.21, Nana Acheampong.

830 *Broken Vows* p. 382.

831 Documents juridiques : First Witness Statement of Duchess of Sussex, 13.10.21, § 10 p. 4.

832 DM 24.3.21.

833 DM 12.3.21.

834 T 17.3.21.

835 DM 4.5.21.

836 https://www.nytimespost.com/harry-and-meghan-are-setting-up-a-network-of-11-entreprises-delaware/

837 https://perezhilton.com/prince-harry-meghan-markle-spotify-podcast-deal-hiring-producteurs/ https://www.dailymail.co.uk/news/article-10438993/Are-Netflix-taking-matters-hands-aussi.html
https://www.dailymail.co.uk/news/article-10437119/Spotify-takes-Sussexes-podcasts-mains-streaming-giant-embauche-projets-producteurs.html https://www.dailymail.co.uk/news/article-10380379/Harry-Meghans-Archewell-outshone-tiny-cat-sanctuary-boy-tent.html
https://www.dailymail.co.uk/femail/article-10068835/Meghan-Markle-amazing-leader-says-Pearl-director-David-Furnish.html

838 DM 24.3.21 ; Tel 28.3.21.

839 T 4.2.22.

840 T 2.12.21.

841 DM 21.2.22.

842 T 16.11.21.

843 The Internet Lie Machine organisé par le magazine *Wired.*

844 https://www.dailymail.co.uk/news/article-10084113/Now-Harry-Meghan-banking.html https://www.dailymail.co.uk/news/article-10086147/Inside-Harry-Meghans-hippy-société-de-investissement.html
https://www.dailymail.co.uk/news/article-10088227/British-hippie-banker-33-hung-Harrys-10million-Los Angeles-mansion.html

845 Dax Shepard, Apple TV, 2021.

846 Documents juridiques : First Witness Statement of Keith Mathieson, § 12.

847 DM 14.5.21 ; Dax Shepard, Apple TV, 2021.

848 *The Me You Can't See*, Apple TV, 2021.

849 T 9.5.21.

850 DM 22.6.21.

851 Documents juridiques : Re-Amended Reply, § 9B.4, signée par Jenny Afia.

852 Documents juridiques : Re-Re-Amended Defence, § 13.8.13/4 et 40.6 ; Keith Matheson 6th Statement, § 15 (a).

853 Documents juridiques : Keith Matheson 6th Statement, § 8

854 Documents juridiques : Ted Verity Statement, § 16 ;

855 https://www.standard.co.uk/insider/prince-harry-meghan-markle-montecito-mansion-vie-californie-b981179.html

856 M 20.7.21.

857 *People*, 4.11.21.

858 *People*, 20.10.21.

859 https://archewell.com/news/haiti-afghanistan-relief/

860 MoS 22.8.21.

861 *Tatler Newsletter*.

862 *Time*, 15.9.21.

863 https://www.entertaintimes.com/articles/9457/20211007/prince-harry-meghan-markle-s-public-fight-lilibet-christening-allegedly.htm https://www.entertaintimes.com/articles/9446/20211006/prince-harry-allegedly-fought-meghan-markle-new-york-refused-talk.htm https://pagesix.com/2021/09/24/meghan-markle-does-the-talking-on-nyc-date-with-\prince-harry/

864 T13.11.21

865 *New York Post*, 9.11.21, *New York Post*, 10.11.21

866 https://www.judiciary.uk/wp-content/uploads/2021/12/Sussex-v-Associated-News-jugement-021221.pdf

867 Documents juridiques : First Witness Statement of Duchess of Sussex, 13.10.21, § 33 et 40, p. 14 et p. 16.

868 DM 3.12.21.

869 T 3.12.21.

870 https://www.c2i2.ucla.edu/2020/12/31/ucla-center-for-critical-internet-inquiry-to-collaborer-avec-le-duc-et-la-duchesse-de-sussexs-archewell-fondation/ 12.12.21

871 https://www.youtube.com/watch?v=FOKEE67MexM

872 DM 18.11.21.

873 https://www.dailymail.co.uk/news/article-10433739/Prince-Charles-asks-son-Harry-stay-Queens-Platinum-Jubilee.html

874 T 16.1.22.

875 https://www.gbnews.uk/news/prince-harry-files-a-claim-for-judicial-review-against-home-office-décision-sur-la-protection-policière/206063 https://www.pedestrian.tv/news/prince-harry-prince-andrew-police-protection-uk/

876 DM 6.2.22.

877 DM 6.12.20.

878 https://url-media.com/anita-hill-ketanji-brown-jacksons-nomination-to-the-supreme-cour-signaux-historiques-changement/

879 DM 12.2.22.

880 https://www.harpersbazaar.com/celebrity/latest/a39244491/prince-harry-meghan-markle-naacp-image-awards/

881 Documents juridiques : Internal Revenue Code, Section 501(c)(3).

882 https://www.dailymail.co.uk/news/article-10353787/Prince-Harry-Meghan-Markles-Archewell-charité-levée-50-000-2020.html

58, rue Jean Bleuzen – 92178 Vanves Cedex
Direction : Catherine Saunier-Talec
Responsable éditoriale : Lisa Grall
Traduction : Nicole Martin
Révision de la traduction : Elisabeth Boyer
Mise en page : Nord Compo
Fabrication : Amélie Latsch
Responsable des partenariats : Dana Lichiardopol (dlichiardopol@hachette-livre.fr)

Dépôt légal : Mars 2023
61-2468-0/01
ISBN : 978-2-01-723429-6
Imprimé en Italie par Grafica Veneta Spa
L'éditeur utilise des papiers composés de fibres naturelles, renouvelables,
recyclables et fabriquées à partir de bois issus de forêts qui adoptent
un système d'aménagement durable. L'éditeur attend également
de ses fournisseurs de papier qu'ils s'inscrivent
dans une démarche de certification environnementale reconnue.